ESPELHO D'ÁGUA

EDITORA EME

Solicite nosso catálogo completo, com mais de 350 títulos, onde você encontra as melhores opções do bom livro espírita: literatura infantojuvenil, contos, obras biográficas e de autoajuda, mensagens espirituais, romances, estudos doutrinários, obras básicas de Allan Kardec, e mais os esclarecedores cursos e estudos para aplicação no centro espírita - iniciação, mediunidade, reuniões mediúnicas, oratória, desobsessão, fluidos e passes.

E caso não encontre os nossos livros na livraria de sua preferência, solicite o endereço de nosso distribuidor mais próximo de você.

Edição e distribuição

EDITORA EME
Caixa Postal 1820 - CEP 13360-000 - Capivari-SP
Telefones: (19) 3491-7000 | 3491-5449
Vivo (19) 99983-2575 | Claro (19) 99317-2800 | Tim (19) 98335-4094
vendas@editoraeme.com.br - www.editoraeme.com.br

Mônica Aguieiras Cortat
pelo espírito Alice

Espelho d'água

Capivari-SP
– 2017 –

A Editora EME mantém, ainda, o Centro Espírita "Mensagem de Esperança" e patrocina, junto com a Prefeitura Municipal e outras empresas, a Central de Educação e Atendimento da Criança (Casa da Criança), em Capivari-SP.

1ª reimpressão - agosto/2017 - de 5.001 a 8.000 exemplares

CAPA | André Stenico
DIAGRAMAÇÃO | Victor Benatti
REVISÃO | Editora EME

Ficha catalográfica

Alice, (Espírito)
Espelho d'água / pelo espírito Alice; [psicografado por] Mônica Aguieiras Cortat - 1ª reimp. ago. 2017 - Capivari, SP: Editora EME.
368 pág.

1ª ed. mai. 2017
ISBN 978-85-9544-008-1

1. Romance mediúnico. 2. Intercâmbio espiritual.
3. Mediunidade de cura. I. Título.

CDD 133.9

SUMÁRIO

"Quem tem fome de julgar, também tem fome
de esconder seus próprios pecados."
Luciano

"Quando é da vontade de Deus, as portas se
abrem mesmo nas situações mais improváveis!"
"A humildade e a sabedoria são irmãs muito próximas,
que andam sempre de mãos dadas."
Adelaide

Dedicado à dona Dulcinéa Guerreiro Barbosa,
mulher de fibra, fé e doçura. Muito amiga de Ariel,
meu guia, minha luz espiritual.

PRÓLOGO

VOCÊS SÃO DEUSES sobre a Terra. O Mestre os chamou de irmãos, filhos do Deus altíssimo e agora podem se admirar disto, mas é verdade, e como tal, assim lhes digo.

Mas se somos deuses, me perguntarão os homens, como morremos ou padecemos de forma tão triste as mais atrozes dores na nossa curta existência? Pois ora, lhes digo, não morrem de verdade, apenas trocam de vestimenta conforme a bondade do Criador, para o seu aprendizado. Assim como suas dores serão minoradas enormemente na medida em que entenderem a transitoriedade das mesmas, pois nunca foi da vontade do Criador que dor nenhuma fosse eterna, e só na fé encontrarão as respostas que buscam.

E vejam que me chegam os materialistas, tristes em suas vestimentas bem cortadas, imaginando que detêm todo o conhecimento do Universo, a afirmar que apenas os inocentes e os manipuláveis creem na existência do Criador. Como se em livros, que logo estarão obsoletos devido à frequente evolução da mente humana, estivesse alguma resposta definitiva... são eles mais felizes? Tornam os outros mais produtivos ou ajudam mais ao próximo sem interesse? Não se iludam, a verdadeira religião deve ser complementada pela ciência, e vice-versa. Caminham as duas lado a lado, e quanto maior for o sábio, mais perto ele estará de Deus.

Muitas vezes naquele corpo em que hoje caminha um matuto, cujo olhar brilha a fé verdadeira, está uma alma que já gozou de muito estudo, elevada posição social, mas que apenas hoje encontrou a paz.

O fato de sermos imortais, frutos da Criação Divina, não nos torna infalíveis, longe disso, mas deve nos tornar mais responsáveis. Notem que aquele ser que passa hoje por vocês, na rua, também é um ser imortal que agora luta, assim como todos na Terra, na intenção de tentar entender essa faina diária que compõe os seus dias e os ínfimos e grandes problemas que os preenchem. Se não tiverem simpatia, ou mesmo amor fraternal por ele, tenham respeito. É um filho de Deus, assim como vocês. Quanto maior o ser humano mais ele sabe da humildade necessária em cada passo do caminho, o respeito devido a todas as criaturas.

Ao acordar e caminhar pelas ruas, sentindo o calor do sol no seu rosto, tente imaginar por quantas vezes sentiu este mesmo afago, em dias frios de inverno ou quentes de verão. Quando chegamos aqui nos pomos a pensar por quantos sóis já não passamos e por quantos haveremos de passar neste Universo imenso de infinitas moradas.

Deus está no microcosmo e no macrocosmo, no inconcebível grande e no fascinante pequeno, impossível de se enxergar, a nós de vista tão limitada, e ao mesmo tempo, tão lindamente visível. Cada átomo do mundo obedece à energia de Deus, e como vocês também são deuses, a energia dos homens. Não disse o Mestre que o homem que tivesse a fé do tamanho de um grão de mostarda moveria uma montanha? Soubessem vocês da força de uma oração feita com fé... infelizmente também tem força a maldade desejada, a inveja, a maledicência... tudo obedece a uma ordem inabalável de causa e efeito.

E como se proteger do mal, me perguntam: "Sede mansos como uma pomba e cautelosos como a serpente", disse o Cristo. Vigie-se, já que não adianta vigiar o outro. Semente ruim não brota onde o jardineiro está atento. Deseje sempre o bem alheio, perdoe, ore por seus inimigos, embora deva manter-se afastado do mal. Mantendo seu coração puro, obsessores se cansarão, e cuidado com as palavras: mais que os pensamentos são energia viva, pois contagiam os outros... não difame, nem acuse. O que é do bem retorna, mas o mal, quando retorna, costuma cobrar muito caro.

Na Terra, frequentemente dizem que apenas os maus lucram, pois eu lhes pergunto: estão por acaso no lugar de algum deles para lhe observar de perto a vida? Bens materiais são necessários à vida na Terra, mas na ânsia de quererem se sobrepor aos seus semelhantes, quantos não se corrompem, prejudicando inocentes? Tenham antes de tudo, pena deles, pois nada em sua vida é o que aparenta, e o destino que enfrentarão não é simples nem auspicioso.

Verão aqui a história de duas mulheres, onde causa e efeito se mostrarão de forma inequívoca, no âmbito das reencarnações.

Duas amigas entrelaçadas, duas irmãs iguais na aparência, mas de destinos tão diversos. Dois corações amorosos, na busca de sua evolução, na compreensão de seus erros, na alegria de seus acertos, no amor e nas paixões que geraram. O livre-arbítrio, lei de Deus para os homens, decide a cada passo o destino de Alice e Aline, cada uma com seus diferentes dons, adquiridos ao longo de muitas vidas.

E então, talvez me entendam quando digo da força imensa de Deus que há em cada homem, cada mulher, cada ser que vive sobre a Terra, de como cada um de nós pode moldar seu próprio destino à custa de suas próprias decisões, já que algumas coisas são marcadas no plano espiritual, e outras não. A verdade é que vocês traçam os seus destinos com as atitudes que tomam. Afinal, vocês são filhos de Deus, pequenos deuses sobre a Terra.

Ariel

01

ALICE COMEÇA SUA HISTÓRIA

NARRATIVA DE ARIEL

A primeira vez que vi minha amada amiga Alice, não pude deixar de me deslumbrar um pouco com ela: era uma moça de seus trinta anos terrestres, cabelos escuros e longos, de fios fortes e brilhantes, com alguns cachos largos, apenas nas pontas. Larga trança prendia metade dos cabelos à cabeça, que era bem feita, assim como o formato do rosto, a boca pequena e bem desenhada, o nariz fino e delicado e os olhos cor de mel. A pele era branca, quase translúcida , o que denunciava sua condição de vir de um mundo espiritual já um pouco mais avançado, e ela tinha as mãos sobre o colo, de unhas curtas, formosas e finas, com dedos de pianista.

Os adornos que ela usava, lembravam um pouco a Terra, mas ali tinha uma luz diferente: brincos de rubi e uma discreta corrente de prata, com uma cruz de madeira nobre, finamente entalhada, e fino anel em ouro branco no anelar, que combinava com seus olhos. Vestes claras, sorriso com covinhas, cativante e um tanto tímida desde o início. Desconfiasse eu da história que me contaria, dos dons que tinha desenvolvido ainda na Terra, cairia da cadeira ali mesmo.

Vinha contar sua história para pequeno grupo de amigos, acompanhada por Serafim, nosso amigo de longa data, que decidiu torná-la pública, e ao nos ver ficou tranquila. Os olhos claros como o mel pareciam harmonizar-se com os pre-

sentes, e ela parecia, como os espíritos muito desenvolvidos, ler os pensamentos presentes. Olhando-me nos olhos, feitas as apresentações, ela me disse em sua voz suave de contralto:

– Posso começar?

Dito isso, sentou-se em lugar de destaque. O rubi sanguíneo dos brincos combinava com o vermelho vivo dos lábios. A cruz de madeira de lei no pescoço delgado reluzia na armação de prata e ela fechou os olhos grandes, de cílios negros, como se tentasse se lembrar das mais recônditas lembranças...

Narrativa de Alice

Nascemos, minha irmã Aline e eu, em meados de 1870, e eu nunca me senti realmente só quando pequena. Nas primeiras lembranças que tenho do berço, ouço ainda o riso e o choro de minha irmã, junto com o cheiro de lavanda de lençóis de algodão muito alvos e um mosquiteiro que cobria o enorme berço, já que morávamos quase à beira-mar, em imenso casarão de amplas janelas azuis, dando para a rua, onde passavam todo o tipo de carroça e pessoas. A cidade crescia a olhos vistos, e era um mês de chuva quando viemos ao mundo.

A casa era de dois andares, como convinha na época a famílias que começavam a ficar abastadas. Na parte de cima ficavam o quarto de meus pais, o nosso e o de visitas, que sempre apareciam, atraídos pela beleza do local. Na parte de baixo, a sala de banhos, com uma larga banheira esmaltada que meu avô tinha feito vir da França, um chuveiro puxado a "alavanca", muito improvisado, do qual só saía água bem fria em grande quantidade (invenção da qual muito se orgulhava o meu pai), e duas salas de visitas, numa das quais ficava um piano, também francês, que minha mãe tinha grande esperança que viéssemos a usar, pois ela mesma não gostava muito de tocar.

A primeira imagem de que me lembro é a da chuva caindo grossa no telhado de nosso quarto. Aline, então com um ano, arregalou os olhinhos cor de mel para mim a ouvir as trovoadas. As telhas, feitas de cerâmica, colocadas sob a madeira maciça aguentariam bem e espalhavam pelo quarto um cheiro de barro. Ela segurou a minha mão, aconchegando-se na coberta.

Não gostava dos temporais, eu já não tinha medo, sabe-se lá porque... nossa babá não estava no quarto, provavelmente entretida com um outro afazer qualquer e então, vendo o medo de Aline, fiz um gesto que se repetiria por muitas vezes em toda a nossa vida: muito embora tendo a mesma idade a abracei, afaguei os cabelos já crescidos e com a minha pequena mão enxuguei suas lágrimas de medo. Amava minha irmã, não a queria com medo. Falava ainda muito mal, mas disse a ela:

- Vem cá! - e aninhei-a em meus braços, acalmando-a, ela espiando os relâmpagos pela grande janela azul de cortinas muito brancas, rendadas à moda açoriana.

Não notei que éramos iguais senão quando fiz uns dois anos, e já andando pelo casarão dei com um espelho imenso de corpo inteiro no quarto de minha mãe Aurélia. Olhei e vendo a imagem julguei ver minha irmã, já que nos vestiam sempre iguais, e chamei com todas as minhas forças:

- Aline!

Vi que a imagem não respondia, ao contrário, olhava-me fixamente, e eu que não tinha a menor ideia do que fosse um espelho esperneei irritada, e tornei a chamar, só então notando minha boca mexer-se ao pronunciar o som.

Dei dois passos para trás e me observei no vestidinho mais curto, as pequenas botinas marrons, as meias brancas, os cabelos castanho escuros presos com fitas, mostrando a imagem de Aline. Mas, os gestos, eram meus!, finalmente... era a primeira vez que eu me via. Minha irmã Aline passou pelo corredor em direção à escada e deu sonora gargalhada brincando com a babá. Ao vê-la, saí em disparada atrás dela para mostrar a novidade, segurei-a pela mão cheia de expectativa e ficamos em frente ao espelho largo as duas, ela numa expressão de extremo susto, ao ver duas dela mesma ali refletidas, idênticas, com a única diferença de a fita rosa no cabelo da Aline estar um pouco mais caída que a minha. Olhou para trás para conferir se a imagem refletida era mesmo a do quarto de nossa mãe, e viu a cama de casal grande, os baús, o grande guarda-roupa de madeira maciça, tal qual eu havia feito e não havia dúvida... éramos nós mesmas, iguaizinhas!

Levamos um imenso susto de não ter notado isso antes, Aline sentou-se no chão de madeira e desatou a rir em alegria. Passava as mãos sobre o meu rosto e cabelos, desalojando a fita que agora já estava no chão e chamando a atenção de Rosa, a babá de quase dez anos, bonita lourinha que se divertia e que chamou a nossa mãe a dizer:

– Dona Aurélia, venha ver que graça as gêmeas em frente ao seu espelho!

Ouvi o som de passos na escada do casarão, minha mãe subindo apressada e parando na porta a espiar a cena: eu muito sem graça com toda aquela demonstração de afeto (sempre fui meio tímida) e Aline a rir e me apalpar toda, feliz com a descoberta e a beijar-me continuamente, para minha alegria e desespero, que não gostava muito de contatos físicos embora amasse com loucura minha irmã, feliz por sermos tão iguais! "Então é isso que 'iguais' quer dizer", pensei. Tinha ouvido a palavra muitas vezes... só aí sorri: então era bonita como Aline? As duas a observarem a cena tiveram que rir também, pois não havia como furtarem-se disso: uma gêmea meio constrangida com tanta demonstração de beijos, afagos e afetos, e a outra muito feliz da vida de notar que a irmã era uma cópia fiel.

Éramos iguais em físico e a nossa ligação era difícil de ser explicada, apesar de termos diferenças de temperamento fundamentais: eu era reservada, Aline expansiva. Rosa tinha um talento especial para doces, que minha irmã cheirava como um perdigueiro e parecia saber exatamente a hora em que ficariam prontos. Sedutora, sempre conseguia alguns que dividia prontamente comigo, nunca foi egoísta. Mas se fosse eu a pedir, os doces nunca viriam, porque eu nunca o faria: tímida demais.

Minha mãe contava uma história extremamente engraçada sobre nosso pai e a origem deles, que ele complementava, às vezes, em serões de família: Aurélia era uma bela portuguesa, filha de Lisboetas, olhos e cabelos claros, ao contrário das belas e morenas açorianas que habitavam a província que já crescia a olhos vistos, bastante fiéis ao Rei Pedro II e família. A nobreza era amada em nossa região que tinha cedido terras a imigrantes vindos da Itália, Alemanha, Polônia, enfim, diversos países, na intenção sábia do soberano de povoar o sul do país, coisa que os portugueses já instalados no sul, no início estranharam um pouco, mas depois gostaram, pois fortaleceu o comércio e as raças eram tão diversas! Traziam costumes tão diferentes, que embora algumas se mantivessem isoladas entre si, a miscigenação foi inevitável.

Assim aconteceu com meu pai, árabe, chegando ao Brasil aos dois anos, batizado na Igreja Católica daqui com o nome de Pedro (coitado de quem não se batizasse católico, não ficava bem visto), mas que "aportuguesou" o sobrenome ficando conhecido como Pedro Alkazar. Falava o árabe de sua tribo com fluência, veio com o pai, a mãe e dois irmãos mais velhos, cultivavam seus costumes, mas não eram nômades. Dona Sâmia, minha avó, nunca quis saber de barracas, e pediu logo uma aprazível casinha, primeiro de madeira, depois de alvenaria que foi crescendo com o tempo, em um sítio um pouco afastado da cidade, em plena serra. O clima frio não a assustou: no deserto a noite era fria, mas apaixonou-se pelas casas alemãs e italianas, e lá se foi meu avô dar conta de construir, abrindo mão do belo ouro árabe. Uma bela casa para a bela morena que tinha lhe dado três filhos machos de presente.

Meus dois tios casaram-se com descendentes de árabes, que como minha avó, pareciam doces como o mel, mas uma era brava como um *djin* (demônio do deserto) quando queria alguma coisa. Minha avó Sâmia fazia questão de casa grande e de que as noras morassem com ela, o que não era nenhum grande castigo: filhas da mesma cultura, ela as cobria de presentes em datas especiais e as moças eram obedientes com as sogras (tinham que ser, era o costume), e não sei bem como, conseguiam tudo o que queriam dos maridos. A escolha do sítio foi mais que acertada, cada casal tinha um quarto tão grande e enfeitado que mais parecia uma casa dentro de um casarão, logo, tinham intimidade, apenas fazendo as refeições e lavando a roupa juntos. A limpeza das salas era feita pelas moças e as criadas, minha avó era muito polida, mas sabia colocar ordem quando necessário.

Já meu pai, o caçula, ia com meu avô pelas estradas e serras a mascatear. Dom nato para o comércio, o pequeno Pedro vendia tudo em que colocasse as mãos. Dentes muito brancos na pele morena clara, os cabelos em cachos largos castanhos, queimados pelo sol, a charrete grande puxada por dois imensos cavalos que meu avô criava e comerciava no sítio, lá ia o senhor Assad Alkazar e seu menino Pedro, que logo virou um moço muito namorador, para não negar a raça, aos dezenove anos. Claro que arrumava pequenos arroubos românticos pelas serras que passava, mas assim que o via com uma moça alourada, o pai que na realidade não era católico, mas muçulmano, o chamava literalmente "puxando pela orelha":

- Se tua mãe te pega de conversa com essa loura, te castra!

Diante de tamanha ameaça, o rapaz da primeira vez arregalou os olhos, mas tantas vezes ela foi repetida que ele francamente, começou a tomar mais cuidado. Dona Sâmia era temperamental, mas nunca tinha encostado a mão em seu caçula. Se os mais velhos tinham realmente apanhado de "vara de marmelo", o pequeno Pedro, doce como o mel, vendedor também de seus encantos, era o seu preferido. E para o desespero dos irmãos, ainda era o mais bonito dos rapazes, de forma que havia um pouco de ciúme, e ainda simpático, alegre e falante como ele só.

Mesmo aos irmãos maiores o menino cativava, de forma que acabava protegido quando queria "escapulir" e "dar as suas voltas" de charrete pequena, pela cidade que começava a crescer pelo litoral. Inventava alguma compra com a aquiescência de seu Assad, e lá ia, visitar alguma casa bancária, trazer tecidos para a mãe e as cunhadas, olhar o mar azul e as belas e morenas portuguesas.

Seis horas de viagem de carroça, descendo a serra calmamente, agasalhado e bem-vestido, com uma espingarda do lado, já que não levava mercadorias, mas pequeno baú escondido com notas de dinheiro e ouro, o jovem Pedro partiu cedo para ficar ao menos uma semana, para voltar de carroça cheia, já que no mercado compraria as mercadorias pedidas pelo seu pai, os tecidos das mulheres da casa, mantimentos e tudo mais de que precisaria o sítio.

A criação de cavalos ia bem, mas o frio se avizinhava e estavam no mês de junho, a geada já ameaçava cobrir o pasto. Ficou feliz ao avistar a cidade como se, finalmente, (sensação curiosa, já que não vivia ali) voltasse para a casa.

Na cidade, apesar do frio, o movimento de passantes era intenso e um tanto confuso. O porto movimentava o comércio e as casas de vendas começavam a fechar, pois já eram seis horas da tarde. Na igreja o sino soou a chamar para missa, causando certo alvoroço num dos cavalos e ele desceu do banco da charrete, segurando às rédeas e encaminhando-se para uma casa bem no centro, que sabia hospedar estudantes e viajantes masculinos. Era uma casa séria, cuja proprietária era uma senhora de nome Valéria, gorda e simpática nos seus quarenta anos, cabelos muito cacheados e tingidos de preto à última moda, presos num penteado de origem duvidosa, sorriu assim que viu Pedro:

– Pois hora vejam só! O menino a casa torna! Veio com o pai?

Pedro sorriu, pois apesar das vestes espalhafatosas, Valéria era uma boa alma, e ele gostava muito dela:

- Desta vez não, dona Valéria! Algum quarto vago?

Ela sorriu, demonstrando simpatia:

- E como não? Graças a Deus é época do início das férias escolares e temos dois quartos sobrando! Tenho um de frente para a praça que muito lhe agradará, tenho certeza! Mas que frio, não? Demais para essa época! Ficará quantos dias? Uma semana, ao menos? Já ceou? Deve estar faminto vindo por estas estradas!

Na realidade sona Sâmia tinha feito uma cesta de tantos doces e pães árabes, que ele poderia comer com folga por uma semana, mas por que desagradar dona Valéria?

- Ah! Mas nada parecido com a sopa de legumes que a senhora prepara! E sim, ao menos seis dias devo ficar. Muitas encomendas dessa vez. Muitos imigrantes chegando?

Ela deu de ombros:

- E não chegam sempre? Mas nunca como clientes... chegam sempre esfarrapados, coitados, com os olhos esbugalhados a olhar tudo, como se tentassem entender esse país do qual nem fazem ideia do tamanho! Não tenho muito contato com eles, mas tem de ver as histórias que os estudantes me contam. Só tendo muita coragem para desbravar essas matas, encarar esse frio que mata suas crianças, arar essas terras. São boas terras, é fato! E é gente trabalhadora! Mas é cada língua que chegam falando que valha-me Deus! E dizem que tem até protestante, Deus me perdoe!

Sabendo da origem da própria família muçulmana, mas da rigidez imposta pelos católicos que era maioria esmagadora, Pedro respondeu:

- Quem sabe aqui não se convertem, não é dona Valéria? Afinal, para Jesus nada é impossível!

Findando assim a discussão, a descendente de açorianos sorriu para ele:

- Ah... fossem todos bons meninos como você! Não tivesse eu enviuvado tão cedo, arrumaria logo uma filha para se casar contigo, um "partidão"! E que bonito está! Vamos, leve sua carroça para o estábulo e venha se ajeitar no quarto. A ceia será servida às sete e meia.

O quarto não era grande, mas era asseado e tinha boa cama, mesinha, cadeira e armário. Mas o que chamava realmente a atenção era a imensa janela que dava vista para a praça, onde já se viam roseiras e algumas mudas de árvores plantadas, crescendo apesar do frio. Viam-se alguns cavalheiros no passeio, mas moças, muito poucas, na maioria, criadas encolhidas em seus xales de crochê se protegendo do frio e do vento sul, que teimava em tentar levantar as pesadas saias, deixando à mostra algumas anáguas e botinas surradas. O rapaz respirou fundo, no dia seguinte teria muito o que fazer... olhou o mar cinzento já ao fundo, espelhando a noite, e a lua nascendo entre as estrelas. Como gostaria de morar ali! Amava sua família, mas sentia que ali era a sua terra! Montar seu próprio comércio, quem sabe? A cidade crescia a olhos vistos e preguiça não era um de seus defeitos.

Ceou, conversou um pouco mais para saber das modas que vinham da Europa, principalmente da França (as mulheres enlouqueciam com tudo que vinha da França), depois foi dormir às nove da noite para despertar às seis. Às oito da manhã já estava em frente à casa bancária a trocar o ouro pelo numerário para fazer as compras.

Um pequeno jardim se estendia defronte à Igreja Matriz e Pedro passou por lá, admirando algumas espécies que não conhecia e vendo algumas moças de família passando muito apressadas junto com as mães, indo provavelmente aos armarinhos da região do mercado. Foi quando, erguendo os olhos castanho escuros, deu com uma linda mocinha num janelão pintado de azul, de uma dessas casas que circundavam a praça. Tinha quinze anos a beldade, que era a minha mãe, e olhava o movimento incessante, sua única fonte de distração já que minha avó era bastante rígida, e não a deixava sair com muita frequência.

Ela me contava que ele parou como que hipnotizado, ao ver o cabelo dela, louro escuro com mechas bem claras, brilhando à luz do sol matinal de junho, os olhos verdes, a boca pequena e vermelha e o nariz afilado. Estava corada pelo frio, trazia as bochechas rosadas, encolhia-se num xale cor de pérola que lhe ficava muito bem. Mistérios da vida tão bem explicados na espiritualidade, ele esqueceu-se do resto. Notou de imediato que não era alemã nem italiana, apesar da pele clara, e viu o olhar divertido e sonhador, as mãozinhas ainda de menina, mas bem desenhadas e fortes, o busto farto, a cruz a brilhar por entre os seios. Não era açoriana, pensou, mas era descendente de gente da terra. E de gente bem situada, pois uma casa naquela localidade não devia valer pouco. Nunca seria uma criada com aquela pele, cabelos, e mãos bem tratadas, fora o ar sonhador de menina bem nascida a quem nada nunca tinha faltado. Quem seria?

Mesmo o xale de usar em casa e a joia no pescoço eram simples, mas de material caro.

Tudo isso passou pela cabeça de meu pai, observando a bela moça, com olhos argutos de comerciante a avaliar o alvo. Nunca, em toda sua vida tinha se sentido tão próximo a alguém, e quando a moçoila sorriu e disse algo para uma amiga que ia apressada para a igreja, e ele pôde ouvir-lhe a voz cristalina, que aos outros pareceria simples voz de menina-moça, estremeceu-lhe o peito. Ali estava a sua prometida pelos céus! Sua mãe que o desculpasse, mas não era uma maometana como a dos irmãos, era uma moça comum, daquela ilha que tinha um porto, onde ele tantas vezes tinha ido sob a tutela do pai e pela primeira vez ia sozinho.

Sentou-se num banco de madeira da praça, à razoável distância, completamente esquecido das compras e do dinheiro que agora forrava os bolsos internos da casaca imensa que usava. Ajeitou o chapéu sob os cabelos cacheados, coração a bater na garganta... como se apresentar a ela? Se chegasse lá de repente, a moça fecharia a janela com certeza, afinal, moças de boa família não falavam com rapazes que não fossem apresentados. Súbito, uma ideia passou-lhe pela cabeça, e embora pudesse não dar muito certo, nada perderia, já que nada tinha: pediria informações como um forasteiro qualquer.

Aprumando-se todo, ajeitando o vistoso cachecol e tentando parecer o mais educado possível, encaminhou-se a passos retos para a janela dela, que fiou os olhos nele e empalideceu, tornando os olhos ainda mais verdes, como se o reconhecesse de algum lugar. De sentada que estava, levantou-se, deixando ver o vestido de casa, mas bem cortado e de cintura fina. Temendo levar com uma janela "na cara", Pedro disse logo:

– Perdoe-me, senhorita, mas não sou daqui, e preciso de uma informação. Poderia contar com sua atenção?

Ora, a abordagem não podia ser mais infeliz, já que estrangeiros passavam por ali todos os dias, e a ordem da mãe de Aurélia era fechar imediatamente a janela para não atrair malfeitores. Mas o rapaz era tão bem-vestido e falava um português tão perfeito que parecia não apresentar perigo:

– Existem guardas para tanto, mas se for uma informação simples, creio que posso ajudá-lo – respondeu sem sorrir e já apoiando a mão numa das partes da janela, olhando de soslaio para dentro, como se vigiasse se alguém apareceria.

Vendo que tinha tido relativo sucesso, ele observou a moça de perto: era realmente uma beldade. Cobrindo o decote com o xale, ele pôde ver a cintura fina e os quadris largos que os de sua raça tanto apreciavam. Mas, cônscio de que era uma moça de bons princípios, baixou os olhos e perguntou:

- Sabe a senhorita, por acaso, onde fica a casa bancária? Sou novo aqui e pretendo abrir um comércio.

Olhando o belo e respeitoso rapaz, mas continuando a vigiar o interior da casa, curiosa, Aurélia perguntou:

- Comércio é? De quê?

Ele sorriu, olhando fundo e rápido naqueles olhos verdes claros:

- Isso depende.

Dizem que a curiosidade matou o gato, e ela era curiosa:

- Depende de quê? Vai pedir um empréstimo?

Ele riu, olhando-a mais francamente, sorrindo com todos aqueles dentes muito brancos na pele morena clara e o bigode bem aparado:

- Nunca pediria um empréstimo senhorita, pois disponho de meu capital. Depende de minha noiva.

A expressão dela foi de puro desencanto:

- Ah, entendo... então é noivo. A casa bancária fica a duas ruas daqui, vai achá-la com facilidade. Boa sorte em seus negócios e em seu casamento. Adeus.

E ia fechando o janelão, não fosse Pedro muito rápido, e o dia estaria perdido:

- Mas, ainda não tenho noiva, senhorita. Só que entre o meu povo, a opinião da mulher conta muito nos negócios, por isso desejo casar-me e só então abrir meu comércio.

Foi como se ele dissesse palavras mágicas.

- E de que povo é?

- Descendo do povo árabe, senhorita. Posso fazer outra pergunta?

Ela o olhou meio desconfiada:

- Se não for indiscreto...

Ele riu novamente:

- Longe de mim ultrajar moça tão linda e gentil, mas é costume seu ficar por aqui nesse horário?

Ela franziu as sobrancelhas:

- Sim. Aqui, moças de família não ficam "passeando" pelas ruas, logo, minha única distração permitida, agora que terminei os estudos, é essa.

- É estudada então? Que preciosa! Faz contas também?

- E toco piano, bordo, costuro... enfim, tudo que uma moça deve aprender a fazer. Só o meu francês não é lá essas coisas.

- E posso passar aqui amanhã para mais "dois dedos de prosa"? Sinto-me muito só quando venho à província...

Ela olhou para ele como se fosse dizer sim imediatamente, mas depois lembrou-se de algo e respondeu:

- Tendo tempo, estarei por aqui. Mas não posso prometer nada. Não é de "bom tom" ficar de conversa com estranhos e minha mãe não gostaria.

Ele abaixou a cabeça:

- Entendo, e acho muito louvável da parte dela. Tivesse eu uma filha, agiria da mesma forma ou seria até mais rígido. Me chamo Pedro Alkazar, e como é o nome de sua graça?

Ela sorriu, fazendo duas covinhas aparecerem no rosto moço:

- Sou Aurélia Almeida.

Ele deu meia volta:

- Viu? Não somos mais estranhos! Agora posso vir amanhã?

E antes que ela respondesse, ele saiu, ajeitando o chapéu e apenas uma quadra depois se lembrou de sua mãe, dona Sâmia, e seu costume de escolher as noras.

- Em que encrenca me meti, ora veja! Dessa vez minha mãe vai realmente usar a famosa "vara de marmelo" em seu caçula!

Coisa estranha acontecia em seu peito: era bela a moça, de fato, mas de outra cultura. E entre os muçulmanos sunitas, embora fossem discretos com sua religião, seguiam à risca os seus costumes (mesmo Pedro rezava cinco vezes por dia, respeitava o alcorão e o profeta Mohammed, tendo como máxima a caridade em segredo) o casamento era escolha exclusiva dos pais, que pagavam ao pai da noiva dinheiro que seria entregue à moça para usá-lo como quisesse. Não havia prévio conhecimento, mas ele sabia perfeitamente dos costumes locais, e que cortejar uma moça de boa família implicava em casamento, e que no caso dos católicos, o pai da noiva é quem pagava o dote, podendo ser dispensado ou não.

Tinha sido criado assim desde muito cedo, e sabia que sua mãe e seu pai já procuravam para ele uma noiva, coisa de que ele sempre escapava, com sua simpatia e jeito de bom moço. Mas aquela moça da janela, embora de outra religião, tinha abalado seu coração de uma forma a contestar seus costumes. Que magia era aquela que o tinha feito se atrever daquela forma?

Lembrou dos longos cachos dos cabelos louros muito claros, expostos. Não aceitaria usar véus, muito menos morar com sogra... os olhos verdes faiscantes no sol da manhã, a pele branca como leite, a cintura fina, o busto farto, mal coberto pelo xale e os quadris largos. Sim, pensou ele, daria bons filhos... e muçulmano gosta de crianças, são a alegria da casa! Mas, não era apenas isso.

Nenhuma muçulmana se dirigiria assim para ele na primeira vez, de jeito forte e atrevido, tendo ele de usar todo o seu jeito para não levar "uma janela fechada" em pleno rosto. Eram tímidas, pelo menos de início. E aquela sensação incômoda e ao mesmo tempo insistente de já conhecê-la antes, de finalmente não se sentir só. O olhar que encontrou o seu, numa intimidade única.

Foi fazer suas compras, afinal a lista não era pequena. Pegou nas rendas para as cunhadas, mas não pôde deixar de pensar se a moça loura gostaria delas. Sorriu e pensou que não: sérias demais! Mas, perfeitas para as cunhadas e a mãe, tão bonita com seus ouros e seus costumes escuros. A moça loura resvalava a costumes claros e flores na janela. Ele sorriu um tanto irritado, não voltaria lá, isso passaria, mas a donzela não lhe saía do pensamento.

Pelo seu lado, Aurélia fechou a janela assim que ele se foi e se abraçou no xale perolado, cheirando à lavanda. Tinha concluído sua educação no colégio de freiras da região há poucos meses e a mãe, viúva já há alguns anos, com boa situação financeira e alguns imóveis deixados de renda, era rígida em excesso já que não tinha o pai para colocar rédeas na única filha, e a menina desabrochava como uma rosa. Nada de passeios, e embora nada faltasse à moça, mesmo a costureira vinha em casa, e a única hora que a menina saía era para a missa das cinco da tarde, na Matriz que ficava praticamente em frente. Com isso, privada de qualquer vida social, Aurélia sentia falta das colegas, da escola, e pasme: até dos sermões de um velho padre que tecia longa cantilena em latim que ela mal entendia.

A grande sorte foi que durante os minutos que tinham ficado conversando a mãe estivera entretida com a empregada a guardar compras na despensa, senão teria com certeza, brigado muito com ela. Ora, já se viu falar assim com qualquer um na rua, ainda que fosse para dar informações... mas que era um lindo rapaz, lá isso era! E que bem vestido!

Dona Cláudia, sua mãe, já tinha começado a juntar dinheiro para seu dote, e a fazer seu enxoval, mas na verdade não tinha a menor intenção de deixar a filha se casar. Quarentona, mas aparentando mais idade, talvez devido ao sofrimento causado pela viuvez precoce, morria de medo de ficar só. Vinda de Lisboa, assim como o pai de Aurélia aos treze anos, acostumou-se ao sul do Brasil e tinha verdadeira adoração pela família real, tendo na sala de visitas retratos dos monarcas, e uma dedicação ainda maior pela limpeza da casa, tudo tinha que estar impecável o tempo inteiro.

Justiça seja feita, embora severa, tinha verdadeiro amor pela filha, que a tratava com carinho e desvelo, pois a saúde de dona Cláudia, apesar de ela ser bastante ativa, inspirava cuidados, principalmente no inverno quando uma tosse insistente tomava a pobre senhora com febres e calafrios, deixando a menina Aurélia com um medo infernal de ficar órfã. Mas, como não "tossia sangue", o que era a principal preocupação do médico, ficavam assim mais tranquilas.

A casa em que moravam era bem grande, comprada pelo pai de Aurélia para agradar a mulher por quem era realmente apaixonado e que tinha feito fortuna com comércio de tecidos na região local. Dona Cláudia assim que ele se foi, vítima de malária, vendeu o comércio e investiu em imóveis, aconselhada por ele mesmo, e assim viviam confortavelmente. Tinha a matriarca, em seu quarto, pequeno baú de joias herdadas pela família. Tinham-nas trazido para o novo país em caso de necessidade, e mais algumas dadas pelo marido, de forma que Aurélia poderia frequentar, se quisesse, os bailes da região regiamente vestida e adornada.

Aurélia sorriu pensando se contava para a mãe do rapaz que a tinha cortejado abertamente diante de sua janela. "Não" - resolveu - "Muito cedo... vai que nem aparece amanhã. Se foi simpático assim comigo, deve ser com qualquer moça. E depois, com aquele jeito de árabe... dizem que eles têm várias esposas, não daria certo."

Mas o sorriso muito branco dele e os olhos castanhos, quase negros, a seguiram o dia inteiro, isso sem falar nuns suspiros que fizeram com que dona Cláudia a olhasse bastante desconfiada. Não sabia bem o porquê, mas parecia certo que ficaria com ele.

Em seguida, o juízo entrou em sua cabecinha de moça e ela decidiu: "ora veja, ficar dando 'trela' a qualquer um que apareça não é coisa de moça direita! Imagine o que as madres do colégio diriam!"

Mas no dia seguinte, lá pelas nove e meia da manhã, enquanto a mãe saía para fazer as compras do almoço, eis que ela olhou pelas venezianas fechadas da janela e lá estava o moço, tão bonito quanto antes, com um ramo de margaridas na mão, sentado num dos bancos do jardim como que a esperar que ela abrisse a janela.

E ela abriu.

02

QUANDO O AMOR É MAIOR QUE OS COSTUMES

O FATO É que dentro de oito meses estavam casados em duas cerimônias: uma na igreja matriz, seguindo os costumes da família da noiva, Aurélia muito linda em seu vestido de renda, com imenso véu branco ladeado de pequenas flores bordadas, entremeadas de pequenas pérolas, e uma cerimônia muçulmana, realizada pelo pai de Pedro, na casa de Sâmia, no meio de toda a família com a casa devidamente paramentada. Para espanto de dona Cláudia não houve pedido de dote e muito espantada ficou quando ofereceram dinheiro para a filha, deixando claro que morariam com ela no imenso casarão em frente ao jardim que ficava próximo à Matriz. Não pense que a coisa em si foi muito fácil, não fosse à perspicácia e o "jeito manso" de Pedro a coisa teria "desandado" antes de começar.

Visitando Aurélia frequentemente na janela e dando "jeitos" de corresponder-se com ela, depois de três meses chegou à conclusão que deveriam casar-se, por isso, primeiro conversou com a moça, que também já sonhava com isso, e depois foi ter o rapaz com o próprio pai, mais flexível por andar comerciando pelo mundo, mas que ainda assim coçou a cabeça por debaixo do chapéu quando o rapaz contou-lhe a história:

- Lisboeta, é? Montar um comércio fixo? Tua mãe vai te moer de pancadas ou ameaçar de se matar antes disso. Não sabes que és o preferido dela?

- Mas a moça é de família, pai. Sabe que sigo nossa religião, e como o senhor, pretendo ter apenas uma esposa como é costume nesse país. Não me envolveria com uma moça de costumes ruins. Aurélia é de família abastada, não precisa de nossos haveres, e é pura.

Ainda assim o pai não parecia nada satisfeito:

- Mas não é uma das nossas... não se veste como nós, nem venera a Deus da mesma forma. Até seu profeta é diferente: seguimos o alcorão e eles a Bíblia. Mohamed é nosso líder, Cristo é o deles... apesar de respeitarmos o profeta deles, eles não respeitam o nosso. Vai ser uma grande confusão!

O moço não se deu por vencido:

- Pai, no fundo são religiões que descendem do mesmo tronco, de Abraão. Converse com a mãe por mim, pois não aceitarei me casar com nenhuma outra e pretendo ir falar com a mãe da moça na semana que vem.

Seu Assad suspirou. Sabia que a conversa não ia ser fácil, e realmente não foi. Do lado de fora do quarto do casal, Pedro ouviu a mãe falar alto com o pai em árabe como poucas vezes tinha ouvido na vida, depois o som de alguns vidros quebrando, roupas sendo rasgadas (provavelmente véus muçulmanos - chamado "hijab"), enfim, todos os sinais de desespero, já que Pedro iria para longe, com uma católica! Ia já saindo da sala quando a mãe, rosto coberto de lágrimas, passou por ele sem sequer olhá-lo, e ele, que amava a genitora a seguiu na tentativa de consolo:

- Mãe, não é o fim do mundo... só quero casar-me.

Ela o olhou com o olhar mais dolorido no rosto sem maquiagem e muito bonito, apesar dos olhos vermelhos de lágrimas.

- "Somos de Deus e a ele retornaremos" (dito islâmico), acabei de perder meu filho mais novo, guardarei luto por três dias, noras preparem minhas vestes! Não verterei uma lágrima a mais, é a vontade do Senhor!

Pedro ficou muito zangado com a resposta da mãe, assim como o senhor Assad:

- Palavra tem poder, mãe! E eu estou vivo! É certo que se entristeça, que fique zangada comigo, mas tratar-me como morto, ofendes ao Criador!

Ao ouvir as palavras do filho, endossadas pelo marido, Sâmia viu que tinha realmente pecado e retirou-se em orações. Ao fim do dia disse:

- Estamos numa pátria distante da nossa. Obedecerei à vontade de meu marido e aos costumes vigentes, mas não ache que estou feliz. Vá falar com a mãe da moça, veremos o que ela diz.

Com a minha avó Cláudia o susto não foi muito menor. Primeiro porque não gostava de conversas na janela, depois porque foi preciso que Aurélia simplesmente ameaçasse parar de comer para que ela cedesse e recebesse o moço, disposta a não ser nem um pouco simpática. Pedro compareceu num sábado, às seis horas da tarde, trazendo um ramalhete de rosas brancas que cortesmente ofereceu à sogra, que há pelo menos quinze anos não ganhava flores. Foi então que o inexplicável aconteceu: não sei se pelo linguajar de meu pai, muito polido, as belas vestes, a intenção de se estabelecer perto e nenhuma oposição ao fato de morar com a sogra (Pedro notou que a frágil dona Cláudia precisava realmente de auxílio em todos os sentidos, ao contrário de sua mãe, que embora mais velha, era forte como um touro), a senhora encantou-se com Pedro e só fez uma pergunta que poderia ser considerada pouco polida:

- De que raça descende o senhor?

- Sou árabe, senhora. Mas adoto os costumes do país em que me estabeleço, assim como meu pai: aqui pretendo ter apenas uma esposa.

- E é batizado?

Ele respondeu como pôde :

- Batizado. Mas infelizmente não temos muito tempo de frequentar a igreja. Os negócios, a senhora sabe...

Ela sorriu simpaticamente, para espanto de Aurélia, já que a mãe não era muito dada a sorrisos, e comentou: "Homens não são muito de igrejas... meu finado marido só ia em datas especiais, ainda assim, que homem bom era!".

Ao ouvir isso, a moça tranquilizou-se, e com surpresa maior ainda notou que os dois falaram muito a noite inteira, Pedro conduzindo o assunto para temas que interessavam à sogra como que, por encanto, despertando nela curiosidade sobre os costumes árabes, até que a própria dona Cláudia perguntou:

- Tem ideia de que negócio pretende montar aqui na província?

- Disponho de um capital razoável e tinha pensado numa loja de tecidos, mas há tantas! Minha futura sogra tem alguma ideia?

Ela olhou para a filha, que observava a conversa interessada e encantada com o rumo que as coisas estavam tomando.

- Sabes que Aurélia é muito prendada? Criada como semi-interna pelas freiras, ora, sim! Quando se formou, foi quem fez quase todos os doces da formatura, isso sem dizer dos pastéis de Santa-Clara e dos bolos confeitados. É nascida para a cozinha, esta minha filha... não fosse eu tão doente, estaria estourando de tão gorda! Por que não montam uma "boulangerie" (padaria em francês, termo muito usado na época, por ser moda a língua, como hoje é o inglês) com doces finos, chás e cafés abertos ao público? Falta isso aqui na província. Tudo que temos são tabernas, nenhum lugar onde as senhoras possam tomar um chá ou comer algo quando vão à costureira ou às compras...

Pedro olhou bastante interessado, realmente a ideia era boa, mas precisaria de um imóvel amplo e bem localizado. Para isso, teria que dispor de todo o seu capital. Olhou para Aurélia com curiosidade:

- E te agradaria trabalhar em algo assim? Possuo capital para o imóvel, creio, e o resto posso conseguir com meu pai por conta do casamento. Mas, não tenho experiência com doces portugueses ou franceses. Poderíamos colocar alguns árabes na exposição? São maravilhosos!

Aurélia respondeu muito animada:

- Se alguém me ensinasse a fazer, não vejo por que não. Alguns franceses são bem delicados e ainda assim eu dou conta. Claro que precisaria de ajudantes, mas se esquece de que pode contar também com o meu dote para começar o negócio!

- Isso é claro! - disse dona Cláudia - o dote dela está guardado e ajudará.

Pedro, de costumes diferentes, protestou:

- Senhora, já levo para minha companhia sua única flor e ainda desfrutarei de sua companhia. De forma alguma aceitaria o seu dinheiro, não é assim que um árabe age.

Dona Cláudia levantou uma das sobrancelhas pensando na diferença de costumes, mas querendo ajudar os noivos, já que tinha boa situação financeira e era Aurélia sua única filha, propôs habilmente:

- Acredita que sou uma viúva honesta, senhor Pedro?

- Como não, senhora? Acima de qualquer dúvida.

Ela sorriu:

- Ótimo. A honestidade é a principal qualidade num sócio. Tenho um imóvel do jeito que o senhor quer aqui mesmo, há poucas ruas desta quadra, o que facilitará bastante as nossas vidas já que pretendemos morar aqui mesmo. Entrarei como sua sócia, lhe alugando o imóvel, por vinte por cento do lucro líquido e futura opção de compra. Agrada-lhe a oferta?

E assim nasceu uma das "boulangeries" mais famosas da região, frequentadas por damas durante o dia e por rapazes e políticos durante o final da tarde até às oito da noite. Com os cabelos cobertos pelo véu árabe, Pedro levou uma Aurélia linda e bem-vestida para conhecer Sâmia, que passada a estranheza inicial, gostou da moça, a ponto de iniciá-la na cozinha árabe, sua especialidade. Infelizmente, quando Aurélia completou dezoito anos faleceu dona Cláudia de um mal nos pulmões, sendo assistida por Sâmia até os seus últimos minutos, junto com a filha.

Apesar de tudo, o negócio ia "de vento em popa", com Aurélia comandando a cozinha, enquanto Pedro comandava os garçons. A decoração do lugar em estilo parisiense era limpa e acolhedora, com janelas de vitrais, móveis de madeira maciça, xícaras para as damas da mais fina porcelana, "acepipes" vários para os portugueses e os doces, perdição da molecada. O trabalho era tanto, que num dia em que Sâmia veio visitá-los, num almoço, ela disse sem a menor cerimônia:

- E meus netos? Não vão vir?

Roxa como uma beterraba, Aurélia se calou. Pedro respondeu à mãe com uma grande risada:

- Estamos evitando por enquanto, mãe. Os negócios tomam tempo... mas logo os terá. Afinal, Aurélia logo fará vinte anos!

- Eu, aos vinte, já tinha os três! Não deixe para tê-los tarde, nora, menino dá muito trabalho. Aliás, meninos já tenho que chega, cinco netos machos! Queria mesmo é que você me desse uma menininha!

Aurélia sorriu:

- Sabe que eu também gostaria de uma menininha, sogra? Para nos fazer companhia na cozinha, hã? Tem razão, a senhora é tão boa! Quem sabe Deus não nos manda uma?

E seis meses depois, para a alegria de todos, Aurélia finalmente engravidou.

03

A PEQUENA ROSA E A FREIRA

MUITO EMBORA MINHA mãe quisesse por todo jeito que o nome de "Boulangerie" desse certo, não deu. Era de se rir, conforme contava meu pai, os descendentes de portugueses da ilha tentando pronunciar o francês corretamente. "Bando de ignorantes!" reclamava minha mãe, mas, como os pães, bolos, chás e cafés eram deliciosos, a vista para o mar encantadora, meu pai muito simpático e os atendentes muito educados, a casa prosperou, mas ficou conhecida por Café Árabe.

Minha avó Sâmia, embora de início quisesse apenas noras muçulmanas, agora via Aurélia como sua preferida, por conta dela fazer seu caçula feliz, cozinhar como uma deusa e ter lhe proporcionado duas netas gêmeas, que ainda por cima eram pura formosura. Depois da morte de minha outra avó, Cláudia, ensinou à minha mãe os famosos doces árabes, que a mim e minha irmã mais pareciam pequenos ninhos de pássaros feitos de trigo, manteiga e muito mel.

Meu pai acordava contente e ia bem cedo à feira comprar e "pechinchar" os ingredientes. Na primeira vez que o vi negociando com um português achei que era briga, de tanto que as vozes se alteravam e os pés batiam no chão em protestos sobre o preço dos produtos. Aline encolhendo-se atrás de mim perguntou nos seus cinco anos:

- Deus do Céu! Eles vão se matar?

De olhos bastante arregalados observei meu pai, que não parecia querer morrer por um grande pote de mel.

- Acho que não... é o jeito deles...

De qualquer forma, fomos nos afastando, que o tom de voz era alto, e minha educada mãe não permitiria jamais aquelas coisas em casa. Quando eu achei que iam rolar no chão, finalmente chegaram a um acordo, nem meu pai conseguiu o preço que queria, nem o português, mas os dois davam-se as mãos, muito satisfeitos, num grande sorriso. Compreendi que nenhum dos dois desejava realmente o preço inicialmente pedido, ou teriam dado as costas um ao outro simplesmente, mas Aline, pobrezinha, tinha ficado aterrorizada. Nunca tinha ouvido tantos impropérios nem gente falando tão alto, continuava escondida atrás de mim com os grandes olhos cor de mel muito arregalados, enquanto eu me divertia com a cena, apesar do susto inicial.

Meu pai era um dos sujeitos mais gentis que o bom Deus tinha posto na face da Terra, mas na hora de negociar parecia que era um "guerreiro" e, ao final, saía-se rindo ou muito satisfeito na maior parte das vezes, como se fosse uma espécie de jogo. Só depois da gritaria, com o largo pote de uns cinco quilos nas mãos, ele lembrou-se de nós e imediatamente nos identificou, muito embora estivéssemos vestidas de forma idêntica:

- Aline se assustou foi? - e a pegou no colo, com a mão livre, ela ainda de olhos arregalados - papai estava só negociando, foram os gritos, não é?

Observei os dois, ela encantadora escondendo o rostinho com as pequenas mãos, fez que sim com a cabeça, sacudindo os cachos e as fitas:

- Mas com os lusos (portugueses) falar alto e rápido é normal, e eles adoram negociar! Pedem alto só para começar, depois vão baixando, adoram uma disputa! Não é briga de verdade, filha... você é bem esperta, não se assustou, não é, Alice?

De fato, não esperava aquela gritaria toda, mas não tinha sentido medo. Fiz que não com a cabeça e sorri para ele, que com Aline nos braços, me sorriu de volta:

- Que dupla tenho aqui: uma princesa e uma pirata que não têm medo! E tenho muito orgulho das duas, mas vamos que sua mãe e Rosa devem estar preocupadas.

Em parte ele acertou: Rosa, agora com treze anos, bonita de chamar atenção, estava na frente da casa já olhando ao longe, procurando por nós, preocupada com a demora. Já nossa mãe estava com Sâmia, na cozinha, a aprender a lidar com damascos. A bonita Aurélia, por conta das gêmeas, não teria mais filhos por mais que tentasse.

O parto não tinha sido fácil dando a mim, a mais velha, curioso sinal abaixo da omoplata direita, como uma pequena cicatriz de sangue que ficou em forma de coração. Símbolo talvez da união física das duas irmãs, num parto que durou quase dezoito horas e onde ferros foram usados, causando prejuízos sérios à menina Aurélia e ferindo um dos bebês. O fato é, que depois que saí, ainda que com uma pequena ferida, Aline não demorou a sair para a surpresa de todos, que não esperavam gêmeas idênticas.

Minha avó Sâmia, que orava sem parar e não tinha dormido um minuto sequer, naquele dia notou o quanto já amava como filha a nora não muçulmana, e ao saber que tinha não uma, mas duas netas idênticas e saudáveis, cantou e dançou em glória e agradecimento a Mohamed, acompanhada por uma das noras que também simpatizava muito com minha mãe, minha tia Zara. Minha outra tia, Aisha, tinha ficado no sítio a tomar conta dos homens e dos filhos de todos.

Não tínhamos escravos. Minha mãe não achava justo e eles eram caros e despreparados na época para o comércio. Meu pai sempre tinha sido um abolicionista e tendo a pele um pouco mais escura, embora fosse árabe e não negro, achava um grande absurdo a diferença feita entre raças. Isso não impedia a chegada de alguns negros à nossa ilha, nem a discriminação feita a eles por algumas raças, mas em nossa casa isso era tido como crueldade e ignorância. Uma vez ouvi meu pai dizer à mesa:

– Não consigo entender como, num país que acolhe tão bem todas as raças, os negros serem tratados dessa forma, inclusive pela sua igreja, Aurélia! Ora, já se viu afirmarem que não têm alma!

Agradeci minha avó Cláudia, católica fervorosa e extremamente ligada às obras de caridade da igreja não estar mais ali para ouvir isso. Mas, minha mãe respondeu sabiamente:

– Em todas as religiões há tolos, senhor meu marido. E não são todos os padres que apoiam esse tipo de absurdo. Independente de nossas religiões, como cristã, não posso apoiar a escravidão. Acredito que na nossa posição, como comerciantes, embora tenhamos que ser discretos e respeitar a posição de todos os clientes, devemos também ajudar como pudermos por meio da caridade a esses desvalidos. Meu Cristo pregava isso assim como o seu profeta.

Admirei a sabedoria da minha mãe, observei Aline sorrindo, Rosa, que era de origem alemã, pensativa nas palavras dela, e meu pai finalmente abriu seu sorriso mais encantador:

- Engraçado como debaixo de cachos aloirados, olhos verdes admiráveis e mãos tão talentosas para a cozinha, possa existir também uma cabeça de raciocínio tão rápido e um coração tão caloroso. Sou abençoado, mulher, por ter me aceitado ao seu lado.

Bem-humorada, mas emocionada com as declarações dele, ela brincou:

- Abençoada sou eu, mas não nota que dona Sâmia ao me ensinar tantos doces tem me deixado um tanto gorda? É muita manteiga, muito mel!

Ele não pôde deixar de rir:

- Minha mãe é sábia, mulher. Sabe que nós árabes detestamos ver mulheres muito magras. E depois, nunca esteve tão bela!

Era verdade. Com o rostinho mais cheio, embora sofresse com o espartilho, minha mãe chamava a atenção por onde passava, principalmente ao levar os doces para o Café. Ia altiva, cachos soltos pelas costas, sempre com um xale a cobrir os bem torneados ombros, acompanhada de Rosa e, às vezes, de nós, tropeçando atrás, pensando no doce que ganharíamos ao chegar lá. O trânsito de charretes (carruagens existiam, mas eram coisa de gente muito rica, ou nobres), mulas e passantes era razoável e calçadas praticamente inexistentes, mas o mar azul e intenso a bater em pequena praia, às vezes com um impossível vento sul a levar chapéus, mesmo que estivessem presos a longos alfinetes, e tentar levantar as saias, deixavam a ilha (imensa) com um ar de beleza irresistível, sem falar na fama dos pescadores e das bruxas. Entrávamos por um corredor que dava para os fundos para não chamar a atenção dos clientes e despertar o ciúme de meu pai da bela esposa.

Pequenas aldeias formavam-se pela ilha, pelos pescadores principalmente, com fartura de peixes e camarões (estes desprezados pela classe alta faziam a delícia minha, de Rosa e de Aline, pois eram muito baratos e deliciosos, se fritos no azeite). É engraçado ter uma pessoa exatamente igual a você e confusões, é claro, existem. Mas algumas pessoas nunca se enganavam: Rosa era uma delas.

Ela chegou em nossa casa aos sete anos de idade, trazida por uma freira amiga de minha avó Cláudia. Parecia que tinham sido amigas na mocidade... era costume na época, em famílias mais numerosas, um dos membros servir ao clero. Tinha sido o caso daquela amiga de minha avó, muito bondosa, trabalhava em um orfanato, fora da ilha, perto da serra, onde o frio era mais intenso e a terra muito boa para o plantio variado.

Rosa tinha vindo de uma família de alemães que ao ir para o interior da província tinha enfrentado séria tempestade, que virou a frágil carroça e a empurrou despenhadeiro abaixo. Protegida pelos braços da mãe que não a largou de forma alguma, o bebê de menos de um ano foi a única a sobreviver, sendo achada um dia depois por outros imigrantes, que ao verem a tragédia enfrentaram a lama, mais interessados em recolher os haveres que poderiam ter sobrado (panelas, roupas e o dinheiro), já que pelo tamanho da queda era praticamente impossível que tivesse sobrevivido alguém. Muito se assustaram quando deram com a bebê muito clara, cabelos quase brancos de tão louros, abraçada ainda ao cadáver da mãe que olhava para o céu como numa súplica.

De início acharam que estivesse morta, pois dormia, mas ao ouvir o som das panelas sendo levadas, a pequena criança despertou, e chorou, primeiro um choro baixo e sentido, depois gritou a plenos pulmões.

Um rapazote de seus quatorze anos, polonês e católico, depois de muita discussão sobre levar ou não a criança, que afinal seria mais uma boca a alimentar em tempos muito difíceis, por fim mostrou a face da mãe da criança morta, que abraçada à menina e já enrijecida, parecia pedir aos céus pela pequena. Foi argumento suficiente. Apesar do enrijecimento do corpo tiraram a menina gordinha, bela, apenas com a cabecinha molhada ainda pela touca ensopada do dia anterior. Mal sabiam eles que Gertha, a mãe da criança em espírito ali se encontrava, em fervorosa prece desde que eles haviam virado a curva e que tinha lhes influenciado o pensamento para que salvassem a pequena Gertrude, nome que tinha dado à sua pequena e que nunca mais seria usado.

Pensando em acompanhar a menina, foi por mãos carinhosas impedida, e um ser de luz disse a ela:

- Cuidaremos dela agora, mulher. Não tem fé em Deus? Estás exausta, precisas de repouso, e já fizeste demais. Vamos, que te esperam.

Olhando a menina, que finalmente na carroça polonesa estava recebendo os primeiros cuidados, seus olhos olharam os seres de luz com súplica:

- Não me deixarão olhar por ela? Minha única filha, tão amada!

Um deles, uma mulher, sorriu para ela, mas usou de energia:

- Não pertences mais a este plano. Confia em Deus... não confia mais n'Ele? Esqueceu-se de mim? Sou tua avó materna, quanto maior tua confiança no Altíssimo, menor teu sofrimento! Confia, a isso se chama ter fé, e vem!

A isso ela olhou a senhora, tão bonita em trajes rosa, durante sua vida terrestre tinha sido com ela tão carinhosa, até falecer de doença do coração quando ela tinha dez anos, e olhando demoradamente para a criança, se foi. As saudades seriam grandes, mas a fé era maior.

Muito pobres, os "polacos" já estavam no Brasil havia alguns anos, mas não tinham tido sucesso no comércio. Resolveram então investir tudo o que possuíam em pequeno sítio na serra para a agricultura de maçãs, mas sabiam que o início seria árduo, por isso olhavam a pequena com preocupação. A mulher mais velha tinha apenas um filho, as outras duas tinham crianças pequenas de seis ou sete anos, todos "amontoados" na carroça, olhavam a pequena sem saber o que fazer, pois não havia leite, e a pequena chorava de fome.

Ralhou com o rapaz de quatorze anos que tinha insistido em trazer a pequena e este baixou a cabeça em sinal de respeito:

- E o que vamos dar a ela agora? Não temos leite!

O marido respondeu de modo brusco, que não admitia admoestações:

- Pois olhe para ela, mulher! Parece um anjo de Deus em apuros! Faça um chá com cidreira e dê a ela com um pouco de melado. O Senhor proverá!

A mulher resmungou, mas acendeu o fogo enquanto recolhiam os pertences da outra carroça, e fez como o marido lhe tinha ordenado. O rapaz pegou a criança, lavando-lhe os cabelos sujos e ela o encarou com seus imensos olhos azuis. Observou a fisionomia encantado:

- Como é bela, e essas bochechas rosadas! Parece mesmo um anjo, meu pai! Nós a chamaremos de Rosa!

E no final da tarde, pequena vaca desgarrada realmente apareceu no caminho da carroça, tinha pequeno sino atado ao pescoço e denotava ser bem idosa. O pai sorriu:

- Não disse que Deus proveria? Ainda nos trouxe uma rês, é vontade d'Ele que esta pequena sobreviva.

- Mas merece coisa melhor que viver conosco, marido. Nem uma casa temos aonde vamos! Sabe que crianças nessa idade morrem com facilidade - argumentou a mulher.

Sentiram todos que a mulher não queria a criança, e que tinha certa razão. Abraçado à pequena Rosa, o rapaz de nome Jorge, de seus quatorze anos, sentiu o coração apertado. Era sua madrasta, conhecia-lhe o gênio ruim, Rosa estaria melhor em outras mãos do que como escrava branca dela no futuro. Só então respondeu, pensando consigo mesmo que um dia resgataria a menina:

- Soube de um convento de freiras não muito longe, é um orfanato. Não recusariam menina tão bela, e só temos que fazer um pequeno atalho por uma estradinha de terra. Podemos seguir por ele, meu pai? A menina teria casa, comida e orientação religiosa.

Ao ver o ar de satisfação da mulher e o pedido nos olhos do único e bondoso filho, aceitou:

- Pois sigamos para lá. É possível que tenham vaga para essa inocentinha.

Menos de um dia depois chegaram. Ao ver família numerosa no portão, as freiras mandaram uma das irmãs ver o que queriam, e muito se espantaram com a menina, muito bela e vestida com apuro, emocionando-se com a história do desastre. Acolheram Rosa sem mais perguntas.

Ao ver a menina ser levada para dentro de prédio tão bem construído e protegido pelo tempo, Jorge suspirou: ao menos não pereceria de frio. Perguntados pela freira se gostariam de se hospedar por uma noite, a madrasta dele muito se animou, mas o pai de Jorge foi taxativo:

- Não, irmã. Pudesse, eu mesmo ficaria com a pequena, mas a pobreza me impede. O favor que nos presta, já é incomensurável. Deus a abençoe!

E seguiu seu caminho, sem dirigir a palavra à mulher por vários dias. Ao final de dez dias a vaquinha morreu, da mesma forma que apareceu, misteriosamente e em silêncio. Ante o mau humor da mulher, o pai de Jorge apenas comentou:

- Desde que a menina se foi, entristeceu. Sabia que não duraria muito, mas Deus cuida dos Seus e ensina aos que se afastam d'Ele. Lembra-se disso, mulher.

Dito isso, seguiram seu caminho pela serra. Jorge ainda olhou para trás, pensando na sorte que teria aquela bebê, única sobrevivente de uma família inteira. Vindo de família numerosa, muitos tios, com pai justo e muito sério e apesar da madrasta de gênio amargo, não conseguia atinar em vida tão solitária de criaturinha tão indefesa, a quem ele tinha dito o nome que ele mesmo escolhera para as irmãs: Rosa. Um dia a veria novamente? O mundo é tão grande, os invernos tão frios, a lavoura tão dura e instável, só o Senhor saberia.

No convento a pequena Rosa logo se tornou a atração por parte da irmã Maria Madalena, que se apaixonou por ela, achando-a de uma formosura sem fim. Os olhos azuis, o cabelinho muito louro, o comportamento quieto e o sorriso que mostrava os primeiros dentinhos a diferenciava das outras crianças, que ou choravam muito, ou brigavam demais, ou ainda não tinham a sorte de terem nascido tão bonitas. Por ser muito pequena, a descendente de alemães que escolheu por nome a santa mais próxima de Jesus, por se julgar muito pecadora, logo a tomou por filha e quando apareciam casais querendo adotar uma criança, espertamente "escondia" Rosa, que dormia sob suas cobertas em seu catre individual.

A verdade é que esta irmã não tinha ido parar no convento por vocação religiosa, embora gostasse muito de lá. De família pobre e honrada, Berte (seu nome de batismo) era a quinta de oito irmãos, que teve a infelicidade de se apaixonar por um caixeiro viajante aos treze anos de idade. Tolinha e analfabeta, trabalhando desde a infância na hospedaria da família, que finalmente começava a se firmar financeiramente, foi presa fácil para o rapaz que tinha uma "namorada" por onde passava, e assim, a menina desenvolvida demais para a idade, engravidou.

O caixeiro, depois de alguns dias, desapareceu. E a menina, a suspirar de saudade, nem se deu conta das "regras" que não vinham mais. A mãe, no entanto, desconfiou lá pelo quinto mês, perguntando a ela:

- Berte, não está ficando gorda demais?

A mocinha olhou para ela enquanto lavava uma grande pilha de pratos:

– É verdade, mãe. Sinto uma fome louca, principalmente por doces.

A mãe largou as panelas e as colheres na imensa cozinha, não tinha tempo realmente de conversar ou vigiar todos os filhos e ainda dar conta da hospedaria, que dirigia praticamente sozinha, tanta era a roupa para lavar e passar, a comida por fazer. O marido ficava mais no sítio de onde trazia as verduras, os leitões abatidos e as galinhas, via-o praticamente de quinze em quinze dias, mas tomar conta das três moças e cinco rapazes, além de quinze hóspedes, não era coisa simples. Que estava acontecendo com a sua caçula das moças, que era quem mais lhe ajudava?

– Berte, diga a sua mãe, andou de namoricos com algum rapaz?

A pequena não era bonita, tinha o nariz comprido do pai, olhos pequenos, lábios muito finos, mas era bem loura e interessante pela juventude. Antes de engordar, tinha o corpo bem feito, cintura fina, busto farto, cabelos lisos e sedosos. Não era nada impossível algum malfeitor ter se aproveitado dela. Berte, na sua inocência, corou como um tomate:

– Só com o Matias, aquele caixeiro viajante que esteve hospedado aqui. Mas ele prometeu que voltava e se casava comigo!

A mãe sentou-se com o susto. Tentou lembrar-se no meio de tantos hóspedes, quem era o Matias e depois de algum esforço, finalmente conseguiu. Tipo ladino, tinha deixado inclusive parte das contas para acertar depois... se ao menos fosse alguém do vilarejo, ajeitava-se o casamento e sua filha estaria salva, mas com aquele tipo... só dores de cabeça viriam.

Deu graças aos céus do pai de Berte aparecer só dali há dez dias e olhou a filha com imensa pena, enquanto essa a olhava com um medo crescente de levar uma das famosas surras que levava em criança, quando fazia algo que desapontava a mãe. Varas finas surgiam Deus sabe de onde para fustigar suas pernas, mas ela sentiu que dessa vez a coisa era mais séria.

Ela nunca tinha sido uma má filha, pensou a mãe com tristeza. E aquela barriga, que finalmente despontava era fruto de uma sedução indecente de um canalha com uma criança que, infelizmente, tinha ficado moça aos onze anos, e mal sabia como aconteciam as coisas nessa vida... mal tinha ideia do que era o "pecado da carne".

Berte seria discriminada no vilarejo inteiro, o pai a expulsaria de casa, a família toda desonrada, as irmãs poderiam ficar com má fama. Caixeiro miserável! Pudesse, ela mesma o mataria. E tinha dormido sob seu teto, comido da sua comida, sob seus lençóis!

Não havia mais como tirar a criança: barriga grande demais, a menina podia morrer. E depois era pecado, o padre havia dito que quem fazia essas coisas era condenado ao "fogo do inferno". Não queria sua Berte no fogo do inferno, justo ela, tão boa!

Observou a menina encolhida, que tinha parado de lavar a pilha de pratos, assustada, que sequer sabia o que estava acontecendo, e levou-a à grande mesa da cozinha para sentar-se com ela:

- Sabe o que acontece quando uma mulher se deita com um homem, Berte?

- Agora sei, minha mãe. Antes nem desconfiava... mas não gostei. Dói muito!

A mãe secou uma lágrima que já caía pelo queixo:

- Sabe que carrega um filho dele?

A menina empalideceu.

- Filho? Só por uma vez, e tão rápido? Por isso engordei tanto?

A mãe chorava enxugando as lágrimas no avental muito branco. Sabia que perderia sua filha, que não teria mais sua Berte correndo pela hospedaria, a dizer suas sandices de criança, a pentear seus cabelos de noite. A menina estava em desespero:

- Meu pai vai me colocar na rua, minha mãe. E tudo por alguns minutos, numa noite em que eu nem sabia o que ia acontecer! Que será de mim e da criança minha mãe, me ajude!

A mãe, filha de alemães, forte em seu trabalho e suas decisões, disse a ela:

- Não poderá mesmo ficar aqui, Berte, por isso choro. Mas não passará fome, nem frio. Ande, deixe esses pratos, você e eu vamos viajar imediatamente. Não precisa levar muita coisa que para onde vamos não precisará.

Assustada, Berte obedeceu. As irmãs cuidaram da hospedaria por três dias enquanto a mãe pegava um saco cheio de moedas que tinha juntado por anos, colocava seu vestido mais adequado, vestia a menina dignamente e pegava a charrete coberta para irem ao convento, que também administrava o orfanato. E lá, depois de longa conversa com a madre superiora, Berte foi aceita, assim como o generoso donativo da mãe dela. Nasceu três meses depois um menino frágil, que faleceu assim que veio ao mundo. Berte ficou triste, mas eram tantas as crianças a cuidar que logo se esqueceu. E quando viu Rosa, dois anos depois, linda como uma boneca de porcelana, sentiu ali imensa vontade de ser mãe.

E o vilarejo todo comentou que moça tão boa como Berte, só podia mesmo ter nascido para a vida religiosa.

04

ANTIGAS AMIGAS

QUEM SOMOS NÓS para adivinharmos o destino das pessoas, ou os encontros que se darão ao longo de uma existência humana? A verdade é que o convento era famoso na região tanto como orfanato, como por educandário, e não eram poucas as pessoas que iam lá, ou procurando bebês para adoção (os mais velhos dificilmente eram adotados) ou boas empregadas para o lar. A pequena Rosa logo teria sido adotada, mas o amor de Berte pela menina a fazia "desaparecer" do meio dos outros pequenos, assim que surgia um casal. Não queria perder sua pequena.

Verdade também era que o convento sobrevivia do próprio trabalho (tinha imensa horta, pocilga, galinheiros e vacas para a alimentação). Muitos dos internos aprendiam logo a fazer o queijo e a manteiga, e as meninas a bordar e a costurar para que o trabalho fosse vendido. O dia começava às cinco da manhã e terminava às oito da noite, sendo que qualquer interno, pagante ou não, frequentava as aulas para ao menos aprender a ler, escrever e fazer contas. As moças pagantes ainda tinham aulas de piano, francês, bordado e latim, caso desejassem.

Berte protegeu sua menina dos trabalhos mais duros, mas quando ela fez sete anos e tinha se tornado uma bela garotinha de cabelos muito claros, uma superiora ordenou que ela fosse designada para a cozinha do convento, onde o trabalho era árduo, e a menina sofreu maus-tratos por conta de uma irmã que acreditava que disciplina e crueldade eram a mesma coisa. Vendo isso, Berte desesperou-se, pensando que se a menina tivesse sido adotada teria uma vida muito melhor, culpou-se muito e quando Aurélia apareceu no convento em busca de uma babá para suas pequenas gêmeas, ao vê-la no corredor largo a esperar para falar com a madre, criou coragem e interpelou-a:

- É a senhora que busca uma babá, para tomar conta de duas meninas?

Aurélia virou a formosa cabeça, e sem atinar no porquê, simpatizou com a freira jovem, de rosto ansioso:

- Sim, irmã. Deus me deu o presente de duas gêmeas lindas e inteligentes. Mas como temos um Café, eu e meu marido precisamos de alguém que me ajude a tomar conta delas. Trabalhamos muito e a irmã deve saber como crianças dão trabalho e não param quietas.

Berte sorriu:

- E que idade têm as preciosas?

Aurélia lembrou-se da imagem das duas e falou com orgulho:

- Pouco mais de um ano, são idênticas, mas lindas! Pensei se não teriam uma mocinha, que se dispusesse a morar conosco. A casa é grande e ela seria respeitada e bem tratada. Como se filha fosse.

Berte olhou para os sapatos e a roupa de Aurélia: tudo muito adequado, mostrando a dama de fino porte que ela era. O único problema é que queria uma mocinha, e não uma criança como Rosa. Súbito, como se fosse inspirada por uma voz amiga, disse a Aurélia, vencendo a timidez como nunca antes tinha feito:

- Lido com crianças por muitos anos, e com mocinhas também. A senhora me permite uma opinião para o bem de suas meninas?

- Ora, que mãe amorosa não escutaria ao menos um conselho de uma freira experiente?

- Claro, irmã. O bem-estar de suas filhas deve ser prioridade de qualquer mãe.

E Berte, famosa no convento por sua timidez e ausência de fluência com as palavras, disse a bela Aurélia:

- Pois senhora, vejo em ti um bom coração e sei do cuidado que se tem que ter com os pequenos. Não leve uma mocinha como babá, principalmente se for para uma cidade! Seria melhor uma jovenzinha, mas já com algum juízo e que entendesse e participasse da vida das crianças. Mocinhas tendem a se perder em namoricos nas cidades e em pouco tempo talvez a senhora tivesse aborrecimentos como ter que procurar outra babá.

As mãos de Aurélia, calçadas em luvas de renda francesa, se colocaram no queixo, e ela lembrou-se que ela mesma tinha se casado mal tinha feito dezesseis. Isso sem falar no marido simpático e bonitão que tinha dentro de casa... a freira talvez tivesse razão. Ainda assim perguntou:

- Mas uma menina daria conta de dois bebês?

Berte sorriu:

- Não digo qualquer menina, que há muitas que são "estouvadas" ou distraídas, mas uma que eu conheço, daria. Aliás, é um doce de criatura, de coração meigo e puro, criada conosco desde muito cedo, descendente de alemães que tombaram a charrete na serra. Ela adora crianças, já vai fazer oito anos, e sabe ler e escrever.

Ainda um tanto em dúvida, mas já quase convencida, Aurélia perguntou:

- E posso conhecer a menina?

- Mas claro!

E vendo passar uma noviça, Berte pediu que chamassem Rosa na cozinha, sussurrando que ela se lavasse bem e não viesse cheirando a cebolas. A noviça, que gostava muito de Rosa, partiu célere e em pouco tempo trazia em suas mãos a menina, de roupa limpa, sapatinhos velhos, olhos azuis muito abertos e cabelos muito louros presos no alto da cabeça. Vinha de cabecinha baixa, como ensinada desde cedo, mas ao ver Berte, que tanto amava, sorriu e pensou: "talvez o bom Deus tenha ouvido as minhas preces e me tire da cozinha e das garras daquela irmã". Berte disse:

- Rosa, essa é dona Aurélia. Ela precisa de alguém que cuide de duas meninas de um ano. Gostaria do serviço?

Rosa cumprimentou Aurélia com um aceno de cabeça e um meio sorriso, como tinha sido ensinada.

- Bebês de um ano? Que riqueza! Gostaria sim! São gêmeas, então?

Encantada com a educação e os traços finos da menina, Aurélia respondeu:

- Sim. E bonitas como você! Mas sabe trocar fraldas, dar comida, essas coisas todas que são necessárias? Que idade tem?

- Faço oito em dois meses, senhora. E sei sim. Trabalhei no berçário por um ano e faz só dois meses que estou na cozinha. Como vê, sou grande para minha idade.

- E sabe mesmo ler e escrever?

- Sim. E também faço contas. As freiras me disseram que isso podia me ser útil um dia.

Aurélia sorriu:

- E pode ser que seja mesmo. Tem mesmo razão, irmã. Simpatizei muito com a menina. Moro numa casa grande e você será muito bem tratada, numa cidade bonita, perto do mar. Já conhece o mar?

- Não, senhora. Mas dizem ser grande e salgado. Pode deixar que as bebês não chegarão perto dele, pois dizem ser perigoso também.

Aurélia riu:

- Com quem falo para levá-la? Parece que já a conheço há anos!

Segurando as lágrimas nos olhos, mas feliz de encaminhar sua pequena Rosa, Berte disse:

- Com a madre superiora. Ela acertará tudo com a senhora. Pode ter certeza de que leva daqui um de nossos mais preciosos anjos, e olhe que eles são raros!

Sorrindo, ela sentou-se em largo banco de madeira e muito surpreendeu a madre quando mencionou o nome de Rosa, fazendo questão de que fosse a menina. Quando perguntada que freira a tinha indicado, Aurélia só então notou que não lhe tinha perguntado o nome, mas que tinha sido bastante gentil com ela, e caprichou no donativo para o convento. A madre pensou logo na irmã Maria Madalena, mas isso não seria possível, ela nunca abordaria uma estranha. Mal falava com os do convento, tirando a pequena Rosa!

Autorizada a ir-se, Berte a ajudou a arrumar seus poucos pertences, colocando junto da sacola um terço de madrepérola, único bem de algum valor que possuía e disse-lhe:

- Nem eu sei como tive coragem de abordar aquela senhora, mas meu coração me diz que é pessoa muito boa, e eu não te quero naquela cozinha imensa no inverno, toda molhada de lavar pratos e panela. Cuida bem de ti e das crianças, Rosa, e não se esqueça de que aqui foi muito amada! Gente de bom coração como o teu, sempre acha um lugar no reino do Senhor.

Finalmente, dando-se conta de que ia deixar sua Berte, que tanto lhe tinha acalentado durante as noites de frio, cantado cantigas para que ela dormisse, guardado doces escondidos para ela, a pequena Rosa chorou. Tinha apenas mais um vestidinho pobre, doado pelos ricos ao orfanato, e algumas roupas de baixo. Sapatos, apenas os que estavam nos pés, um casaquinho surrado e já puído nas mangas. Ainda assim estava limpa e bem alimentada, as bochechas rosadas como sempre, e muito bonita. Os uniformes que usava, constantemente, ficariam no convento. Abraçou Berte apertado e seguiu para a bela charrete de Aurélia, que a esperava com um sorriso:

- Mas só tem isso? Esperava um baú, ou coisa assim... não tem importância, sabe costurar?

- Costuro muito bem, senhora.

- Pois então, antes de irmos para casa pararemos numa loja de tecidos e aviamentos. Pode me chamar de dona Aurélia, que não tenho idade para ser sua mãe, mas conte comigo para tudo, ouviu?

E se foram serra abaixo, com Aurélia comandando com maestria os dois cavalos da charrete. Rosa olhou ainda uma vez para trás e espantou-se com o tamanho do convento que só conhecia por dentro: Muros altos de pedra, que escondiam tantas almas. Pensou em Berte e uma lágrima escorreu pelo belo rostinho e ela resolveu não olhar mais. Concentrou-se na paisagem à frente, deslumbrante, na balsa que teriam que tomar e na alegre tagarelice de Aurélia que lhe falava das meninas, do marido, da sogra, tão diferente das demais e ainda assim tão boa.

No plano espiritual dois espíritos sorriam vendo a cena, um era a mãe da pequena Rosa, outro um amado amigo que tinha vindo com ela. Comentaram entre si:

- Até que não foi muito difícil "inspirar" Berte, não é?

O amigo respondeu:

- É que, apesar da timidez dela, vocês duas têm em comum o amor pela menina. E não é um amor pequeno... mais tranquila agora?

A bela mãe de Rosa sorriu:

- Claro. Ela e Aurélia são amigas de muitas vidas, uma ajudará a outra na caminhada, são duas boas almas que ali vão. Mas Berte me surpreendeu. Será médium? Tudo que eu dizia ela repetia! Consciente e achando que era ideia dela, mas foi de uma firmeza ao expor "seus" pontos de vista!

Olhando as duas ao longe, seguindo com a charrete, ele disse:

- Minha boa amiga não sabe o tanto que Berte se angustiava de ver Rosa na cozinha do convento. Não foram poucas as crianças que adoeceram por maus-tratos lá... e algumas se foram para o plano espiritual, por queimaduras sérias também! Mas quanto a ser médium, digamos que ela é influenciável, como todas as pessoas. É como já lhe disse, o sentimento comum as uniu, e facilitou a ação.

- É assim também com os espíritos perversos, que desejam o mal?

- Claro. Se um espírito ainda primitivo se achega de alguém carregado de ódio, inveja, prepotência, ou mesmo preguiça, fica muito mais fácil influenciá-lo se possuem os mesmos sentimentos. Não ensinamos sempre na Colônia, a desejar só o bem? Se uma pessoa lhe faz mal, afaste-se, mas não se vingue. Por mais difícil que lhe pareça, tente perdoar, pois se o bom atrai o bom, o mau atrairá e ouvirá o mau, que se deliciará com o fracasso deste. Assim como nos alegramos quando nos vemos em poder de ajudar alguém e conseguimos. É a lei do retorno, e não é apenas o espírita que acredita nela. Por isso não discriminamos nenhuma religião que pregue o bem e a caridade, tanto no ocidente, como no oriente.

Observando um pôr de sol incrivelmente avermelhado, onde nuvens esparsas tingiam-se de dourado, ela disse:

- Tão fácil o caminho do mal, mestre. Tão fácil mentir e dissimular para assim vampirizar o caminho alheio, como se o trabalho honesto e digno fosse a maior das humilhações. Não notam o quão libertador é ser bom, honesto e digno? Será que sabem a vida que realmente levam os maus, os preguiçosos, os invejosos? Chamam os bons e honestos de "tolos" nesta vida na Terra e de "espertos" os que enganam e enriquecem com o sofrimento alheio. Será que sabem o que lhes esperam?

Olhando o mesmo sol deslumbrante, o mestre disse:

- Não, mas não se preocupe: saberão. Aliás, nem mesmo na Terra esses desventurados são felizes. Deus ensina. Não duvide disso, como não duvide de quem faz um pôr do sol tão esplendoroso!

05

VINHO E SANGUE!

LEMBRANÇAS DE INFÂNCIA são parecidas com flocos de gelo levados pelo vento: nunca se sabe aonde vão pousar. Uma das mais divertidas que tenho, é de quando tinha meus cinco anos de idade e fomos a uma festa de aniversário de meu avô. Tinham armado grande tenda no sítio, com músicos, tapeçarias e muita gente reunida. Como esquecer de Rosa que era uma linda menina, já vestida com bonito e bem cortado vestidinho azul de época, de constituição fina, ossos de rosto e corpo muito elegantes e postura muito reta. Continuava com as bochechas rosadas que lhe deram o nome "emprestado", mas estava realmente se tornando uma beldade. Seu olhar, naquele dia, para mim era de imenso carinho, enquanto para Aline de preocupação com suas artes de menina, que não parava quieta e naquela idade já dava passos de dança para a avó Sâmia, jovem senhora que não aparentava seus mais de cinquenta anos, usando o véu árabe apenas cobrindo os cabelos, roupas ricamente bordadas, e batia palmas para a neta que dançava precocemente com perfeição ao som da música árabe, tocada por músicos contratados pelo avô.

A menina encantava os convidados da família, longos cachos caindo pelas costas, enquanto eu acompanhava com palmas, inflada de orgulho. Tendo tido algumas "aulas" com Sâmia, ela superava agora a mestra, em tenra idade, causando o sorriso de Pedro pela inocência e agilidade da pequena.

Já Aurélia e Rosa, apesar de admiradas e encantadas com a proeza da menina, ficavam a imaginar o que os rapazes portugueses iriam pensar daquilo no futuro. "Bom - pensou a mãe - se em família era exibida, ao menos em público ela era razoavelmente comportada!".

Pois meu avô, que tinha sido homenageado com a dança, assim que a música cessou, abriu os braços para a neta:

- Tahanina! alllah yahmik ! (Parabéns! Alá a proteja!) Pois sim... nunca uma dança nossa foi tão bem executada! Sâmia ensinou bem a neta... e minha outra fortuna, tão tímida? Quais serão seus talentos?

Bracinhos em volta do pescoço do avô, Aline respondeu:

- O talento de Alice é a bondade, avô.

Ele me sorriu abrindo ainda mais os braços e me chamando para perto. Olhou bem nos meus olhos:

- Pois saiba que esta é a mais bela e a menos valorizada das danças, minha neta. Apenas o homem sábio a vê. Mas, aqui tem um velho sábio! Zara, traga às meninas doces. Você me deu netos varões que levam meu nome e Aurélia flores para nosso jardim!

Zara era nossa tia, casada com nosso tio do meio, e para nossa sorte, nos amava e nos enchia de mimos. Tinha tido dois meninos fortes, bem mais velhos que a gente e que simplesmente não nos "enxergavam" nessa época. Meiga, olhos quase negros, pele morena clara e mãos deslumbrantes, era muito chegada à minha mãe, boas amigas mesmo! Estava coberta por véu negro, mas com rico vestido colorido e bordado por baixo. Tinha sua própria beleza, e embora o marido a achasse um tanto "liberal" demais, seu temperamento doce mantinha o marido cativo de seus encantos.

Meu tio Samir, marido de Zara, dizia a meu pai:

- Fomos abençoados com mulheres belas e de bom gênio. Que linda está a Aurélia! E que meninas formosas! Não será nada difícil arrumar casamento para elas. E a lourinha, está se comportando bem? Toma conta direito das duas?

Pedro olhou o irmão Samir com simpatia:

- Aurélia tomou-se de amores por ela. De início achei pequena demais, mas não é que dá conta? Vigia as duas, mesmo a Aline que não para quieta. Alice é mais observadora, acho que dará uma excelente esposa de algum sortudo. Mas, voltando a falar de Rosa, melhor babá não existe. Não sabe fazer muitos doces na cozinha, mas costura como um anjo. Vê as roupas de Aurélia e das meninas? É ela quem faz, e tão pequena ainda!

Em festas árabes a mesa é sempre muito farta, e nada há de álcool. Gostavam imensamente de café e Sâmia exibia seus tesouros do lar com gosto: travessas, pratos, copos finamente decorados. São religiosos, cantam, dançam, gostam muito de agradecer ao Senhor de sua própria forma e comemoram mesmo. Não há nada como uma festa árabe!

Meu pai amava seu Café e o comércio. Adorava estar com os clientes, ouvir os assuntos da época, manejar apetrechos de cozinha e aos poucos foi incluindo em seu cardápio, além dos habituais pães, doces, sucos e cafés, pasmem, grande novidade para a cidade que fez grande sucesso: pastéis salgados que ele fritava na hora (ideias de Aurélia) e quibes.

O cheiro do mar e do porto, com seus marinheiros e imigrantes de diversos países, o divertia e o fazia passar os seus apertos. Eram muitos os alemães subindo a serra, louros como a nossa Rosa, de quem ele já tanto gostava, e com uma língua que por mais que ele se esforçasse, não conseguia aprender. Tinham a mania também de carne de porco transformada em salsichas, coisa com a qual ele não se habituava e nem deixava entrar em casa:

- Carne suja! Nem pensar Aurélia!

Costumes à parte, como ele era o melhor dos maridos, minha mãe resolveu nem discutir esse ponto. Não queria brigas com dona Sâmia e seu Assad de quem gostava tanto!

Outra desavença eram os camarões e as ostras de que os marinheiros tanto gostavam, e que meu pai não podia nem ouvir falar por achar estranho demais (em nossa casa entravam por obra e graça de minha mãe, que adorava). Quando apareceu a ele um simpático siri, deu grande pulo para trás para depois atacá-lo com uma vassoura:

- Só me faltava isso agora: querer que se comam aranhas marinhas!

Mas os peixes, em larga abundância, eram mais que bem-vindos e bem fritos, que ele não sabia outro jeito de preparar a iguaria. Fez sucesso: prato mais em conta da casa, temperados no limão e sal. Ele continuava preferindo seus pratos e até os pastéis de minha mãe, mas se a freguesia gostava...

O real dilema deu-se quando uma autoridade local, que muito frequentava o Café pediu, ao final de tarde, uma taça de um bom vinho português, ou mesmo uma cachacinha da região. Ora, embora batizado, meu pai era muçulmano e bebida alcóolica era proibido aos seguidores de sua religião, ao contrário dos católicos que bebiam o álcool, faziam das suas e depois confessavam-se livrando-se dos pecados. Para os muçulmanos não funcionava assim. Mas, admitir para a autoridade sua fé, poderia causar problemas com a Igreja, coisa muito ruim para os negócios. Como fazer? Logo no início, saiu-se com essa:

- O senhor me perdoe a falta do vinho, é que estou a aguardar uma remessa que vem num vapor daqui a umas semanas. Coisa especial... quanto à cachaça, não vendo, pois deixa os marinheiros meio "agitados" e espanta a freguesia. O senhor me entende. Cerveja estou pensando...

O Presidente da Câmara Municipal gostava muito de meu pai e sinceramente era fã do estabelecimento. Sabia de suas origens árabes, mas apesar de nunca vê-lo na igreja, via sempre minha mãe, Rosa, eu e minha irmã, logo, não duvidava de nosso catolicismo, já que não eram mesmo muitos os homens chegados à missa. Respondeu a ele:

- Quanto à cachaça, concordo perfeitamente. Nossa polícia tem tido todo tipo de problemas e o estabelecimento do amigo é fino e limpo, não deve mesmo atender a esse tipo de freguesia. Mas nosso vinho português é quase uma tradição da província e bem fraco em vista da aguardente. Pena que não tenha ainda! Teria grande saída depois das cinco da tarde, quando começa a fechar o comércio!

- Agradeço o conselho do amigo. Mas espere que verá! Já comeu de nosso quibe? Pois faça o favor, esse é oferta da casa com refresco de limão.

E assim ficou com o dilema na cabeça. Soubesse seu pai das bebidas alcoólicas no estabelecimento, fecharia o cenho com certeza, mas não era o primeiro da freguesia a solicitar. Correu à loja de louças e comprou vinte taças de boa qualidade, mas de vidro, e não cristal, que esses estavam "os olhos da cara", e depois saiu ao porto para comprar um bom vinho português. Como não provasse, levou consigo um funcionário que ficou muito feliz com o serviço, pois os vinhos que provou eram celestiais: vinhos da Ilha da Madeira. Meu pai pagou caro, mas levou o indicado, já imaginando quantas taças aquilo renderia para dar algum lucro.

Minha mãe quando soube ergueu as sobrancelhas logo que viu o barril. Já tinha tomado antes, em festas de família, misturado com água na infância:

- Como fará com seus pais? Isso é pecado grave para eles!

- Mas a freguesia exige, Aurélia, e é para ser vendido só depois das cinco e com moderação.

Ela olhou para o barril. Mãozinha no queixo, pensando no que fazer.

- Custou muito caro?

- Os "olhos da cara"! É coisa fina, Manolo que trabalha comigo, garantiu.

Mãos nas cadeiras ela deu a volta no barril, pediu que o abrisse, cheirou e experimentou com uma colher limpa. Olhou para o marido com olhos com jeito de comerciante experimentada:

- É bom mesmo, Manolo não te enganou. É bom empregado e conhece vinhos. Mas é forte! Posso dar a ele um "toque" especial em digamos, vinte por cento, que o deixará mais saboroso e mais fraco?

Meu pai olhou minha mãe, admiradíssimo, enquanto eu ouvia tudo da escada. Mestre em temperos de todos os tipos e especiarias, eu fiquei imaginando, nos meus oito precoces anos, de camisola, fugida da cama atraída pela conversa dos dois, o que ela pretendia. Tinha minha primeira lição de comércio.

- Aurélia, Aurélia! Sabes que confio em ti, mas nunca te vi mexer em vinhos!

Ela o olhou desafiadora:

- Pois não são os meus chás, únicos na região, que atraem muito de seus clientes? Já fiz algo na cozinha que não lhe desse lucro?

Ele retrucou:

- E já lidou com vinhos?

Ela deu de ombros:

- É tudo, meu amado esposo, uma questão de sabor e entender o que fazem as especiarias.

Sem estudo nessas áreas, meu pai nunca tinha entendido como a mulher conseguia semelhantes "mágicas". Talento natural, como o de Aline para a dança, supôs. Vá se entender o destino e a vida dos seres humanos... uns nascem "dotados", outros não. Rosa dizia que meu "talento" era o de ser inteligente e "xeretar" sem ser vista, o que não era o caso de

Aline que, com seu jeitinho de sereia, sempre chamava atenção, mesmo quando não queria. Meu pai finalmente sucumbiu.

- Está muito bem, Aurélia, mesmo porque ficará mais fraco. O barril é seu, faça como bem entender.

No dia seguinte, ela levou Rosa e nós a um pequeno mercado que vendia especiarias e tinha fama de ser "loja de bruxa", no bom sentido. Preparou algumas infusões, tomou temperaturas, tudo deixando a casa com um cheiro extremamente apetitoso e adocicado, em que eu identifiquei flor de laranjeira, canela e cravo. Desceu depois para o porão, pediu a Manolo ajuda para colocar o vinho num recipiente maior que o barril, e o cheiro de vinho tinto seco encheu a sala. Era um recipiente que depois ela escureceu cobrindo de lona e jogando pouco mais de vinte por cento do total de líquidos. Manolo que não viu a adição do preparado, não entendeu porque ela mudou o vinho de lugar, mas ela queria que o segredo ficasse entre ela e o meu pai. Tudo muito bem tapado ela me olhou na escada de madeira e me sorriu:

- Para estar espiando tão silenciosa, só pode ser Alice. Onde está Aline?

Eu respondi sem medo por ter sido pega, pois nunca tivera medo de minha mãe.

- Tendo aulas de piano. Sabe que tem talento? Rosa também... que bom que a deixou ter aulas, dona Carlota (nossa mestra) é azeda, mas ensina como ninguém.

Ela sentou-se limpando o suor da testa e tirando as luvas.

- Pois eu sempre fui um desastre para o desespero de sua avó, dona Cláudia. A única coisa que sei fazer direito é cozinhar. Sempre me dei bem com as minhas panelas!

Eu corri a me sentar no colo dela:

- Pois para mim, tem o maior do talentos: não há quem não abra um sorriso quando come de sua comida! Esse vinho vai ser um sucesso! Mas, colocou um pouquinho mais de caldo...

- É que era necessário. Não me pergunte porque, acho que intuição.

À noite meu pai chegou, e depois de cear com minha mãe o ouvi perguntar:

- O superintendente está curioso com o vinho, virá logo?

Ela sorriu:

- Deve demorar uns dez dias, marido, para obter o efeito que quero. Queria lhe pedir um favor.

- Pode pedir, embora eu ache que isso tenha me custado um barril de bom vinho.

Ela não se deu por vencida:

- Deixe eu ir ao restaurante e me esconder nas cortinas da cozinha quando ele for experimentar o vinho? Quero ver o jeito dele.

Papai sorriu:

- Está certo, mas vá discreta e me prenda esses cabelos, hein? E nada de levar as crianças.

Era ciumento de sua Aurélia e tinha razão. Além dela ser bela e chamar a atenção, mulheres não frequentavam esses ambientes à noite. Entrou pelos fundos, e eu, por mais que tentasse segui-la, não tive como, Rosa me seguia como um cão de caça. Aline geralmente preocupada com flores e enfeites, vendo-me tão concentrada, resolveu investigar:

- Que foi? Está com jeito de gato que comeu canário...

Ri-me dela. Nunca conseguia lhe esconder nada:

- É que o segredo não é meu. Não sei se posso contar.

- E você lá guarda segredo? Anda, o que descobriu?

Depois de fazê-la prometer que não contaria nada a ninguém, principalmente a nossos avós, eu contei do vinho e da água e do tempero que mamãe estava colocando para disfarçar o cheiro e torná-lo menos forte. Ela arregalou os olhos de cílios negros imensos como os meus:

- Álcool? Vovó Sâmia mata papai!

- Mas os fregueses estão pedindo. Todo lugar aqui vende, não podemos dizer que somos "meio muçulmanos"...

Ela levantou-se, ajeitando o vestidinho rosa, muito formosa e me olhou com curiosidade:

- E será que ficou bom?

- O cheiro ficou dos deuses, mas mamãe diz que ainda precisa apurar um pouco. Só quero ver quando vovô Assad ver a freguesia com as taças. É capaz de pegar papai pelas orelhas.

Ela me olhou divertida:

- Ora, é só dizer que é suco de uva com especiarias! E depois ele vem tão pouco aqui!

Achei a ideia bem digna dela, que sempre se saía com as suas, e comentando com mamãe, dizendo que quando vovô fosse experimentar, colocaríamos mais água ainda na taça, afinal, ele realmente não podia se embebedar, mas Alá perdoaria esse "pecadinho".

Verdade é que o vinho de seu Pedro "vindo da Ilha da Madeira", fez um sucesso sem par. Acompanhado dos "acepipes" de dona Aurélia, fez com que a fina flor da sociedade ficasse até pelo menos às nove da noite a discutir política e contar piadas. Levavam o vinho até para as senhoras, que serviam às visitas a preço bem disputado. Meu pai fez uns bons cobres, como se dizia na época.

Vovô na verdade vinha nos ver pouco, coisa de seis em seis meses. Chegava carregado de compotas e doces que faziam a nossa alegria, e, às vezes, trazia nossa bela avó, o que muito alegrava a minha mãe. A casa que minha avó Cláudia tinha nos deixado era grande e bem localizada e havia sempre um quarto arrumado para os dois, com todo o conforto possível. Aline e eu começamos a fazer brincadeiras de gêmeas nessa época: Vestidas e penteadas iguais parecíamos duas gotas d´água e nos divertíamos muito quando minha avó tinha longas conversas comigo.

Eu então, muito arteira, repetia a conversa para Aline e ela conversava com minha avó, se passando por mim. Depois revelando à dona Sâmia, quem era quem... escapamos algumas vezes de beliscões por conta disso!

Na escola para onde fomos com oito anos, uniformes idênticos, algumas vezes fiz provas por ela, quando se metia em algum apuro com os números. Em troca, ela me salvava das aulas de música e de piano nas apresentações. Rosa desconfiava, mas sorria por dentro, é como se fosse nosso "segredo".

Generosa, em horários vagos e raros na casa, Aline ensinou ainda mais a Rosa a tocar o piano, e devo dizer que a aluna superou a mestra com facilidade, apesar de seu real dom ser a costura. Bordava e costurava como ninguém na Terra. Num Natal, data por nós comemorada, mas não por Sâmia, mandou para ela lindo véu bordado em estilo árabe, que fez grande sucesso e a deixou muito feliz. Lembro de minha avó comentando:

– Não conheço direito esse seu Jesus Cristo, mas se motivava gestos tão generosos, não podia ser má pessoa. Só não entendo dizerem ter morrido de maneira tão infame! Que absurdo!

Vá se explicar a ela que aquilo era para, segundo nossos amados irmãos católicos, "tirar os pecados do mundo".

E coitado de quem tentasse tirar o véu dela, que se já gostava de Rosa, a partir daí a encheu de encomendas. Em compensação na cozinha, como dizia minha mãe, "mal dava para cortar temperos". Carnes queimavam ou ficavam cruas, bolos solavam, só na limpeza era impecável. Mas os vestidos que costurava para ela, que perfeição! Logo, a expulsar da cozinha era um dos atos mais comuns:

- Não, Rosa, não preciso de ajuda! Quer que esse cetim fique cheirando a cebola? Vá ver as meninas!

A verdade é que ela virou mais uma filha da casa. Nós a amávamos pela lealdade, generosidade e beleza que a cada dia crescia mais, os lindos cabelos louros sempre caindo pelas costas, os olhos azuis como o céu. Pouco sabia das fadas europeias, mas deviam se parecer com ela... nos cobria todas as noites, beijava nossas testas, ajeitava os mosquiteiros e se demorávamos a dormir, cantava com uma voz suave, lindas cantigas que falavam de cavalheiros e damas em castelos longínquos. E de manhã cedo lá estava ela a desembaraçar nossos largos cachos e esfregar nossos rostos com sabão de coco.

Depois disso olhava nossas mãos e o uniforme como boa alemã, muito ordeira. Feita a inspeção, café da manhã com dona Aurélia e suas ajudantes já bem suadas na beira do fogão à lenha.

Cresceu, devo dizer, uma das mocinhas mais lindas de todo o povoado. Séria como só ela, obediente, apaixonada por nós, sentia-se em segurança em casa. Eu e minha irmã éramos um caso raro em que não havia praticamente nenhuma briga, e quando havia, acabava em riso. Aline era generosa e vaidosa, eu quieta, e segundo diziam, muito inteligente.

Jeito para a cozinha, nenhuma de nós tinha na época, mas a mudança realmente em nós, a ponto de nos diferenciarmos apesar da aparência idêntica que tanto chamava a atenção pelas ruas e na nossa própria família, se deu lá pelos doze anos, quando ficamos moças, praticamente no mesmo dia, minha irmã um dia antes de mim.

Há que se lembrar, que não se tocava em determinados assuntos naquela época, e quando Aline, ao acordar, se viu indisposta e com os lençóis cheios de sangue, armou uma gritaria que fez com que Rosa viesse correndo, junto com minha mãe. A pequena olhava assustada (não era para menos), os lençóis muito brancos e perfumados, tintos de vermelho, a barriguinha doendo de cólicas e disse para mamãe:

- Cortei-me! Mas como me cortei? A barriga dói, mas não tanto!

Apavorada com a ideia de perder minha irmã, postei-me ao lado da cama erguendo sua camisola e vendo a barriga intacta.

- Mas não há corte! Vire as costas... não, nem aqui. Suas calçolas estão ensopadas, será que algum gênio mau, como diz sempre vovó Sâmia, entrou aqui? - desatei a chorar - não quero perder minha irmã!

Um tanto tonta ainda de sono e com a novidade, foi minha mãe quem nos explicou tudo. Aline corou muito e Rosa foi providenciar toalhinhas que era o que se usava naquela época. Ao saber que não estava doente, Aline relaxou, ainda que se queixasse das dores. Mas quando soube que "aquilo" voltaria todos os meses, emburrou feio.

- E como vou à escola sangrando desse jeito? E subir nas árvores do quintal?

- Não seja boba - disse Rosa - isso também tem suas vantagens. Quer dizer que dentro de uns poucos anos, poderá se casar e ter filhos! Agora você deixa de ser criança para ser uma moça!

Minha irmã lembrou-se com certeza das brigas em que nos metíamos com os moleques que invadiam nosso quintal, querendo roubar frutas e pensou na pouca consideração que tinha com o sexo oposto:

- Homens? Casar com um daqueles abusados? Deus me livre! É maldição em dobro.

Não disse nada, mas intimamente concordei com ela. Não gostava nada dos meninos também e dei graças aos céus, por não ter tido aquela "sangueira" toda ao me despertar. Minha irmã estava pálida, tomara que a minha demorasse bastante, que eu não tinha a menor intenção de ficar moça.

Pouco adiantou, no dia seguinte, fui eu que acordei aos berros...

06

MAMÃE VAI AO CAFÉ

DEPOIS QUE FICAMOS "moças", curioso fenômeno se deu comigo e Aline. Não no amor, que este era verdadeiro e único, mas em certos detalhes, que fizeram com que outras pessoas nos distinguissem com facilidade. Assim que soube de nossa "transformação de crianças em moças", provavelmente por nossa mãe, nossa avó Sâmia chegou ricamente vestida e trazendo doces de diferentes tipos, que teve que passar as receitas à minha mãe que anotava tudo num caderno de família, já meio surrado, de capa de couro grosso, como a maior parte das famílias fazia na época e as mulheres achavam verdadeiros tesouros.

Minha avó Sâmia, com o lenço descobrindo apenas o rosto bonito, disse logo que nos viu:

– Inshallah", (O desejo de Deus será cumprido)! Minhas meninas lindas agora serão mulheres! Logo teremos que ver os casamentos, minha nora! Sabe que um bom casamento árabe dura três dias? Aquele seu não teve graça! No nosso, o vestido branco só é usado no terceiro dia, um espetáculo!

Casamento? Aquela sangueira toda e ainda por cima casamento? Aline e eu nos olhamos apavoradas, teríamos que casar com algum árabe? Demos as mãos como se buscássemos forças uma na outra.

Minha mãe, ao ver nossa aflição (tínhamos doze anos e sequer sabíamos o que aconteceria num casamento, só que iríamos embora. Não queria ficar longe de minha irmã!) disse espertamente para minha sogra um ditado árabe que tinha aprendido com seu amigo:

- Lembre-se sogra, que a paciência é a maior das virtudes! E depois, elas nem têm corpo de moças! Parecem ainda as meninas da escola, que aprendem piano e francês, e quando eu vejo, estão no pomar, atrás de alguma fruta! E depois, podem querer se casar com algum comerciante cristão. Sabe como as outras religiões são perseguidas aqui!

Minha avó sorriu, pois nunca conseguia discordar da diplomacia de Aurélia. Mirou-nos de cima abaixo, observando nossa palidez e disse:

- É verdade! E depois falta corpo, homens gostam de corpo! - olhando para minha mãe que tinha um corpo de dar inveja, cintura muito fina, vasto busto, quadris largos, disse - será que puxarão à mãe?

Aurélia sorriu:

- "Inshallah", como a senhora mesmo diz. Mas se me perdoa o elogio, se puxassem pela avó paterna também não faltariam candidatos.

Pouco acostumada a elogio, minha avó sacudiu as vastas pulseiras de ouro e tirou o véu depois de fechar as cortinas da rua. Víamos um longo cabelo, de raiz lisa e longos cachos, morenos, um tanto grisalhos, mas de rara beleza. Notei de onde nossos cabelos tinham sido herdados. Tirando isso e os imensos olhos, a pele sem rugas, pois ela nunca saía ao sol, as mãos bem cuidadas, pois para tudo tinha criadas e noras, vi uma bela mulher nos seus cinquenta e tantos anos, aparentando, perto das mulheres locais, no máximo uns quarenta.

- Pena. Sou doida por casamentos árabes! É certo que dão despesa, mas pagaríamos com gosto! - vendo-nos ainda meio pálidas com a ideia, riu muito - não precisam ter medo de casamento, meninas. Com o tempo, a avó aqui ensina uns "truques". Meu Assad tinha fama de ter "mau gênio", mas é raro que não faça o que eu quero. Mulher bonita quando quer é "bicho ardiloso", não se esqueçam disso!

Fiquei imaginando que "ardis" ela devia ter usado para "domar" vovô, que sabia ser terrível com os filhos quando queria. Imaginei que ela devia jogar uns pratos nele ou qualquer coisa do tipo, como tinha visto minha mãe fazer uma vez com meu pai, quando ao levar alguns pastéis o viu de "conversa" com "moça de aparência suspeita" no balcão do Café. Aline riu de cair no chão, mas eu dessa vez fiquei meio assustada.

A cena foi mais ou menos a seguinte: Café cheio, cinco horas da tarde, sabendo que logo haveria pedido de pastéis, minha mãe ao invés de mandar Rosa, que estava entretida num bordado, ou a criada, que estava ocupada demais fazendo quibes, resolveu levar os pastéis ela mesma. Uns eram doces, assados, outros salgados, muito bem fritos, secos mesmo, de derreter na boca.

Morávamos a duas quadras do mar e o Café tinha uma vista linda. Armada com seu xale negro, levou a mim e a Aline com uma cesta menor cada uma e lá se foi, levando uma maior. Ninguém incomodava uma bela mulher com duas filhas, cestas e uma expressão séria, isso era fato. Ao chegar ao Café, os clientes, que já nos conheciam, tiraram o chapéu cumprimentando, mas um dos garçons ficou lívido e correu para dentro do estabelecimento.

Estranhei a atitude do garçom que, felizmente, passou desapercebida à minha mãe e a Aline, ocupada em passar entre as mesas. Quanto à minha mãe, a atitude de rainha natural, fez com que algumas mesas se afastassem automaticamente. Resolvi ficar quase na porta, perto de um professor da escola masculina que tomava o seu vinho e olhava o mar. Oh, céus, por que não olhei o mar também?

Não são poucos os que dizem que cada raça costuma primar por um tipo de comportamento. Exemplo: italianos são donos de obras de arte incríveis, são festeiros e mulherengos. Árabes são reservados, fazem ao menos uma vez na vida uma peregrinação a Meca (cidade de Mohamed, o profeta que trouxe aos homens o Alcorão ditado pelo arcanjo Gabriel), e anfitriões fora do comum. Alemães são sérios e voltados à filosofia e aos números, espanhóis não são tão festeiros como os italianos, mas como os portugueses tinham uma arquitetura muito típica, paixão pelo mar e pela igreja católica (nisso os italianos acompanhavam).

Fui notando isso aos poucos, na convivência que fui tendo nas escolas e com portuguesas bem-educadas como dona Aurélia, que jamais falariam alto, ou chamariam a atenção para elas mesmas, como algumas italianas que eu conhecia. Posso ser franca? Depende da situação. Por que mamãe que sempre entrava pelos fundos, com acesso apenas à cozinha decidiu entrar pela frente? Intuição feminina, como dizia minha avó?

Se minha avó Cláudia estivesse viva, teria morrido nesse dia. Da porta do Café, a primeira coisa que vi voar foram umas penas verdes que me pareciam um bicho esfolado. Eu não soube de imediato dizer exatamente o que era, pois estava bem amassado, e as plumas sobressaíam como um pobre pavão pequeno verde e morto (não seria um papagaio?). Caiu justo aos meus pés. Só ao final soube que era um chapéu extravagante!

O professor e eu nos olhamos e ele se levantou pegando a cesta, correndo para dentro do Café, para vermos uma loura descabelada a gritar feito uma louca e a minha mãe a atirar pires nela. Não era bela, a pobre, mas pelo vestido extremamente justo e o decote, ela parecia da corte francesa. Estando nós tão perto do porto da cidade, deu-me uma vaga ideia da "profissão" da pobre moça.

Papai era um homem grande e os pires e os pratos que mamãe jogava, eram certeiros. A senhora em questão não deve ter voltado ao Café. Devo explicar que naquela época, para mulheres que praticavam esse tipo de profissão, existiam "casas", algumas bem grandes, umas luxuosas, outras não, mas não era costume que elas frequentassem casas onde mocinhas ou senhoras de "boa sociedade" fizessem suas compras ou mesmo se deliciassem com os doces locais. Para isso elas tinham criados que compravam e levavam para elas.

Segurando sem sucesso minha mãe, muito loura, já vermelha pelo esforço, ela disse em tom sério:

- Solte-me!

Notando que ela já não se debatia tanto e que ao menos metade da freguesia do Café tinha se "evaporado" graças aos pires e aos pratos voando, notei alguns senhores embaixo das mesinhas de madeira, um tanto curiosos e temerosos. Meu pai soltou sua bela mulher, os cabelos com os cachos bem soltos (sempre achei graça no efeito que a fúria faz em algumas mulheres, nunca vi minha mãe tão bela: faces coradas, olhos claros como duas esmeraldas ao sol, o busto vasto arfando, os cabelos a fazer parecer uma heroína de conto de fadas que tinha escapado de algum dragão), ao ver a mulher ainda possessa, meu pai manteve a compostura, mas passou-lhe (ou tentou) um admirável carão:

- Estás louca, Aurélia? Tem ideia do prejuízo que vai me causar isso? Era uma freguesa! Veio encomendar seus quitutes que já fizeram fama!

Ela colocou as mãos nos quadris, Aline tentando segurar o riso e curiosa para ver como ela se sairia daquela.

- Louca, eu? Então chego, e ao contrário de entrar pelos fundos como sempre faço, entro pelo salão para poupar tempo com essas duas inocentes (nos apontou). E o que vejo? Uma mundana de quinta classe, feia como um demônio, gorda, com um vestido verde a lhe comprimir a banha e o senhor a sorrir e servi-la. Por isso sempre tenho que entrar pelos fundos? Tenciona fazer disso aqui um bordel? Quer perder uma freguesia de classe? O que sua mãe, a quem vou contar tudo isso, diria?

Ao ouvir falar na mãe, Pedro empalideceu. O professor que estava ao meu lado, bem vivido, nos seus cinquenta anos e óculos na ponta do imenso nariz, pediu licença e entrou na conversa:

- Senhora, primeiro de tudo, devo dizer que entendo perfeitamente sua atitude, muito embora pudesse ter ferido algum inocente com as porcelanas. Nada de bom pode trazer a um lugar familiar, aonde senhoras e senhores trazem seus filhos e filhas, em virtude principalmente da imensa higiene e da excelente comida, semelhante senhora ser uma habitual frequentadora. Junto com ela, no futuro, viriam outras, e estando tão perto do porto, as famílias da cidade muito se ressentiriam. Em favor de meu amigo Pedro, devo dizer que é a primeira vez que tal coisa acontece, ou eu mesmo, casado, não viria mais aqui. Nossa cidade é pequena e logo tudo se sabe.

Aurélia deu um olhar para o marido que falava claramente: - "não disse?"

O professor continuou:

- Dito isso, talvez uma pequena conversa ao "pé do ouvido" da referida senhora, por uns dos garçons, tivesse resolvido o problema, sem ter dado à senhora o desprazer de se envolver com situação tão embaraçosa.

Pela primeira vez minha mãe olhou em torno: cacos e porcelana dos pires e pratos espalhavam-se tristemente pelo Café e ela tirou e prendeu um cacho que teimava em lhe cair na testa. O professor continuou:

- No entanto, depois do chapéu destruído (ele riu), que mais parecia um bicho verde morto, e tantos pratos e pires acertados, duvido muito que qualquer delas apareça aqui por um bom tempo.

Minha mãe olhou para nós duas, cestas intactas, esperando por ela.

- Pois muito bem - virando-se aos clientes que escondidos, voltavam às mesas - os senhores, por favor, desculpem o inconveniente, mas me senti na obrigação de brigar pela moral e pelos bons costumes. Afinal, quando vêm a este Café, suas esposas, mães e namoradas, mulheres de bem desta cidade, devem saber que estão indo a um lugar sadio. E prometo que não jogarei mais pratos, copos, pires ou coisas cortantes nessas senhoras, afinal, podem atingi-los.

Olhando para nós duas disse:

- Deixem as cestas no balcão. Pedro, não ache que esta conversa acabou, mas isso é problema apenas nosso.

Obedecemos imediatamente, e saímos do Café. Na rua, Aline olhou desconfiada para mamãe:

- Não vai mesmo jogar coisas em "rameiras" que se insinuem para papai no Café?

Ela olhou para Aline com cara de poucos amigos:

- Não use esse termo "rameira", mas mulheres de má vida. Quer que lhe lave a boca com sabão? E sim, algumas mudanças serão feitas.

Foi a minha vez de perguntar:

- Que mudanças?

Minha mãe respondeu com um sorriso malicioso:

- De hoje em diante, nós levaremos as cestas. E sempre pela entrada do bar. E se pegarmos alguma "perdida" lá dentro, não gastarei minha porcelana cara. Francamente, perdi a cabeça, só por isso terei que ir ao mercado amanhã cedo!

- E como fará? - perguntei curiosa.

Ela me sorriu:

- Ora, minha adorada, os pastéis e quibes vão cheios de banha quente. Não vai ficar uma com o vestido limpo ou a cara sem a maquiagem borrada! Vocês me ajudam a segurar e eu faço o serviço.

E assim andamos para casa, Aline pensando em como mamãe era esperta, eu com pena das mulheres de má vida. Ao chegar em casa, lá pelas nove da noite, um pouco antes do horário habitual, Aline e eu nos escondemos por trás de grossa cortina de veludo roxo, para ver como nosso pai se sairia com sua bela loura portuguesa, já que mamãe, banho tomado e cabelos presos no alto da cabeça, o esperava "pacientemente". Justiça seja feita, meu pai amava demasiadamente minha mãe e era muito mais ciumento do que ela, motivo pelo qual ela entrava pelos fundos. Mas além de muito bela, Aurélia era inteligente, e não deixaria a coisa "sair conforme o marido queria", logo, assim que entrou um assustado Pedro, ela, que estava tecendo uma renda, sequer levantou os olhos e disse:

- Quer dizer então, que ia fazer uma lauta encomenda da "minha comida", para algum palacete de rameiras? - disse segurando o ciúme.

Só então eu e Aline, olhando pela fresta, vimos o empalidecer no rosto de meu pai:

- Aurélia, deixe explicar! Sou árabe, a senhora era desprovida de encantos perto de ti, e o dinheiro era alto!

Ela largou a renda imediatamente, levantou-se e vi que fazia imenso esforço para não enchê-lo de tapas ao lembrar-se dele ao falar de perto com a mulher. Mas, educada por dona Cláudia, olhou o marido nos olhos, e disse:

- Com que então, por dinheiro, humilharia a mãe de suas filhas a trabalhar para rameiras, que levariam meus quitutes, finos e raros que aprendi na maior parte das vezes com a sua mãe, para entreter seus clientes de moral duvidosa? Bem, se é assim que pensam os muçulmanos, veremos o que diz dona Sâmia e seu Assad. Como tu, são muçulmanos, devem vir aqui no próximo domingo e eu conversarei com eles, mas devo dizer que desde já, me recusarei a semelhante serviço, pois sou católica, e não incentivo a prostituição. E prefiro passar fome a trabalhar para elas!

Meu pai se dirigiu à cozinha, visivelmente abalado. Seus pais o esfolariam vivo caso soubessem por Aurélia, de quem tanto gostavam, do acontecido. Embora fosse essa sua primeira preocupação, a mais urgente era a de ter humilhado a companheira que era a razão de sua vida, por servir a uma mulher considerada "impura" perante a religião muçulmana.

Pela primeira vez na vida, Aline e eu nos arrependemos de bisbilhotar, pois mamãe se manteve na sala, sentindo-se claramente humilhada, e papai foi em desespero para a cozinha preparar um de seus cafés. Minhas pernas já doíam da posição quando sussurrei para minha irmã "não sei se quero ouvir muito mais... minhas pernas queimam como fogo por ficar tanto em pé!", ao que ela me respondeu "nem fale... já não sei se tenho pena de um ou do outro. Não notam que se estimam? E minhas pernas estão tal qual as suas, mas aguente firme. Uma hora ela vai para a cozinha e nos escapulimos!".

Parecendo que Deus tinha se apiedado das duas "abelhudas", ouvi a voz de meu pai, grave e em tom moderado, chamando minha mãe à cozinha. Ela se levantou e foi. Tentando não fazer o menor barulho, nos esgueiramos pela parede até a escada, onde para a nossa surpresa, nos demos com Rosa, encolhida a bisbilhotar também. Nisso era bom o tempo das velas, a luz era bem fraca e proporcionava sombras bem úteis.

- Minha nossa, estavam por trás das cortinas? O lugar é péssimo, as pernas doem e quase não se respira. Sem dizer que daqui se ouve melhor!

Assustada, perguntei a minha amiga:

- E fica sempre aqui a ouvir as conversas?

Rosa deu de ombros:

- Muito raramente. Como sabe, adoro seus pais, e sempre que brigam tento ajudar para fazer as pazes entre os dois. Na minha opinião seu pai foi ingênuo, mas ofendeu sua mãe. Dona Aurélia vale ouro de tão caridosa, é linda, trabalhadeira. Mas não admite ofensa. Fiquem quietinhas e vamos ver em que podemos ajudar.

Eu era tida como a "inteligente" das duas, enquanto Aline era a "artista". Achei que meu pai, com seu gênio árabe seria tolo a ponto de fazer impor obediência à minha mãe, o que seria um desastre. Afinal, mulheres que jogam pratos e pires naquela pontaria, eram um perigo. Mas o que aconteceu em seguida me fez corar de vergonha de estar ouvindo, ele disse naquela voz grave, visivelmente abalado:

- Não me importa o que disser aos meus pais, Aurélia. Sei que me dirão palavras bem duras, pois na nossa religião nosso corpo é um antro sagrado, e embora possamos ter mais do que uma mulher se pudermos sustentá-las, e eu posso, nunca olhei para outra mulher que não fosse tu. Foste a primeira, e ainda que não me queira mais, serás sempre a única.

Para meu espanto, ouvi a voz de meu pai titubear. Nunca haviam tido um desentendimento daquela natureza antes e ele achou que a mulher o deixaria:

- Alá me abençoou com a mais doce e trabalhadora das mulheres, de beleza sem par, e duas filhas que me encantam a vida. E eu as amei de todo meu coração, trabalhando de sol a sol, tentando ser digno de tamanha ventura! Meu peito dói na lembrança de minha insensatez, de colocar essas mãos de fada a trabalhar para motivos que envergonhariam a minha e a tua fé. Assustei-me ao ver semelhante criatura entrar em nosso Café, mas é instinto de árabe sempre atender bem. Assim, dispus-me eu a escutar o que queria a senhora, e quando ela falou em vultosa encomenda, pus-me eu, o tolo, a calcular mentalmente o lucro, sem notar sequer o olhar espantado dos fregueses. Foi quando Alá, o misericordioso, a fez entrar pela porta da frente testemunhando a minha tolice, que com os olhos postos no lucro, esqueci-me completamente de com quem tratava.

Minha mãe ouvia o desabafo, mas continuava quieta e fria. Ele deu um suspiro e continuou:

- Pode e deve falar com meus pais, amada minha, nada temo de suas admoestações, aliás, muito justas. Muito embora a obediência da mulher seja sempre pregada em nossa religião, é dever do marido sempre respeitá-la, e não expô-la a situações humilhantes. Meu pai sempre me ensinou a respeitar minha mãe e me disse da santidade do lar, do amor que se deve ter pela esposa e pelos filhos. Assusto-me com sua reação, pretende deixar-me?

Finalmente pude ouvir a voz de minha mãe:

- Deixar-te? Só por causa de uma perdida?

Houve um silêncio e ouvi pratos sendo lavados na tina, imaginei que minha mãe queria pensar. Ele continuou:

- Pois juro-te, que nem em meus mais funestos pesadelos imaginei uma dama como tu a trabalhar para semelhante antro. Já ouvi dizer que o teu mestre Jesus não discriminava as prostitutas, mas as exortava a tomar o bom caminho, nunca as encorajando a ficar em semelhante ofício. Nós somos ainda mais rigorosos. E pensar nas tuas mãos de fada a servir prostíbulos, foi coisa que jamais me ocorreu na minha sandice. Por isso desço de meu orgulho irracional e lhe peço humildemente que me perdoe.

Para meu pai, minha mãe agir daquela forma era sinal claro de separação, pois em sua criação as mulheres nunca levantavam a voz para os maridos na frente de estranhos, quanto mais atirar pratos! Coisas corriqueiras, e até engraçadas entre os ocidentais, entre eles eram levadas muito a sério. Ouvi os barulhos de louças sendo deixadas na pia, e depois minha mãe ainda falando com alguma raiva:

- Promete que não entrarão mais no Café semelhantes criaturas?

Ele riu:

- Com a sua mira de pratos e pires? Acredito que ficou famosa na província inteira. Depois que foste embora voltaram os clientes e não houve quem não achasse graça. Tivemos um pequeno prejuízo, mas houve quem me parabenizasse pela beleza do "leão de chácara" (vigia contratado para colocar para fora os indesejáveis). Muitos foram os que lamentaram não terem estado lá. Fiquei, como se diz por aqui, com "cara de tacho" um bom tempo, mas não houve quem não gargalhasse. O chapéu da moça então, ficou parecendo um pavão verde morto.

- Pois por mim ela tinha ficado era careca! - e riu.

E abraçou-se a ele. Meu pai não esperava a reação de uma portuguesa com ciúmes, já que as muçulmanas raramente se atreveriam a tanto, e achou que ela iria se separar sem a menor dúvida. As culturas podiam ser diferentes, mas o amor era imenso, e eles se entenderam bem.

O mais difícil foi sairmos dali para o quarto sem barulho, já que eles iam subir bem rápido.

07

INTUIÇÃO

FELIZMENTE MINHA MÃE e meu pai voltaram às boas, mas por mais que ele implorasse, lá ia ela, bela como o sol, cestas nas mãos e nós duas levando um sol de inverno pelo rosto. Os fregueses faziam silêncio absoluto, papai franzia o cenho, mas todos tiravam o chapéu e sorriam para a bela dama, que com seus trinta e poucos anos, era de uma beleza desabrochada.

Nos dias de feriado, para que não ficássemos em casa tínhamos uma estratégia: enviávamos minha irmã para ficar com mamãe na cozinha.

Aline era terrível, grudava na saia da mamãe e começava apontando os inúmeros temperos e óleos: "para que serve isso? Não era melhor colocar mais? E esse tempero aqui, é de vó Sâmia? Coloca-se onde?" armava tamanho falatório, mexia em tantas panelas, que minha mãe ao final de no máximo dez minutos, exaurida já com suas duas ajudantes, gritava a plenos pulmões: "Rosa!".

Esta, que já estava esperando com nossas roupas de passeio prontas, respondia:

– Pois não, dona Aurélia! Quer que leve as pequenas passear?

– Quero sim, mas não vá longe, hein? Duas horas de passeio devem deixá-las mais calmas.

Eu tinha que rir, Aline era mesmo uma artista na "arte" de enlouquecer mamãe. Nunca levou mais de dez minutos. Eu adorava os passeios e tinha um pedido especial a fazer a Rosa, já que eram apenas nove e meia da manhã, e apenas as famílias saíam às ruas. Muito linda, com seus ares de moça alemã, de brilhantes olhos azuis e bochechas muito rosadas, ela se espantou com meu pedido, pois tencionava comprar linhas e rendas portuguesas. Puxei-a de leve pela longa saia:

- Rosa, me faria uma vontade?

Ela me olhou curiosa, nunca confundia nós duas, e respondeu:

- Que foi? Sua irmã é sempre um "poço de surpresas", mas tu nunca pediste nada. Que quer a minha amada Alice?

Sem pensar duas vezes, já que tínhamos os nossos segredos, eu pedi:

- Dizem que hoje chega um navio novo, cheio de imigrantes. Queria ver. Leva-me ao porto, Rosa?

Ela franziu a sobrancelha ao ver a menina de doze anos a fazer pedido tão "diferente", principalmente porque lá por perto ficavam as "casas de prostituição". Na época algumas eram chamadas de "palacetes", mas, pelo horário estariam fechados.

- É meio longe e sujo, mas ainda assim quer ir?

Olhei para ela com meu olhar mais suplicante:

- Quero! Só vejo esses imensos navios ao longe. Queria ver de perto.

Aline "deu de ombros", preferia com certeza ir ao teatro, ver os cartazes. Comentou que, de qualquer forma, era melhor que passear pelo centro.

Rosa explicou que àquela parte do centro era mais pobre, e que as três deviam andar sempre bastante juntas, para não ouvir gracejos ou algum atrevido se aproximar. Enfim, ela olhou nossas delicadas botinas de couro, ajustou o comprimento de nossos vestidos, nossos xales de lã, que o inverno já chegava, enfiamos nossos respeitáveis chapeuzinhos para dentro da cabeça e fomos, andando pelas ruas na beira da praia, passando ao largo das respeitáveis lojas e indo para cada vez mais longe, até avistar um trapiche e algumas casas (umas grandes de dois andares) todas feitas de madeira. Notei também o chão bem mais desnivelado e buracos provavelmente feitos por pesadas rodas de carroças.

Não tínhamos sido criadas no luxo, mas pela primeira vez naquela vida estava vendo a pobreza. Na porta de algumas dessas casas, crianças quase seminuas, com quem as mães gritavam. Um vento frio me enregelou os ossos e eu olhei o pequeno menino branco, sem camisa, roxo de frio. O gesto foi automático e Rosa não teve tempo de me deter: tirei meu xale e embrulhei o menino, cuja mãe de imediato não notou. Rosa me puxou de lá rápido, brava comigo:

– Não lhe disse que não se aproximasse! Podia ter sido agredida!

– Mas estava roxo de frio o pequeno! E eu estou de traje fechado!

Ela me olhou muito brava:

– E o que vai dizer à sua mãe? O xale é presente de sua avó Sâmia!

Não tinha pensado nisso. Presentes de minha avó eram como tesouros, tecidos em lã de carneiro, obras de arte. Olhei para trás para ver o menino, finalmente sorrindo, aquecido, para depois ver com alguma surpresa a mãe, que veio olhá-lo e ficou muito admirada ao dar com o xale. Qual não foi o meu espanto quando ela, feia, mirrada e quase sem dentes apesar da pouca idade, tirou o abrigo do menino e colocou-o nela mesma, entrando novamente na casa.

Acho que pela primeira vez na vida senti o gosto do ódio na boca. Não tinha dado peça tão preciosa para ela, mas para o filho. Rosa me olhava com ares de "não te disse?". Notando que eu e Aline nos encaminhávamos para a casa com a intenção de fazer Deus sabe o quê, ela nos segurou pelas saias fortemente e deu um "puxão" que quase nos fez ir ao chão. Bela como uma Valquíria, ela era também muito forte e nos olhou dizendo:

– Daqui para frente é comigo. As duas se escondam.

Alice e eu olhamos uma para a outra, obedecemos e ficamos imaginando o que ela ia fazer. Pois ao chegar à porta do casebre, ela tirou o próprio xale, colocou em sua grande bolsa de compras e gritou:

– Madame! Ande madame, que já a vi entrar, sei que está em casa!

O menino, de uns dois anos, tinha ficado estático ao ver a nossa alemã. Esquecido até do frio, encolhido, nariz escorrendo pela gripe e os maus-tratos, afastou-se ainda mais quando viu a mãe, ainda vestida com o xale. Ao ver a beleza e o porte de Rosa espantou-se, mas mesmo assim tentou se empertigar...para nossa sorte não havia homem em casa, pois com um só puxão o xale passou dos ombros da infeliz para as mãos e braços de Rosa, que disse em alto e bom som:

– Quis aquecer o pequeno, e não um ser tão mau que sequer olha o próprio rebento. Ou não é seu? Querendo, o levo para as freiras. Quem sabe não consegue se salvar de tantos maus-tratos? E depois chamo meu namorado, um delegado da corte, e mostro isso. Acha que por ser a criança pequena pode tratá-la assim?

Ao ouvir falar em polícia, a mulher perdeu a cor. Vai-se saber o que andava fazendo. Rosa continuou:

- Tem ao menos roupas, esse pobre?

- Sim, tem... é que ando meio ocupada...

- Pois se colocar nele já, não a incomodarei mais. Ande!

E qual não foi minha surpresa ao ver ela aparecer com um blusão velho e grande para a criança, mas que finalmente pareceu ficar aquecido. Por que não colocou antes?

- Minha mãe não gosta que eu saia sempre, mas de vez em quando passo por aqui, e com meu namorado! Passe bem!

Saímos de lá o quanto antes, eu pensando que mesmo para a caridade é preciso ter discernimento. Alguns passos depois, minha ingênua Aline perguntou:

- Rosa, e tu namoras mesmo um delegado? Como nunca nos apresentou?

Ela sorriu, me devolvendo o xale, que pus nos ombros pensativa, e então respondi a minha irmã:

- Não tem delegado nenhum, sua tonta. Era só para assustar.

Rosa soltou sonora gargalhada.

- E não era? - perguntei desconfiada.

Andamos um pouco mais à frente e o quadro continuava pobre e triste, casebres amontoavam-se, e nos sentíamos com imensa pena das pessoas que ali estavam. Que vida triste levavam! Segundo Rosa me contou, na maior parte eram mulheres seduzidas e abandonadas, não poucas dedicadas ao vício do álcool, expostas a um sem-número de doenças, raras eram as que chegavam aos trinta e cinco anos, quando já estavam "gastas", e muitas chegavam a "esmolar" no centro da cidade, em suas partes mais escondidas. Raro entre elas as que tivessem bons dentes também, já que não eram poucos os homens que batiam, e muitas chegavam pelos próprios navios do porto: eram italianas, polonesas, alemãs, que chegavam em vestidos extraordinariamente coloridos e adotavam nomes franceses falsos. Algumas bonitas, outras não. Umas tinham mais sorte e ao chegar aqui se casavam, outras se perdiam. Vi-as uma vez descendo do navio, em companhia de Aline e Rosa, que pega de surpresa com a cena, nos levou a um canto escondido para podermos olhar melhor. Desciam ao cais para imigrantes em um grupo separado, mas riam muito, pareciam alegres e traziam grandes baús. Os lavradores vinham sérios, junto com as famílias, e surpreendi um a levar um belo tapa de uma moça no pescoço, por olhar as mulheres "coloridas". Tapa logo seguido de outro, de uma senhora que parecia a mãe dele, esbravejando em italiano.

Aline riu muito e Rosa nos tirou dali. As diferenças entre mim e minha irmã já eram visíveis aos doze anos. Não nos vestíamos mais de forma igual, o que deixou dona Aurélia meio triste, pois adorava exibir-nos como duas gotas d'água.

Nossa grande sorte era ter Rosa, que era, sem a menor dúvida, a melhor costureira da cidade, ao nosso inteiro dispor. E acha que ela se chateava com isso? Nem pensar! Estávamos bem financeiramente, tínhamos duas criadas para suprir o Café, e duas para cuidar da limpeza das roupas e da casa. A das roupas vinha duas vezes por semana, mas a da limpeza, penava na mão de mamãe, muito exigente: era uma mocinha órfã, de seus dezesseis anos, preguiçosa e indolente.

Não sabia o que mamãe tinha visto nela, mas a pequena, de traços bastante comuns e pele feia, não tinha a minha simpatia, nem a de Rosa, muito embora Aline, com seu bom coração, vivesse dando pequenos mimos para ela.

O nome da moça era Amália. Sabia que tinha tido infância bastante difícil, adorava ir sempre à igreja e tendo aprendido a ler, citava a Bíblia sempre que lhe apetecia, principalmente o Velho Testamento. Meu pai, muçulmano, não gostava muito da feia moça, mas como Aline e mamãe estavam sempre com pena dela, deixou-a ficar.

Conversando sempre conosco e vendo nossos temperamentos diferentes, nossa amada Rosa um dia nos perguntou:

- Quais suas cores preferidas para vestidos, Aline?

Minha bela irmã deu um suspiro:

- Não sei se mamãe aprovaria, mas adoro o vermelho, o amarelo, o laranja, enfim, cores vivas! As cores das flores de nosso jardim!

Rosa sorriu, nos seus vinte anos.

- Pois sua mãe me deu liberdade de fazer novos vestidos para as duas, que logo farão treze anos e serão de fato moças. De fato ela não aprovará o vermelho, mas nada nos impede de colocar enfeites vermelhos em rendas ou fitas, não é mesmo? E você Alice? Que cores quer?

Eu parei para pensar um pouco, nunca tinha dado muito valor a roupas e era a primeira vez que pensava no assunto. Depois de um tempo respondi:

- Eu prefiro cores mais sóbrias, se possível com rendas cor de pérola ou brancas. Azul seria muito bem-vindo, e como o negro é luto, gostaria de algo cinza claro. Nada de decotes exagerados, pois meu busto já anda crescendo muito, e verde, se possível for.

Rosa riu muito e disse nunca ter visto gêmeas tão unidas e tão diferentes. Mas a coisa não ficou por aí: Nossos cabelos, apesar de grossos e fortes, eram de raiz bem lisa e cachos largos, como os de nossa avó Sâmia. Eu passei a prendê-los na altura da nuca, para que não me atrapalhassem durante o dia, o que me deu um "ar de mais velha". Mas Aline, descobriu logo através das revistas francesas (que amávamos) os famosos "papelotes", que consistia em enrolar os cabelos levemente úmidos em papéis mais grossos, dormir com eles, e acordar lindamente cacheada. Dessa forma, ficou realmente fácil distinguir nós duas.

Recordo de Aline, belíssima no seu vestido amarelo ornado de fitas vermelhas pequenas, mais parecendo pequenas flores. Mirava-se num espelho de cristal de corpo inteiro, cintura fina, já mais alta que mamãe, cabelos cacheados caindo pelo meio das costas, qual uma cascata. Vaidosa e inocente, olhava-se e me perguntou :

- Estou bem para a missa?

Eu, estava de decote mais fechado por renda branca e um vestido bem cortado e cinza, e realçando a cintura fina. Meus cabelos quase negros, presos num "coque" à altura da minha nuca realçavam-me os olhos e as sobrancelhas bem negras com a alvura da pele. Éramos de estilos completamente diferentes, a princesa e a professora, e nos sentíamos bem dessa forma. Talvez por isso não existisse nenhuma inveja entre nós, mesmo porque eu nunca usaria as roupas de minha irmã (não eram parecidas comigo!).

Sorri para minha irmãzinha:

- Duvido que haja na igreja mocinha mais bela que você! Rosa é mesmo uma artista, mas a modelo é encantadora!

Aline sorriu, mostrando covinhas:

- Levada! Tu também estás uma aparição! Como pode, num traje tão sério, com esses cabelos presos, ficar tão linda e elegante? Quando falou em cinza, torci meu nariz pensando: cor mais besta! Mas em ti ficou tão elegante! Pareces ter pelo menos quinze anos!

Como toda adolescente quer parecer mais velha, corei com o elogio, e "pisquei" para ela:

- Pois então, trate de me obedecer. Nada de ficar retribuindo olhares!

Lembro de minha mãe me contar uma vez, já aqui na Colônia, que ao ver as duas lindas filhas descendo a escada forte de madeira, tão lindas e risonhas, ela pensou na minha avó, levando a mão direita ao peito, sem notar de fato a presença espiritual da genitora, que olhava mãe e filhas com imenso carinho: "Minha mãe ia gostar de ver essas duas hoje...", pensou, e uma lágrima escorreu de seu olho esquerdo que ela logo aparou com a luva. O espírito de Cláudia respondeu "menina tola, quem disse que não estou vendo? Saudades, filha amada!" E se foi. Quando permitido, visitava a filha, estava evoluindo e aprendendo no plano espiritual.

Secando a lágrima, tratou de apressar o resto das moças da casa, junto da bela Rosa em vestido discreto, e ar afogueado, como se ansiosa estivesse. Que bela era a alemã, que mãos delicadas! E por fim, vinda da cozinha, de pequeno porte, cabelos crespos de tom arruivado, olhos castanhos pequenos e furtivos, vestido dado por Aline e reformado por Rosa, lá estava Amália, encurvada sobre sua Bíblia. Parecia jovem, de fato, não mais que vinte anos embora só tivesse dezesseis, mas o porte encurvado não ajudava, e seus sentimentos, assim como a aparência, destoava do grupo. Não obstante, dirigiu-se à minha mãe:

- Que elegante está, patroa! Com certeza fará boa figura!

- Ora Amália, é só um velho vestido!

- Ah, mas quem tem porte de rainha, não precisa de muito luxo! É um orgulho trabalhar para a senhora!

Sem ter como responder a tantos elogios, ela foi salva pelo sino da igreja, que era bem perto de casa. Abriu a porta e fez-nos passar o mais rápido possível.

Se dissesse que me lembro como Amália apareceu em nossa porta, estaria mentindo, mas minha mãe me disse que uma amiga da família a tinha visto num orfanato, o mesmo em que ela tinha conhecido Rosa, e que as freiras tinham ficado preocupadas com ela, pois não tinha demonstrado nenhuma habilidade especial, nem na cozinha, nem nos bordados, ou nos estudos como a leitura e a escrita. A amiga de mamãe apiedou-se e recolheu-a em sua casa aos quatorze anos, mas agora passava por séria dificuldade financeira, pois havia ficado viúva, e não tinha como sustentar outra boca. Como mamãe estava precisando de alguém na limpeza da casa, ficou feliz em ajudar.

De início, assim que viu Amália, ficou um tanto decepcionada, mas a moça teceu-lhe tantos elogios, ficou tão grata que minha mãe se sentiu culpada da sua falta de simpatia pela pequena, que além de desfavorecida fisicamente (não era bela e contava ainda por cima, com uma coluna encurvada), parecia ter passado apenas por dissabores na vida. Logo, seu coração piedoso forçou-se a gostar dela, apesar de não poupá-la do serviço doméstico.

O mesmo não acontecia com Rosa, que era atenciosa e simpática com todos, mas não conseguia afinar-se com Amália. Não dizia nada na frente de minha mãe, pois não queria prejudicar a pequena a quem a vida já tinha maltratado tanto, mas a mantinha sob uma espécie de "vigilância", observando discretamente quando ela entrava ou saía de um cômodo. Notando isso, perguntei a ela um dia:

- Que é que tanto espia a Amália, Rosa?

Vendo-se pega em flagrante, minha amiga me olhou e deu um sorriso sem jeito:

- Ah, é você, Alice? Ainda bem, pensei que fosse a sua mãe... não sei! Sabe que não sou desconfiada por natureza, mas essa moça não me desce pela garganta!

Olhei para ela um tanto surpresa, mas tinha que admitir que também não tinha simpatizado com a criatura. Sentia-me até culpada por isso, mas não conseguia gostar dela, e tratá-la com doçura como Aline fazia naturalmente. Aliás, minha sensação era de que se ela estava num cômodo, eu devia ir para o outro, e levar Aline junto o mais rápido possível. Mas, curiosa com o sentimento de Rosa, perguntei:

- Já a viu fazendo algo?

Ela me levou para dentro de meu quarto, para termos privacidade:

- Sabe que nunca! É lerda como uma lesma, mas com aquele defeito nas costas, é natural... e, às vezes, fica olhando a gente com um olhar estranho, principalmente vocês duas, é uma coisa de inveja, parece... não sei dizer bem. Como se fosse um franzir no queixo...

Olhei para ela tentando entender melhor, sem conseguir. Inveja? Sabia do sentimento, mas dentro da nossa casa ele nem existia.

- Ela tem vontade de ter o que temos, é isso?

Rosa me olhou com um olhar triste:

- Não, minha querida. Ela queria "ser" como vocês. Só que isso não é possível. Faz ideia de como isso pode ser triste, e até perigoso?

Meus treze anos não conseguiam atinar com nenhum risco:

- Perigoso? Como assim?

Rosa sacudiu os lisos cabelos louros, expressão triste:

- Tolice minha, Alice. Devo estar vendo coisas que não existem. Excesso de cuidados, é só isso. É que minha infância no convento me mostrou algumas coisas tristes, mas aqui tudo é diferente. Não se preocupe, menina!

Então me deu seu belo sorriso:

- Ande, não fique aqui ouvindo asneiras. Devo estar lendo romances demais! Mas não deixe Aline muito perto dela, não é companhia para ela...

Concordei com a cabeça, não gostava mesmo do chamego de Amália com Aline, a fim de ganhar presentes de minha irmã, sempre tão inocente. Ficaria mais perto, apesar de Rosa acreditar que nada de mal aconteceria, seguro morreu de velho!

08

A BRUXA

EM NOSSA ILHA havia as bruxas. Todo mundo dizia que era fato certo e não lenda, que preparavam beberagens, seduziam os homens ou preparavam poções que os seduziam, curavam feridas do corpo e da alma, podiam inclusive lançar feitiços malfazejos. Minha mãe mesmo tinha uma "bruxa particular", uma senhora de olhos negros, cabelos grisalhos, muito simpática que trazia para ela remédios para as cólicas, unguentos para os resfriados e, às vezes, sentava-se em nossa cozinha (adorava doces) para uma boa prosa. Dona Adelaide era diferente e não aparentava a idade que tinha (quase sessenta), pela pele sem rugas e o porte muito ereto. Também era uma parteira espetacular.

Vivia da venda de sua medicina e de seus legumes, colhidos em sua horta num sítio dentro da ilha mesmo, e nunca negava abrigo ou comida a quem passasse, mas não gostava da maioria dos padres: dizia que alguns implicavam demais com ela. Nunca tinha se casado, nem tivera filhos, o que com o rosto bonito, dera origem a muito falatório.

Gostávamos muito dela, inclusive meu pai, que se de início a olhava desconfiado, logo depois de uma gripe forte, curado com seus remédios e cuidados, rendeu-se e disse:

– Tem razão, Aurélia... é mesmo uma boa mulher. Os chás eram intragáveis, o unguento esquentava que parecia arrancar a pele, mas fiquei novo em três dias!

Minha mãe deu-lhe o famoso olhar de: "não falei?", e sorriu. Dona Adelaide não falhava. A mim e a Aline ela tratava como "minhas duas formosas", mas a mim sempre dedicava tempo especial, como se nos conhecêssemos de longa data.

– Não tem vontade de aprender a mexer com as plantas? – me perguntou certa vez.

Ao ouvir a pergunta, minha mãe franziu o cenho, e colocando a colher de pau de lado, sentou-se ao nosso lado:

– Acha que ela leva jeito para isso, Adelaide?

Dona Adelaide deu um sorriso misterioso e respondeu:

– Tenho quase certeza que sim. Se fosse comigo para o sítio poderia aprender muito em alguns meses.

– Adelaide, ela ainda tem a escola. E depois, Pedro não permitiria.

Ouvindo tudo aquilo, pensei comigo mesma que seria muito mais interessante aprender sobre as plantas do que voltar à escola, mas não haveria como convencer meu pai disso. E depois, poderia ficar com fama de bruxa, coisa perigosa na cidade... como se lendo meu pensamento, ela disse:

– Pedro faria bem em não permitir. Ela não deve mesmo ficar com o estigma de bruxa... só eu sei o que já passei com isso! Mas poderia ensiná-la aqui mesmo em sua casa. Trarei algumas mudas para seu quintal... quer Alice?

Não perdi tempo:

– Adoraria, dona Adelaide!

Assim, nos sábados pela manhã, ela chegava e começamos a fazer uns canteiros com as ervas e plantas. A meu pai, minha mãe disse que estávamos plantando especiarias, o que o deixou menos cismado. Perto dos meus quatorze anos, ela me disse:

– Começaram os sonhos? As visões?

Estávamos as duas abaixadas perto de uns ramos de hortelã, eu com umas folhinhas na boca para sentir melhor o gosto, quase engasguei:

– Sonhos? Visões? Como assim?

Ela sentou-se no banquinho de madeira, com um meio sorriso:

- Devem vir em pouco tempo, se ainda não vieram. Não tenha medo, Alice, que já é uma moça... essas coisas vêm para sua ajuda e para a ajuda alheia , não para atrapalhar. Lembre-se disso... não tem fé?

- Tenho, mas os padres dizem que isso é coisa do demônio!

Ela riu.

- E acha que o demônio tem mais força que Deus? É um dom, use para o bem, que agradará a Deus. Sempre usei os meus dons para Deus, não acredite em tudo o que falam de mim. Só acredito na minha própria consciência.

Tinha curiosidade sobre a vida dela, mas nunca tinha perguntado nada. Senti no olhar dela que podia perguntar o que quisesse, então assim o fiz:

- Ainda é bonita, dona Adelaide, por que nunca se casou?

- E ter um homem mandando em mim? Não... muito obrigada! Tive um amor, mas foi só. E nunca tive filhos, embora quisesse... mas ao contrário do que alguns pensam, nunca tirei filho nenhum. Nem meu, nem dos outros. Não era o meu destino, só isso.

Fiquei vermelha como um pimentão. Mocinhas não deviam falar em filho, pensei, ela riu ainda mais. Admirada dela conseguir ler o que eu pensava a olhei com espanto, ao que ela me respondeu:

- E você de certa forma também não "nota" muitas vezes o que as pessoas estão pensando? É outro "dom"... cuidado apenas para não julgar os outros, e afaste-se de gente ruim. Maldade infesta, lembra disso!

Olhei para ela pensativa. No meu pouco tempo de vida tinha visto pouca maldade no mundo, protegida pelos meus pais, por Rosa, por meus avós, nunca tinha visto o mal de perto, ou pelo menos assim pensava. O mundo me parecia um jardim de pequenas delícias: a comida de minha mãe e seus afagos, a companhia de Rosa e minha irmã, sempre alegres, meu pai que amava a todas nós sem limite e agora dona Adelaide, me ensinando um mundo de cheiros e gostos diferentes.

Sabia de histórias tristes que corriam a Ilha, de gente morta nos invernos rigorosos, quando não conseguiam abrigo. De pescadores que iam para o mar e não retornavam, em meio a tempestades tropicais. Viúvas e meninos tristes, às vezes, vinham ao centro esmolar, minha mãe sempre contribuía, e tinha uma piedade imensa dessas mulheres, envelhecidas prematuramente, que perdiam seus homens para o mar. Olhei para minha "professora", que estava a escavar um novo canteiro numa disposição enorme sob um céu primaveril, e vi quando ela ergueu os olhos negros e bonitos dizendo:

- Olha quem chega, nosso pequeno raio de sol! Venha aqui, Aline!

A pele branca contrastando com o cabelo castanho que caía em cachos pelas costas, num vestido de algodão alaranjado, ela parecia mesmo um raio de sol! Correu em direção a dona Adelaide, que limpando as mãos de terra deu nela forte abraço, cuidando para não sujar o belo vestido. Da porta da cozinha, surgiu Rosa, olhando curiosa a cena. Aline não deixou por menos:

- Dona Adelaide, esperei a semana inteira pela senhora! Pode ajudar-me?

Nosso quintal era amplo e com algumas árvores frutíferas. Como adorava Aline, ela a encaminhou para o lado de um banco tosco, sob uma figueira ainda jovem.

- Que deseja minha princesa? Alguma água de cheiro? Acabou a que lhe fiz?

- Ora, ainda não - respondeu Aline - não deixo ninguém mais usar minha água de rosas! Ficou um espetáculo, sabe... podia fazer uma para Rosa? Ela não pedirá nunca, mas toda vez que uso, ela fica com o nariz para cima, sentindo o cheiro...

A se ver assim citada, a bela Rosa avermelhou-se e entrou rapidamente. É verdade que não pediria nunca! Admirava dona Adelaide, mas daí a pedir presentes com a falta de cerimônia de Aline, era outra coisa. Minha amiga bruxa riu dela:

- Acho que ainda tenho bastante lá em casa. Tem um vidro por aí? Arranje-me que eu encho ele e trago para a Rosa semana que vem com todo prazer. Mas não era isso que o meu raiozinho de sol queria, era?

Ela já tinha pedido um presente, mas quem disse que era um só:

- Na realidade, queria um conselho - dito isso pegou num de seus cachos brilhantes e mostrou à minha mestra - vê como estão "espigados"? O que uso para ficarem macios?

A mulher mais velha pegou neles, examinou, e depois olhou para mim:

- Alice, lembra o que amacia e deixa fortes os cabelos?

Olhei para ela, tentando me lembrar dessa lição, que tinha sido uma das primeiras dadas. Era uma folha larga que tinha no nosso quintal, já tínhamos plantado há algum tempo... como era o nome mesmo? Levantei-me e saí olhando pela beirada dos muros, quando dei de cara com uma moita da planta, sacando de uma pequena faca afiada, tirei duas folhas bem grossas, cuidando para não me furar com algumas saliências das mesmas, e a "baba" da folha escorreu um pouco. Levei-as à mestra, que me sorriu, aprovando:

- Isso mesmo, minha querida! Aline, depois de lavar os cabelos, passe essa "baba" neles, deixe por uma meia hora e depois lave. Seus cachos se recuperarão. Ah, e tente não dormir todas as noites com eles amarrados em papelotes, assim os fios não resistem!

Aline olhava encantada a folha verde com pintinhas brancas.

- É para passar no cabelo todo mesmo?

- Não passe muito colado no couro cabeludo. Como ela tirou duas folhas, aproveite e use no cabelo de Rosa também. O de Alice está lindo, que ela não dorme com ele amarrado. Lembra do nome da planta, aluna? Ela tem uma "baba" por dentro...

Minha memória refrescou-se por completo:

- Babosa!

Ela assentiu, orgulhosa com a cabeça. Feliz da vida, minha irmã beijou-me, agradeceu dona Adelaide, e se foi para dentro encontrando Rosa, de quem só ouvimos: "quer me matar de vergonha? Já se viu incomodar dona Adelaide...". Continuamos plantando algumas mudas que ela havia trazido, eu pensando em minha irmã, e no quão diferentes éramos, apesar do amor que nos unia. Minha mestra me disse:

- Ela é um sol, iluminando tudo a sua volta com aquela risada clara, aqueles olhos puros e inocentes. Já você, minha querida, é a lua, que clareia a noite e mostra o caminho dos navegantes e dos viajantes em meio ao breu intenso. Ela é um campo de margaridas, já você é a solitária rosa púrpura, única e que só raros enxergam. Cada uma das duas tem sua força, e seu encantamento diferente, o dela é claro, o seu é mistério. O dela é arte, o seu é sabedoria.

Olhei para ela como se quisesse guardar essas palavras, pois um aperto em meu peito se formou, como se minha preciosa Aline fosse correr algum perigo na vida. De repente fiquei melancólica, como se tivesse medo de falhar com ela, como se já tivesse falhado antes, me sentindo pequena e solitária demais. Mas que medo era esse, assim de repente? Que risco minha irmã querida corria? O famoso "dom" de Adelaide me surpreendeu novamente, quando ela me respondeu exatamente ao que eu pensava:

- Sendo ela a luz que é, Alice, atrairá para si diferentes pessoas, algumas boas, outras nem tanto. E as pessoas julgam as outras por elas mesmas, sendo assim, como ela é pura de sentimentos, não verá maldade nos outros. Mora aí um razoável perigo.

- Mas se temos a mesma aparência física, não acontecerá comigo da mesma forma?

Ela me sorriu, mas não era um sorriso alegre:

- A diferença é que enquanto você é reservada, Aline sorri e conversa com todos, sem cuidado. Veste cores alegres, esbanja alegria e risos... as duas são lindas, mas uma é acessível, e a outra não. Você observa, tem uma intuição nata, sabe naturalmente como são as pessoas, nasceu com um dom parecido com o meu. Apesar disso é bondosa, mas se protege. Não vê como os rapazes já cercam a sua irmã quando ela sai a passeio? Como as outras mocinhas tentam imitar o que ela veste ou como se penteia?

Lembrando de algumas situações de nosso passado, eu sorri comovida:

- Sempre foi assim... desde pequenas na escola, as meninas disputavam a companhia dela, e eu não invejava nem um pouco. Assustava-me era com a paciência que ela tinha, já que algumas eram um tanto mal-intencionadas, e queriam é que ela dividisse o nosso lanche, que tinha sempre coisas mais gostosas. Sabe como nossa mãe cozinha bem. Elas vinham, enchiam a barriga, e iam embora rápido. Não fosse por mim, Aline tinha passado fome algumas vezes.

- E elas não tinham comida?

- Claro que tinham, só não era tão boa! Pão seco e meio duro com ovos não é tão bom quanto biscoito e manteiga, não é? Isso fora os doces que mamãe mandava.

Dona Adelaide me olhou compreensiva:

- E ela não se zangava com as meninas que tomavam sua comida? Tinha medo delas?

Eu ri:

- Medo nada! Uma vez, para defender uma menorzinha, ela engalfinhou-se com uma maior no pátio, voaram fitas de cabelo, e não é que Aline levou a melhor? Como prêmio, paramos as duas na sala da diretora, para um razoável carão, já que quando outras meninas se intrometeram, não tive outra escolha que não fosse entrar também. Chegamos as duas em casa de joelhos esfolados, mas de honra intacta. Quanto às comilonas, elas chegavam com tamanha cara de fome, que minha irmã dava com gosto tudo que tinha. O jeito foi eu levar a minha comida em dobro. Por muito tempo minha mãe espantou-se de eu não engordar comendo tanto!

Ela me olhou com aqueles olhos que entravam na alma da gente, e depois me disse, com ar sério:

- Queria que você fizesse uma coisa, para seu próprio aprendizado de vida.

- O quê? - indaguei curiosa.

- Como se chamam essas duas meninas, que agiam como aves de rapina com sua irmã?

Lembrava-me distintamente das duas, pois ainda estudavam conosco no mesmo colégio:

- Ruth e Patrícia, por quê?

Ela olhou ao longe e me respondeu:

- Observe o rumo que irão tomar na vida. Viver numa Ilha como essa, onde todos se esbarram todos os dias, tem o seu lado interessante. Pelo que me conta, eram dissimuladas e egoístas. São de famílias abastadas?

Eu ri da pergunta:

- Por incrível que pareça, sim. Ruth é filha do dono da casa de tecidos mais próspera da cidade, e a família de Patrícia vive de rendas de diversos aluguéis. Moram em casas bem melhores que a nossa, não sei por que levam lanches tão pobres... têm até escravas!

- Nem tudo é o que parece, minha querida Alice. E como são as duas, de resto. Inteligentes? Bonitas?

Fiz uma careta ao responder:

- Aparência comum. Ruth é morena clara, cabelos ralos e lisos, nariz um pouco grande, mas nada que a enfeie. É de descendência semita, e embora a mãe seja de uma beleza judia, ela saiu mais ao pai, inclusive na magreza. Vive irritada, pois não tem as curvas que as moças daqui têm, desde cedo. Não é tola, tem boas notas, principalmente nos números.

- E Patrícia?

Eu sorri pensando no contraste das duas:

- É descendente de italianos, loura, cabelos anelados, meio gordinha desde a infância. Engraçado, só agora noto como as duas são diferentes! Enquanto Ruth é magra e pequena, Patrícia é grande e volumosa! Ruth só tem um irmão mais velho que estuda fora, Patrícia é a do meio de muitos irmãos, pelo menos sete! E está longe de ser inteligente, se passa de ano, é com a ajuda de Ruth, que faz as provas pelas duas, assim como os trabalhos. As freiras sabem, mas como a mensalidade é alta, não se importam muito.

Adelaide me observava divertida, mão sobre o queixo, um leve sorriso nos lábios. De repente observou:

- Não acha engraçado como gente tão diferente se une? Por que será?

Fiquei meio aturdida, não sabia. Ela continuou, numa explicação que levei pela vida afora:

- Ou por conveniência, ou porque no fundo, têm os valores morais muito parecidos. Logo, minha pequena, não são tão diferentes como se pensa! Observe-as ao longo da vida, e tendo notícias relevantes delas, me conte. Será um aprendizado interessante. Afinal, temos duas formas de aprender: uma é fazendo, a outra é observando.

Olhei para minha mestra com admiração, ela se levantava para ir embora e eu fiquei pensando na vida que devia ter levado. Algum dia me contaria sua história? Muito ereta, cesta nas mãos, parou para conversar com minha mãe que a encheu de mimos como pães feitos em casa e alguns doces árabes de que ela gostava muito. Perguntou se eu não estava lhe dando muito trabalho e agradeceu por estar me ensinando a sua "ciência das plantas", dizendo que não sabia como retribuir. A isso tudo, Adelaide apertou as mãos sob a mesa e lhe disse:

- Aurélia, só mesmo uma mulher abençoada como você teria feito um lar como esse, e filhas como essas! Ter Alice como aprendiz é um privilégio, assim como a ter como amiga. Rosa, onde está o vidro que lhe pedi?

Muito sem jeito Rosa lhe entregou uma bela garrafinha de vidro esmaltado, muito bem limpa, que Adelaide olhou com aprovação. Ao ver que minha mãe nada entendia, minha mestra disse:

- Quero trazer para ela uma água de rosas que tenho lá em casa. Fiz para Aline e ela gostou, mas acho que em Rosa ficará muito bem também. O vidro é ótimo, menina. Lembre-se de protegê-lo da luz! Semana que vem trago.

Com um sorriso de contentamento, e um cumprimento apressado, Rosa escapuliu pelas escadas.

Dizendo que voltaria no sábado seguinte, dona Adelaide se despediu e seguiu em direção ao mercado.

Foi o tempo de minha mãe subir as escadas atrás de Rosa e Aline, encontrando-as em nosso quarto, a loura dando pulinhos a comemorar com minha irmã : "Ganhei perfume! Ganhei perfume!".

Ao dar com minha mãe à porta, com uma expressão desconfiada, Rosa calou-se e pôs-se a alisar a saia, ao que minha mãe disse a Aline:

- Com que então, ganhou água de cheiro, não? Deixe ver...

Aline foi até o armário e tirou bonito vidro de boticário verde escuro, que minha mãe tirou a tampa e aspirou, deliciando-se.

- É... melhor que muito perfume por aí... Rosa, veja se acha um outro vidro como o seu, que vou encomendar um a Adelaide, e Alice...

- Sim, mamãe...

- Peça a receita disso!

09

VISÕES E ANJOS DA GUARDA

CONFESSO QUE QUANDO dona Adelaide me falou em "visões", fiquei entre preocupada e curiosa, mas nada teria me preparado para "aquilo". Tínhamos assistido à missa na Igreja, e estávamos sentadas na praça, a ver o movimento dos passantes: Aline, linda num vestido rosa, chapeuzinho de palha com flores miúdas, aproveitando o início do verão. Rosa, conversando com ela e Amália, sempre um tanto curvada, a fazer comentários sobre uma ou outra moça que passava, tecendo como sempre elogios em demasia à minha irmã. Desconfiava dela e me recriminava por isso. Afinal, era uma moça pobre, sofrida e feia, por que eu implicava tanto com ela? Minha mãe ao meu lado, parecia conjugar dos mesmos pensamentos, tanto que me disse:

– Tenho imensa pena de Amália... tão sem graça! Rosa é belíssima, não demorará muito e algum rapaz se interessará por ela, e terá sorte, pois é de um caráter formidável. Mas essa outra menina... além de tudo é lenta por conta do defeito nas costas!

Olhando Rosa nos seus vinte e poucos anos, cabelos presos, deixando à mostra o lindo rosto e os olhos azuis, e depois vendo Amália com sua feia postura, já engordando, a pele marcada, os traços grosseiros e os cabelos presos, crespos em demasia, tive que concordar com minha mãe, e disse-lhe:

- Realmente, minha mãe. Também tenho pena dela, mas não consigo simpatizar-me com a moça. Acha que sou má por isso? Apesar da piedade que me desperta, não consigo gostar de tê-la por perto!

Antes que ela respondesse, senti como se o chão se abrisse e me senti feliz por estar sentada. Olhando para Amália, vi claramente uma senhora vestida com roupas de cores brilhantes e muito enfeitada: os cabelos me pareciam negros, mas matizados com vermelho, os olhos eram claros e bonitos, o chapéu faustoso, e o porte era reto. Tinha certa beleza, a dama de roupas antigas, maquiagem um tanto excessiva, senti que devia ter sido deslumbrante quando moça, e me olhava com pouco caso, como se eu fosse uma subalterna.

Tudo isso durou talvez uns trinta segundos, que me tiraram a cor do rosto e fizeram minha mãe sacudir-me pelo braço:

- Alice, Alice! Que tem, filha? Parece que viu um fantasma...

Esfregando os olhos tornei a olhar e vi apenas Amália, agora me olhando com certo espanto. Então eram essas as "visões"? Que significava aquilo? Que mulher era aquela? Um fantasma?

Tranquilizei minha mãe, dizendo que não havia sido nada, mesmo porque eu tinha fama desde criança de "ver coisas onde nada havia", fato que deixava minha avó, dona Sâmia entre medrosa e curiosa. Não era raro ela, de vez em quando, me perguntar se eu não tinha "algum pressentimento" ou "alguma impressão" sobre essa ou aquela pessoa. Eu, cuidadosamente, só falava se era coisa boa. Longe de mim querer arranjar encrencas!

Mas os "fantasmas" que já tinha visto não se pareciam em nada com aquilo. Eram rápidos, meio transparentes, quase sombras que se deslocavam com o vento. Sentia também o "sentimento" deles: tristeza, raiva, medo... alguns eram até brincalhões, pareciam se divertir "trocando as coisas de lugar". Nunca soube como faziam isso, minha avó os chamava de "gênios". Será que seria essa a minha sina? Ver os fantasmas com toda essa clareza?

Pensei que quando viesse dona Adelaide eu perguntaria, mas nada estava mais distante do que eu pensava. Não eram fantasmas... levantei-me com minha mãe para uma caminhada até a beira do mar, bonito e azul naquele dia quente de domingo, em que as moças e as senhoras usavam suas sombrinhas enfeitadas, quando observei um rapaz de olhos postos em Rosa, sonhadores, como se tivesse avistado uma fada.

Minha mãe, em conversa com uma conhecida, nada notou, mas eu vi quando minha querida amiga enrubesceu e o rapaz se aproximou, vestido de forma simples, mas limpo e bonito. Observei Aline puxando Amália, para que Rosa pudesse ter uma pequena conversa com o moço, que se derramava em sorrisos para a bela alemãzinha, tendo ele o porte de um belo rapagão português, cabelos escuros, pele muito clara, alto. Não demorou muito e Rosa despediu-se, corada e feliz, voltando para uma Aline que parecia cheia de perguntas.

Rosa já tinha os seus vinte e três anos, e não era moça de dar chance a nenhum rapaz, séria como só ela! Pretendentes não faltaram ao longo do tempo, inclusive um senhor quarentão, dono de um Armazém de Secos e Molhados, chegou a pedir permissão a papai para frequentar a nossa casa, mas Rosa não simpatizou nada com o homem, para alívio de mamãe, que não sabia passar sem ela: "É como se fosse minha filha mais velha!" dizia. Mas, vinte e três anos, naquela época, já estava ficando velha para casamento.

Notando que o sol estava um tanto forte, minha mãe sentiu que era hora de começar o almoço, e tratou de chamar as outras para irmos para casa, fomos as duas sozinhas atrás delas, a conversar como duas velhas amigas, pois a minha relação com minha mãe, se tornou essa na medida em que fui crescendo.

- Mãe, não acha que Rosa está na hora de arranjar um pretendente?

Ela me olhou como se eu falasse em arrancar-lhe um braço:

- Rosa? Como assim? Ela reclamou-lhe de algo?

Eu sorri:

- Não, mãe... mas é tão bonita, e tão boa conosco! Na idade dela, a senhora já nos tinha! Não acha que ela merece o aconchego de um lar, com marido e filhinhos?

Ela baixou a bonita cabeça, ajeitando o chapéu:

- É verdade... tenho sido egoísta, não é mesmo? Mas é que ficar longe de Rosa me dói em demasia! É antes de tudo uma amiga fiel e querida! Eu e seu pai já pensamos nisso antes, mas nem fizemos enxoval para ela. Tem algum pretendente?

- Mas não é preciso que fique longe, mãe. Se ficar por aqui mesmo, ficaremos a vê-la sempre, podemos inclusive ajudá-la se precisar. Quanto ao enxoval, ela já borda algumas peças de tecidos que sobram, faz algum tempo. Só não tem lençóis, mas tem que ver as colchas que já fez com retalhos!

Minha mãe me olhou assustada:

- Então ela já tem algum pretendente...

Eu sorri, com meu ar de mistério:

- Não tinha, mas acho que hoje conheceu um.

Muito admirada comigo, entramos dentro da casa e ela não disse palavra, agiu como se nada houvesse. Notei Amália um tanto mais rabugenta do que de costume e imaginei se não era o "fantasma" por perto (não podia estar mais errada), e lá pelas seis da tarde, Rosa e Aline vieram ter comigo:

- Alice, não quer vir passear conosco?

Não me fiz de desentendida:

- Vão ver o moço?

Aline riu:

- Não disse que ela tinha visto? E então, ajuda?

- Ajudo, mas diga a verdade à mamãe.

Diante disso as duas ficaram bem vermelhas, ao que eu disse: "Deixa que eu consigo a permissão!", e fui, decidida, dizer que íamos "casualmente" encontrar o moço. Minha mãe não gostou nada, mas como não íamos nos afastar de Rosa, permitiu, com a condição de que o próximo encontro fosse ali, na nossa sala de visitas, que ela era moça de família, e não "uma qualquer". Tudo arranjado, fomos as três, "pegar a fresca" como se dizia na época à beira do mar, como faziam as moças de sociedade, e lá, esperando por nós, estava Arnaldo, em roupa clara, chapéu de palhinha, razoavelmente elegante com os sapatos bem engraxados.

Depois de apresentadas ao rapaz, surpreso por ver duas gêmeas idênticas tão diferentes na forma de vestir e comportar, ele elogiou-nos a beleza e depois voltou-se extasiado para Rosa, ao que entendemos, eu e Aline, que devíamos deixá-los com um pouco de liberdade e seguimos atrás deles, em passo mais lento. Ele ofereceu o braço, mas Rosa, muito recatada, sorriu e preferiu andar ao lado dele, mas ainda sem intimidades. Aline comentou:

- Tão bonito o rapaz! Por que Rosa não lhe deu o braço?

Tive que rir:

– Já conseguiu muito dela ter vindo! Não conhece Rosa? Fique tranquila... no fundo ele vai ficar ainda mais encantado. Algo me diz que ele gosta de moças difíceis...

E então aconteceu, pela segunda vez, naquele mesmo dia, e eu tive que me segurar no braço de Aline: olhava Rosa pelas costas quando vi uma mulher de seus trinta anos. Também loura, traços clássicos, sem nenhuma pintura... roupa muito bem cortada, extremamente elegante, antiga, parecia uma francesa. Não era linda como a nossa Rosa, mas tinha um rosto que mesmo parecendo severo, era bondoso, e olhava para Aline com um amor fraternal imenso. Voltei a mim com minha irmã a me dar pequenos tapas no rosto, enquanto o casal seguia em frente sem nada perceber...

– Alice... Alice! Que foi? Viu fantasma? Está pálida, irmã!

Ainda pálida, respondi a ela:

– Fantasma? Bom... não sei! Parecia, mas não sei se era! De qualquer forma, já se foi!

Muito assustada, que não gostava nada de fantasmas, Aline perguntou:

– Era coisa ruim?

Voltando a mim completamente, eu disse:

– Não, de forma alguma! Acho que vi foi seu anjo da guarda! Olhava para você com tanto amor...

Ela ficou curiosa, como era para ser, diante da afirmação:

– E tinha asinhas, era gordinho? Que bonito, Alice, queria tanto ver meu anjinho da guarda...

Olhei para minha amada Aline e tive que dar uma risada, ao que ela me olhou de volta um tanto desconcertada:

– Que foi? Era feio meu anjo da guarda?

Ainda rindo, eu respondi:

– Não. Mas estava longe de ser rechonchudo e gordinho. Era uma senhora moça, de seus trinta anos, loura, e até bonita a seu próprio modo. Num costume cinza de blusa branca, cheia de luz, elegante até demais! Olhava para ti com um amor fraterno, como se quisesse te proteger de todo o mal.

Ela franziu as sobrancelhas:

– Uma santa?

– Uma pessoa muito boa. Disso eu tenho certeza.

Ela levantou-se do banco onde sentamos, Rosa e Arnaldo iam longe já. Sorriu e me disse:

- E eu achando que anjos da guarda fossem todos gordinhos e com asinhas. O padre vai ficar decepcionado!

- Nem pense em contar isso para o padre! Aliás, para ninguém!

Ela me sorriu. Não precisava pedir segredo à minha irmã, sempre tínhamos sido as maiores cúmplices em tudo. Finalmente vendo que não estavam sendo seguidos, Rosa e Arnaldo voltavam em passo mais acelerado, a noite finalmente começava a chegar e moças de família não deviam ficar na rua.

Muito educado, o rapaz nos levou até em casa, onde meu pai e minha mãe já nos esperavam na porta, com o cenho já franzido de preocupação. Ao vê-los, o rapaz prontamente se apresentou:

- Senhor Pedro, dona Aurélia, encantado em conhecê-los. Sou Arnaldo de Campos, comerciário daqui mesmo da província. Gostaria de pedir permissão para cortejar aqui a menina Rosa em vossa casa, se não lhes causar incômodo.

Meu pai não estava com uma expressão muito simpática, mas interessou-se:

- É da família Campos que possui aquele açougue, logo virando a praça?

O rapaz sorriu, orgulhoso:

- Sim, senhor. Pertence ao meu pai, e trabalho lá, com meu irmão, para prover o sustento de nossa família. Já estamos a abrir outro, que a província anda crescendo. Como já estou quase com trinta anos, tenho sério interesse na moça.

Meu pai pareceu bem impressionado:

- Pois venha aos domingos, das cinco às seis e meia, que é o horário de gente decente e quando estarei em casa. Seja bem-vindo, senhor Arnaldo. Rosa é moça séria, nunca teve pretendente nenhum em casa, saiba se comportar e nos daremos bem.

Observei Rosa e mamãe muito sérias, a observarem a conversa que mais parecia uma negociação. Eu e Aline nos entreolhamos, o que tinha sido tudo aquilo? Ao final, os dois homens deram-se as mãos, mamãe olhou o "gajo" meio desconfiada e todas entramos, papai por último, dando um olhar muito sério para Rosa e dizendo-lhe:

- Menina Rosa, tem sido fonte de orgulho e alegria para nós durante todos esses anos. Continue se comportando!

Só então ela desabafou:

- Ora, seu Pedro! Até parece que vocês não me ensinaram como se comporta uma moça!

E subiu as escadas conosco, muito digna, queixinho erguido. O fato é que Arnaldo estava lá muito distinto no domingo seguinte, às cinco e meia da tarde, com meu pai e minha mãe na sala, e eu e Aline na escada observando a cena. Entrou e levou flores para minha mãe, que o mirou de perto e foi para a cozinha providenciar um café com bolinhos, que era costume do lugar. Ao me ver na escada, chamou-me para ajudá-la, e comentou comigo:

- É um belo rapagão, sem dúvida, e sei que Rosa está bem entusiasmada... mas não consigo simpatizar muito com ele...

Eu sorri:

- Nem as flores amansaram o ciúme de perder Rosa, mamãe?

Ela suspirou:

- Quem dera fosse isso, filha. Sabe que não sou de antipatias gratuitas, mas desde a primeira vez que vi o moço, algo não me agradou. Cisma minha, com certeza! Não diga nada a ninguém, mas dê uma observada no rapaz, e veja se nota algo. Você sente essas coisas melhor que ninguém.

Olhei para ela um tanto ressabiada. Tinha notado que ele era muito gentil e que tinha ficado encantado com Rosa, mas nada além disso. Mas, faria o favor, que custava? Chegando à sala, servindo o café com bolinhos, notamos o meu pai e o rapaz conversando animadamente sobre o comércio local. Notei que ao menos o senhor Pedro parecia satisfeito com ele.

Amália escutava a conversa da porta da cozinha, de olho no moço e no movimento, enquanto Aline, inquieta na escada, me perguntava se podia descer. Mamãe finalmente chamou papai e disse que eu e Aline faríamos companhia ao casal enquanto os dois dariam uma volta na praça, ao que minha irmã em dois tempos ficou ao meu lado, sorriu, pegou um bolinho e sentou-se, depois de cumprimentar Arnaldo.

O que eu não esperava aconteceu: assim que meus pais saíram, Amália, sem convite algum, sentou-se entre o casal e puxou conversa com o moço, para susto de Rosa que, finalmente, queria conversar com o pretendente.

Eu e Aline nos entreolhamos um tanto sem saber o que fazer, e Arnaldo, tentando ser educado, respondia as perguntas que ela lhe fazia: de que família era, onde trabalhava, se não era ruim trabalhar no meio de carnes em um açougue, se já tinha namorado antes... enfim, todo tipo de indiscrição possível, enquanto se empanturrava de bolinhos. Pálida, Rosa foi ficando sem ar, enquanto o moço tentava se desvencilhar da curiosa, de dedos gordurosos de bolinhos, que agora segurava-lhe a blusa.

Vendo que a coisa iria desandar a qualquer tempo, levantei-me:

- Amália, creio que está a confundir as coisas. A ordem de minha mãe foi a de que nós duas ficássemos com o casal, não lhe incluiu nesta sala. Por favor, retire-se, e só volte quando for chamada.

Foi o que bastou para que a intrometida fizesse a sua cena, com lágrimas nos olhos levantou-se e disse, em voz compungida:

- Desculpe, Alice! Devia saber que uma moça pobre e feia como eu nunca seria aceita no meio de visitas! Mas como Rosa também é só uma empregada, achei que podia ficar aqui... vou embora já, desculpe!

E saiu, dando soluços de choro! Aline que morria de pena, levantou-se e foi ter com ela, depois de me olhar, reprovando-me. Já eu, olhei para o rapaz e esclareci:

- Rosa jamais foi uma empregada nesta casa. É nossa irmã mais velha, filha adotiva de nossos pais, de quem eles gostam em demasia.

Notei que Arnaldo olhou Rosa curioso, e perguntou-lhe:

- É filha adotiva, então? Sendo loura a imaginei filha deles, pois dona Aurélia é loura também.

Rosa respondeu, queixo erguido, pois nunca mentia:

- Ao que me contaram, sou filha de alemães, que faleceram quando eu ainda era bebê. Dona Aurélia me acolheu num convento quando eu tinha oito anos, para ajudar com as gêmeas, e realmente me sinto como filha nesta casa, pois assim me tratam.

A fisionomia do rapaz mudou da água para o vinho, o que me deixou assustada, pois Rosa também notou. Intuí no mesmo momento que a informação mudava as intenções dele, mas não entendi a causa. O fato é que ele se despediu rapidamente, e eu vi uma Rosa confusa e triste ir para o quarto, sem sequer falar conosco. Recolhi as xícaras e a bandeja com os bolinhos e entrei na cozinha vazia, olhando pela porta e vendo Aline e Amália conversando no quintal. Não tive pena de Amália nem nunca teria, mulherzinha má e invejosa, tinha conseguido envenenar o namoro de Rosa!

Colocando as louças na pia e lavando-as vagarosamente, pensei nas impressões de minha mãe e tirei o chapéu para ela: não achava realmente que o rapaz voltaria. De certa forma, Amália tinha ajudado, se ele tinha feito tanta questão por Rosa ser filha adotiva, que não voltasse mesmo! Rosa merecia coisa muito melhor, e com certeza conseguiria. Deus não desampara os seus... ouvi minha mãe e meu pai chegarem, e meu pai exclamar: " Ora, onde estão todos?", indo até a cozinha deram comigo, e eu disse que o rapaz tinha outro compromisso. Papai estranhou, mas como tinha contas para fazer, encaminhou-se para o bar, mas minha mãe veio ter comigo.

- Que foi que houve por aqui?

Enxuguei as mãos na toalha e me sentei à mesa de madeira, junto dela, apoiando as mãos no queixo:

- E depois, sou eu a "bruxa" da casa, não é?

Ela ergueu a sobrancelha direita:

- Como assim?

Contei o acontecido, tal como foi, e ela se irritou bastante com Amália e disse não esperar outra coisa de Aline, cujo coração era mel puro e nunca via maldade em nada. Quanto à atitude do rapaz, ela me fez algumas perguntas:

- Então ele achou que vocês fossem irmãs?

- Foi.

Ela sorriu:

- Realmente... Rosa é belíssima e tem um porte de princesa, além de se vestir muito bem. É loura, se bem que mais loura do que eu e quem a vê nunca pensaria que era uma babá. Na verdade, nunca a vimos assim. Chamar-me de mãe dela é até elogio.

Ralhei com ela:

- A senhora também é linda e elegante, mamãe. A confusão era óbvia, mesmo porque Rosa parece ter no máximo dezoito anos e não os vinte e três que tem.

Ela me olhou meio triste:

- Quer saber por que ele foi embora?

Como não tinha realmente entendido que diferença enorme isso podia fazer, já que Rosa era linda e bem educada, era lógico que queria. Minha mãe deu um sorriso triste e respondeu:

- O "dote" (quantia que o pai da noiva dava ao noivo por ocasião do casamento, costume da época), minha filha. Simplesmente o dote. Moças de família abastada como você e sua irmã quando casam, levam um "dote" considerável e o rapaz sabia disso. Viu-as bem-vestidas, soube quem era seu pai, e imaginou logo um "dote" bem gordo. Quando soube que era empregada e não filha, perdeu o interesse.

Fiquei chocada! Deixar um tesouro como Rosa por conta de um "dote"! Não podia me conformar com aquilo. Minha mãe explicou-me:

- O fato é que muitas moças de família pobre deixam de se casar por causa deste infeliz "dote". Mas, quer achar graça? Eu e seu pai combinamos, assim que Rosa fez vinte anos, de juntarmos um pequeno "dote" para ela, que já não anda tão pequeno assim. Era o mínimo que podíamos fazer depois de tanto tempo de desvelo que ela tem para conosco!

Tive que rir mesmo, pois ela me contou da quantia e era considerável. Disse então a ela:

- Mamãe, não brigue com Amália, deixe que eu falo com ela.

- Tem certeza? Não falo nada, mas se ela vier falar comigo, vai ouvir!

- Assim está ótimo.

E fui, decidida para o quintal, onde Aline ainda tentava consolar uma chorosa Amália, de olhos e nariz muito vermelhos. Ao me ver chegar, a passo decidido e braços cruzados em frente ao peito, minha doce irmã levantou-se achando que eu ia brigar mais ainda com a criada:

- Alice, sei que ela fez mal, mas não brigue que ela já está arrependida... veja como chora! Ficou tudo bem lá, não foi? Rosa está feliz com o moço, não está?

Acariciei o braço de minha irmã, mas respondi com voz firme, olhando para Amália que fitava o chão:

- Não, não está - Amália ergueu os olhos com surpresa - o rapaz foi embora mais cedo e não creio que volte mais. Na realidade vim aqui para agradecer a Amália, pois se não fosse aquela cena, nossa amada Rosa poderia ter-se envolvido com quem não a merecia. É como se diz por aí: há males que vêm para o bem.

Aline ficou consternada:

- Pobre Rosa! Vou lá ter com ela!

- Vá sim, querida. Nessas horas você sempre ajuda!

Olhei para Amália, em quem tinha visto um olhar de triunfo infantil, e não pude deixar de dizer:

- Já contei tudo à minha mãe, que não sou de esconder nada dela. Se fosse você não comentaria mais o assunto.

Com isso ela empalideceu e eu me encaminhei para o meu quarto. Dele eu só escutei duas coisas: Aline confortando Rosa, ao lado, e mamãe aos gritos com Amália no andar debaixo. Acho que ela não escutou o meu conselho...

10

BASTAM AS MÁGOAS DE UMA VIDA SÓ

QUEM DE NÓS pode conhecer o futuro ou para onde vai o vento? Perguntei isso à minha "bruxa" mais querida, enquanto caminhávamos pela praia, e ela ia ao meu lado às seis horas da tarde, sol quase se pondo, naquelas tardes de verão, eu com pouco mais de quinze anos. Ela me olhou divertida, e nunca mais esqueci a expressão naqueles olhos escuros:

- Acha mesmo que sei o futuro?

- E não sabe? - perguntei.

Ela deu sonora gargalhada. Depois me olhou um tanto séria:

- Alice, se alguém lhe disser que sabe o futuro, coloque nele esses seus olhos cor de mel e desconfie sempre!

Olhei para ela um tanto desapontada, já que sempre tinha assistido encantada as ciganas e suas previsões do futuro.

- Tudo mentira, então? Nada está marcado em nosso destino, como dizem as ciganas e os adivinhos?

Ela respirou fundo:

- No mundo espiritual, que é para onde os mortos vão depois desta vida, dizem que antes de cada criança nascer, algumas coisas são marcadas, sim. Por exemplo: o nascimento, certas pessoas que cruzarão o seu caminho ou farão parte de sua família, doenças... os espíritos me mostram isso algumas vezes, mas somos nós que decidimos que atitude tomar ou não, ficando perto dessas pessoas ou nos afastando, abreviando nossas vidas ou prolongando-a. Muitos desses espíritos, se inteligentes, têm grande facilidade de captar pensamentos, logo, se sentem num indivíduo a vontade de matar outra pessoa, avisam sem demora a quem os ouve, e este logo avisa a vítima do plano do agressor. Boa parte dessas previsões é feita assim, por isso não falham.

Fiquei admirada das palavras dela, mas como eu mesma "captava" determinados pensamentos, concluí que para um desencarnado, livre das vestes da carne, seria muito mais fácil. Fazia realmente sentido... perguntei então:

- Eles notam o passado dessas pessoas também?

- Muitas vezes sim. E, às vezes, usam isso em vantagem própria. E então Alice, tem tido as famosas visões?

Gostei imensamente que tivesse tocado no assunto:

- Sim. E é cada coisa maluca! Acho que estou vendo os "anjos da guarda" das pessoas.

- Anjos da guarda? Explique-me melhor...

Contei sobre as duas entidades que tinha visto atrás de Rosa e de Amália, das vestimentas, do jeito das duas, do impacto que sofri, enfim, tudo! No final, perguntei:

- Não é esquisito que por trás de rapariga tão sem graça estivesse uma dama vestida de forma exagerada, de seus quarenta anos, mas de traços belos? Ela não parecia gostar nada de criados, inclusive me lançou um olhar de superioridade, como se eu fosse uma criada. Por que protegeria Amália?

Sentamos na areia da praia a espiar o sol se pôr ao longe. O vento balançava levemente seus cabelos, que os tapou com seu xale de renda fina e longas franjas. Respondeu-me:

- E a moça loura que viu atrás de Rosa, olhando com ternura para Aline. Se estava atrás de Rosa, não era para ser o "anjo da guarda" dela?

- Certamente... mas se não são anjos da guarda, o que são?

Dona Adelaide olhou ao longe, no mar, os mergulhões (pássaros marinhos) em voo rasante, mergulhando no mar de bico aberto e pegando pequenos peixes para em seguida voar ainda mais alto e despencarem novamente para uma profundidade ainda maior no oceano.

- Sei que é católica, menina Alice, e respeito a fé de todos, desde que pratiquem sempre o bem. Também fui criada pela minha mãe nessa crença, mas nunca consegui achar sentido num inferno que durasse para sempre, num purgatório cheio de dúvidas, ou num céu de ociosidade eterna. Também tive essas visões mais ou menos na sua idade, e demorei muito para entender o que significavam. Quer ouvir a minha explicação agora, ou prefere manter-se de acordo com os dogmas da sagrada igreja, que a acusaria ou de loucura ou de satanismo?

Olhei para ela muito assustada: eu louca? Ou ainda pior, Deus que me livrasse, satanista?

- Pode me explicar, dona Adelaide.

- Explico, mas nada de comentar com ninguém, que não a quero metida em confusões, certo? Vivemos tempos complicados, e não a quero sendo discriminada. Promete não comentar com ninguém?

Mais séria do que nunca, prometi, juntando meus dois indicadores em forma de cruz e beijando-os para selar a promessa. Só então ela me respondeu:

- A verdade, minha pequena, é que não existe apenas uma igreja no mundo, e que em diversas partes dele encontra-se uma crença antiga que tem muito mais sentido do que a que se professa aqui: é a crença de que nosso espírito não passa por apenas uma vida terrestre, mas por várias. Observe esse mergulhão e pense em como ele se movimenta subindo a uma altura que parece cada vez mais alta e chocando-se contra a água do mar. Pense num espírito que no plano espiritual, desde a Terra, vive por aqui breve período, e depois retorna, deixando aqui o bem e o mal que plantou. Ao invés de ir para o inferno, Deus, Pai amantíssimo, dá a ele a chance de reparar seus erros, e esse espírito, tal qual o mergulhão que torna a cair para a água do mar por fome de alimento, retorna à Terra na esperança de reparar seus erros, mas vem de forma diferente, com outro corpo, outra situação social, outra raça.

- Várias vidas?

- Sim, minha pequena. E várias chances de consertar o que estava errado, várias chances de aprender o bem. Assim é dado ao ser humano provas que lhe facilitarão seu desenvolvimento. Logo, se abusou do uso da boa aparência, como a mulher de belos traços e roupa chamativa que você viu atrás de Amália, se usou da beleza para o mal, reencarnou feia para que não possa se utilizar de semelhante artifício prejudicando outros como em vida passada. Já cansei de ver Amália em sua casa, e notei sua aparência passada. Foi aceita no meio de sua família por insistência de Aline, que sempre teve grande pena dela, e pelo visto, continua a ter. Outra entidade segue Amália, tornando-lhe as dores nas costas insuportáveis e fazendo-a vergar-se: um homem que ela assassinou em outra vida e que agora continua em seu encalço pedindo por vingança. É digna de piedade mesmo, mas se eu fosse você, protegeria sua irmã. Amália veio nessa vida para aprender a humildade e a se desvencilhar dos valores materialistas. Não sei se conseguirá, pois há nela um ódio contido e calculado pela manipulação contra todos que ela acha que possuem mais do que ela.

Fiquei pasma! Com que então na vida anterior Amália tinha sido bela e vivido com conforto? Lembrei-me da mocinha feia e desnutrida que chegou em nossa casa, vestes quase em frangalhos, nenhuma cultura geral, difícil de se interessar em aprender qualquer coisa que lhe tivesse valia futura, sempre a pedir a Aline uma blusa ou um vestido que lhe ficassem bem. Nem bons dentes ela tinha! Tive que comentar:

- Bem diz o padre que Deus castiga! Nascer daquele jeito e com aquelas dores! Nunca terá um marido bom que a deseje, que castigo!

Minha boa Adelaide olhou-me muito séria:

- Não vou ralhar contigo por conta de sua pouca idade, mas que ideia faz do Criador de todas as coisas, pequena! Acha mesmo que Deus é um pai de barbas longas e de vara fina nas mãos a punir quem faz o mal? Quem faz o mal por si se pune, Alice!

Ante meus olhos muito arregalados, ela continuou:

- O mal gera o mal continuamente, mesmo que pareça dar bons frutos de imediato. E se isso parece acontecer, se parece ter lucro com o mal, cuidado com esse lucro, pois ele lhe será triplamente cobrado no futuro. Não ofenda e nem explore, caso isso ocorra, desculpe-se o quanto antes e tente compensar. Não acumule esse tipo de dívida, pois uma das palavras mais abençoadas, quando dita com sinceridade, é "perdão". Quanto ao caso de Amália, ela é uma criança ainda muito mal-educada, a quem Deus busca ensinar, e não punir.

- Ensinar?

- Sim, boa menina. Quem sabe, na multiplicidade de vidas, em quantos erros nós mesmas já não incorremos, e não aprendemos? Pense nela como uma criança inconstante a quem os pais deram bonita boneca de louça cara, com a qual ela se encantou de início, mas que depois quebrou e usou os cacos de louça para ferir as outras crianças que ainda tinham brinquedos, por puro ódio pelas outras que tiveram cuidado com os seus brinquedos, e ela não. Daria outra boneca de louça a essa criança?

- Não - respondi eu - primeiro porque ela não teria cuidado, depois porque ela feriria novamente as outras crianças, caso a boneca se quebrasse novamente.

Minha amiga sorriu:

- Pois o bom Deus deu a ela agora uma resistente boneca de lona. Nem de longe tão bela quanto a de louça, mas que não oferece tanto perigo também. Mais humilde, não chama a atenção, os cabelos não são de seda, mas de lã resistente, e ela poderia até ser feliz nesse novo corpo se cultivasse outros valores, mas a boneca de lona, ainda quer ser de porcelana. Se tivesse força de vontade e notasse a bondade de Aline e de sua mãe para com ela, talvez levasse a vida de uma forma diferente, mas ainda carrega o lodo da inveja da vida anterior. Como vê, o corpo interfere, mas é a alma que manda no destino da pessoa. E é tolice achar que beleza trará ao destino da pessoa felicidade, as pessoas mais felizes que conheci, não eram as mais bonitas fisicamente.

Adelaide continuou:

- Quanto a Rosa, era uma órfã de imigrantes pobres. Não reparou nela e na moça que viu atrás dela, a mesma elegância natural? Disse que a jovem mulher usava um vestido de tecido caro, muito bem cortado... já viu roupas mais bem cortadas que as da nossa Rosa? Embora a moça tivesse uma aparência comum, você me contou que notava uma luz saindo dela que olhava com especial carinho para Aline e para você com grande amizade. Tal pureza de sentimento denota uma pessoa muito boa. Nasceu de família humilde, mas logo foi acolhida e direcionada a vocês e nada lhe faltou. A falta de ambição fez Rosa feliz desde cedo e a beleza dessa moça é mesmo de tirar o fôlego. Não fique triste do namoro dela não ter dado certo, está destinada a alguém que já a conhece de longa data e que logo aparecerá. O que ela sentia pelo outro moço era só ilusão, passará como um resfriado, e quando ele a procurar de novo, ela mesma verá isso. É ajuizada a nossa Rosa, desprendida, nem desconfia do quanto é bonita. Merece ser feliz.

Tive que perguntar:

- Verei então todas as pessoas como eram em vidas passadas?

Ela respondeu:

- Graças a Deus que não, minha querida, ou você enlouqueceria. Geralmente as que você conheceu em vidas passadas, mas também pode acontecer de ter impressões por toques ou cheiros. Tenho esse dom também, só que não com toda essa "exatidão". E não se preocupe com esse mal-estar, com o tempo, isso diminui, e se as visões estão chegando é porque o bom Deus assim deseja. Isso pode protegê-la muito, a ti e aos teus. Mas cuida de olhar os outros sempre sem julgamentos e com bondade, afinal, se todos tivemos várias vidas, podemos ter cometido vários crimes, não é mesmo?

- E por que não nos lembramos dessas vidas?

Ela sorriu:

- O ser humano ainda é pequeno demais para isso. Imagine você sentada numa praça e de repente passa do outro lado um senhor, que há duas vidas atrás lhe assassinou de forma bárbara? Você ainda é civilizada, mas o que fariam as pessoas que não são? Ou ainda vítima e estuprador que reencarnam mãe e filho para redimir os erros de um ou de outro e assim crescer juntos? A mãe não poderia afogar a criança?

- De fato. Muito difícil progredir sabendo dessas coisas.

- Verdade. Bastam as mágoas de uma vida só. No último caso, se a mãe acolhe o estuprador como filho, pode ser que se crie ali um laço forte de amor, e que quando desencarnem, superem o passado triste. O Senhor é sábio, minha querida Alice. Nada é por acaso.

Vendo as estrelas começando a surgir no céu e uma bela lua cheia começando a aparecer, sugeri a ela:

- Vem esse vento formidável e frio, justo no meio do verão? Acho melhor irmos para casa. Por que não dorme no meu quarto hoje? Está tarde para voltar de charrete para sua casa!

- Sei que nunca aceitei a hospitalidade de Aurélia antes, mas esta noite ficarei. Vocês vão precisar de mim.

Olhei para ela curiosa: minha mãe a adorava e mesmo meu pai, que de início tinha suas reservas, logo que a via, servia-se de um bom café árabe e puxava assunto, a contar suas histórias para depois ouvir as dela. Em dias de verão torcíamos para que ela ficasse até mais tarde e nos brindasse com lendas de navios que circulavam a ilha, histórias de sereias. De uma então, Aline e Rosa gostaram imensamente, era a história de uma moça chamada Teresa, que tinha virado uma sereia, e que dona Adelaide contou justo naquela noite que dormiu lá em casa.

Meu pai que tinha terminado suas contas lá pelas oito horas, ao saber que a amiga ia ficar por lá, pediu a minha mãe que fizesse um repasto de conservas e pão árabe, um bom café (minha mãe nunca entendeu como ele dormia feito um anjo depois de tanto café) e nos sentamos à mesa de pedras do quintal.

Em bancos largos de madeira maciça, apenas Amália ao longe, pois ela temia dona Adelaide, achando-a realmente uma bruxa. Depois de nos divertir com os casos de papai e ele puxar de seu cachimbo, minha mãe serviu a ela e à amiga um vinho bem fraco com especiarias, e dona Adelaide, olhos negros à luz da fogueira, saiu-nos com esta, assim que ouviu o lamento do vento sul nas árvores:

- Ah... mas veja se não parece o choro da sereia Teresa!

Sereia Teresa? Sereia então tinha nome? Seis pares de olhos fixaram-se nela, curiosos para ouvir o que vinha adiante. Meu pai, amante de um bom conto, mais que outros:

- Como assim, dona Adelaide? Sereia agora tem nome? Teresa?

Ela ajeitou o xale fino, que o vento não era muito amigo, sorriu misteriosa, e vendo a atenção devida, começou:

- E por que não teria? Não sabe o amigo como nascem as sereias, pelo menos as que circundam aqui, a ilha? Pois lhe conto!

E servindo-se de um pão árabe com azeite e azeitonas frescas, me piscou um olho:

- Há mais ou menos cem anos, havia no sul da ilha uma descendente de portugueses, muito bonitinha, dessas de pele muito clara, boquinha muito vermelha, cabelos negros e olhos bem verdes. Teresa era o nome dela. Bem feita de corpo e alegre. Gostava de dançar nas festas dos santos e vestia-se até com certo apuro, apesar da simplicidade, pois era filha de pescadores. Única mulher de nove filhos, mimo de pai e de mãe.

Tinha já a nossa total atenção, a imaginar a bela moça a bailar nas festas de santos.

- Dado a beleza da moça, que já tinha ganhado fama, quis a mãe da menina que ela fizesse um bom casamento e logo inventou que a menina não teria a sorte dela de se casar com pescador. Queria guardá-la para um pretendente bem melhor, que tivesse um comércio abastado, um homem que soubesse ler e escrever, mas não um professor, que esses tipos nunca tinham dinheiro. Um nobre talvez! Afinal, era linda a Teresa, que agora já contava com seus quatorze anos, e dançava melhor que todas as outras moças da aldeia de pescadores.

- Mãe mais orgulhosa! - disse Aline, com a qual eu concordei inteiramente. Já a minha mãe sussurrou "quietas!". Dona Adelaide sorriu e continuou:

- De fato, era orgulhosa a mãe, que nunca tinha sido bela como era a filha, e pensava durante todo o tempo em ter uma velhice farta com a menina e o futuro genro, já que tinha tido sempre uma vida regrada e trabalhosa, a cuidar do marido e dos nove filhos. Vivia a sonhar com casa ampla e quem sabe até criados. Enquanto isso, trancava a sete chaves a menina, cuja única distração era ficar à janela no final das tardes, a esperar pelo pai e os irmãos, já que era a caçula. Com isso a fama de sua beleza correu ainda mais a ilha.

Ela tomou um gole de seu vinho temperado, observou o fogo, enquanto todos nós a olhávamos ansiosos:

- Soubéssemos nós do futuro, não o planejaríamos com tanta antecedência. De fato, um senhor de seus quase cinquenta anos, já um tanto gordo, calvo e sanguíneo, viu a moça na janela, e quis saber quem era. Ao saber que a moça em questão estava a esperar por pretendente rico, ele que era viúvo, muito bem situado de vida, dono de vários barcos de pesca e um admirável casarão, ficou feliz da vida. Ao saber que a menina tinha quatorze anos disse contente: "Ótimo: esta porei ao meu gosto! Mulher com muita idade vem cheia de manias...", e chegando à casa de Teresa, marcou com a mãe dela, para conhecer o pai e fazer logo os arranjos.

- Pobre da moça, velho, calvo e gordo! - protestou Aline novamente.

- Ora, Aline... aparência não é tudo! - defendeu Pedro - não gostei foi do comentário dele... devia primeiro falar com a menina. Diferença de idade muito grande também, não acha, dona Adelaide?

- De fato - comentou ela - embora, às vezes, idade não seja tão relevante, conheci um caso... o problema é que a moça, assim que viu o senhor, tremeu de medo! Tomou-se de asco por ele, enquanto a mãe deslumbrou-se já que sabia perfeitamente de quem se tratava. Via a filha vestida de sedas assim como ela, e cercada de criados em imenso casarão. Teresa se casaria com ele, o marido que não a contrariasse! Acertado o jantar para dali a uma semana, a menina foi chorar no quarto, e depois, escapuliu para a praia, pela primeira vez na vida, desobedecendo à mãe. Vendo-se livre depois de tanto tempo, correu pela areia branca e fina da praia, lágrimas varrendo o rostinho infantil: sabia que se casaria. Afinal, a mãe falava nisso o tempo inteiro e os irmãos a vigiavam incessantemente, mas imaginava que seria com um moço, e não com um senhor tão velho e de cheiro tão esquisito! Que lhe importava sedas, criadas e casarões? Lá sabia o que era isso? Tinha passado a curta vida ajudando a cozinhar, limpar a casa e a costurar para o pai e os irmãos, mas gostava da vida à beira do mar, do barulho das ondas, da vizinhança alegre e barulhenta. Não queria ir com aquele velho feio!

- Nem eu ia querer ir! - disse Aline ao meu ouvido.

- De fato ela nem sabia o que acontecia num casamento, nunca haviam lhe explicado - continuou dona Adelaide. - Tinha visto rapazes e moças de mãos dadas à beira do mar e beijos modestos no rosto. Teria que deixar o velho tocar nela? Deus me livre! Pensou... a isso novas lágrimas vieram e ela se sentou na areia, já bem longe de casa, a observar os barcos que, finalmente, atracavam na praia. Um vento suave da tarde mexia em seus cabelos e secava suas lágrimas quando bonito marujo, que já tinha atracado de um dos barcos maiores de pesca, se aproximou dela, a caminho de sua casa, que ficava no final da praia. O sol batia nos cabelos claros do moço que tinha pouco mais de vinte anos e ficou encantado com a beleza da menina, que ainda tinha ares de choro.

A essa novidade, as pessoas animaram-se um pouco, e até Amália veio se achegando um pouco mais.

- Ele veio conversando com jeito, encantado por demais com ela. Sentou-se ao seu lado, e quando notaram, as estrelas cobriam o céu. Levando peixes amarrados a uma corda, o belo José quis levar Teresa para casa, o que ela permitiu, mas apenas parte do caminho, já que temia os irmãos. Marcaram de se ver quando todos dormissem, na noite seguinte, pois com a vigilância da mãe durante o dia, seria impossível.

- Mas que infame! - esbravejou seu Pedro, pai das meninas - marcar com a moça depois que todo mundo dormia! Não tinha boas intenções com ela! Meninas, se algum assanhado marcar algo assim com vocês, virem-lhe as costas e venham falar com este seu pai. Não faltam miseráveis assim para desgraçar a honra das moças!

Dona Adelaide contemporizou:

- Seu pai está mais que correto, moças. Mas é preciso dizer que José tinha boas intenções, que queria falar com os pais da moça, e que foi Teresa, que sabendo do desejo dos pais de casá-la por interesse, quem marcou os encontros, sentindo horror ao velho rico. Depois daquela noite, ficaram os dois profundamente enamorados, e a intenção de José era fugir e casar-se com a menina assim que pudesse juntar pequena quantia. Morava com a mãe e era arrimo de família, logo teria Teresa e a mãe para sustentar. Encontravam-se assim nas noites de lua, para poderem enxergar-se, assim que adormeciam todos da casa, e a menina foi tornando seu "noivado" cada vez mais longo. Mas a mãe desconfiou da menina, que não queria acordar cedo nos dias seguintes aos encontros, e mandou o filho mais velho vigiar Teresa.

Tomou mais um gole de seu vinho:

- Ele a seguiu por volta de nove horas da noite, quando todos já dormiam tranquilamente. Teresa vestiu seu xale de lã e na lua cheia saiu para encontrar seu amor, que a esperava perto de sua casa, com uma manta, para sentarem na praia e discutirem o seu destino. Já há três meses se viam, e se respeitavam. José disse a ela que já tinha quase todo o dinheiro necessário, e que sua mãe tinha colocado à venda a casinha, e eles se mudariam para outra praia distante, onde viveriam em paz. Amadeu, o irmão de Teresa, tudo escutou enraivecido, pois a família inteira tinha planos para o casamento da irmã e os barcos de pesca do futuro marido dela. Depois de duas horas, viu Teresa levantar-se, deram tímido beijo nos lábios um do outro, um forte abraço e ele a levou para casa. Na volta, Amadeu pegou José, desferiu forte golpe com um porrete de madeira em seu crânio, matando-o, e entrando na água fria, esperou que a maré lhe levasse o corpo.

- Matou o rapaz? Jura? - a pergunta era de Amália.

- Claro, tola! Que acha que faz uma porretada no crânio? - respondeu Rosa.

Dona Adelaide teve que segurar o riso, mas continuou:

- Nada foi dito à menina, no dia seguinte, quando encontraram o corpo de José na praia. Ela já não saía de casa mesmo, e quando o enterro passou, com a "cantilena" (na época, quando passavam enterros, as pessoas cantavam músicas religiosas), e ela perguntou quem tinha morrido, a mãe disse que tinha sido um velho pescador. Mas à noite, José não veio. Teresa esperou por quase uma hora, e ele não apareceu... chorou um pouco e dormiu. Voltou nas outras noites de lua, e veio-lhe um pressentimento triste, de que aquele enterro não era de um velho pescador. Não tinha a quem perguntar, e Amadeu, dentro de casa, a olhava de um jeito estranho, sorrindo-lhe de um jeito mau. Esperaria o outro mês, com a lua alta no céu, José viria.

Dona Adelaide suspirou:

- Mas não veio. Arrumou-se toda, colocou até uma água de cheiro que o noivo lhe teria dado, penteou os longos cabelos que iam até quase os quadris em cachos largos. Ia se casar em quinze dias, estava desesperada, não tinha como fugir mais. Ficou na beira da praia olhando a lua, o mar e as estrelas, agradecendo a noite não estar tão fria. Um marujo, que a viu ao longe, conta que a viu levantar-se na areia olhando para o mar e gritar: "José! Volta, José! Não me deixe aqui!", entrando na água com tal velocidade que embora o homem gritasse por ajuda, e fosse atrás dela, não a alcançou mais, só ouviu as últimas palavras: "não vai José, não vai!".

Foi o que bastou, as mulheres da mesa estavam todas em lágrimas, inclusive eu, pensando na pobre Teresa. Olhei meu pai, que de lábios apertados olhava para cima, que "homem não chora". Ela terminou:

- Nunca acharam seu corpo, dizem que virou sereia e é vista na praia em algumas noites a pentear os lindos cabelos. Por isso que, em noites de lua como essa (e apontou o céu, lua linda e alta, brilhando lá em cima) quando o vento chora assim, dizem que é o choro de Teresa procurando por José.

Olhamos para a lua, tão cantada em verso e prosa, e ouvimos o lamento do vento. Pensei que nunca mais o ouviria da mesma forma... Mamãe, de longe a mais prática de nós todos, perguntou:

- E a família dela, como ficou?

Adelaide sorriu, de forma triste:

- Teve que se contentar em trabalhar muito ao invés de sacrificar a juventude de uma menina para enriquecer. Quer saber? Nesse ponto foi bem feito!

Fomos todos para cama, aconchegados pelo barulho do vento. Quando chegou perto de uma da manhã bateram em nossa porta, mas dona Adelaide já estava na sala acordada, e abriu a porta. Era meu tio Omar com uma notícia triste: meu avô Assad tinha falecido.

11

O FUNERAL

MEU AVÔ ASSAD tinha falecido há algumas horas, e contava com quase setenta anos. Tinha tido uma vida excepcionalmente longa para os tempos de então e não aparentava sua idade. Conta meu tio Omar que ele tinha acordado com uma forte dor de cabeça, mal tomado o seu café, levado as mãos às têmporas e caído ao chão com um forte grito, desmaiando e morrendo algumas horas depois. O desespero de Sâmia tinha sido atroz, acudida pelas noras, estava agora em pranto profundo. Dona Adelaide estava na cozinha a fazer um forte chá de capim cidreira para minha mãe, que chorava copiosamente por seu sogro e sua sogra, de quem muito gostava. Sabia perfeitamente que dona Sâmia perdia o amor de sua vida. Meu tio Omar, um homem forte e de modos bruscos, falava a meu pai de jeito firme:

– Sabe que embora seja o mais novo, sempre foi o favorito dele. Mais de uma vez ele te pediu que tomasse as providências para o funeral, pois não queria que nossa mãe se emocionasse. Logo, arruma-te, pois temos que começar a lavagem e colocar a mortalha! Tua mulher nos segue depois!

Dona Adelaide surgiu da cozinha com um café árabe forte e um pedaço de bolo sem manteiga, e forçou meu pai a comer. Deu o mesmo a meu tio, que ia retrucar que não tinha tempo, mas ante o olhar firme dela, aceitou e perguntou a meu pai:

- Quem é a senhora?

- Uma mulher sábia daqui. Tome o café que já vamos!

A isso, Adelaide buscou a capa mais grossa que meu pai tinha, pendurada num cabide de parede e colocou nos ombros dele sussurrando em seus ouvidos: "Vá que seu pai lhe aguarda e sua mãe precisa muito de ti. Não se esqueça de quitar as dívidas dele!"

Ouvindo o conselho dela, já que eu estava ao lado, vi meu pai erguer os olhos a ela, pela primeira vez cheios de lágrimas, beijar-lhe as mãos, abraçar minha mãe e seguir com meu tio Omar na madrugada um tanto fria. Aline e Rosa seguiram para a cozinha tentando consolar minha mãe, que chorava sem parar, narizinho vermelho, olhos inchados.

- Pobre Sâmia! Amava tanto esse marido! Quase cinquenta anos juntos... que será dela agora?

Aline, sensível como ela só, chorou mais alto ainda:

- Pobrezinha de vovó, mamãe... lá tudo lembrará o vovô! Não devíamos trazê-la para cá depois do enterro, para distraí-la um pouco? Talvez em nossa companhia, perto do mar, se alegre um tantinho...

Adelaide sorriu:

- Não creio que esse seja o costume deles, filha. Eles guardam um "luto" diferente do nosso. Preocupo-me, é claro, com dona Sâmia, de quem gosto muito, mas já aviso que eles não gostam de muita demonstração de desespero em velórios. É bem mais silencioso que os nossos daqui. Não esperem gritos e choros altos como fazem o povo da ilha, eles lá respeitam os mortos e querem que eles partam em paz, em comunhão com o Criador.

Rosa, que já tinha frequentado alguns velórios bem "animados", com viúvas agarrando-se aos falecidos aos gritos, estranhou:

- É mesmo? Nada de demonstrações, então?

Adelaide comentou:

- Fui num velório árabe uma vez, quando tinha meus trinta anos. Uma família do interior, muito séria. A viúva tinha seus trinta e cinco anos e quatro filhos, ficou morando com a família do marido. Durante todo o cerimonial ficou afastada, em silêncio, vertendo suas lágrimas, e o povo aqui comentando que ela não devia gostar nada do marido. Pois ela nunca mais se casou e em sua casa, a foto do marido estava sempre em sua sala. Era uma mulher muito bonita, de chamar a atenção, e os sogros deixaram tudo para ela, mas só falava do marido no comércio que tinha, e criou os filhos sempre citando o exemplo do pai. Já uma outra, italiana, que parecia no velório querer se enterrar com o finado, casou-se quatro meses depois... coração dos outros, Rosa, é terra desconhecida! Não se fie em aparências!!!

Dito isso, colocou todas nós para descansar, e três horas depois nos chamou, café na mesa, pão assado, ordens para Amália preparar a charrete, que íamos todas subir a Serra e apoiar meu pai em seu momento mais difícil até então.

O sítio de meu avô tinha se transformado em razoável fazenda, já que ele tinha conseguido, com o passar dos anos, comprar algumas terras em volta. Depois de quase seis horas numa charrete coberta, eu, mamãe, Rosa, Aline e dona Adelaide finalmente desembarcamos em frente à casa da sede, imensa e ornamentada com arabescos de madeira nas janelas, paredes brancas, piso de mármore, portas grossas de madeira nobre e fechaduras de cobre. Minha avó gostava de coisas que durassem, e meu avô, de fazer-lhe todas as vontades. A casa que tinha começado relativamente simples, hoje valia muito, dado o tamanho e o acabamento.

Entramos e eu logo vi nossas tias Zara e Aisha, vestidas de negro como todos na casa, inclusive os criados. Meus avós não tinham escravos, e abominavam esse tipo de "serviço". Tinham diversos criados de variadas raças, entre eles um senhor negro, que chorava baixinho a um canto, extremamente compungido, e que devia ter seus trinta e poucos anos... ele logo me chamou a atenção, pois em volta dele eu sentia uma tristeza palpável. Quem seria?

Na sala imensa, afastado da entrada, estava o corpo de meu avô, queixo amarrado à cabeça, enfaixado de lençóis brancos (que depois eu soube ser a sua mortalha) e a cabeça virada numa determinada direção (que eu soube ser a direção de Mecca, cidade sagrada dos muçulmanos). Quando entramos, nossas tias estavam em oração e não se desviaram dela, mas logo tia Zara levantou-se e veio ter conosco, abraçando minha mãe que tinha os cabelos cobertos, e nos tinha feito cobrir os nossos.

- Bem-vinda, irmã! Pena nos vermos em situação tão triste! Seu marido e o meu estão preparando o caixão e a sepultura, sabe que devemos enterrá-lo o quanto antes, segundo a tradição.

Minha mãe ergueu os olhos para o corpo de meu avô, e uma lágrima quente lhe rolou pelo rosto:

- Ainda não posso acreditar! Gostava tanto de seu Assad, um homem tão correto! Onde está dona Sâmia?

Ela olhou de forma significativa para uma porta:

- Ali. Não foi uma noite fácil para ela... achei que fosse morrer junto com o marido tamanho o impacto da dor. Tentamos de toda forma fazer com que ingerisse um chá ou algo, mas ela vomita qualquer coisa que coloquemos em seu estômago. Está deitada agora, mas não dorme.

Tia Zara era uma mulher de traços serenos, grandes olhos castanhos, pele azeitonada como a dos povos do mediterrâneo, lábios finos e sorriso aberto. Era uma dessas mulheres que de início não chama a atenção, mas depois de um tempo, nos encantamos com o conjunto dos traços, a harmonia dos gestos e a suavidade no andar do pequeno corpo. Tinha tamanha doçura que não se podia duvidar de sua beleza.

Já minha tia Aisha tinha os quadris largos de quem gostava de uma boa cozinha, mãos bonitas, sempre cheia de anéis, morena, lábios grossos e narinas arfantes que denotavam sensualidade um tanto excessiva. Com a idade estava ficando um tanto "roliça" demais, mas ainda chamava a atenção masculina por onde passava. Os olhos nunca se fixavam em ninguém por muito tempo e minha mãe a olhava meio de lado. Acho que não tinha grandes simpatias por ela.

Ao ver a porta onde minha avó estava, minha mãe pediu licença e se levantou, ao que todas a seguimos, junto com Zara. Batemos na porta, mas sem esperar por resposta, minha tia abriu a porta suavemente e vimos a penumbra reinante no aposento quando ela disse: "Mãe, Aurélia e as meninas estão aqui. Pode falar com elas?"

Mais acostumada à penumbra, vi o vulto de minha avó se mexer na cama baixa, cercada por almofadas:

- Minhas amadas, por favor, cheguem aqui...

Não perdemos tempo e fomos até ela, enquanto tia Zara acendia alguns lampiões no quarto, forrado de tapeçarias caras, e vimos finalmente, ainda que à meia luz, o rosto de minha avó, a quem não víamos há pelo menos cinco meses. "meu Deus..." pensei " o que uma dor profunda não causa a uma pessoa!": a pele de minha avó, antes viçosa, estava cheia de pequenas linhas, seca, sem vida, os olhos pareciam poços sem água, vermelhos, feridos... mesmo a luz de vitalidade que sempre emanava dela, estava baixa e escura. Quando chegou minha vez de abraçá-la, apertei-a contra o meu peito e pela primeira vez vi como era frágil a mulher que era a minha avó, ossos finos e pequenos, mãos geladas pelo choque, a pele como um papel de seda. E ela sempre tinha me parecido tão grande! Tinha tirado todas as suas joias, e não usava mais nenhum de seus caros perfumes.

Chorei junto a ela sem saber o que dizer para consolá-la. O que se diz nessas horas? Foi quando senti Adelaide às minhas costas olhando para minha avó num olhar de compreensão infinita, duas mulheres de seu próprio tempo. Vendo a outra mulher, minha avó soluçou e estendeu os braços para ela, que já se conheciam e conversavam sempre na casa de minha mãe:

- Adelaide! Alá a mandou para minorar as minhas dores!

Minha amiga e mentora abaixou-se, pegou as mãos frias dela e disse:

- Não vou mentir para você, Sâmia, somos velhas demais para isso. O corpo dele se vai e você sentirá falta, terá saudade... mas o amor que viveram, esse fica, ninguém tira. Não vê o quanto foi abençoada, mulher? Amou e foi amada por muitos anos, e não tema, continuará sendo amada. O que enterramos hoje é só o corpo, a luz, que dele sempre vinha, continua e te envolverá sempre. Não se sinta frágil, mulher! O amor nos blinda para os dissabores, e você foi e é querida por este homem, o que está na sua sala é apenas a casca do que ele foi. Teu marido agora apenas repousa para sua longa jornada.

Chamou minha tia Zara até ela, colocou um amarrado de ervas em suas mãos e disse:

- Faça um chá com essas pequenas raízes em dois copos de água. Deixe ferver por cinco minutos e me traga aqui, que isso lhe impedirá o vômito e lhe trará a paz que necessita para o funeral.

Zara ficou olhando as raízes meio em dúvida, mas minha avó disse: "Vá e faça o que ela mandou.", depois se virou para a amiga e perguntou: "que raízes são essas?"

- Valeriana e um pouco de boldo. Conhece?

Minha avó fez que não com a cabeça, mas quando chegou o chá tomou e finalmente, cinco minutos depois, dormiu tranquilamente. Tia Zara olhou para mamãe bem espantada:

- Essa sua amiga sabe mesmo o que faz. O que ela é? Uma rezadeira?

Observando minha avó finalmente dormir, minha mãe disse:

- Pode-se dizer que sim. É uma mulher muito sábia, da ilha, que faz o bem para todo mundo.

Voltamos para a sala a fim de deixar minha avó finalmente descansar um pouco, e nos deparamos com papai, tio Omar e tio Samir que finalmente chegavam com o caixão. Ao ver-nos, papai correu a abraçar mamãe que recebeu discreto cumprimento de cabeça de meus tios. Para minha tristeza, apenas mamãe estava de luto, eu, Aline, Rosa e dona Adelaide nos vestíamos de maneira discreta, mas o preto ali era reinante. Vi meus nove primos, todos mais velhos que nós, escorados na parede a nos olhar atentamente e não sei bem porque, senti que comentavam sobre nós. Não me senti confortável, mas os cumprimentei com um aceno de cabeça, o que os fez ficarem repentinamente tímidos e olharem para o outro lado.

Se tio Omar era um gigante, mais alto que nosso pai, traços grosseiros, braços largos, um pouco acima do peso, voz como um trovão ecoando pela sala, inclusive quando ele tentava falar baixo, nosso tio Samir parecia um homem que se dedicava à escrita da fazenda, pequeno, mirrado, óculos grossos à ponta do nariz (imenso por sinal), perninhas bem finas e um tanto calvo. Olhando os dois não se falava que tinham nascido irmãos. Dos três filhos, o mais bonito era o meu pai, de cabeleira basta, traços bem feitos, ficando grisalho com aquela pele morena, riso fácil. E tinha ainda outra coisa que o destacava dos demais: era simpático, coisa que meus tios, por mais que tentassem, não eram. De quebra, ainda tinha a esposa mais bonita!

Feitas essas considerações, eu e Aline sentamos uma do lado da outra, dessa vez quase idênticas mesmo, já que estávamos as duas vestidas discretamente e com os cabelos presos no mesmo estilo, na nuca, com os véus escuros tampando tudo. Eu sempre consegui ficar quieta por longos períodos, mas Aline! Isso para ela era praticamente impossível... mal sentamos ela me sussurrou no ouvido:

- Será que dona Adelaide não te dá a receita daquele chá? Tem gente que eu gostaria de deixar dormindo, às vezes...

Olhei para ela um tanto desconfiada, mas ela me piscou um olho:

- Brincadeira, tolinha!

Tive vontade de rir na hora, mas pensando em como era "arteira", às vezes, pensei em guardar com mais cuidado minhas anotações sobre ervas... com Aline por perto, nunca se sabe! Observamos alguns homens chegarem que não estavam de luto, mas de semblante compungido em sinal de respeito. Vi logo que não eram muçulmanos e pensei que fossem amigos comuns, porém tio Omar e tio Samir logo se levantaram e os levaram para uma sala particular junto com meu pai. Perguntei a tia Zara o que era aquilo e ela me respondeu:

- É um costume de nosso povo: quando alguém falece, pagam-se todas as suas dívidas para que o espírito possa ir tranquilo encontrar o Criador.

- São credores, então? Nosso avô tinha dívidas atrasadas?

Ela me olhou bastante séria:

- Claro que não, menina! Eram dívidas que ainda iam vencer! Mas eles vão receber antes porque seu avô faleceu! Seu avô nunca atrasou uma dívida sequer!

Fiquei orgulhosa com a conduta dele. Pena que nem todas as pessoas agissem dessa forma. Notei porém que alguns credores saíram um tanto chateados da sala e que meu pai saiu cabisbaixo, e indo para a frente do corpo, fez em voz apenas audível uma oração em árabe e depois, com a ajuda de dois criados, colocou o corpo de meu avô no caixão. Justamente nesse momento, apareceu na porta de seu quarto minha avó Sâmia, pálida e triste. Ao ver o companheiro de tanto tempo deitado, enrolado em sua mortalha, ela soluçou baixinho, mas não soltou nem uma reclamação. Minha mãe e Zara foram acolhê-la e a rodearam em seu abraço para que ela tivesse forças. Não pude deixar de notar o comportamento de minha tia Aisha, cabeça baixa, olhar virado para o chão, falava apenas com o marido e os filhos, em nenhum momento veio falar conosco ou com minha avó, que também parecia não notá-la.

O caixão foi posto em larga carroça e descemos da casa da sede, que ficava no alto de pequena colina, para um vale onde pastavam os cavalos que eram a paixão da família. Notei que tinham feito um pequeno cercado em tempo recorde e que cova larga e um tanto rasa para os nossos padrões, tinha sido aberta. Não se ouviu uma voz alta durante o curto velório e à viúva foi dispensado o mínimo de atenção possível. Em nossos enterros a viúva é amplamente amparada e nunca deixada de lado.

Fiquei meio irritada com aquilo, e por nada deixei de estar do lado de minha avó. Sentimento compartilhado por Aline, que franzia as sobrancelhas, um tanto indignada com a falta total de atenção à dona Sâmia, a quem a valeriana parecia ter salvado de um colapso nervoso, e parecia olhar as coisas como se não estivesse acontecendo com ela.

Quando minha avó sentiu-se tonta demais pela falta de alimentação e o sol escaldante, Rosa e Aline a levaram para a charrete coberta, que nos tinha trazido, e a acomodaram, dando-lhe água.

Adelaide chegou-se até mim:

- Diferente de nossos funerais, não?

Tive que desabafar, longe dos outros em voz baixa:

- Isso lá é jeito de se tratar uma viúva? Parecia até mesmo impedida de demonstrar carinho para com ele! Ninguém lhe deu o menor amparo, tirando tia Zara! Esse povo é feito de pedra?

Adelaide me respondeu com um sorriso amargo:

- Dê-se por satisfeita, menina. Contaram-me que em antigas tribos do deserto tinham por costume enterrar as mulheres junto com os maridos. Mesmo que isso não aconteça mais, sua avó nunca mais será a mesma dentro da família: deixará de ser a "mulher do líder".

Olhei para ela sem compreender:

- Como assim?

- Não adianta nada explicar agora. Espere e entenderá. Atos sempre falam melhor do que palavras.

De fato, aquilo aconteceu. Notei que minha tia Zara lá estava, mas Aisha não tinha comparecido, mulher do meu tio mais velho, deveria estar ali para acompanhar o enterro do sogro, mas tal não aconteceu. Não que fizesse falta a mim ou aos meus, que nunca tinha sido afetiva conosco, sempre de "nariz muito em pé", como dizia minha mãe, que gostava mesmo era de Zara e de sua simplicidade bonachona. Terminado o enterro, colocaram finalmente terra por cima, uma pedra maior marcando o túmulo. Minha avó, vendo tudo aquilo meio ao longe, apertou a minha mão, e eu vi aqueles olhos tão castanhos se marejarem com a dor novamente. Sentei-me na frente com tia Zara, enquanto ela ficou atrás com Rosa, dona Adelaide e mamãe. Comentei com minha tia e Aline em voz baixa:

- Ao menos ele não foi enterrado tão longe da casa. Assim ela poderá visitá-lo quando quiser!

Minha tia arregalou os olhos para mim:

- Ora filha, então não sabe do costume?

- Que costume?

Ela respirou fundo:

- Mulheres muçulmanas são proibidas de visitar os túmulos dos maridos. Apenas aos homens é permitido fazer isso!

Enquanto eu abria a boca de espanto, Aline abria a dela para falar o que pensava:

- Quer dizer que a minha pobre avó, que passou por esse suplício todo, não vai poder nem ir lá conversar com ele de vez em quando? Mas que absurdo!

Tia Zara suspirou:

- Não fale assim, menina. São os ensinamentos de nosso profeta! Para nós é uma honra poder seguir essas palavras. Sua avó sabe disso, e concorda.

Ensinada por Adelaide no respeito à crença alheia, vim em socorro de Zara:

- É verdade Aline, se nossa avó foi criada dessa forma, só assim se sentirá bem. Desculpe tia, mas é que para nós, cristãos, os costumes são diferentes.

Ela sorriu meio triste.

- Eu sei. Mas somos ensinadas que nossos bons homens caminham para encontrar o profeta e Alá, o misericordioso, logo ele está bem e não devemos perturbá-lo com nossos choros e lamúrias. Cada qual com a sua fé, seu profeta também tem coisas belas.

Ao chegarmos na casa sede, era chegada a ora dos pêsames, e nós da família nos colocamos lado a lado para recebê-los. Minha avó ficou sentada, tendo Adelaide e Zara a seu lado, caso se sentisse fraca, e eu fiquei entre mamãe e tia Aisha, pois as mulheres ficavam separadas dos homens. Não era uma boa hora para ter uma visão, mas quem escolhe isso? Minha tia se encostou em mim, empurrando-me para abrir espaço, e então eu, claramente, dessa vez no lugar dela, vi uma africana de seus trinta anos, com um filho amarrado ao corpo por tiras de tecido pobre. Não era uma moça bonita, magra demais e comum, com um aspecto sofrido e tinha nos olhos um ódio muito grande. Quando curiosa fui ver para onde ela olhava, reparei com espanto que olhava para minha avó, e a visão cessou.

Dei graças aos céus por não ter tido dessa vez a tontura que sempre me acompanhava. Tinha sido uma pobre nativa africana, então? E ao que parece, tinha sofrido muito. Olhei para ela disfarçadamente com um pouco de pena: isso explicava sempre querer mandar nos outros, querer sempre tudo para si mesma, ser tão grosseira! A mulher que eu tinha visto e sua energia, ainda tinham muito a aprender, e estava distante de minha avó como uma formiga está de uma estrela.

Voltando a mim em definitivo, olhei Adelaide que me sorriu discretamente como se tivesse entendido pela expressão do meu rosto o que tinha acontecido. Baixei a cabeça, mas depois sorri meio sem jeito, como se tivesse descoberto um segredo ao qual não deveria ter tido acesso. Voltamos aos pêsames, quando aquele senhor negro e até simpático, que vertia lágrimas sinceras, veio ter conosco e Aisha não quis lhe dar a mão, pois era só um subalterno. Vendo a humilhação do moço, segurei as mãos dele apressadamente para que ninguém notasse o gesto feio de minha tia, e ele me olhou agradecido, dizendo:

- Seu avô me tirou da escravidão, era um homem como poucos. Pode deixar, senhorita, que minha mulher, meus filhos e eu mesmo sempre oraremos para ele em agradecimento ao que fez por todos nós. E seu pai, pode contar conosco para o que precisar. Meu nome é Cirilo, depois de trabalhar duro, tenho um sítio aqui perto... ele sempre foi gentil comigo, precisando é só chamar.

No último toque daquela mão enorme e calejada, outra visão: dessa vez de um árabe, extremamente bem-vestido, larga espada na cintura, semblante orgulhoso, mas olhar justo. As muitas vidas de que Adelaide me falara começavam a fazer todo sentido, já que naquele homem, apesar da humildade de comportamento, eu tinha sentido uma educação de que muitos ricos careciam. Ao me ver olhando para ele meio "sonâmbula", o bom Cirilo voltou a apertar-me a mão:

- Senhorita, senhorita... está tudo bem?

Muito sem jeito, pois não tinha ideia do quanto a visão tinha durado, coloquei a mão na minha testa, que estava fria e suada, e sorri para ele:

- Sim, seu Cirilo... muito obrigada! Pode deixar que transmito a meu pai o seu recado, e creio que quando for passear com a mulher e os filhos na ilha, ele ficará feliz de ver o senhor, não acha, mãe?

Minha mãe, que tinha ouvido toda a conversa, só pôde dizer:

- Com certeza que sim. Gente honesta e boa como o senhor é sempre bem-vinda!

Ele saiu com um sorriso no meio das lágrimas, e foi ter com minha avó, que ao vê-lo, não pôde deixar de sorrir: tinha sido sua madrinha de casamento.

Ao final da tarde notamos um movimento incomum e ao querermos levar nossa avó para seu quarto notamos Aisha dentro do mesmo, por algum motivo trocando as cortinas. As de minha avó tinham um belo tom de vinho, estavam sendo trocadas por outras, tom de damasco. Vendo aquilo dona Sâmia parou no beiral da porta e disse para a nora:

- Não perdeu tempo, não é mesmo Aisha? Não poderia deixar ao menos que os ossos de meu marido, seu sogro, se assentassem na sepultura?

Ela olhou para minha avó com um ar de superioridade que eu nunca tinha visto antes e disse:

- Achei que podia me antecipar, já que amanhã me mudo para este quarto. Zara vai querer ficar com o meu? É o segundo melhor da casa.

Minha tia Zara respondeu de pronto:

- De forma alguma. Deve ficar com dona Sâmia, estou muito bem no quarto menor com Samir.

De boca aberta, eu, Rosa, Aline e minha mãe observávamos a cena. Dona Sâmia tinha perdido o marido, e agora perdia seu quarto, o mais bonito e amplo da casa, que meu avô tinha mandado construir para ela. Foi quando ela falou:

- Pois eu desejo ir para o quarto de visitas.

- Mas fica nos fundo da casa, e é pequeno! Não cabem lá todos os seus baús com suas tapeçarias, roupas e joias! - exclamou Aisha.

- Ainda estou viva, Aisha. Posso dispor de meus bens como quiser, e garanto que os que ficarem comigo, caberão muito bem naquele quarto.

A isso, tia Aisha virou as largas ancas em direção à porta e saiu. Ficamos as outras mulheres no quarto, quando minha mãe finalmente falou:

- Quarto de visitas nada! A senhora vai é lá para casa, e se não gostar, compramos uma do lado só para a senhora!

Ela sentou-se na cama baixa cheia de almofadas multicoloridas e convidou minha mãe a sentar com ela:

- Não, minha nora. Construí essa casa junto com meu marido, e é aqui que devo encerrar os meus dias. Zara, pegue ali meu baú de tampa de madrepérola, hoje eu ao menos quero ter uma alegria...

Notei minha tia Zara arregalar um pouco os olhos, mas obediente como sempre, pegou um baú de tamanho razoável e trouxe para cima da cama de minha avó. A peça, por si só, era belíssima, e nós lá de casa ficamos curiosas para saber o que havia nela. Retirando uma pequena chave de cobre que tinha amarrada na cintura, ela abriu o baú, e pediu que nos sentássemos em volta da cama baixa.

- Zara - disse ela - tem sido minha companheira inestimável durante todos esses anos. Bem sabe que uma viúva não deve mais usar joias chamativas... decido, a partir de hoje, não me enfeitar mais. Quero que escolha, pelo menos, dez peças daqui.

Só então, com o baú totalmente aberto, vimos o brilho do ouro, da prata, e das pedras preciosas lá dentro. Era uma infinidade de peças, colares, pulseiras grossas, anéis, brincos imensos trabalhados em rubis, safiras, esmeraldas... meu avô a tinha presenteado sempre com joias caras durante a vida em aniversários de casamento, dela mesma e em outras datas importantes. E tudo estava ali. Aline, não pôde deixar de perguntar:

- Mas vai se desfazer de tudo, avó? Não quer ficar com nada que lembre nosso avô?

Ela verteu uma lágrima solitária quando respondeu:

- Já tenho as lembranças que quero em meus filhos e nos meus netos. E minhas joias preferidas aqui estão, meus dois rubis!

Adelaide abraçou-se a ela e disse:

- Sua avó notou que para tudo há um tempo. Há um tempo de se enfeitar, e um tempo de enfeitar a vida dos que amamos. O primeiro agrada aos olhos alheios, o segundo agrada à nossa alma... Sâmia acaba de conquistar o último.

Muito sem jeito, minha tia Zara não sabia como proceder. Discreta por natureza, olhava atarantada para o brilho das joias sem ter sequer a coragem de colocar ali as mãos. Vendo que a demora ia ser grande, Sâmia espalhou pela colcha as peças, para que ela visualizasse melhor, e pediu a Rosa que trancasse a porta para não sermos interrompidas. Depois de muito pensar ela pegou algumas peças simples e delicadas, como anéis, uma corrente com rubis, pulseiras finas de ouro e prata entrelaçadas, enfim, coisas de valor, mas delicadas como ela mesma. Minha avó aprovou:

- Ótimo. Você nunca teve cobiça mesmo, mas as peças que escolheu lhe ficarão muito bem! Não quer mais nenhuma?

- Não sogra. Sua generosidade já foi muito grande!

- Então está certo. Menina Rosa, chegue-se aqui. Não é da família, mas é como se fosse: a vi crescer cuidando de minhas netas com o cuidado de uma irmã mais velha muito especial. Quero lhe dar um mimo.

Dito isso, pegou uma grossa gargantilha de ouro com um medalhão árabe incrustado com uma safira. Rosa ficou rubra de emoção com a peça, mas disse logo:

- Não posso aceitar, dona Sâmia. É muito caro!

- Tolice! Não vê quantas correntes parecidas tem aqui? E esta é até curta... a safira me lembra os teus olhos azuis, é uma pedra bem rara, te ficará bem. Sei que precisará de uma joia para usar em seu casamento. Fique com esta, já que me considero um pouco como sua avó.

Olhou depois para Adelaide:

- E você, boa amiga, aceitaria um presente?

Dona Adelaide riu:

- Não acha que estou velha demais para presentes desse tipo?

Minha avó fez uma expressão chateada:

- Minha amiga, sua idade é um dos segredos mais bem guardados que eu já vi. Ninguém pode afirmar que tem quarenta ou sessenta, nesse rosto sem rugas, corpo firme e cabelos negros meio raiados de branco. É dessas raras mulheres para quem a idade não importa. Vê essas argolas de prata e essa pulseira com moedas? Foram as minhas preferidas durante anos. Quero que fique com você.

Olhei para as argolas e as pulseiras e achei lindas. Adelaide prontamente as colocou, e com um sorriso, abraçou minha avó dizendo: "presente lindo, sempre as usarei em sua honra." E então, parecendo um tanto cansada, pediu à minha mãe que colocasse às joias novamente dentro do baú sem esquecer de nenhuma, o que Aurélia fez prontamente, e deitou-se, exausta. Adelaide pediu a Zara que preparasse um caldo leve para ela não dormir novamente de estômago vazio, ceamos e todas nós nos deitamos em cima de cobertores estendidos no chão, naquele quarto imenso, perto da cama dela.

No dia seguinte acordamos com o sol batendo nas cortinas cor de damasco, e minha avó logo disse: "Nunca vi cortinas mais feias!", lavou-se, ajeitou o seu lenço e pediu que eu fosse chamar o meu pai para o seu quarto logo depois que ele tomasse o café. Disse também que queria o nosso café em seu quarto, já que estava se despedindo dele para que Aisha o ocupasse. Fiquei extremamente irritada com minha tia por retirar de minha avó o quarto dela, mas se o costume era assim, que podia fazer? Aline, ao me ver saindo, veio ao meu encontro ainda meio descabelada pela noite de sono.

- Vai chamar papai?

- Vou ver se está acordado, afinal, vovó mandou. Deve ter algo de sério a tratar com ele.

- Pobre vovó, ter que sair de seu quarto! - disse Aline - será que não podemos fazer algo? Afinal, nós não temos que seguir costume nenhum!

Olhei para ela bem séria, que conhecia bem a minha irmã, e sabia que quando tomava a defesa de alguém costumava ir longe demais:

- Nós não temos, mas a vovó tem! Trate de respeitar!

Ela me olhou meio triste:

- Não posso nem colocar um sapo dentro daquela caixa de joias? Ia dar um susto danado em tia Aisha quando ela abrisse...

- Por que acha que ela vai dar a caixa de joias para tia Aisha?

Ela me olhou como se eu fosse uma tola:

- Ora, não sabe que a "mulher do chefe da família" fica com tudo? Não ficou até com o quarto da vovó? Queria colocar era uma cobra, mas tenho medo do bicho...

Fiquei pensativa, ela bem que podia ter razão. Encontrei meu pai com meus tios do lado de fora de casa, discutindo ferozmente. Ao que parece meu pai não tinha concordado com o pagamento que tinha sido feito aos credores de meu avô.

- Um absurdo! Nosso pai nunca concordaria com isso. Abater dinheiro por estar pagando antes, não estava no negócio! Como os credores iam saber que nosso pai morreria de repente. E você ameaçou que se eles não aceitassem um preço menor não os pagaria, Omar. Nunca senti tanta vergonha!

Meu tio Omar vociferava em igual altura:

- A isso se chama de comerciar, meu irmão! Não sei como consegue lucro com seu Café se não age assim!

Tio Samir tentava contemporizar, acalmar os ânimos de qualquer forma, mas nada parecia apaziguar a fúria dos dois irmãos. Foi quando chamei por meu pai, que me olhou ainda corado pela raiva, e eu disse que minha avó queria vê-lo. Lembrando-se da mãe, a quem amava demasiadamente, meu pai entrou na casa, lavou os braços e o rosto, secou-os e foi para o quarto dela. A isso, ela pediu que apenas a família de meu pai ficasse no quarto e a porta então foi chaveada novamente. Depois de ser beijada pelo meu pai, ela pediu que ele se sentasse junto a ela, e começou uma conversa que muito me ensinou sobre a natureza humana:

- Pedro, você é o meu caçula, há quase vinte anos se foi daqui e abriu o seu comércio, na ilha. Teu pai te deu apenas pequeno capital no início de seu casamento, que era o que podíamos dar na época, mas depois prosperamos muito, sempre com meu Assad no comando, e o que era pequeno sítio tornou-se grande fazenda, com gado e cavalos da mais pura linhagem. É preciso dizer que teus irmãos nunca foram preguiçosos: Omar sempre levantou cedo e cuidou da parte da criação dos animais enquanto Samir cuidava dos impostos e da escrita, mas o negociante sempre foi o seu pai. Quem tomava todas as decisões sempre foi ele, que agora caminha em direção a Alá, pois sempre foi honesto e caridoso.

Meu pai assentiu com a cabeça. Tudo que tinha aprendido de comércio tinha aprendido com meu avô. Ela continuou:

- A verdade, filho, é que comércio é uma arte que só pode ser aprendida por quem tem o dom. Dos três, quem nasceu com o jeito para comerciar, foi justo você, que escolheu ficar longe, e devo dizer que fez bem. Pelas nossas tradições, o mais velho fica no lugar do pai, e não creio que Omar o deixasse no comando, logo, fico feliz que tenha trilhado outro caminho com Aurélia, que também domina essa arte. Mas você também é herdeiro. Seu pai e eu falamos nisso diversas vezes, pois sabíamos que seus irmãos nunca venderiam a fazenda para lhe dar a sua parte, e também desconfiamos que provavelmente não repartiriam o lucro com justiça. Conheço meus filhos e os amo como são: Omar não acharia justo repartir com igualdade como seus pais achariam, logo, para evitar futuros dissabores ou brigas que levassem a um destino pior, tomamos nossas precauções. Espero que concorde conosco, e que ninguém dessa sala jamais comente isso.

Olhou para nós com aqueles olhos castanhos sábios e todas nós assentimos com a cabeça, num consentimento silencioso, ela continuou:

- Esse silêncio é importante, pois pode evitar muita dor. Principalmente a mim e a vocês, fui clara?

Meu pai segurou a mão dela com suavidade e disse:

- Farei como desejar, mãe. Prometo que nada lhe tirará o sono. Se quiser, abro mão de minha parte em herança agora mesmo. Nada é mais precioso que a sua paz, e depois, estamos bem de vida, temos o bastante.

Ela sorriu:

- E acha que esqueceríamos o nosso caçula? Faça-me o favor de se levantar e pegar ali, naquele canto, uma caixa larga de madeira clara. Seu pai guardava ali alguns documentos.

Meu pai franziu as sobrancelhas grossas, e pegou a caixa, voltando a sentar-se do lado dela, que disse: "Abra, tem coisa sua dentro dela. Presente de seus pais". E meu pai abriu.

Aline e eu, curiosas, esperávamos sair dali outro tanto de joias cintilantes junto com os papéis, mas qual! Só papelada mesmo! Rolos e rolos de papel, daqueles já meio amassados pelo tempo, outros mais novos... olhamos as duas uma para a outra meio desesperançadas, vendo que não íamos mesmo ganhar nem um pequeno brinco! Mas papai, minha nossa, que expressão ele fazia vendo aquele monte de papel e abrindo-os um a um, tinha o rosto em lágrimas! Olhou para minha avó e disse:

- Mãe, não sei se devo aceitar tudo isso! Contei aqui quatro imóveis grandes na Ilha todos em meu nome... e muito bem localizados! E parece que papai vem comprando isso já há dez anos ou mais...

Ela sorriu:

- Começou a comprar assim que o primeiro ano da fazenda deu lucro, e a colocar no seu nome. Aceite, que seus irmãos hoje herdam tanto ou mais que isso, mas eu sei que com seu talento e o da sua esposa, vocês os farão prosperar. Dois deles já estão alugados para comércios bem rentáveis, a partir de agora, as rendas já são suas, os outros dois você também pode alugar, ou vender... mas não quero que seus irmãos saibam. Só não quero que briguem por partilha. Quero vocês vivendo em paz.

Corei de vergonha junto com minha irmã, enquanto olhávamos uma para a outra pensando em brincos, nossos avós nos garantiam o futuro com aqueles imóveis, mil vezes mais valiosos que qualquer joia. Corremos a abraçar nossa avó, terminamos o café com ela e depois nosso pai foi ter uma reunião com seus irmãos. Enquanto isso, Aline e Rosa foram colocar a caixa de madeira em nossa charrete, bem protegida por uma lona em caso de chuva. Dentro do quarto com Sâmia, Adelaide, eu e minha mãe vimos entrar Aisha, com duas criadas seguindo-a, perguntando à minha avó:

- E então, posso finalmente fazer sua mudança? Tem certeza de que não quer o meu quarto?

- Tenho, nora. Daqui vou querer apenas seis das minhas colchas, minha cama, e minhas tapeçarias. Acho que vou dar algumas para Zara e Aurélia, já que você fica com o quarto. Algum móvel que lhe agrade, Aurélia?

- Não, sogra. Mas algumas de suas tapeçarias me deixariam realmente feliz!

- E, não devo esquecer, meus baús de madeira com minhas roupas.

Ela mesma levantou e pegou o baú de tampa de madrepérola que continha as joias, sob o olhar cobiçoso de Aisha e nos encaminhamos para o quarto de hóspedes no final da casa. Na realidade, não era um quarto tão pequeno: a hospitalidade árabe era famosa, e o quarto dava acesso à cozinha da casa que tinha um enorme fogão à lenha (uma boa coisa quando se mora em lugares frios como aquele), e a um jardim todo coberto por um telhado de madeira, com vista para o vale e, surpresa, dali eu via à distância razoável, o túmulo de meu avô num ambiente de paz único. Os móveis eram simples, mas todos de madeira maciça e tinham certo charme... minha avó ficaria bem ali.

Meu pai chegou até nós e vendo minha mãe preocupada, assim como minha avó, disse a elas:

- Não se preocupem. Disse que estava bem de vida, e que eles fizessem a divisão da herança da forma que achassem adequada, desde que a senhora fosse tratada como merece. Está melhor assim?

Depois de algumas horas, vendo minha avó bem instalada, vendo dona Adelaide deixar com Zara um grande punhado de raiz de Valeriana e ensinando como usar para minha avó, fomos abraçá-las para nos despedir, todos na porta do quarto, sorrindo, quando ela se lembrou de algo e disse:

- Aurélia, não está esquecendo nada?

Mamãe, com os braços cheios de tapeçarias, disse:

- Acredito que não, dona Sâmia. Viremos buscá-la em um mês, para visitar-nos, ouviu?

Ela impacientou-se com mamãe, para espanto de todos:

– Ora, Aurélia, não me faça levantar. Alice, pegue com ela as tapeçarias, e a senhora, volte aqui!

Mamãe me deu as tapeçarias e voltou, um tanto confusa, ao que minha avó esclareceu:

– Nem pense em deixar aqui, para que Aisha pegue, as joias de vocês três! Era só o que me faltava!

E pegou o baú de madrepérola e colocou nas mãos de minha mãe, com uma pequena tapeçaria por cima, empurrando-nos porta afora. Mamãe ficou tão branca de susto que não soube nem o que falar, eu e Aline nos entreolhamos sem sequer acreditar... todas aquelas joias? Minha nossa! Não pude deixar de comentar com minha irmã, entre risos:

– E você achando que ela ia deixar para tia Aisha!

12

HISTÓRIAS DE DONA ADELAIDE

MEU PAI VOLTOU lá um mês e meio depois, junto com minha mãe, para buscar minha avó. Deixou-nos com dona Adelaide, que se dispôs a ficar com as quatro moças da casa, e fechou o Café por esses dois dias, que não confiava o caixa a ninguém, e nem deixaria minha mãe no estabelecimento com tantos homens à volta. Tinha cuidado com a sua Aurélia.

Minha amiga gostava de sua chácara e de seu isolamento, mas pareceu gostar de ficar conosco. De manhã bem cedo levantava-se, colocava o pão no forno à lenha, fazia o café e um cheiro bom enchia a casa. Mandou logo Amália ao mercado, dando-lhe dinheiro para manteiga e mel, arrumou a mesa e colocou flores do jardim (as rosas de mamãe e algumas margaridas), a enfeitar o centro da mesa. O leiteiro passava cedo e ela logo recolheu a garrafa de leite fervendo-o, não precisando chamar-nos, que o cheiro acordou a nós todas, cada qual sentando na mesa já devidamente vestida e olhando para ela com cara de sono. Ao ver as três sentadas, ela sorriu:

– Nunca vi tanta beleza de uma vez só logo cedo! Se fosse pintora era o caso de um quadro: duas morenas e uma loura!

Não acostumadas a elogios logo pela manhã, ficamos eu e Rosa meio coradas, mas Aline sorriu sedutoramente, e disse-lhe:

- Pois a senhora não fica atrás! Como ficaram bem esses brincos e a pulseira... nunca se casou, dona Adelaide?

Observei a reação dela e pensei que mesmo eu, com toda a intimidade que tínhamos, nunca tinha feito semelhante pergunta, apesar de ter curiosidade (e como tinha!). Dona Adelaide colocou aqueles olhos nela por um segundo a pensar como responderia àquilo, mas depois falou:

- E ter um homem a mandar em mim? Para me atrapalhar a vida e a dizer sempre o que fazer, que horas voltar para casa, o que cozinhar? Não, minha querida mocinha. Mulheres como eu, não devem se casar. Há sempre um parto a se fazer no meio da noite, um doente a ser atendido, um bicho a ser curado com ervas... Marido nenhum gostaria de uma mulher ocupada assim.

Vi no rosto de Aline uma decepção que passou logo. Comeu pedaço de pão quente com queijo, café com leite, olhou para ela com aqueles olhos de mel e tornou a fazer perguntas indiscretas:

- Pode não ter casado, nisso eu até acredito. Mas não acredito que não tenha vivido um grande amor... ainda é tão bonita hoje! Não acredito que tenham faltado candidatos a uma mulher tão diferente das demais!

Dona Adelaide, que era bem feita de corpo, mas tinha os traços de rosto que podiam ser considerados comuns, finalmente sentou-se à mesa e olhou a minha bela irmã com seus olhos negros e um sorriso misterioso:

- Aline, sou uma mulher comum! Não creio que em minha vida tenha chamado muita atenção. Não entendo por que me acha bonita...

Foi quando Aline, a travessa Aline, conseguiu colocar em palavras aquilo que todos na casa sentíamos sobre ela, sem o menor pudor, como era característica dela:

- De fato, quem a olhar simplesmente, cairá neste engano de a achar comum, dona Adelaide. Cabelos negros bonitos, com mechas brancas, roupas simples, quase sem enfeites, mas de bom tecido e bem cortadas, corpo esguio, traços que parecem feitos para não chamar a atenção. Mas, é tudo camuflagem...

Olhamos uma para as outras na mesa, inclusive Amália que tinha acabado de chegar e tinha escutado as palavras de Aline. Adelaide soltou uma risada alegre, e disse:

- Camuflagem?

Foi a vez de Aline rir e dizer:

- Não dizem que a senhora é bruxa? Pois acho que é mesmo, uma bruxa boa, é claro, que nunca vi tanta bondade junta. Mas se camufla como um camaleão para passar desapercebida. Na realidade, só começamos a ver sua beleza depois que a senhora começa a falar e se movimentar perto de nós. Os olhos, de comuns não têm nada: são imensos, contam histórias fantásticas, transmitem dramas, coragem, bondade, entendimento... esse negro da noite, não assusta, acolhe. O branco da pele inexplicavelmente sem rugas não nos deixa saber da idade, a boca pequena é vermelha e rosada, os dentes fortes, o nariz reto como o das gregas, a voz um tanto rouca. O tamanho também é interessante: a senhora é menor do que todas nós, mas domina o ambiente quando fala. Todos ficam em silêncio... e o mais interessante: a senhora brilha...

Foi a vez de Rosa interferir:

- Você também vê? Que incrível, eu também vejo isso! Ela brilha mesmo...

Não pude deixar de completar:

- Às vezes uma luz prateada em torno da cabeça e do peito, em outras vezes, uma luz lilás. Mas quase sempre tem brilho.

Ela olhou para nós bem admirada:

- Olha só... uma família de bruxas!

E riu. Quem não achou graça nenhuma foi Amália, que saiu para o quarto e de lá não saiu tão cedo, apavorada com essa história de visões. Com certeza teria histórias e mais histórias para revelar ao padre. Deus nos protegesse! Adelaide chegou-se a nós:

- Devemos ter paciência com essa moça, e cuidado também. O medo é filho da ignorância, e costuma fazer coisas desastrosas. A crendice é uma coisa perigosa! Então, vamos ter mais cuidado com essa coisa de me chamar de "bruxa", certo? Sabemos que é brincadeira, mas ela está levando a sério.

Aline disse:

- Pode deixar que converso com ela, dona Adelaide.

- É... mas deixe claro que não está enfeitiçada! Use seu crucifixo e reze um terço.

Senti nas palavras dela que já tinha passado certos incômodos por conta disso, e meu peito se apertou. Não a queria em nenhum apuro por conta de falatório de Amália, era só o que me faltava... no final da tarde, ela me chamou para passearmos junto ao mar, aproveitando os últimos dias de verão e calor. Era a hora do passeio preferido das senhoritas e dos rapazes, em frente a areia do mar, olhando o continente que se postava à nossa frente, em larga faixa de terra. Via dona Adelaide um tanto pensativa, caminhando em silêncio, desde que tínhamos saído de casa, olhando as pessoas que passavam por nós, quando finalmente avistamos um banco de madeira onde nos sentamos, e ela suspirou profundamente. Tive que falar:

- Quer conversar um pouco? Não se aborreça com a curiosidade de Aline, ela deixa todo mundo um pouco tonto mesmo!

- Aborrecer-me com Aline? Nunca! Sua irmã é uma das almas mais lindas que já vi e precisará muito de ti ainda! Quer dizer que passo aquela impressão mesmo?

Pensei um pouco antes de dizer, pois não queria deixá-la ainda mais pensativa, mas preferi contar a verdade:

- Passa.

Ela jogou a cabeça para trás e deu um sorriso:

- Camuflagem... não deixa de ser interessante. Sinto muito, mas a sua não anda funcionando. Notou a quantidade de moços interessados na sua pessoa?

Na realidade tinha notado um que me olhou com um olhar fixo que não tinha me agradado nada e eu tinha virado o rosto. Sujeito estranho!

- Só um, e francamente não gostei do que vi. Quando ando, costumo olhar para o chão, que sou a rainha dos tropeções, e fico muito envergonhada quando levo um tombo!

Ela riu.

- Já notei. Mas os moços acham que é timidez e ficam encantados! Se olhasse para os lados, se espantaria com o sucesso que faz. Mas Aline está certa, tive um grande amor sim, mas não era possível casar-me com ele.

- Não? Por quê? Casado?

- Não, minha pequena... era um frei franciscano!

Olhei para ela bem espantada. Um frei franciscano! Pobre dona Adelaide, como deve ter sofrido! Mil perguntas passaram pela minha cabeça, e ao que parece, ela devia ter lido todas, porque me contou sua história com o frei Luciano.

- Eu tinha mais ou menos dezoito anos quando o conheci. Meus pais tinham tido muitos filhos e eu fui "dada" de presente a uma tia solteirona que tinha um sítio, quando era ainda um bebê, e que me criou como filha. Era muito católica, bonachona, mas disciplinadora feroz. Tive na realidade muita sorte, pois me amou muito mais que minha mãe amou os próprios filhos, e me ensinou tudo o que sabia: ler, escrever, o amor pelos livros, o respeito pela igreja. Tinha dentro de casa todos os romances que as meninas e as moças podiam ler na época, aprendi piano, a fazer contas, costurar, bordar, cozinhar. Ela me adotou quando já tinha seus trinta e poucos anos e já tinha quase cinquenta quando mandaram um frei para aquela parte da ilha: era um homem bom, de quase cinquenta anos também.

Quase cinquenta anos, pensei eu. Não era velho demais? Ela me respondeu quase em seguida:

- Era um frei franciscano italiano que já tinha viajado boa parte do mundo, com seu voto de pobreza e humildade. Mas era um homem forte, bem apessoado, consciente de seu voto de castidade, e vinha também pelos índios que ali ficavam em estado de grande pobreza e abandono. Frei Luciano era forte como um carvalho, tinha os olhos bem azuis, dizia parte do sermão em latim e era uma pessoa terna, ainda que genioso com os pecadores da paróquia. Fez-se amado em pouco tempo, e falava um português meio misturado com o italiano no início, que depois foi sendo aperfeiçoado. Minha tia, cuja saúde era frágil, encantou-se com ele, e me levava frequentemente aos sermões, agora muito mais divertidos, uma vez que terminada a cantilena em latim, ele se virava para a congregação e contava uma parábola do Cristo e misturava com histórias do nosso dia a dia, enchendo-nos de esperança e fé.

Ela riu com as lembranças:

- As "carolas" o cercavam de mimos de todos os tipos: eram peixes trazidos pelos maridos (boa parte ele dava aos indiozinhos famintos, mesmo porque estragariam no dia seguinte), bolos feitos em casa (alguns rifados para a caridade) e ele as incentivou a fazer mantas de lã para os mais pobres já que só usava os surrados mantos dos franciscanos e as sandálias de couro, apesar do frio. Mas o engraçado mesmo eram as confissões: como minha tia Izidora resolveu ajudar na limpeza da igrejinha (na realidade, ela me levava, e eu limpava, que ela não tinha mais costas para tanto), eu via as mulheres e os homens entrarem. Entravam cabisbaixos, falavam em voz baixa, depois eu ouvia a voz do padre em imprecações em italiano que traduzidas eram mais ou menos o seguinte: Mas como? De novo? Assim não tem quem te conserte! - E dali saía o pobre pecador com uma lista enorme de orações, rezava para mais de hora, mas quando deixava a igreja era só sorrisos. Tinha feito as pazes com Deus.

- E tinham tantos pecados assim? - perguntei.

- Provavelmente seriam adultérios, pequenas desonestidades... não havia crimes de grande vulto na aldeia. Era tranquilo. Mas frei Luciano não era de dar trégua! Apesar disso, era muito amado pelos seus. Minha tia era a única que conseguia arrastá-lo para almoços em sua casa, e cozinhava especialmente para ele, que era um garfo e tanto. Celibatária, ela também, acabou se interessando por ele mais do que devia, creio mesmo que se apaixonou, o que é compreensível, afinal de contas, era uma mulher normal, apenas reprimida por seu tempo.

- Como era sua tia fisicamente, dona Adelaide?

Ela sorriu de forma triste, apertou os olhos como se quisesse capturar o tempo:

- Era pequena, um tanto roliça, como as mulheres de cinquenta anos são. Já era inteiramente grisalha e apesar de ter se exposto pouco ao sol (tinha sido professora durante a juventude e meu avô a tinha deixado em situação confortável) a pele não tinha muito viço. Mas os dentes eram bons, os tinha quase todos, a visão estava falhando um pouco. Não tinha sido bela na juventude, o buço era um tanto proeminente, típico de algumas portuguesas, mas que sorte teria dado o homem que se casasse com ela: ali estava uma moça de bom gênio, divertida, caráter exemplar, que sabia lidar com dinheiro, nada chegada a fricotes ou frivolidades. Se não era bela, feia também nunca tinha sido e era muito simpática. Mas o único pretendente que tinha tido, não era pessoa honesta e de boa índole. Fez bem em não se casar. Amava muito tia Izidora, foi triste aquela sua paixão aos cinquenta e poucos anos com frei Luciano. Ainda mais triste que eu, menina de dezoito e já com alguns pretendentes, também me apaixonei.

- E ele, dona Adelaide?

- Ele me olhava nas missas e me sorria sempre com simpatia. Brincava comigo, quando me via trabalhando no jardim ou na horta de minha tia e ela não estava por perto. Contava-me histórias de suas viagens pelo mundo: Índia, África, Inglaterra. Nunca me faltou com o respeito e me olhava com carinho e admiração. Uma vez ele me disse o mesmo que a menina

Aline me disse hoje: que eu "brilhava". Fiquei confusa, mas encantada... que moça não quer ouvir que brilha, de alguém tão especial? Notei que quando minha tia chegava, ele mudava de comportamento e senti que ele fazia isso para não magoá-la, já que ela também merecia atenção. A verdade é que, para uma moça de dezoito, uma mulher de cinquenta já parece uma anciã. De forma alguma notei a paixão de minha tia, isso jamais me passou pela cabeça. Será que ele tinha notado? Hoje penso que sim. Tratava-a com bondade, como tratava a todos. Nada além disso.

Fiquei a ouvir o vento batendo nas ondas que quebravam na areia, o olhar de minha amiga estava longe como o seu pensamento. Perguntei:

- Queria saber se ele correspondia ao seu sentimento, minha amiga...

Ela continuou olhando o mar:

- Correspondia sim. Naquela pequena aldeia de pescadores e índios que vinham de quando em vez, ele escutava os problemas de todos, tentava pregar o evangelho, ajudava. Comigo escutou quem o ouvisse e se interessasse por suas fantásticas histórias de viagens e aprendizados. Acredita que passou dez anos pregando na Índia? Soubesse o que me contava dos costumes de lá que aqui não encontramos em nenhum livro escrito. Lá ensinou e aprendeu diversas coisas, o menino italiano de vinte e poucos anos que era, inteligente, os olhos azuis muito espertos que chamava a atenção do povo local, muito bondoso e que se orgulhava de seu voto de pobreza. Disse-me que não conseguiam entender como alguém podia se orgulhar de ser pobre, que na Índia, quem é muito pobre, é considerado não amado pelos deuses.

Tive que rir da comparação. Afinal, nosso Messias era pobre.

- É mesmo? Que engraçado! Aqui achamos que apenas os pobres herdarão o céu...

Foi a vez de dona Adelaide rir:

- Cá entre nós, faz muito sentido isso para você? Que tal os humildes herdarão o céu? Ele me chamou a atenção para isso a primeira vez: nem tanto os indianos, nem tanto os ocidentais. A bondade de fato independe da condição social, afinal há ricos e pobres, bons e maus, não vê?

- Mas humildes não são aquelas pessoas que nunca se manifestam, que sempre concordam com tudo? A impressão que a humildade me passa é a mesma de gente que anda sempre com a cabeça baixa, cheia de receios...

Ela me olhou meio surpresa:

- Sabe o que é engraçado, quando eu tinha a sua idade eu tinha essas mesmas ideias tortas! Aos meus quinze eu já era bem diferente também, ouviu? Já tinha visões, ouvia o pensamento das pessoas, e gente falando em outra língua nos meus ouvidos. Não era tola de comentar com ninguém, mas tudo isso acontecia, igualzinho a você!

Ante o meu olhar de espanto ela continuou:

- Quanto à humildade e subserviência serem a mesma coisa, sinto muito, mocinha, não podia estar mais enganada. A humildade e a sabedoria são irmãs muito próximas, que andam sempre de mãos dadas. Um filósofo grego disse certa vez: "só sei que nada sei", e era um sábio, pois era humilde. Pobre daquele que acha saber mais, ter mais, conseguir mais. A si mesmo ele se tolhe de aprender mais, despreza o semelhante se achando sempre melhor, e busca sempre o inatingível, o que não precisa realmente. O subserviente busca sempre uma recompensa, o humilde tem suas recompensas sozinho, ajudando o próximo, caminhando com ele, enriquecendo dia a dia, aprendendo com seus erros e auxiliando o semelhante a corrigir os seus quando pode. A pessoa que se acha superior às outras, Alice, acaba, além de tudo, solitária e cansativa. Não há estrada melhor para o abandono, os realmente bons nunca estão sozinhos, já que os amigos espirituais os cercam. A humildade é força, a soberba a mais dura das fraquezas.

Entendi, finalmente, o que ela queria dizer, e era verdade. Já tinha visto, em minha curta vida, pessoas que se achavam sábias demais para serem questionadas em papéis de autoridade como professoras ou padres, e era triste de se ver como tinham os semblantes sempre carregados na velhice, até mesmo um tanto curvados.

- Tem razão, dona Adelaide. Ele te disse como eram os hindus? Eram negros?

- Não, minha querida. Ele me disse que eram um pouco parecidos com os nossos índios daqui, só que não tinham a carinha tão redonda e esses olhos puxadinhos. Mas que eram um povo bonito, muito antigo, com sua própria linguagem e escrita, pele queimada de sol. Vestem-se de forma muito colorida, gostam de ouro e pedras preciosas e têm, para seus muitos deuses, os templos mais lindos que já se viu.

- Têm mais de um deus, então?

Ela sorriu:

- Ele me explicou mais ou menos: tem um principal, que se chama Brahma, que seria o criador do Universo, e depois há outros vários: Shiva, o da transformação ou destruidor, que dança na roda de fogo; Ganesha, o que remove obstáculos, enfim, por aí vai. Todos muito bem-vestidos, alegres, ornamentados. Ganesha é um dos mais amados, tem a cabeça de um elefante, é o filho de Shiva... eles adoram a alegria e a fartura. Dançam e cantam em seus templos, usam adornos. Mas nem tudo é festa na Índia, há também fome e preconceito entre classes sociais distintas, que eles chamam de castas. Muitos deles acreditam que quem nasceu muito pobre, deve morrer muito pobre, e que mesmo seus filhos e netos devem permanecer assim.

- Que triste!

- Nem fale! Foi a esses que frei Luciano se dedicou, aprendendo o dialeto das aldeias, ensinando as crianças a ler e escrever, pois elas eram proibidas de frequentar qualquer outro tipo de escola no país. Ensinou também diversas técnicas básicas de higiene, a um povo que ele definiu como muito gentil e sorridente, mas quando foi ensinar religião, que dificuldade! De forma nenhuma conseguiam aceitar um profeta que tivesse morrido de forma tão humilhante! Que Deus permitira aquilo? Em compensação, quando falou do milagre da multiplicação dos pães e peixes, ficaram admiradíssimos, não podia haver riqueza maior! Quando ele explicou da ressurreição, um deles entendeu imediatamente como reencarnação, e então, foi a vez de frei Luciano aprender.

- Um frei católico aceitando a reencarnação?

Ela riu:

- Alice, ele já estava há dois anos por aquelas paragens, vendo um povo profundamente voltado para sua religiosidade, aprendeu o idioma e resolveu ouvir o que eles pensavam, nem que fosse para rebater depois. Claro que nunca falou isso para os seus superiores ou sua paróquia, mas disse para mim, contanto que eu não saísse falando, ele sabia que podia confiar. O indiano da casa onde ele morava, explicou das muitas vidas, da mudança da classe social que só podia acontecer por meio da reencarnação se a pessoa tivesse méritos, da crença de que eles tinham nascido em classe social ruim por talvez possuírem muitos débitos de vidas anteriores, enfim, na crença de um Deus justo, que não age ao acaso. No início, frei Luciano estranhou, mas depois começou a achar que fazia algum sentido. Afinal, sempre tinha se perguntado por que alguns nasciam tão miseráveis e doentes e outros tão ricos e afortunados? Uns com tanto talento e outros beirando a idiotia? Por que parecia que o Senhor favorecia a alguns e a outros não? Havia justiça nisso?

- É certo - respondi - mas isso deles terem muitos deuses, deve ter sido ofensivo para ele...

- De fato. Somos monoteístas, acreditamos num Deus único, como os judeus faziam na Antiguidade. Mas já viu a quantidade de santos que temos? Eles também têm um Deus criador que chamam de Brahma, e outros deuses menores... mas, com esse número imenso de santidades e imagens podemos realmente criticar? Se fazemos o bem ao próximo, o certo é respeitarmos a crença deles.

Fiquei imaginando o altar que tínhamos dentro de casa, com Santa Rita de Cássia, Jesus Cristo, Nossa Senhora e São Francisco. Ai de quem mexesse nas imagens de dona Aurélia ou nas suas velas. Havia mal naquilo? Não creio. Minha mãe só pedia pelo bem alheio, nunca desejava o mal, e sempre que se irritava com alguém era por pouco tempo. Eu criticar indianos? Nem pensar. Dona Adelaide continuou:

- Deus vem de diversas formas para os diferentes povos do planeta. Acho que isso foi a principal lição que frei Luciano aprendeu em suas viagens. Dizia que ele mesmo em alguns lugares de lá, intocados pelo tempo, parecia ter lembranças de situações ocorridas, há muito tempo atrás. Sentia-se identificado com o povo, extremamente religioso, só não partilhava do preconceito entre as castas e de algumas "simpatias" meio estranhas que eles tinham.

- De que simpatias fala, dona Adelaide?

Ela riu:

- As viúvas lá, assim como sua avó, ficam despojadas de joias ou qualquer enfeite, e dizem que ver uma na rua, é sinal de má sorte o dia inteiro, ao menos na aldeia onde ele estava. Era de rir a quantidade de gente que saía do caminho quando uma se aproximava vestida com seu luto, que aliás, não é negro, mas branco. Mas ele acabou, depois de muita reflexão, orações e conversas com os líderes espirituais (chamados de brâmanes) aceitando a reencarnação.

Olhei para ela bem interessada, afinal aquilo não feria as regras do catolicismo? Perguntei isso e ela me disse:

- Fere algumas bem sérias, eu sei e é claro que ele também sabia. Um dos principais votos dos franciscanos é o da obediência, e por nada ele desobedeceria os seus superiores, de forma que nunca nem tocou no assunto. Mas comigo, abria seu coração: tinha acesso aos evangelhos e disse que em muitas partes ele citava a reencarnação, o próprio Jesus a citou quando disse a Nicodemos que para entrar no reino de Deus era preciso nascer de novo, no evangelho de João! Existem inúmeras outras passagens que ele me citava. Mas como dizer aos homens que eles teriam outra chance de perdão e aprendizado em outras vidas? Como teriam medo da danação eterna? Como justificar a venda de indulgências e manter o poder da Igreja? Um Deus que dá tantas chances talvez não fosse interessante aos homens do clero de então.

Pensei no fausto que via nas igrejas, na pequena igrejinha erguida para os escravos e os pobres, tão singela, mas tão cheia de sua própria beleza. Nosso padre de então era sisudo, um tanto cheio de pompa, mas estava longe de ser má pessoa. Fazia suas obras de caridade e comprava caros adereços para a Igreja na mesma quantidade, era gorducho, gostava de um bom vinho e de ter a batina sempre muito limpa. Não era de ter muita conversa com os fiéis e é claro que preferia as mesas mais abastadas e as senhoras mais finas no confessionário. Em compensação, não era de perseguir pessoas de crenças diferentes da sua, não tinha escravos e nem aprovava muito quem os tinha.

As benzedeiras tinham sossego com ele, e até tinha uma particular, pois a famosa "gota" lhe atacava de quando em vez. Minha mãe o cumprimentava sempre por educação, não lhe tinha em grande simpatia, mas às vezes mandava Amália lhe levar uns doces. Dona Adelaide me tirou de meus devaneios:

- Claro, Alice, que a Igreja Católica tem muitos méritos também. Não fosse ela, será que ainda saberíamos das palavras do Cristo? Sem um arcabouço suficientemente forte, ainda que com vícios, nenhuma palavra resiste. Alguns homens maus passaram por ela, mas muitos homens bons também, e a mensagem de amor continua, há quase dois mil anos. A Igreja Católica teve fundamental papel no Cristianismo, não há como negar isso!

Ela se levantou, que a noite começava a surgir no céu, com suas primeiras estrelas, algumas ofuscadas por nuvens leves.

- Já quer ir? - perguntei triste, pois queria saber o que tinha acontecido com ela e seu frei Luciano.

Ela ajeitou o xale fino nos ombros e me sorriu:

- Quer saber como termina minha história, não é? Vamos dar o jantar a Aline, Rosa e Amália que quando formos dormir, eu conto.

Acelerei o passo até em casa. Nunca me pareceu estar tão longe!

13

A MOÇA E O FREI

CHEGAMOS EM CASA perto das seis e meia da tarde. Aline e Rosa na larga mesa da cozinha bordando pedrarias num vestido de baile que minha irmã usaria. Tínhamos sido convidadas para o aniversário de uma colega de escola, de família abastada, todas as moças de boa família da ilha iriam. Rosa já tinha cortado o meu vestido e estava quase terminando a costura. Pela primeira vez na vida eu usaria um decote: minha mãe decidiu que estava na hora, pois dali a uma semana faríamos dezesseis anos, e a festa seria duas semanas depois.

Dona Adelaide olhou o fogo do fogão à lenha e decidiu colocar mais lenha, pediu licença às duas bordadeiras e nos colocou a descascar legumes, enquanto ela fazia uma massa com ovos e trigo. Pedaços de carne de boi foram fritos e jogados na água fervente com os legumes, muito alho, cebola, legumes, a massa, um fogo espetacular, e o caldeirão cheirava a casa inteira com um aroma de sopa fenomenal. Minha mãe era a rainha da cozinha, mas sopas como as de dona Adelaide, pareciam coisa dos anjos! Até Amália, desconfiada de minha amiga como só ela ("parece que ela enxerga dentro da gente!" – ela dizia se benzendo), correu para provar da delícia, e só parou depois de três pratos fundos consumidos. Pois eu tomei um só, que não queria saber de dormir cedo. Melhor que a sopa, só as histórias que ela me contava, e eu não iria dormir sem saber o que tinha acontecido!

Dona Adelaide por seu lado comeu do mesmo jeito de sempre, um prato e nem ao menos estava cheio. Viu Aline e Rosa comerem com apetite e depois Aline dizer:

- Rosa, sinto muito, mas só vou bordar de novo amanhã cedo. Que sopa maravilhosa, dona Adelaide! Vai contar alguma história hoje? Mais algum conto de sereias?

Adelaide sorriu:

- Não, princesinha! Hoje também estou um pouco cansada! Mas amanhã, quem sabe?

- Que pena! Sabe que até hoje quando escuto o vento, lembro-me da Teresa? - disse Rosa.

- Eu também - disse Amália - história mais triste!

- Bem - disse ela levantando-se - ao menos ela teve um amor! Existem histórias de uma vida inteira sem ele... acho mais triste! Boa noite, meninas!

E foi para o meu quarto, onde dormíamos quando ela nos visitava. Abri a boca fingindo sono, dei boa noite também e fui atrás, dando com a porta fechada e ela me dizendo de dentro para esperar que estava pondo suas vestes de dormir. Entrei afogueada e perguntei se não tinha se esquecido que ia me contar o resto de sua história. Ela me olhou meio na dúvida:

- Estou aqui me perguntando se não é muito jovem para ouvir certas coisas e se influenciar.

Fiquei sentida, será que não confiava em mim?

- Não é por não confiar, menina! O que não quero é que repita os meus erros! Como já disse, nos acho muito parecidas, só que você é ainda muito mais bonita. Se eu tinha pretendentes, imagino os que a vida lhe trará.

- E não acha mais sábio me contar a sua história para que eu não cometa os mesmos erros?

Ela me olhou séria, como se espiasse a minha alma, e eu mantive o olhar. Vendo que ainda estava em dúvida, disse a ela:

- Não desejo forçá-la a me contar nada, nem me acho no direito de julgar ninguém. Se o que tem a contar, lhe constrange ou incomoda, esqueça. Nada que lhe traga dor ou incômodo me deixará feliz... se servir como desabafo, ou lhe fizer reviver uma época preciosa, ficarei contente que divida comigo. Não se prenda pela minha idade: não foi a senhora mesma quem me disse uma vez que alguns adultos não cresceram nunca e que certas crianças parecem já nascer sábias?

Ela suspirou:

- É verdade, Alice! E depois, é bom que saiba que não vim ao mundo perfeita, que errei também, que fui humana como todo mundo é. Mas, como me ensinaram esses erros! Frei Luciano também apaixonou-se por mim, embora nunca falasse no assunto, vivia se aproximando e conversando em longas palestras. Eu não era uma moça feia, e chamava a atenção, Deus sabe o porquê, o fato é que um dos meus pretendentes, que se viu rejeitado começou a tecer feios comentários pela aldeia, e muitas das senhoras começaram a me olhar de lado, e até chegaram a falar com minha tia Izidora, que os enxotou de seu quintal, assim que insinuaram algo. Mas assim que eu cheguei em casa, vinda da paróquia, conversou comigo duramente sobre a maledicência do povo, e disse que se eu quisesse falar com frei Luciano, agora só podia ser na frente dela. Não queria saber mais de falatórios.

- Mas o que falavam? Que ele tinha lhe seduzido?

- Muito pior: que eu estava seduzindo o frei, e que estava usando magia para isso. Vamos ver se lhe explico: desde meus dez anos, tinha uma inclinação natural para ervas, chás, unguentos. A benzedeira local, uma senhora de seus quarenta anos e muitos filhos, chamada Yolanda, me ensinou as principais ervas, e o que fazer com elas. Minha tia ao ver minha inclinação, correu a ver se conseguia livros especializados com boticários, e conseguiu. Assim, juntando informação de uma e de outro, fui tomando gosto pela coisa, e quando menos percebi, fui ouvindo vozes no meu ouvido, que me davam instruções, e ajudando pessoas da aldeia em coisas simples como dor de dente, dor de ouvido, torções, machucados, queimaduras. Quando vi, já estava tratando até de criações, isso tudo sem cobrar de ninguém... como era muito nova, fui atraindo atenção e inveja. Muitos gostavam de mim, mas as moças, ao verem os rapazes interessados na moça de cabelos longos, negros e lisos, e corpo magro e gracioso, não ficaram contentes. Logo, se eu fazia tantas poções e unguentos, tinha de estar seduzindo o frei.

- A verdade, dona Adelaide, é que para os invejosos, até o bem que se faz se torna pernicioso.

- É porque eles são perniciosos. Com gente ruim, o melhor é manter distância, foi nessa época que aprendi isso... de início, briguei com minha tia, disse que era um absurdo, que nem ele, nem eu tínhamos faltado com o respeito um com o outro, que o frei me ensinava sobre o Evangelho e os países que ele tinha visitado, das obras de caridade que ele pretendia fazer para os índios na aldeia. Ao saber que existia realmente um grau qualquer de intimidade, minha tia ficou possessa de ciúmes, e disse que podíamos conversar sem problemas, mas na sala dela e com ela junto. Perguntou se eu via algum problema nisso.

- Eu? - perguntei - problema nenhum.

Ela suspirou novamente.

- A calúnia é uma filha fértil e sem mãe. Minha tia sabia disso e no dia seguinte foi à igreja conversar com o frei, que estava rezando a missa matinal com os fiéis, que olhavam para ele com a adoração de sempre. Esperou pacientemente que o sermão terminasse e depois, antes das confissões, pediu para falar com ele "em particular", num tom suficientemente alto, para que boa parte das carolas presentes na igreja, a escutassem. Ele franziu a sobrancelha, mas sorriu e a deixou entrar, saindo ela de lá depois de meia hora, toda sorrisos e dizendo: "então o espero para o jantar", e assim foi. Uma amiga me contou que o frei saiu de dentro dos aposentos vermelho de raiva como um pimentão, e que o sermão do dia seguinte foi sobre a calúnia. Nada adiantou: fiquei presa dentro de casa por muitos e muitos dias.

- Ela prendeu a senhora?

- Prendeu. Justo a mim que tinha horror de ficar presa. O frei veio naquela noite e em muitas outras, mas conversava só com ela, me via uns dez minutos na sala, enquanto lia parte do evangelho, depois passava mais meia hora lendo para titia que me mandava para o quarto, e é claro, eu tinha que ir. Quando perguntei por que não podia ficar na sala ouvindo a leitura, ela me disse que alguém podia passar pela janela e ver dentro da sala, e ficar "maldando" a situação, e ela não queria meu nome na boca de mais ninguém. Pessoas vinham me chamar pedindo medicamentos, e eu não podia ir atender, pois ela os enxotava, dizendo: "não falaram mal da menina, pois agora ela não vai ajudar mais! Ingratos!". E assim fiquei eu, enlouquecendo dentro de casa.

Olhei para ela um tanto irritada:

- Sei que gostava muito de sua tia, mas a mim parece que ela se aproveitou um pouco da situação, para prendê-la e ficar com o frei. Não lhe pareceu isso?

- Sinceramente, Alice, na época eu a achava uma anciã. Embora ela tivesse quase que a mesma idade de frei Luciano, ela parecia uma anciã, e ele não! Não me ocorreu que ela estivesse apaixonada, pois nunca tinha estado. Mas ficar presa, justo eu, tão apegada à natureza e ainda com a paixão que tinha por frei Luciano, foi atroz! Sabia que ele nunca poderia ser meu namorado ou marido, mas estava feliz por estar ao lado dele, poder conversar com alguém sobre as vozes que eu ouvia, as visões que estava tendo, sem que me achasse louca. Parei de comer e de dormir, comecei a ver vultos em volta da minha cama, pois meus pensamentos muito depressivos atraíam coisas ruins, que ao perceber que eu as ouvia, falavam o tempo inteiro. Fiquei indefesa. Depois de uns dois meses, frei Luciano, irritado com o comportamento de minha tia para comigo, decidiu parar com as visitas, e disse que só viria vê-la quando deixasse que eu fosse à igreja novamente. Disse que o seu jeito de agir só fazia alimentar a falação alheia, e que não estava disposto a satisfazer a maledicência e muito menos a ser refém dela, que Deus era o seu juiz.

- E sua tia?

- Disse que ia pensar, que não decidiria nada rapidamente. Mas, ao ver o frei sair batendo a porta, resolveu que talvez ele tivesse razão. Estava além de tudo um tanto preocupada comigo, que já não queria comer nada há dois dias e tinha vômitos constantes de nervoso com toda a situação. Escutei-a andar pela casa em seus passos pequenos, mesmo porque sei que gostava de mim ao seu modo. Tinha sempre sido rígida, mas tinha me criado desde tenra idade, sabia como eu amava o quintal, os passeios à beira mar e como detestava ficar encarcerada. Entrou no quarto, finalmente, a me espiar e me disse: "Adelaide, se eu a tirar do castigo, você volta a comer direitinho?". Olhei para ela como se não acreditasse que a tortura estava acabando, mas meu estômago parecia ter encolhido dentro da barriga, ainda assim respondi: "Vou tentar, tia. Não se preocupe, é só tomar sol que vou ficar bem." Ela pareceu ficar meio na dúvida, mas depois me respondeu: "está certo, amanhã te sirvo o café no jardim.". Claro que me fez mil recomendações sobre não ficar mais sozinha com o frei, e eu fui me recuperando ao longo de uma semana, e no sábado seguinte já estava forte o suficiente para sair pelos quintais novamente, e para ir ter com frei Luciano.

- Desobedeceu a sua tia, então?

Ela abraçou as pernas, em cima da cama, e me deu um olhar obstinado:

- Desobedeci. Tinha obedecido até então e tinha quase morrido de tristeza e desespero por ter ficado trancada sem ter feito nada de errado, além de conversar com um homem que eu amava e que me amava também, mas que não tinha rompido seus votos e nem me faltado com o respeito em momento algum. Nunca tinha sequer me tocado, e não fosse aquela punição sem sentido, provavelmente nunca me tocaria. Deixei de ajudar um monte de pessoas que bateram à nossa porta porque não podia sair, e isso me doeu imensamente, tive meu quarto invadido por obsessores que não me davam paz e me tiraram a vontade de viver completamente. Queria viver, era errado? Pois que fosse... fui atrás de frei Luciano, precisava vê-lo, não sabia o que ia dizer, só queria olhar para ele e dizer que ia embora dali.

- E ia para onde?

- Não sabia... Deus me levaria a algum lugar. Qualquer lugar era melhor que ficar presa, pensava eu, que não fazia a menor ideia das maldades do mundo para uma moça tão nova. Tinha algumas poucas joias, venderia, viveria das minhas ervas, cozinharia, Deus me protegeria. Mas nunca mais ninguém me prenderia. Cheguei à frente da igreja pela hora do almoço, mas como não queria que ninguém me visse, me embrenhei pelo mato e lá fiquei, até a missa das seis, a última do dia. Pude ver o movimento de minha tia colocando os outros à minha procura, inclusive o frei Luciano que andava feito um tonto de casa em casa. Subi na árvore mais alta, minha companheira desde a infância, e me misturei às folhas. Nunca passei fome nas matas por ali, sempre soube onde achar o que comer.

- Que confusão. Não ficou com medo que te achassem? - não conseguia imaginar dona Adelaide menina, em alta árvore a ver o movimento da pequena Vila lá embaixo, atrás dela.

- Na realidade, não. Mas tive pena... de minha tia, de meus amigos. Não me veriam mais tão cedo! É engraçado como quando se procura uma pessoa, eles nunca olham para cima: olham para os lados, para o horizonte, coçam as cabeças, desconfiam uns dos outros, mas não olham para cima! Mesmo que olhassem, seria difícil de me ver, pois as folhas me cobriam, mas nenhum deles olhou. Lá pelas oito, já bem escuro, aproveitei a lua crescente e desci bem devagar quando notei a rua deserta. Fiquei escutando pela porta detrás da sacristia, onde ficava a cozinha da igreja e frei Luciano falava com alguns homens que sabia que o castigo de minha tia ia dar em algum problema sério, pois era injusto. Que eu nunca tinha feito nada errado e agora podia já estar longe, perdida em alguma estrada. Culpava-se por isso, mas culpava ainda mais a maledicência do povo, pois afirmava cada vez mais: eu era inocente! Pensei comigo mesma que não era assim tão sem culpa se tinha causado toda aquela confusão, mas só de imaginar em voltar e ficar novamente presa, desisti. Esperei que os homens saíssem, depois que saíram ainda esperei um pouco mais (vai que alguém mais aparecesse) e só então vi uma coisa que me cortou o coração: frei Luciano chorava sozinho em sua cozinha.

- Chorava? Coitado, dona Adelaide... devia te imaginar morta pelas estradas!

- Era isso mesmo! Primeiro, me viu definhar dia a dia, depois achou que eu tinha morrido, ou pior, sido raptada por alguns malfeitores enquanto tentava fugir. Ficou mortificado o pobre homem, mesmo porque, ele me amava! Só que na hora não entendi nada disso, meninas de dezoito anos são meio confusas, e eu achei que as pessoas o estavam culpando de alguma coisa. Bati na porta com força, e ele veio me atender secando as lágrimas, com um rosto bem carrancudo, como se fosse atender a algum fiel. Quando me viu, pequena e meio descabelada, com uma expressão muito zangada na porta de sua cozinha, ele me abraçou imediatamente e me colocou para dentro olhando para meu rosto como se não acreditasse e disse: "Meu Deus, está aqui! Mas tão magrinha, hã? Estava aonde?", respondi que não interessava, e que aquele bando de tolos não tinham o direito de culpar ele de nada. Riu tanto quando me viu brava, que me abraçou de novo, e me beijou nos lábios. Parou meio arrependido, mas então fui eu que não me arrependi, e quando vi, o dia já estava raiando.

Quando ela me olhou, eu estava vermelha, mas não pude deixar de perguntar:

- Ele rompeu os votos?

- Rompeu. O triste é que nunca tinha feito isso antes, e ficou bem perturbado. Conhecemos um monte de histórias de padres com filhos aqui na ilha, e a maior parte das pessoas nem se choca com isso, mas frei Luciano realmente nunca tinha rompido os votos. Notei seu arrependimento, fiquei ainda mais confusa, e avisei que estava indo embora, que não me arrependia de nada, mas que não queria mais ficar presa. Ao saber que eu ia embora, ele "acordou" rápido do arrependimento e me disse: "Pois eu também, não sou mais digno da Igreja. Rompi meus votos. Vou contigo, mas nunca poderemos nos casar."

- Isso o incomodou muito?

- Sim. Ele queria tudo muito certinho, mas não havia como. Disse que viveríamos juntos e diríamos que éramos casados... para mim, já éramos casados aos olhos de Deus, era o que bastava. Não ficou nada feliz com a minha proposta, mas como o tempo era pouco, ele rezou a missa naquele dia, me fez escrever uma carta para minha tia, tranquilizando-a, dizendo que estava bem, apenas magoada com a maledicência na aldeia, que fui hospedar-me na casa de uma amiga de minha mãe, e que assim que pudesse a visitaria. Achei a ideia boa, não queria minha tia a verter lágrimas ou sem explicações para os vizinhos. Dois dias depois, ao cair da noite, o frei arrumou sua carroça, pediu perdão a Deus pela milésima vez, e lá fomos nós, o mais distante da aldeia que conseguimos ir.

14

VIDA, AMOR E MORTE

ELA LEVANTOU-SE E abriu a janela, deixando entrar um vento brando, olhando a noite estrelada. Fiquei imaginando para onde eles iriam...

– Foram para o continente?

Ela riu:

– Não. Nem tem noção de como é grande essa ilha, Alice. Estávamos no norte, fomos para o extremo sul. Costurei para ele vestes de homem comum, e que bonito ele ficou com as botinas novas. Para não chamar atenção, alugamos pequeno sítio de um fazendeiro, que logo nos contratou: eu cuidava da criação, Luciano da lavoura de milho, bananas e outras hortaliças. Ele não parecia os seus cinquenta anos... era quarenta e olhe lá. Cultivava, colhia, mas não gostávamos de ir a vilas próximas, éramos retirados e gostávamos de ser assim. Ele continuou a ser profundamente religioso, e eu também, do meu próprio jeito, e depois de cinco anos, quando eu vi, ele propôs ao dono da fazenda fazer uma pequena escola para os pequenos da região.

Acostumada que estava à calmaria, e sem filhos, eu também sentia falta de crianças, e no meio rural, elas existiam em grande escala sem nenhuma possibilidade de educação formal. Deus tinha nos dado tanta felicidade, que ele queria retribuir de alguma forma, concordei, mesmo porque eu já tinha me tornado a "rezadeira" do lugar. Podia também ensinar a ler.

- Que atitude bonita, dona Adelaide! E depois, estavam longe da aldeia onde você cresceu, não é?

- Era o que eu pensava... a mulher do dono da fazenda tinha seus filhos já crescidos, mas sem leitura. Era uma senhora de seus quarenta anos, que até devia ter sido bonita quando nova, mas relaxou um pouco com a idade e engordou muito. Não gostava muito de mim e lançava uns bons olhares para meu marido, que a tratava com muito respeito, mas corria dela como o diabo da cruz. A pobre tinha os dentes em péssimo estado e sempre me chamava para aliviar suas dores, o que eu fazia sempre, pois não se nega ajuda a quem sofre, ainda mais de dor de dente! Mas nem isso nos fez amigas.

- E o marido, era boa pessoa?

- O marido, por outro lado, era um homem de honestidade ilibada e excelente coração. Beirava os sessenta anos, mas tinha a disposição de um quarentão, e era sempre bem-humorado... quando soube da ideia da escola, mandou logo escravos e empregados construírem pequeno galpão e bancos de madeiras com mesas para abrigarem os alunos, sofrendo sérias críticas da mulher por "estar jogando dinheiro fora", ao que ele respondeu que se ela soubesse ler, não responderia assim. Em pouco menos de um mês a escola estava pronta e os alunos faziam fila para saber quando começariam as aulas.

- Foram muitos alunos, dona Adelaide?

- E não é que foram? Quase trinta! Não esperávamos tanta gente. O fazendeiro, quando viu a meninada ficou feliz como um menino e perguntou se não podíamos dar aulas particulares a seus adolescentes depois da aula normal. Liberaria Luciano da colheita para tanto, pois ele sabia que levava tempo... meu marido aceitou com alegria, e eu passei duas horas por dia a ensinar os meninos de diversas idades também: ensinávamos leitura, escrita, a somar, diminuir, multiplicar e dividir. Enfim, o básico. Claro que depois, a quem quisesse, ensinaríamos a educação religiosa.

- E deu certo?

- Já ouviu falar de propaganda boca a boca? Meu marido era muito carismático! Um senhor de sotaque italiano, com sua mulher jovem e faladeira, que curava um monte de doenças, ensinando às crianças de forma divertida, e que ao final da aula contava histórias de Jesus, num lugar onde todas as missas eram rezadas em latim, língua desconhecida! E eles podiam sanar as suas dúvidas na medida do possível! Fomos muito ingênuos!

- Ingênuos é? Por quê?

- Os pequenos gostaram muito das aulas, do professor bondoso e carismático, chegavam em casa cheios de alegria e ideias e mostravam aos pais a satisfação de ler e escrever. Alguns pais se interessaram, e quando ouviram as histórias do Cristo, falaram a outros pais, e quando vimos tínhamos mais de oitenta alunos de todas as idades se empoleirando no galpão, e mais de duzentas para a educação religiosa, e a igreja local se esvaziou. Meu marido ficou muito contente, tinha de volta sua paróquia, ainda que não pudesse ministrar os sacramentos. Agora podia falar de Jesus sem os limites da Igreja e pregava a caridade, o amor ao próximo, o perdão. Falava do amor de Jesus aos humildes, às crianças, os milagres da fé, tudo sem a menor censura. Nunca o vi mais feliz, ficava horas e horas planejando o próximo sermão, e eu na maior preocupação: estava juntando gente demais, vindo gente de longe para ver, mas como tirar dele toda aquela alegria? Eu rezava, mas um sentimento no meu peito me avisava de que tudo aquilo não ia dar em boa coisa. Quando olhei no horizonte certa tarde, vi uma nuvem cinzenta vindo em nossa direção e entrei para a escola fechando as portas, pensando em chuva. Algumas crianças riram de mim dizendo que o céu nunca tinha estado tão limpo: naquela noite eu disse a Luciano que estava na hora de irmos embora, imediatamente, mas ele não me ouviu.

- Que foi que houve, dona Adelaide?

- Levantei no outro dia, esperando ver o dia claro, sem pressentimento algum, e o dia estava realmente claro, mas no horizonte a mesma nuvem, agora negra, e mais próxima. Sentei-me na calçada de nossa casa e observei o fazendeiro vindo em minha direção, com um sorriso meio tímido no rosto. Deu-me um bom-dia e pude notar nele alguma preocupação, perguntei se algo o estava preocupando, muito sem jeito, ele se sentou do meu lado. Disse gostar muito de mim e de meu marido, mas que estava ficando preocupado com o rumo que as coisas estavam tomando. Que o padre da vila estava indo à sua casa, e conversando muito com sua mulher, coisa que não o agradava, já que não gostava nada do padre, e que ultimamente, outras pessoas andavam conversando com os dois. Perguntei se achava que corríamos algum tipo de perigo, e ele me disse que havia muita gente irritada com o movimento que Luciano estava causando, e que a inveja alheia não era boa companhia.

- O padre estava irritado?

- Estava perdendo seus fiéis. Ele não era boa coisa, também... sabia de coisas bem desabonadoras sobre o caráter dele, e não era sobre relacionamento com mulheres, lhe garanto. As pessoas também sabiam, isso contava. A mulher do fazendeiro também não gostava de mim e podia ter ficado ressentida com as negativas de meu marido, mas outras pessoas? Quem? Só fazíamos ajudar todo mundo... perguntei ao fazendeiro se estávamos lhe atrapalhando a vida, se queria que fôssemos embora, ele arregalou os olhos em espanto para mim e respondeu que nunca tinha tido amigos tão bons e tão honestos, que estava falando comigo para que nos escondêssemos por um tempo, ele mesmo ajudaria, não para que fôssemos embora. Amigos existem para ajudar e não faltariam famílias que nos acolhessem enquanto eles e outros resolvessem a situação... num ímpeto de coragem tive que contar-lhe que eu e meu marido não tínhamos nos casado na Igreja e ele me respondeu para minha surpresa: "Senhora, depois de um ano trabalhando aqui, soube por um fornecedor de arados, de um frei que fugiu com uma moça, e se chamava Luciano, do norte da ilha, e já conhecia bem vocês dois. Claro que não disse a ele nada, e ninguém daqui escutou o que ele disse, mas nunca vi casal mais bondoso nem dedicado um ao outro. Queria eu que minha mulher gostasse de mim ou que eu gostasse dela como vocês se gostam e se respeitam." Agradeci a Deus por estar sentada, pois se não estivesse, as pernas me faltariam.

- Então, ele sabia já há alguns anos, e nunca disse nada?

- Gente boa existe, Alice! E havia já outros dispostos a nos ajudar. Apesar disso a nuvem negra estava ali, chegando bem perto. Olhei para meu marido que acabava de levantar e corri a falar com ele, que sorriu para mim, admirou-se muito com nosso patrão e afirmou que se Deus estava nos protegendo durante todo aquele tempo, não nos deixaria de proteger agora. Avisei da nuvem que estava vendo e disse que Deus poderia estar nos avisando, ao que ele respondeu, que se era chegada a hora de sua morte, que assim fosse. Irritada, vesti-me para o sermão, pois era domingo e não haveria aulas. Não consegui nem fazer o café, emburrada que estava, braços cruzados em frente ao peito, pensando, pela primeira vez na vida, em acertar a frigideira na cabeça de um teimoso. Vendo-me exasperada, ele alimentou-se de um pão com queijo e leite fresco, me abraçou e seguiu para a frente do galpão onde ficava a escolinha, fiquei olhando de longe, pensando se ia ou não, vendo pequena multidão que já se aglomerava em frente, e a nuvem negra que só eu via, já em cima de nós.

Tentei imaginar a cena e um arrepio me passou pela espinha.

- Não ficou apavorada, dona Adelaide?

- Fiquei. Observei Luciano no meio das pessoas, entrando já no galpão, e entendi, finalmente, que ele realmente estava feliz. Um pastor precisa de suas ovelhas, assim como elas precisam dele, apesar do amor que sentíamos ser grande, não era justo que ele vivesse sem sua paróquia. Num mundo justo, frei e padres se casariam, caso tivessem vontade, pois não se pode pedir a um ser humano que se negue a própria natureza, principalmente se achar uma companheira que aceite se sacrificar em nome do amor e da caridade. Meu marido, que era assim que eu o via, sentia falta de pregar em nome de Cristo, de suas obras assistenciais, e uma culpa imensa de ter traído seus votos. Não foi fácil superar isso nos primeiros meses, foi preciso muita oração até que ele achasse que seu Deus o tinha perdoado, e se não tivesse viajado tanto, e visto tantos pecados dentro dos mosteiros que tinha visitado, talvez não tivesse encontrado a paz. Acredito que nada do que eu dissesse o tiraria mais do meio de seus fiéis, ainda que isso lhe tirasse a vida. Como dizer à pessoa que você ama que ela não pode exercer a missão da sua vida?

Olhei para ela, que estava triste, os olhos um tanto mareados com a lembrança.

- Só então resolvi descer e me encaminhar para a escolinha: não ia deixá-lo sozinho, acontecesse o que fosse. As pessoas quando me viram, na maior parte conhecidas a quem eu tinha atendido, me olharam da forma simpática e acolhedora de sempre, as crianças, limpas e bonitas, logo sorriram, e duas pegaram as minhas mãos, me fazendo sentar entre elas e eu vi o fazendeiro sentado bem perto de meu marido, coisa que ele nunca fazia, pois sempre escutava o sermão de longe. Acenei para ele que me cumprimentou com um aceno de cabeça, e eu li seu pensamento de forma clara: qualquer coisa ele estaria ali. Franzi a sobrancelha tentando entender que tipo de perigo poderia haver entre gente tão boa e simples que nos queria tão bem, gente a quem tínhamos tentado fazer o bem todos os dias, e não conseguia atinar. Foi quando vi o padre da Vila entrar e se colocar no canto esquerdo do salão, ao lado da mulher do fazendeiro, que vinha com um grande terço de pérolas no pescoço.

- Ela sempre aparecia?

- Não. Estranhei, pois ela nunca vinha aos sermões, o padre então, nem se fala. Olhei meu marido sentado em cadeira de madeira, lendo em português uma parte do evangelho no Sermão da Montanha, enquanto os ouvintes se deliciavam com a voz forte dele, e depois de cada versículo, podiam fazer as perguntas que quisessem, que Luciano respondia conforme entendia, perguntando muitas vezes como eles mesmos entendiam, dando início a divertidas e pungentes conclusões sobre o amor de Cristo. Notei o padre se enfurecendo com a "abertura" proporcionada por um homem que dizia ser comum, mas que denotava um conhecimento muito acima da média sobre o evangelho. Mesmo a mulher do fazendeiro parecia bastante irritada ao ver pessoas simples querendo saber mais sobre Jesus.

- Ele lia o evangelho em nossa língua e tentava solucionar dúvidas dos ouvintes? - perguntei interessada.

- Sim. De que adianta ler se muitos deles não entendem todas as palavras?

- Dona Adelaide, nossas missas são todas rezadas em latim ***(lembrando que o ano é 1886)*** e ai de nós se fizermos perguntas na igreja! Adoraria ver um sermão desse!

- Era o que pensávamos! Tão lindas as palavras de Cristo, para que escondê-las? E como ele já tinha se separado da Igreja, não tinha mais porque seguir com os rituais, podia pregar como quisesse. A verdade que ele prezava, era a verdade de Jesus, nenhuma outra importava, o que deixou o padre furioso. Era um homem sanguíneo, muito claro, e eu pude vê-lo ficando cada vez mais corado, achei que ia explodir. O que eu não esperava era ver o que ia acontecer em seguida, vi entrar um senhor magro e alto, cabelos alourados, meia-idade, nariz adunco, que eu sabia conhecer de algum lugar. Do lado dele um outro senhor mais baixo, um tanto gordinho, com o chapéu meio jogado sobre o rosto que não dava para avistar, entraram, ficaram na porta, os dois com roupas de viagem, mais escura, e atrás deles dois integrantes da Polícia Civil. Meu marido, do meio das pessoas, continuava a falar com elas, entretido pelas perguntas e pelas respostas que tinha que dar. "Polícia?" - pensei - "que fazem aqui?" foi quando ouvi um daqueles senhores, o mais baixo, a gritar pelo galpão: "Frei Luciano, foi aqui então que escondeu a menina Adelaide?"

Até meu coração bateu mais forte:

- Quem era esse homem, dona Adelaide?

Ela enxugou uma lágrima solitária que escorreu pela face:

- Foi o verdugo da minha vida. Tinha sido um pretendente que eu rechacei por não ter nada em que combinasse comigo, apesar de minha tia fazer muito gosto por vir de família endinheirada. Era um bruto, mandão, ignorante, pouco acostumado a ouvir um não. Pois eu disse não e continuaria dizendo vida afora, Alfredo, infeliz! Eu nunca tinha sido tão feliz, e agora o miserável estava ali, aos berros, como se meu marido tivesse me raptado.

- E o que aconteceu então?

- O inferno aconteceu! Luciano levantou-se da cadeira e olhou para a porta tentando avistar quem estava ali. Ao reconhecer Alfredo e o amigo, abaixou a cabeça e fechou a Bíblia, quando o padre irrompeu em impropérios: "Então era mesmo um frei que largou seu hábito para seduzir e viver em pecado com essa menina! Hipócrita! Largar a Igreja para se perder nos pecados da carne e ainda enganar todo esse povo!", eu só conseguia olhar para os olhos dos fiéis, incrédulos, que me encaravam como se eu fosse uma pobre vítima de sequestro ou coisa assim. É certo que eu aparentava menos idade do que tinha, mas não era tanto assim! Quando vi, estava aos gritos: "Ninguém me levou à força, eu vim com ele porque quis! Não há pessoa mais bondosa que Luciano!"

- E o fazendeiro, o que fez?

- O pobre do fazendeiro esperava por algo parecido, e se colocou à frente de meu marido, mas o povo ficou francamente confuso. As crianças agarram-se às minhas saias, meio assustadas com a polícia e o burburinho reinante, provavelmente temiam por mim. Nisso, a mulher do fazendeiro ficou também a acusar Luciano: "Nunca me enganou, quando veio para cá me deitou olhares o tempo inteiro! Para seduzir essa pobre menina deve ter sido fácil... dá para ver como é tolinha!" A isso olhei o fazendeiro novamente, imaginando se ele teria acreditado em semelhante mentira, felizmente notei que não, e tentava tirar meu marido pela porta de trás, embora sem muito sucesso. O padre não cessava seus gritos de "hipócrita, criminoso!", o povo estava em sua maior parte confuso, ele finalmente ajudado pelo fazendeiro, conseguiu sair pela porta de trás e muita gente correu atrás deles, colina acima, indo em direção à casa do fazendeiro, foi quando eu vi, nas mãos de um homem na multidão, uma pedra de razoável tamanho, gritei um "não!" desesperado, mas quando pude ver, meu amado estava no chão, a pedra o pegou na nuca, abrindo feio talho, e o deixando desmaiado.

Fiquei tão triste que nem soube o que falar... preocupada com ela, perguntei:

- Dona Adelaide, tem certeza de que quer me contar o resto?

- Não quer ouvir?

- Claro que quero, mas tenho medo de que a senhora sofra...

- Ah, Alice. Isso foi há tanto tempo, e tanta coisa já se passou depois disso! Naquele dia achei que não fosse resistir, cruel tristeza se apossou de mim ao ver um homem tão bom ser alvejado de forma tão injusta. Depois que ele caiu, eu corri até ele, mas as outras pessoas pararam: a polícia, o padre, a mulher do fazendeiro, as pessoas que frequentavam o sermão, o homem que atirou a pedra e que, imediatamente, levou as mãos ao rosto como se pensasse "o que foi que eu fiz, meu Deus!", e saiu correndo colina abaixo. As únicas pessoas que ficaram comigo foram o fazendeiro e as crianças, essas sim fiéis e me perguntando o que podiam fazer para ajudar. Segurei a cabeça de meu marido com cuidado, que ele respirava com dificuldade, mas ao abrir os olhos, me olhava sem me ver, o olhar era um tanto vazio. Pedi ao fazendeiro que me ajudasse a levá-lo para nossa cabana, para que eu pudesse tratá-lo por lá, do meu próprio jeito. Faria unguentos, rezaria, faria tudo que sabia fazer... Deus me ajudaria! Com o máximo cuidado o colocamos em nossa cama simples, limpei a ferida, fiz um unguento com ervas e óleos analgésicos e coagulantes, acendi algumas velas e comecei com as minhas orações em frente ao crucifixo dele. Depois de muito me desesperar e chorar, finalmente pedi a Deus que fizesse o melhor para ele, que apesar de não conseguir imaginar minha vida sem Luciano, não o queria aleijado como alguns que já tinha visto levar pancadas na cabeça, nem preso pela polícia. Ele tinha fé assim como eu na outra vida, era o que bastava. Imagina como é ter alguém que ama com loucura à beira da morte, Alice?

- Não. Não faço a menor ideia.

- É uma coisa estranha, a gente pensa que se conhece, mas não conhece. A primeira coisa que eu fiz foi tentar negociar com a morte, como se ela fosse uma casa de penhores: "se ela desse mais dez anos de vida para ele, eu daria vinte anos da minha vida.", a morte não me deu nem resposta. Depois eu pensei que se ele se fosse eu simplesmente pararia de comer até ir junto... ele me buscaria. Voz no meu ouvido me respondeu: "E acha que se fizer isso vai para o mesmo lugar dele?". Pedi então a Deus com toda a minha força que atenderia a todos que me procurassem de graça, faria remédios, atenderia a partos, não haveria fim a minha dedicação à caridade, e novamente veio a voz ao meu ouvido "acha que veio ao mundo com esse tipo de conhecimento para comerciar com Deus por ele? Pode cobrar dos que podem pagar, mesmo porque terá que comprar material para os que não podem pagar. Você tem que viver, Adelaide."

Ela se levantou, a mulher pequena e forte que era, prendeu os cabelos no alto da cabeça.

- Olhava para ele de minuto em minuto, os olhos vazios, a respiração já falhando. O queixo forte batendo de frio, quando não estava tão frio assim. Cobri seu corpo com uma manta de lã forte que tinha feito no inverno passado, encostei meu rosto no dele, e ainda senti o cheiro do sangue. Ajeitei o cabelo dele, já meio grisalho, e alguma coisa em mim me disse que ele não voltaria mais para mim. Comecei a ver diversas entidades andando pela casa, luminosas, algumas rodearam nossa cama, chorei sentida e disse a elas: "Agora não, não estou pronta para deixá-lo ir!". Comecei a ver as feições desses espíritos numa clareza que antes nunca tinha visto: um senhor de seus quarenta e cinco anos, aspecto bonachão, barba bem-cuidada, loura e grisalha, lembrava bem o meu Luciano. A outra era uma senhora de cabelos castanhos, longa trança, pérolas nas orelhas e vestes claras. Ao me ver sorriu com doçura, e me disse: "Sou Sophia e esse é Giancarlo, somos os pais dele. Viu como é bonita a moça, marido?" O marido me olhou com curiosidade enquanto o meu peito batia dolorido "Formosa! Mas sofre... não precisa sofrer, pequena! É a hora dele!". Não sei se o pai dele esperava por isso, mas minha resposta foi alta e clara em pensamento: "nem pensar!"

Assustada que fiquei com a cena, tive que perguntar:

– Pessoas que amamos e não estão mais entre os vivos vêm nos visitar quando estamos para morrer, donaAdelaide?

Ela me olhou séria e disse:

– Quantos vultos já viu que ninguém mais via, dada a velocidade com que se moviam ou a aparência "esfumaçada" que apresentavam? Sabe bem que os espíritos passeiam entre nós, porque não viriam assistir seus bem amados, abrindo-lhes a porta do mundo espiritual quando estes são bons e na maior parte do tempo só praticaram a bondade? Mesmo os cheios de culpa, mas arrependidos que clamam a Deus, são atendidos e acolhidos, se o arrependimento for verdadeiro, Alice. No caso de Luciano, os pais ali estavam, olhando o filho com saudade, enquanto eu me debatia em sofrimento. A senhora, que era bela e mais parecia filha de Luciano que sua mãe, me disse com clareza: "quer que fique aqui, com o corpo limitado, sem poder sequer se movimentar direito? A pedra atingiu uma veia que se rompeu e inundou o cérebro com sangue, danificando-o permanentemente. É isso que deseja para o meu menino?".

– Então ele ficaria incapaz?

– Sim. Olhei-o com desespero, o maxilar forte, a respiração que ia e vinha com dificuldade, os olhos azuis intensos que não brilhavam mais. Enlouquecida com a dor imaginei que nunca mais me olharia com a paixão costumeira, que não ouviria sua gargalhada alegre a me contar das travessuras das crianças, meu peito arrebentava-se de dor. Só então o vistoso senhor falou comigo: "filha, isso de morte não existe. Não há motivo para que ele fique em sofrimento, mas o desespero que você sente o prende aqui, sem que sua alma possa se libertar, e o corpo está em grande dor. Quer ver o homem que tanto amou preso em tal tortura? Não chore mais por ele, filha. Tudo o que você sente interfere na passagem dele, tornando-a ainda mais difícil. Perdeu sua fé em Deus?"

– Então não devemos chorar em enterros, que isso atrapalha o morto?

– Alice, ninguém pode reter a saudade que sentiremos daquela pessoa, é óbvio que podemos chorar. O que não devemos fazer é pedir que a pessoa fique quando as dores que sentem são demasiadas, porque na realidade, você estará sendo egoísta, impedindo que a alma se dirija ao seu verdadeiro lar, se curando de suas dores, e voltando a ser o que realmente é: um espírito livre dos incômodos da carne. Estamos, é claro, falando aqui da morte de alguém ligado a Deus, alguém que tem fé ou que a busca em seu íntimo. A morte do materialista costuma ser mais complicada, já que ele acredita que nada há depois da morte, assim como a passagem do ser perverso, para o plano espiritual: muitas vezes ali o esperam as pessoas que ele prejudicou e as quais ele terá que responder. Claro que se forem pessoas boas as que ele prejudicou, elas não estarão lá para acertar as contas, mas ainda assim, as dívidas permanecem. Então, para o aperfeiçoamento de seu espírito, ele reencarnará com essas provas a pagar, para seu aprendizado.

Fiquei a pensar na justiça de tudo aquilo, era de uma coerência incrível.

- Então, mesmo os maus terão redenção. Mas, e a senhora? Acalmou o coração, e deixou que Luciano fosse com os pais?

- Depois de ouvir tudo aquilo, tentei me acalmar, fui fazer um chá de capim cidreira, adocei com bastante açúcar mascavo. Eram quase dezenove horas e fui até a porta olhar as estrelas e elas estavam lá, numa noite de céu aberto. Quando olhei para o chão pude vislumbrar clara e trêmula luz de vela ao vento, imaginei que alguém devia estar rezando nesta noite de verão sem ventos. Súbito, outras velas foram aparecendo e quando eu olhei eram dezenas delas, vindo em minha direção. Apoiei-me no umbral da porta assustada, será que a Polícia Civil viria me prender, depois de tudo que estava passando com Luciano, eu não deixaria! Tranquei as janelas com uma tranca forte de madeira e fechei a porta com a trinca grande de ferro, derrubando a forte mesa de madeira e colocando-a junto à porta também. Não me levariam, a não ser quando meu marido estivesse morto! Fiquei esperando em absoluto silêncio, ajoelhada à beira da cama, abraçada com Luciano, sentindo sua respiração cada vez mais fraca. Enfim, ouvi a batida na porta, um tanto tímida para a Polícia Civil, mas mesmo assim gritei, apavorada: "Não vão me tirar daqui! Quero cuidar das últimas horas de meu marido, depois se quiser, me prendam!"

- E era a Polícia Civil?

- Não. Eram pessoas daquela fazenda e de outras perto dali, mais de cinquenta. Só abri a porta quando o fazendeiro me chamou e disse que estavam ali para nos ajudar. Reconhecendo a voz dele, tirei a trava mais pesada da frente da porta, abri e me deparei com dezenas de rostos que sorriram levemente e depois abaixaram a cabeça, um tanto envergonhados. Foi quando uma lusitana animada, que se chamava Fátima, com um buço forte que mais parecia um bigode de adolescente, veio até mim com um caldeirão de carne de carneiro dizendo: "garanto que esta pobrezinha ainda não comeu!" e as mulheres tomaram conta de minha pequena casa. Umas foram para o fogão a lenha fazer café, outra fez bolinhos e outra, chá. Todas tinham trazido mantimentos de casa, e as crianças me cercavam de todas as formas. O fazendeiro trouxe seu médico, que agora estava a examinar Luciano, e não tinha uma expressão nada boa. Não me entristeci, já sabia que meu marido estava em sua última noite na Terra.

- Mas eles entraram assim, sem pedir licença, com seu marido doente?

- Pessoas do campo são assim, Alice, muito solidárias. Amavam Luciano e não queriam me deixar sozinha enquanto ele morria. Ninguém tocou no ocorrido no sermão, até que Fátima, vendo-me anestesiada pela dor, disse: "Nem pense que alguém vai tentar prendê-la. Vai sair daqui com os cachorros em cima se tentar!". Mais tranquila, sentei-me ao lado de Luciano, e soltei grossas lágrimas, para depois sair correndo e ir vomitar fora de casa. Não adiantaria me dar comida, nada pararia em meu estômago. Quando soaram dez horas da noite, pedi que me deixassem só, mas eles não queriam ir embora. Tive que brigar muito, mas desejava mesmo estar sozinha para me despedir de meu marido, quando notaram que era isso, deixaram apenas o fazendeiro e Fátima de vigia, e se foram. O fazendeiro levou Fátima à sua casa e disse que voltaria assim que amanhecesse, eu sorri aliviada, só então olhando a bagunça presente na casa, com todos os pratos e copos sujos empilhados, e Luciano de olhos abertos sobre a cama. Senti então um cansaço imenso e todo o meu corpo dolorido e exausto, deitei-me ao lado dele na cama, agradecendo a Deus poder fazer isso uma última vez que fosse. Olhei o perfil de meu marido, acariciei de leve os cabelos da testa, e disse baixinho: "não quero mais que sofra. Não merece sofrimento, pode ir com seus pais, meu querido".

Olhei para ela que tinha os olhos perdidos no chão.

- Estava preparada então, para deixá-lo ir?

Ela me olhou com aqueles olhos imensos:

- Achei que estava... como podemos ser tolas, não é? Mal eu disse essas palavras, a respiração dele virou um forte ronco, um estertor de morte, como se ele estivesse se afogando, sem remédio, bem no seco de nosso quarto. Roncou por dois minutos que pareceram dois séculos, e só então se foi... fiquei estática, gritei, corri pela pequena casa em total desespero e solidão, vislumbrei diversas entidades de luz pela casa, mas não as ouvia, perdida em minha própria dor e revolta! Quando amanhecia o dia consegui dormir, no meio de cacos de cerâmica espalhados pela casa, panelas viradas e nada disso importava. Tinha perdido meu amado Luciano, que poderia haver que ainda importasse? Lá pelas oito horas Fátima entrou em minha casa, notou meu marido morto, me viu dormindo ao lado, abraçada nele, e tomou todas as providências para o enterro conforme me contou depois. Fui levada para a casa dela, obrigada a tomar um banho, mas nada me satisfazia ou me dava alento. Sua família foi extremamente delicada comigo e às quatro horas da tarde, vieram me comunicar do enterro. Abobalhada que estava, fui. Pedi que fechassem o caixão, pois de forma alguma queria me lembrar dele daquela forma. Olhei para os dois homens da Polícia e imaginei que seria presa, não me importei, já era prisioneira da minha dor. Que diferença faria para onde me levassem? O caixão seguiu, para um pequeno cemitério que ficava na planície, bem cuidado, com lápides claras. Fátima veio ter comigo : "imagine que o padre veio falar conosco que Luciano não podia ser enterrado em campo santo porque era excomungado. O pessoal daqui quase foi excomungado também, pois foi pra cima do padre! Escapou porque se trancou rápido na sacristia..." agradeci a ela, pois isso era importante para Luciano.

- E ele tinha razão, dona Adelaide? Temos sempre que ser enterrados em cemitérios ou nossa alma sofre a danação eterna?

- Alice, como você, eu vejo certas coisas. Já foi em cemitérios, não foi?

Lembrando-me de uma vez quando tinha dez anos, assenti com a cabeça:

- Sim, já fui. E a experiência não foi das melhores...

- O que viu?

Creio que empalideci um pouco, pois ela sorria curiosa:

- Gente estranha, gente confusa e alguns *muito feios*! Nunca mais voltei depois daquilo. Um deles, ainda de roupa de hospital gritava que queria ir para casa, não entendia por que o médico não o liberava, e o que estava fazendo naquele lugar. Depois se acalmava e entrava na tumba.

- Esse devia ter morrido recentemente e ser agnóstico. Como não acreditava em vida após a morte e sentia-se vivo, não podia estar morto e nem pedir socorro espiritual, então fica assim, meio confuso. Triste, mas comum. Uma hora espíritos bons certamente o recolherão e ele deixa de ser tão teimoso! Que mais viu?

- Um homem alto, de cabelos grisalhos, acima do peso e no rosto algumas feridas estranhas, como se fossem úlceras. Era branco, devia ter até traços bonitos, mas estava lamentavelmente sujo, unhas aparadas, roupas de bom corte e feitio antigo, só que tudo imundo. Este me assustou mesmo, pois tinha uma forte energia e em seu olhar havia medo e ódio e me encarou dando um sorriso malvado, tinha nos pulsos duas correntes rompidas, e saí de perto dele o mais rápido que pude.

- Um fugitivo de um plano espiritual de expiação (*conhecido por Kardec como Umbral*). Quando sentir alguém assim, afaste-se logo dele e peça proteção espiritual sempre, pois adoram influenciar, principalmente quem os pode ver ou ouvir!

- Cruzes! Era um desses espíritos que gostam de levar as pessoas para o caminho do mal? Mas os outros eram de dar ainda mais medo, dona Adelaide, só que não senti um grande mal vindo deles. O problema é a forma que se apresentavam: os corpos pareciam em decomposição. Feios de doer, e me inspiravam mais medo do que qualquer outra coisa.

Ela suspirou:

- Esses são casos mais raros, minha querida. Provavelmente eram materialistas, que só acreditam na matéria e não acreditam em nada do mundo espiritual. Não quer dizer que sejam maus, alguns até são muito bons, mas como acreditam que são só matéria e ao pó retornarão, ficam com uma aparência estranha. Não fique preocupada com eles, claro que não se extinguirão, antes disso estarão encarnados, e mesmo daquela forma ilusória, eles ainda têm seu raciocínio e sua inteligência. A coisa boa é que eles costumam não sentir dor. Se uma chama de dúvida no materialismo extremo se acender, e eles pedirem por auxílio, tudo por eles será feito e serão o que sempre foram: espíritos normais.

Olhei dona Adelaide espantada... para ter esse conhecimento, ela não só devia vê-los, como devia conversar com alguns deles. Que reconfortante saber que não eram delírios, quando não queria ver de forma alguma, rezava fervorosamente, e a visão sumia. Sempre funcionou e eu sempre soube que funcionaria. De que jeito? Pode chamar de "intuição".

- E depois do enterro, dona Adelaide, ficou na fazenda?

- Fiquei olhando eles seguirem com o caixão sem forças para ir atrás, duas senhoras ficaram comigo, que eu voltei a chorar grossas lágrimas, embora já não soluçasse mais. Não queria voltar para casa, não pensava em fugir, comer não conseguia, só queria ficar ali indefinidamente... a tarde caiu, eles voltaram do enterro, e foram para as suas casas, e só então o sujeito louro e magro que estava com Alfredo veio até mim, que estava embrulhada em meu xale, olhando o vazio, com Fátima ao meu lado, olhando-o como um perdigueiro: não queria que ninguém me incomodasse. Ele chamou pelo meu nome e me disse: "Menina Adelaide, não se lembra mais de mim? Sou Turíbio, açougueiro da aldeia, conheço a senhorita desde menina", levantei os olhos e dei com os olhos fundos e azuis dele, pegava carne com ele desde que me entendia por gente, para tia Izidora e ele sempre brincava que quando eu crescesse, ia se casar comigo. Bonachão, tímido, querido por todos na aldeia e muito amigo de Luciano, que podia contar com ele para tudo que precisasse. Estranhei que estivesse ali com Alfredo, tão mau caráter que acabou ocasionando a morte de meu marido... olhei para ele muito magoada e perguntei: "Mas por que veio atrás de nós Turíbio, que mal fizemos a você? Sempre gostamos tanto de ti!", ele abaixou a cabeça do alto de seu um metro e oitenta de altura e me respondeu: "Chegou a notícia na aldeia de que um Luciano e sua mulher Adelaide estavam pregando aqui no norte. Sua tia enlouqueceu quando você foi embora e logo em seguida o frei desapareceu, Alfredo logo disse que viria até aqui desmascarar o frei, e eu pensei que se vinha um inimigo, era melhor que viesse um amigo também..."

– Mas ele não ajudou em nada!

– Foi o que pensei de imediato, mas depois ele me disse: "não tive tempo! Pensei em ajudar a fugir depois, foi tudo muito corrido, não imaginei que alguém fosse jogar uma pedra. Frei Luciano não merecia aquilo, nunca conheci homem tão bom! Mas tenho um recado para você, Adelaide. É de tua tia Izidora, ela pede que volte." Olhei para ele sem acreditar direito e disse: "Voltar? Para quê? Vão falar de mim o tempo inteiro!". Ele abaixou a cabeça e o que falou mudou tudo: "Ela está muito doente, emagreceu, está com dores e ninguém na aldeia sabe como aliviar... cuidou tão bem de ti quando pequena, se arrepende tanto de ter te prendido. Volta Adelaide! Se alguém disser alguma coisa, eu bato no infeliz! E se quiserem te desrespeitar, me caso com você!"

– Ele te pediu em casamento no dia do enterro de seu marido?

– Estranho, não? Na época, mulheres que tinham vivido com religiosos não gozavam de boa fama, mas se tivessem se casado, ninguém mexia com elas. A preocupação dele era relevante, mas acho que tinha certa simpatia por mim... de qualquer forma, não podia mais ficar na fazenda. Disse que ele me esperasse que eu iria com ele, mas nada de casamento! Não ia me casar mais pelo resto de minha vida, e assim foi. Fomos os melhores amigos até que ele morreu perto dos sessenta anos, e também não se casou.

- Então voltou para sua aldeia, não houve discriminações?

- Voltei dois dias depois, fui me despedir do fazendeiro, juntei apenas minhas roupas, doei as de Luciano, abracei e beijei as crianças. Alfredo eu não quis nem ver, foi sozinho na frente, atamos o cavalo de Turíbio à pequena carroça, e fomos seguindo rumo ao sul da Ilha novamente. Demorou alguns dias até que eu avistasse a aldeia e meu coração se constrangeu de receio, mas foram tantos os amigos que me receberam à porta da casa de minha tia, que chorei com eles. Minha tia estava na cama, um tanto suja, cabeleira meio desgrenhada, mas lúcida e gritou meu nome assim que pisei na soleira. Alfredo já havia contado da morte de Luciano e ela me abraçou chorando, e eu notei que ela não tomava banho há um bom tempo... despedi-me dos amigos, coloquei duas boas panelas a ferver no fogo, uma para uma sopa forte e outra para um belo banho, do qual ela não escaparia. Depois de arrumá-la e deixá-la cheirosa como ela gostava, fiz um caldo com legumes e ovos que estavam por ali, nada com a gordura de que tanto ela gostava, mas saboroso e ela comeu com gosto. Passei nela meus óleos aromáticos, cuidei da roupa de cama, tudo isso com ela me contando dos acontecimentos de cinco anos da aldeia, e quando vi, ela dormia dando pequenos roncos. Uma voz nos meus ouvidos sussurrou: nada de açúcar ou mel para ela! Observei os dentes de tia Izidora, realmente estavam uns cacos, sinal de anos e anos de muitos doces, e ela magra daquele jeito... estranho! No entanto potes e potes de doces pela casa: sumi com todos! Ficou uma onça de tão brava, mas quando começou a andar de novo, me agradeceu. Claro que havia olhares maliciosos de alguns homens e mulheres, afinal de contas eu tinha "desvirtuado" um homem de Deus, fiz uma horta imensa e o trabalho de cuidar de minha tia, ser parteira, manipular e fazer os óleos, pomadas, unguentos me consumiam o tempo inteiro. Um dia me apareceu uma mocinha de seus quinze anos e acredite ou não, me pediu para fazer uma "poção do amor".

- Poção do amor? Isso existe? - perguntei curiosa.

- Alice, existem óleos que relaxam a musculatura, esquentam o corpo, o tornam mais sensível. Existem alucinógenos também, feitos com papoula, ópio... mas poção do amor? Amor vendido em potes? Faça-me rir! Estava no meio da horta aproveitando a "sesta" de minha tia, e aquela pequena roliça, sem graça nenhuma, que eu sabia ser de família rica, ali estava, tentando me seduzir com dinheiro, para que eu desse a ela uma poção do amor. A vontade que me deu de imediato foi espantá-la dali dizendo: "Vai arranjar algo de útil para fazer, menina tola!", mas depois pensei, por que essa criatura veio até mim pedir uma coisa dessas? Que ela pensa que sou, uma feiticeira? Perguntei por que me pedia essas coisas, e ela petulantemente me respondeu: "Minha mãe me disse que você enfeitiça os homens, que enfeitiçou até a morte um padre que viveu aqui. E deve ser feitiço mesmo, porque nem tão bonita você é! Nem se veste bem!".

- Mas que desaforada! - tive de dizer.

Dona Adelaide riu:

- Pois não é? Por incrível que pareça, não me irritei com aquilo. Quer dizer que as pessoas na aldeia estavam espalhando que eu era uma bruxa... mas eu era uma bruxa boa, pois grande era o número de pessoas que me procuravam, desde para gripes a partos. Aquilo me divertiu: olhei para a roliça e feia menina, apertada em seu vestido de cetim e disse: "Pois olhe, não faço meus feitiços para qualquer um. Agora raspe-se daqui ou eu a faço soluçar durante uma semana!", e ergui os meus braços bem acima da cabeça!

Ela fez o gesto com os braços, as mãos em forma de garras ameaçadoras, os olhos bem arregalados e até eu me assustei com o rosto zangado que ela fez.

- Alice, ela saiu correndo tanto, que levantou até poeira. O pior é que tropeçou numa raiz, foi ao chão, e eu ainda gritei "Xô!", e ela saiu em disparada. Sei que foi uma "maldadezinha", mas sabe que eu não me arrependo? Depois disso ninguém na vila mais me incomodou, e eu vivo em paz até hoje, desde que minha tia morreu aos sessenta e cinco anos. E me dou bem com todos os meus vizinhos.

Ela dormiu com um ar de "gato satisfeito" e eu fiquei pensando que, às vezes, para lidar com certas pessoas, o melhor é deixar que elas pensem o que quiserem e usar isso de forma produtiva. Adiantava dizer que não era bruxa? Não. De qualquer forma elas a prejudicariam... inveja é coisa traiçoeira! Sendo temida, ao menos não a incomodaram mais e ela pôde ajudar a quem precisava.

Olhei minha amada amiga que já dormia a sono solto, os cabelos grisalhos brilhando à luz das velas, no lençol de algodão macio e pensei comigo mesma: ainda era uma mulher tão interessante e nunca mais tinha tido ninguém... candidatos não havia faltado e ela era encantadora quando queria. Que mistério era essa dona Adelaide! Independente, inteligente, boa... não se sentia só?

O tempo me responderia...

15

O BAILE

DOIS DIAS DEPOIS, meus pais trouxeram minha avó Sâmia para passar uns meses conosco e eu nem podia dizer o quanto estava feliz. Ela chegou com um imenso baú de madeira e ia ficar no meu quarto, junto comigo. Trouxe-nos presentes inesperados: como na fazenda existiam mais de oitenta cavalos de raça, escolheu quatro cavalos, um para cada um de nós. Não eram os mais caros, mas os que ela achou que se pareciam conosco pelo temperamento: para minha mãe escolheu uma égua dócil, marrom malhada de branco, de quem ela gostou de imediato, e que colocou o nome de Dorothéa. Meu pai ganhou um belo cavalo negro de patas brancas, que se não era o mais caro, era o mais bonito, um garanhão árabe de chamar atenção, de um relincho forte que ele chamou de Trovão.

Para Aline, depois de muito olhar, e como ela tinha medo de cavalos bravos, optou por uma linda égua branca, de olhar doce, mansa como ela só, teve o nome de Blanche, e para mim um potro quase adulto, de pernas finas, pelo castanho escuro extremamente elegante. Olhei em seus olhos escuros e ele olhou nos meus e pensei: "ele vai ser rápido como o vento". Foi então que eu disse, sem a menor dúvida:

– Vai se chamar Ventania!

Sempre gostei de animais, mas com aquele foi paixão à primeira vista, assim como Trovão com o meu pai. Aline achou a égua linda, mas a sua pergunta seguinte foi de achar graça:

- Vou ter que montar nela mesmo?

Ao que eu respondi:

- Não precisa ter medo. Eu te ensino, ela é mansa como um cordeiro, não vê?

E realmente, a égua apaixonou-se pela dona, que a servia de cenouras e torrões de açúcar mascavo. Aline, com o tempo, perdeu o medo e tornou-se uma boa amazona, mas desconfio que os doces eram uma espécie de "pagamento" para que Blanche não a derrubasse. "Melhor garantir..." ela me dizia.

Vovó tinha emagrecido ainda mais, o que não nos deixava contentes. Estava envelhecendo numa rapidez que nos desconcertava e Adelaide ter ido embora no mesmo dia em que meus pais chegaram (ela não gostava de incomodar), não tinha sido uma boa ideia. A mulher que antes falava e ria alto, agora apenas sorria de vez em quando e mal opinava sobre as coisas, mesmo mamãe que, às vezes, ficava meio tonta com tantas opiniões que a sogra dava em tudo, agora pedia opiniões para ver se ela dava alguma, mas nada vinha. O apetite, antes voraz, agora mal se via e nem se interessava pelos doces árabes, sua antiga paixão. Talvez com as suas duas netas, conseguisse se animar um pouco mais.

Tínhamos acabado de fazer dezesseis anos e nos preparávamos para um baile de uma colega de escola, de quem aliás, nem gostávamos muito. A chamada "ética social" a tinha feito nos convidar, afinal, éramos uma família bem situada na sociedade local: todos gostavam da família Alkazar e de suas gêmeas, e o Café de papai era famoso.

A loura Patrícia, descendente de italianos, faria dezoito anos, e comemoraria com uma festa em sua casa que tinha um amplo jardim. Fiquei imaginando se sua amiga, a morena e pequena Ruth a estava ajudando para a festa. Não as via há mais de um ano, mas lembrava-me perfeitamente de nossas brigas na infância, por conta de pequenas encrencas com merendas escolares e meninas que Aline defendia.

Como estariam agora? De qualquer forma, os vestidos estavam quase prontos, faltavam apenas detalhes como os bordados, em que eu, Rosa e

Aline, teríamos que nos esforçar. Notando que Amália tinha ficado triste por nunca ter tido a oportunidade de ir a um baile, minha mãe conseguiu um convite extra, falando que era para uma prima distante e um vestido de Aline foi "desmontado", aproveitamos a saia (que era bem rodada) cortamos o comprimento (Amália era bem menor e mais "cheinha") e sobrou tecido para a parte de cima, que Rosa, só Deus sabe como, improvisou um corpete até bem bonito. O bordado ela faria, e era a mais animada com o baile. Sapatos, mamãe compraria.

Estávamos as três a bordar no quarto de Aline quando ela se levantou e disse:

- Está tudo errado!

Levantamos os olhos da peça, como a nos perguntar do que ela estava falando, só então Rosa a inquiriu:

- O que está errado? O risco do bordado?

- Não. Nós todas bordando aqui, comentando a vida dos outros e nos divertindo sozinhas enquanto a vovó fica olhando o teto naquele quarto! Vamos bordar lá!

- Mas, - disse Rosa - será que a gente não vai incomodar?

Minha irmã levantou-se:

- Deixe comigo!

Carregou então a sua cesta de bordado com diversas pedrarias, olhou para nós e disse: "me imitem depois!" bateu na porta do quarto de minha avó e foi entrando, sem a menor cerimônia:

- Vovó, veja só, preciso de sua ajuda!

E balançou o vestido cor de rosa que tinha começado a bordar na frente de minha avó, que se abriu todo.

- Tenho aqui esse vestido para o baile, mas está tão sem graça! Não me ajuda a escolher as pedrarias? E esses riscos, será que ficam bem mesmo? Não tenho muito gosto para isso vovó, e a senhora sempre foi tão elegante! Pode me ajudar?

Se uma árabe não entender de bordados, ninguém mais entende! Funcionou como mágica, minha avó imediatamente pegou seus óculos, e começou a dar opiniões como sempre. Fechada antes numa casa de homens, com uma nora a maltratá-la e outra bondosa, mas submissa, sua vida estava se esvaindo com a falta do marido. Bendita Aline! Ela começou a se sentir útil, e realmente *foi útil*!

O apetite, antes raro, começou a voltar, e minha mãe assustou-se quando veio chamar para o jantar e nos viu a todas sentadas em volta de minha avó, linhas e agulhas por todo o lado, pedrarias brilhantes e até Amália interessada em aprender traçados e pontos. Realmente, minha avó presa no quarto, em sua melancolia, era um real desperdício para todos nós.

Minha mãe não nos levaria ao baile, resolveu ficar com ela, que pediu para comprar material para tapeçaria, que nossa casa estava "muito pobre", e dona Aurélia estava animada para aprender esse tipo de arte. Papai nos levaria muito embora não gostasse daquele tipo de ambiente, sabia que tendo duas filhas moças, acabaria tendo que ir a algumas festas, o que ele não conseguia entender era ter que levar Amália, de quem ele não disfarçava a antipatia:

- Ainda por cima dizer que é nossa parente! Sua mãe de vez em quando exagera!

Mas Aline estava feliz com sua boa ação, então eu, Rosa e papai nos conformamos. Quem conseguia negar alguma coisa a Aline? Quando nos vimos prontas, descemos a escada com cuidado, pois as barra dos vestidos realmente atrapalhavam, e já eram oito horas da noite. Papai, muito bem-vestido com sua melhor casaca (como estava bonito!), nos aguardava com um ar meio sério, mas assim que me viu num vestido azul escuro, bordado com enfeites negros à moda árabe, cabelos cacheados como os de minha irmã, abriu franco sorriso e disse:

- Só pode ser Alice, pela cor do vestido, mas como está linda! Parece uma fada da noite! Peça já à sua mãe um xale, que estou achando um pouco decotado e está frio...

Em seguida desceu Rosa, num traje alaranjado, a pele muito branca (era a mais clara da casa), os louros cabelos presos ao alto da cabeça com cachos claros caindo displicentemente. Papai sorriu, mas foi a vovó quem comentou:

- Não parece uma princesa escandinava?

- Essa ao menos está sem decote. Mesmo assim coloque uma manta, que o tecido é fino e não quero ninguém com gripe - foi a resposta de meu pai.

Desceu então Amália, muito sem jeito, num vestido verde que tinha ficado bonito, com pedrarias de um verde mais escuro. Pena estar um pouco acima do peso e a postura um tanto torta, mas Rosa tinha dado um jeito nos cabelos, prendendo-os na nuca e domando-os com pomadas, deixando-os bem aceitáveis. E na pele, alguns cosméticos da época tinham disfarçado as espinhas. Para disfarçar o defeito da coluna, Aline tinha dado a ela preciosa manta tecida de fios de lã de carneiro. Foi a vez de minha mãe elogiá-la:

- Está muito bem, Amália. Muito elegante! É capaz de me arrumar um pretendente!

Não acho muito provável, pensei eu... era um ambiente mais refinado, e ela era uma pessoa muito simples, e não há roupa que salve os modos de ninguém. Mas, se Deus quisesse, quem sabe não se divertiria ao menos um pouco e não ficava ao menos um pouco menos amarga? Seria bom... adoraria que isso acontecesse. Só então desceu Aline, num vestido rosa de diversas camadas, do rosa escuro ao mais claro, com bordados árabes como o meu. Os cabelos em camadas de cachos brilhantes, na cabecinha uma pequena tiara de vovó e eu tive que sorrir para ela, pois sorria faceira e deu uma pequena volta, para mostrar satisfeita, o vestido. Não contente com isso, ainda desceu a escada como se fosse uma rainha, mãozinha no queixo, verdadeira "prima-dona", não houve quem não risse dela. Chegando ao pé da escada, bateu três palmas com as mãos e disse:

- Não ficou lindo o vestido? Vovó me ajudou a bordar tudo!

Os elogios começaram, mas eu me vi envolta numa bruma e no lugar dela vi uma deslumbrante mulher de seus vinte e cinco anos, loura, envolta em diversos véus, branca como a neve que dançava num palco sob os olhos atentos da plateia num ritmo incandescente de tambores, rodeada pelo fogo de algumas tochas nas paredes de madeira do palco. Durou pouco mais de alguns segundos, mas quando vi, estava sentada numa cadeira, minha mãe me abanando e me perguntando se estava bem. Respondi rápido:

- Estou sim, mamãe. É que faz horas que não como algo. Talvez fosse bom comer alguma coisa antes de irmos.

Sugestão aceita, que nessas festas nunca se sabe a hora que servirão alguma coisa. Todos fizemos rápido lanche e nos retiramos rápido. Fomos a pé mesmo que a casa não era longe, seria tolice preparar a charrete. A casa de Patrícia ficava mais no alto, tinha jardins bem largos, grandes janelas que estavam todas abertas. Ela não era a filha caçula, eram ao todo oito filhos, e os pais, italianos, viviam da renda de diversas casas de aluguéis espalhadas pelo centro.

Tinham antes tentado o comércio sem muito sucesso, mas era uma família de posses, que gostava de ostentação, e a festa prometia. No jardim, alguns músicos já entoavam músicas italianas e grande mesa já tinha sido posta com salgados e doces, num outro canto havia um tapete caro, onde os que chegavam colocavam os presentes para Patrícia. Meu pai foi logo falar com o dono da casa, prestar seus cumprimentos, e eu fui colocar o presente que minha mãe tinha comprado, mas fiquei com medo de deixar lá o pequeno embrulho pois se tratava de coisa relativamente valiosa, e perguntei a Rosa o que fazer:

- Rosa, vejo ali cortes de tecido, bandejas de louça, sapatos, águas de cheiro... acho que mamãe exagerou um pouco. Ela mandou um colar de pérolas, já que Patrícia começa na sociedade. Não me sinto bem de deixar uma joia ali, que faço?

- Realmente não é adequado. Vamos falar com a mãe da menina.

A senhora Fiorella estava dando ordens aos garçons, e era muito simpática, gorducha, corada, de cabelos e olhos muito negros. Ao nos ver, sorriu :

- Que posso fazer pelas moças?

- Senhora, desculpe incomodar, mas é que minha mãe mandou um presente para sua filha, só que não sei se é adequado deixar lá fora, sobre o tapete. A senhora, por favor, olhe e nos diga o que fazer.

Ela ficou curiosa, e ao ver a caixa de pequeno tamanho e quadrada, abriu e deu com o bonito colar de pérolas e fecho de ouro trabalhado. Soltou uma exclamação:

- Ah, meu Deus! Não precisava de tanto! Claro que não vou deixar lá fora, no meio de toda essa gente...

Olhou-me detidamente, e então sorriu:

- É uma das gêmeas Alkazar, não é? Mas por que um presente tão caro?

- Somos de descendência árabe, senhora. Presente para uma moça perto de se tornar mulher é uma joia... fico feliz que apreciou! Meus pais ficarão contentes.

Ela ficou mais que contente: chamou o marido, que estava conversando com o meu pai, mostrou a joia elogiando o tamanho das pérolas e o fecho primoroso, e daí para frente ninguém mais largou seu Pedro, que se divertiu bastante, se vendo "obrigado" até a ingerir uma taça de vinho.

Voltei ao Jardim e, finalmente, vi a aniversariante: cabelos até a cintura, volumosos, algumas mechas louras bem cuidadas, cacheados e muito bonitos. O rosto pouco tinha mudado, Patrícia não tinha herdado a beleza da mãe, era comum, e continuava acima do peso. A altura da moça, no entanto, a ajudava a distribuir o peso excessivo, mas a deixava meio "abrutalhada". Aline já a tinha cumprimentado, mas eu decidi ficar mais longe, junto com Rosa, a olhar o movimento que estava grande, com moços e moças por toda a parte. Sentamos num banco de jardim com doces nas mãos e eu a pensar na imagem que tinha visto de minha irmã, a loura belíssima a dançar com véus... não era à toa o seu jeito para dançar desde criança! Mas se tinha sido uma dançarina, provavelmente tinha tido uma vida vulgar, e Aline nada tinha disso... era doce, meiga e nunca se oferecia para os rapazes: eles é que a olhavam o tempo inteiro.

Olhei para ela junto de Amália, que a seguia como uma sombra, olhos arregalados para tudo, pegando doces e mais doces da mesa, como sempre fazia quando tinha chance. Éramos gêmeas sim, mas ela sempre teve um magnetismo diferente: as cabeças dos rapazes se viravam quando ela passava, de pura admiração, e as das moças também. Aqui e ali capturei um olhar invejoso, não gostei nada daquilo. Observei também ao longe, a figura de um homem jovem, pouco mais de trinta anos, a olhar para ela como que enfeitiçado, de longe. Era branco, tinha um rosto até bonito, parecia descendente de portugueses, estava bem-vestido. Tinha nas mãos um cálice de vinho tinto, altura mediana, cabelos bastos em cachos largos e grossos e olhava para ela numa expressão estranha, que eu conseguia identificar o que era, mas que parecia bom. Ainda assim me deu um arrepio na espinha, e eu me aproximei de minha irmã, o ímpeto de protegê-la desde cedo, sempre prevalecia... a me ver, ela sorriu.

- E então, irmãzinha, divertindo-se?

- Lugar animado, não? E você, Amália, gostando?

Ela me olhou um tanto desconfiada, mas disse:

- Os doces estão bons.

Reparei que o homem que tanto olhava minha irmã, espantou-se ao ver uma cópia fiel dela. Só então sorriu para mim: era um sorriso de camaradagem e eu senti imediatamente uma amizade grande por ele, inexplicável. Acabei, contra todos os meus princípios de moça educada, sorrindo de volta. Foi o que bastou, ele encaminhou-se para onde estávamos rapidamente e se dirigiu a mim:

- A senhorita me dê licença, mas não é da família Alkazar?

- Sim. Meu pai é o senhor Pedro Alkazar, que está logo ali com os donos da festa.

Olhando-o de perto, vi o rosto bonito e sofrido, com uma cicatriz na face esquerda, a pele marcada pelo sol, poucos fios brancos já marcando a cabeleira negra. Ali estava um homem que tinha conseguido certo capital na vida, mas que não parecia ter nascido em berço de ouro. O corpo era esguio, elegante e o porte ereto, queixo levemente erguido, sem ser, no entanto, orgulhoso. Aline fixou os olhos nele e não conseguia desviar mais. Ele continuou a falar conosco:

- Conheço seu pai de longa data, sou fornecedor de vinhos dele no Café e um grande admirador da cozinha de sua mãe, dona Aurélia, que já é famosa em toda ilha. Posso me apresentar? Augusto de Castro, a seu dispor.

Tentei apresentar a nós todas:

- Pois eu sou Alice, essa é Aline, minha gêmea, como pode ver. Essa beldade loura é Rosa, que vive conosco desde seus oito anos e a outra é Amália, que também mora conosco.

Muito embora as duas últimas o cumprimentassem, Aline continuou de olhos postos nele, muito séria (o que não era de seu costume) e apenas sorriu de leve. Só então ele a olhou e foi realmente estranho, como se apenas os dois estivessem na festa, se olharam em silêncio por bem mais que um minuto inteiro até que Rosa desse uma admirável "cutucada" no braço de Aline para que tirasse os olhos do rapaz, o que ela fez muito sem jeito. Ele então convidou-nos a sentar embaixo de uma árvore do jardim, em que dois bancos estavam desocupados, mas de nada adiantou, um só teve olhos para o outro pelo resto da noite. Rosa olhava para tudo muito admirada, e me disse em voz baixa:

- Já viu Aline assim? Já vi rapazes lhe fazerem a corte, mas ela sempre dá um sorriso e os deixa falando sozinhos, agora me chega esse homem, simpático é verdade, mas ela parece que ficou hipnotizada! Já vi tanto rapaz mais jovem atrás dela. Será feitiço?

Tive que repreender Rosa:

- Que feitiço nada! O homem lá tem jeito de quem faz feitiço? Parece um homem de posses que trabalhou muito a vida inteira, não vê? Bem, se conhece papai, logo saberemos quem ele é.

Rosa continuava séria:

- Gostei dele, é verdade. Mas que foi estranho, lá isso foi. Amália está emburrada, pois perdeu a companhia. E você, tanto rapaz olhando, nenhum te interessou?

Dei uma olhada em volta... gente demais sempre me deixava meio confusa, nunca gostei de multidões, a quantidade de pensamentos no recinto geralmente me deixava com dor de cabeça, por isso sempre me afastava um pouco. Alguém tinha me olhado? Não tinha visto...

- Quem me olhou?

Rosa riu:

- Metade dos rapazes, pelo menos. Devia pedir ao seu pai para fazer exame de vista.

Ri para ela e respondi que minha vista estava muito boa. Novamente afastada das pessoas pude ver outro rapaz nos olhando, e percebi que a eleita não era eu, mas Rosa. E a pessoa não estava na festa, mas detrás de um muro baixo do jardim, e tinha os olhos postos nela. O chapéu de feltro cobria parte da cabeça e a postura era um tanto encurvada talvez por ele ser muito alto, tinha as mãos nas costas, pele muito clara, vestia um terno escuro de lã para fugir do clima mais fresco, mas olhava Rosa como se ela fosse uma aparição. Senti no homem uma bondade sem limites, tão diferente da futilidade da festa! Provavelmente não tinha sido convidado, mas senti que não era um homem pobre, sem recursos, e devia ter pelo menos uns trinta e cinco anos. Olhei Rosa que distraída e um tanto solitária olhava o movimento dos jovens e disfarçadamente puxei-lhe o cotovelo e disse-lhe ao ouvido:

- Rosa, veja aquele homem naquela parte baixa do muro. Ele a olha insistentemente há algum tempo. Parece até descendente de alemães como você, já o viu antes?

Ela olhou o homem iluminado pelo poste de luz que ficou paralisado quando notou que ela também o olhava, apertou os olhos claros para vê-lo melhor, mas me disse:

- Não, Alice. Acho que nunca o vi.

Vendo-se descoberto, o tímido homem desceu seu caminho rapidamente, muito sem jeito, enquanto eu dizia a ela:

- Enfeitiçou ele, foi?

Rosa teve que rir. Caminhamos um pouco pelo jardim, Amália seguindo-nos ao longe, já que Aline e Augusto continuavam sentados no banco, em uma conversa animada. Vi Ruth, melhor amiga de Patrícia da escola, ao lado dela num vestido bonito, muito bem arrumada. Estava se tornando uma bela mulher no conjunto, embora os traços do rosto não fossem de todo harmoniosos: a testa estreita e o nariz um tanto adunco, tinha, no entanto, certa personalidade, e não se podia negar o bom gosto. Era elegante naturalmente, ao contrário de Patrícia, que mesmo vestida com luxo, tinha ares de camponesa. Com algum susto notei que vinham as duas em minha direção, Ruth com um sorriso zombeteiro no rosto:

- É Alice, não é? Bonito vestido, um tanto bordado demais... - disse ela.

- Também está muito bem Ruth. E Patrícia, linda festa! - respondi.

Olharam para Rosa com um misto de admiração e inveja e para Amália com um ar de surpresa. Só então Patrícia me perguntou:

- Quem são? Parentes?

Sabendo que se dissesse a verdade talvez as duas sofressem algum tipo de preconceito social, resolvi amenizar e não me arrependo:

- Sim. Rosa mora conosco desde menina, mas Amália chegou há menos de um ano do interior...

Ruth não deixou por menos, examinou Amália com atenção, o que deixou a moça bastante desconfortável, e no fim disse:

- Do interior, não é? Sei... isso explica algumas coisas.

Vermelha como uma beterraba Amália afastou-se um pouco, furiosa com o exame sofrido. Estava bem-vestida, mas algo nela realmente destoava das outras moças dali, não sei se era a postura, o jeito de olhar, o conjunto... o interessante foi Patrícia olhar Aline, que estava há poucos metros de distância e exclamar:

- Mas não é Aline, aquela ali? E junto com o senhor Augusto, quem diria... mas ele não era seu pretendente, Ruth?

Observei Ruth, que se fez muito pálida:

- Não seja tola, Patrícia! Sempre falando do que não sabe! Almoçou algumas vezes em nossa casa a convite de meu pai, que o tem em boa conta, mas nada além disso. E depois, ele tem uma cicatriz!

Patrícia, cuja inteligência nunca tinha se destacado, ainda se saiu com essa:

- Ora vamos, com o dinheiro que ele tem, e aquela aparência, que importa a cicatriz!

Vendo que Ruth realmente não tinha ficado feliz, eu tentei amenizar as coisas:

- Que tolice isso... eles conheceram-se há cinco minutos! Estão apenas conversando socialmente.

Nisso, Patrícia me olhou com aquele mesmo ar de menina atrevida que tinha no colégio e perguntou:

- Que me trouxe de presente? Não vi o nome de sua família no tapete de presentes...

Certas coisas nunca mudam... minha mãe teria me dado um belo "puxão de orelhas" se eu agisse assim na infância, ainda mais depois de adulta!

- Está com sua mãe. Ela achou melhor não deixar ali, junto dos outros. Pergunte a ela, não é nada demais, mas acho que vai gostar...

Ela saiu carregando Ruth pelo braço até chegar à sua mãe no grande salão da casa e eu olhei Aline, dando uma gargalhada junto ao novo amigo. Notei então uma coisa interessante: Amália a conversar com um rapaz negro, alto, de musculatura forte e dentes brancos. Estava vestido como se fosse um serviçal da festa a servir os convidados do salão, e devia ser um escravo liberto, como tínhamos alguns na ilha, que não simpatizava muito com a escravidão que chegava, finalmente, a seus dias finais. Amália ria tentando se fazer de charmosa mas o jeito do rapaz não me animou, pois ele conversava com ela, mas de olhos postos em Aline, que distraída com Augusto, nem percebia nada. Pela primeira vez na vida sendo alvo de atenção de um rapaz que na realidade nem era feio, pois o negro tinha belo porte, Amália fazia de tudo para seduzir o homem que devia ter seus trinta anos, até que ele com uma reverência, despediu-se dela, e ela veio ter conosco. Perguntei-lhe quem era, e ela disse com satisfação:

- É Euzébio, um liberto que agora trabalha em bares e em navios retirando cargas. Ficou doido por mim. Queria saber onde morava, o que fazia...

Desconfiada, perguntei a ela:

- Disse a ele sobre a família onde trabalha?

Ela não gostou da pergunta:

- Ora, menina Alice, acha que ia contar a ele que sou uma empregada? Disse a ele que sou o que a senhorita disse para as moças, uma parente da família Alkazar, e que vocês são minhas primas. Disse que assim que puder vai me fazer uma visita. Seu pai permitirá, não é?

Olhei para ela um tanto confusa, não sabia se meu pai ia gostar de mentiras, e o jeito do rapaz olhar para Aline não tinha me deixado confortável.

- Tem certeza de que ele é de confiança, Amália?

- E como não seria? Está desconfiada só por ele ser negro?

Olhei para ela bem zangada:

- Sabe muito bem que em nossa casa sempre fomos contra a escravidão, e depois, que mal há em ser negro? Existe mal é em ser desonesto, ou cruel, preguiçoso... isso sim são defeitos! Já viu algum de nós criticando alguém por esse motivo?

Ela calou-se, pois de fato nunca tinha escutado semelhante coisa em nossa casa. Meus pais não permitiriam.

- E quanto a ele visitá-la, creio que não haverá problemas, desde que esclareça logo a sua situação em nossa casa. Nem papai, nem mamãe vão gostar se enganar o moço, e eu disse o que disse para protegê-la de qualquer crítica aqui. Se vai me acusar de algo, chamo a aniversariante, peço desculpas e conto a verdade.

A isso ela empalideceu, e pediu desculpas, prometendo se explicar para o rapaz assim que possível. Chegou, enfim, a hora do baile, fui tirada para a dança por alguns rapazes (não gostei muito, nunca tinha gostado de gente que não conhecia me encostando, fugi logo que pude), Rosa também e Augusto monopolizou Aline. Amália ficou perto de nosso pai a noite inteira, e comeu tantos doces que achei que passaria mal no dia seguinte (de fato, foi o que aconteceu na mesma noite). Aline estava feliz como nunca, e o homem parecia ter quinze anos de idade, deslumbrado com ela, não a deixando um segundo sequer. Papai observou aquilo meio desconfiado e me puxou para o lado perguntando:

- Aquele lá é o senhor Augusto, com Aline?

- Sim senhor... parece que se simpatizaram. Disse ser seu conhecido, papai.

Papai franzia sua sobrancelha, braços cruzados em frente ao peito:

- Conheço, sim. Sujeito honesto, trabalhador... veio de família humilde, muito sofrida, perdeu os pais muito cedo. Mas um talento para o comércio! Está muito bem de vida, mas não quer saber de casamento. Que será que está querendo com sua irmã? Esse moço nunca se comprometeu com moça nenhuma!

Entendi perfeitamente o ponto de vista dele: tinha receio de que deixasse Aline mal falada, e pai nenhum quer isso. Saí de mansinho de perto de papai e me acheguei a Aline e Augusto dizendo baixinho num intervalo de dança:

- Seria bom o senhor Augusto dar umas palavrinhas com papai, já que estão dançando todas as danças juntos. Ele me disse que parece que conhece o senhor.

Augusto olhou pela sala e viu meu pai do outro lado na mesma posição de antes, de pé, braços cruzados em frente ao peito e sobrancelhas franzidas. Olhou para mim e Aline e disse:

- Ah, meu Deus! Como sou desastrado! Perdoem-me, mas nunca fiz a corte a uma moça de família antes, e é claro que devia, antes de qualquer coisa, ter ido falar com seu pai... é realmente imperdoável da minha parte, mas a culpa também é de sua irmã, Alice, tão encantadora que não consegui tirar os olhos dela!

Fez uma leve reverência e saiu, indo encontrar meu pai, que aos poucos foi descruzando os braços e conversando com ele da forma como conversava com os amigos, embora tentasse manter a postura de "pai da moça". Nós olhávamos tudo de longe tentando entender o que estava para acontecer, mas parecia tudo estar correndo bem, e só então meu pai acenou para que nos aproximássemos. Augusto tinha um sorriso nos lábios quando meu pai disse para Aline:

- Aline, esse senhor aqui me perguntou se poderia visitá-la uma vez por semana para que pudessem no futuro ter compromisso. Você gostaria de vê-lo mais?

Qual não foi minha surpresa ao ver minha irmã, sempre tão desenvolta, finalmente ficar vermelha e falar com a voz sumida:

- Gostaria sim, meu pai.

- Então está tudo certo. O senhor já sabe meu endereço, esteja lá no domingo às seis horas! Agora vamos embora que já está ficando tarde!

Ele pediu para nos acompanhar até em casa, meu pai consentiu, mas apesar do imenso coche dele, fomos a pé, pois a distância era realmente pequena, e o ar da noite não estava assim tão frio. Aline foi na frente com ele e nós viemos atrás e eu pude ver o mesmo homem alto e magro, chapéu de feltro enterrado na cabeça, olhando para nós ao longe. Mexi no braço de Rosa e apontei discretamente, na luz dos postes, o seu perfil, e ela me disse:

- Benza Deus, Alice! Que é que ele está fazendo ali tão tarde? Não é esquisito?

- Acho que estava esperando você sair...

- Eu, sair? Minha nossa! Será que queria me atacar?

- Com esse monte de gente junto? Acho difícil... não acho que seja tolo de pensar que uma moça como você vá para casa sozinha. E depois, não tem tipo de ladrão. E temos dois homens bem fortes conosco, não tenha medo.

Podia dizer a ela do sentimento de bondade que eu havia sentido emanar dele, mas como ela podia me chamar de louca, fiquei quieta. Olhei o homem que nos observava a distância e senti que o que ele queria era saber onde Rosa morava para poder vê-la de novo. Contava isso para ela? Não... por enquanto não...

Algo em mim dizia que eu já tinha visto aquele rapaz, mas eu não conseguia me lembrar de onde. Memória é coisa estranha, a gente nunca sabe quando vai funcionar, mas eu o tinha visto de longe e só sabia que era um descendente de nórdicos, alemão, polonês, austríaco... alto e magro, a ponto de ser encurvado. Onde tinha visto um assim?

Fui para cama tentando lembrar, Aline feliz da vida com o pretendente, Rosa meio assustada com o rapaz, vovó feliz com a sua tapeçaria, e então, lá pelo meio da noite, eu me lembrei de onde tinha visto o rapaz! Corri para o quarto de Aline onde ela e Rosa dormiam profundamente e acordei Rosa sacudindo o ombro dela:

- Rosa, Rosa... lembrei quem é o rapaz! Não é criminoso!

Ela me olhou, olhos vermelhos de sono, tentando entender o que eu estava dizendo:

- Rapaz? Criminoso? Quem? - sentou-se na cama. - Alguém entrou na casa?

- Não, Rosa, o que nos seguiu no baile, lembra dele?

Ela ficou zangada:

- Ora, Alice, não podia esperar até amanhã? Quem é ele, afinal? Eu conheço?

- Claro que conhece! É o relojoeiro! O mesmo que consertou o relógio de carrilhão daqui da sala há uns três anos...

16

O AMOR NA CASA ALKAZAR

POR QUANTAS VEZES passamos por pessoas nas ruas a quem sequer notamos e que podem ser tão especiais? Era o caso daquele relojoeiro. Era polonês, mas no Brasil, o nome dado a ele foi Jorge e contava com trinta e sete anos, a família tinha uma pequena lavoura no interior da província, mas ele tinha se estabelecido na ilha logo após a morte de seu pai, com a sua parte na herança e montado a sua relojoaria há dez anos. Inteligente, gentil e calado, tinha um talento especial para com os relógios e a clientela, com isso firmou-se em pouco tempo.

Era tímido, mas de um bom humor contagiante. Alto demais para a época, o chapéu de feltro meio amassado de uso constante, que ele usava para disfarçar em parte a calvície. De vaidade tinha a higiene escrupulosa e os sapatos de couro, imensos como os pés, engraxados.

Rosa não se lembrou dele de imediato, mas depois quando lembrou deu um sorriso e me disse: "realmente, nunca seria um criminoso, mas também não é um príncipe encantado!". Realmente, príncipes encantados das histórias são sempre bonitos e ricos, mas eu não trocaria aquele bondoso homem, por muitos príncipes e disse a ela:

– Se eu fosse você, olharia com mais cuidado.

E o engraçado é que ele era realmente tímido, mas não conseguia tirar os olhos de Rosa. Começou a passar vezes sem conta em frente a nossa casa e quando percebeu que, às vezes, ela saía a passear lá pelas seis horas, junto comigo, ia nos seguindo de longe.

Quando eu olhava para trás, virava o longo pescoço para o lado como se estivesse simplesmente apreciando o mar. A bela alemã começou a se divertir com aquilo e a simpatizar muito com ele e chegou o dia em que pediu que me aproximasse dele (pois ele nunca se aproximaria) e o convidasse a nos acompanhar. Achei meio atrevido, mas sabendo que era um bom homem e que se dependesse dele, Rosa morreria sozinha, resolvi dar um jeito, só que de forma nenhuma iria até ele. Era atrevimento demais para a época!

Esperei até que ele ficasse o mais próximo possível de nós, e que o passeio público ficasse um tanto deserto (de outra forma daria errado), quando estávamos perto da areia (não queria nenhuma de nós machucada) coloquei meu pé esquerdo na frente do pé direito dela e fomos as duas para o chão, em lamentável tombo na areia da praia. Rosa ia se levantando logo, que não tinha sido nada, mas eu abri o berreiro, e a puxei para baixo, com gritos de dor, e disse baixinho "fique no chão", para que ela continuasse ali, mesmo sem entender nada.

Funcionou que foi uma maravilha, Jorge, assustadíssimo com tantas anáguas voando, correu a nos socorrer, e assim começaram a conversar.

Deixei-os conversando na praça em frente de casa, enquanto entrava na sala ainda sacudindo a areia e dava com minha avó, entretida em sua tapeçaria, me olhando com desaprovação:

- Não se acha meio velha para "rolar" na areia, minha neta?

- Ah, minha avó, coisas que nós mulheres fazemos para ajudar as amigas...

Claro que tive que contar para ela do acontecido, e ela riu bastante, indo espiar da janela Rosa e o rapaz. Depois de me fazer jurar que era um bom rapaz mesmo, sossegou e me disse:

- Fez muito bem. Já se viu, chamar um moço para conversar! E depois nossa Rosa está mesmo na época de matrimônio, quase vinte e três anos, não é? Mas não se machucaram?

Quando eu afirmei que não, ela deu uma risadinha típica e disse:

- Nada de contar à sua mãe. Aurélia é meio antiga... não ia entender!

Nossa casa nos próximos meses virou um "entra e sai" com os dois pretendentes de Rosa e Aline. Augusto apresentou-se com um belo ramalhete de rosas para mamãe e um de margaridas do campo para Aline, com isso, agradou logo a futura sogra. Papai, que já o conhecia de longa data, chamou-o logo para um café árabe em nosso quintal: aos desavisados, como Augusto, este tipo de bebida assusta um pouco. Primeiro porque é muito forte, depois por não ser coado, e em seguida por não ter nenhuma espécie de açúcar (Deus me livre de alguém adoçar o café de meu pai!).

O pobre pretendente passou pela "prova de fogo" com alguma dificuldade, já que não tinha sido avisado de como era o café que seu Pedro tomava com tanto gosto, e engasgou feio com a "borra" de café, só depois sendo avisado de que os grãos moídos deviam se "assentar" no fundo. Eu e Aline ficamos até com pena do coitado, que vertia lágrimas para estancar a tosse, mas mamãe salvou a situação com água e um bom vinho.

Já dos doces e da comida árabe ele gostou bastante, principalmente do assado de cordeiro e dos pães sem fermento com berinjela, azeite e pasta de gergelim. A mesa farta era uma constante em nossa casa, e nossa avó dava sempre suas opiniões, quando ela mesma não fazia os seus pratos em nossa espaçosa cozinha. Não falava em voltar para a sua fazenda, e nem queríamos que ela fosse. Impossível pensar em nossa casa sem dona Sâmia!

O fato é que Augusto acostumou-se aos Alkazar e foi ficando quase que um membro da família, e passou a nos visitar quase que diariamente, para a alegria de Aline, que estava cada dia mais apaixonada pelo moço. Um dia, iam os dois a um passeio e eu teria de ir acompanhando, já que não ficaria bem os dois irem sozinhos. Sempre fui rápida em me arrumar, mas Aline demorava sempre quase uma hora e me pediu para conversar com Augusto enquanto ela e Rosa arrumavam o seu cabelo.

Sabendo que a coisa ia ser demorada, e como estava já pronta com o meu cabelo preso na nuca como sempre, desci e lá encontrei meu cunhado. Gostava muito dele, mas não conseguia tratá-lo sem cerimônia:

- Sente-se, senhor Augusto, Aline deve demorar um pouco. Vou buscar um café comum, e conversaremos enquanto ela se arruma.

Ele assentiu com a cabeça, e sentou-se. Quando voltava da cozinha, fui "tomada" por outra das minhas visões e vi no lugar dele um homem vestido com roupas ricas, já bem grisalho, de traços refinados, mas não bonito como Augusto, atrás de imensa escrivaninha a tomar notas com uma pena belíssima. "Um nobre, com certeza..." pensei eu. Segurando a bandeja, agradeci a Deus não ter tido nenhuma tontura (elas estavam sumindo com o tempo, conforme tinha dito dona Adelaide) e me encaminhei para ele curiosa: então tinha sido um nobre? Ele me sorriu e me disse, como que puxando assunto:

- Então você é a estudiosa da família? Aline me disse que gosta de estudar plantas, que quer aprender a fazer unguentos, pomadas, chás... e que tem uma mentora, chamada Adelaide. É raro uma moça tão linda ter tais talentos.

Eu sorri:

- Realmente gosto de estudar todas essas coisas, e se pudermos ajudar ao próximo, por que não? No futuro, podendo, desejo também aprender a fazer partos.

Ele franziu as sobrancelhas:

- Partos? Uma moça na sua posição social? Acha mesmo adequado?

Vendo que ele tinha rígidas noções sobre "quem deve fazer o quê" na sociedade, resolvi informá-lo da melhor forma possível, do pensamento de nossa família:

- A família de minha mãe descende de portugueses, e está aqui há um bom tempo, mas meu pai é árabe, sabia disso, senhor Augusto?

Ele estranhou a minha colocação, mas respondeu:

- Claro. Conheço sua família de longa data. São pessoas honradas e honestas, trabalhadores como poucos, gente de cultura vasta, moral ilibada. Sei que seus tios têm cavalos árabes que fazem fama na Corte, e que as meninas gozam de uma boa situação. A família Alkazar goza de um excelente nome na Ilha.

Olhei para ele mais séria:

- Sabe o que papai me diz de qualquer imigrante que chega?

Ele me olhou curioso:

- Não faço a menor ideia. Mas seu pai é um bom homem.

- De fato, é o melhor que conheço. Ele diz que quando a sua família chegou ao Brasil, chegaram com pouco mais que a vontade de trabalhar e a esperança, e que foram muito bem recebidos por aqui. Diz que a maior parte dos imigrantes que chegam, todos os dias em nosso porto, vem porque não encontraram em seus países formas dignas de sobrevivência, ou ainda a paz necessária para criar seus filhos, e que devemos a eles o respeito que a nossa família teve.

Ele ficou me olhando admirado, e eu continuei:

- Já a minha avó Sâmia também nunca pensou de outra forma, mas diz isso de forma ainda mais diferente: conta que a roda da fortuna muda a sorte dos homens e quem hoje é pobre e desvalido, amanhã pode estar entre os ricos. Por isso, nunca devemos subestimar quem quer que seja, imigrante ou não, porque as coisas mudam, e aquele de quem você desdenhou hoje, poderá lhe ajudar ou lhe virar as costas amanhã.

Vi os olhos dele se tornarem um tanto anuviados:

- Teve sorte de nascer numa família como esta, minha querida cunhada. Eu nasci em berço miserável, sem pai, tendo como mãe, uma mulher que não merecia ser assim chamada. As brutalidades que sofri de seus amantes até os doze anos não me renderam apenas essa cicatriz que todos veem, mas outras piores que as pessoas não notam. Fugi da companhia deles e disse que estavam mortos assim que pude, trabalhei duro no porto, e nunca tive uma família ou alguém que me passasse os valores morais que hoje você me passa. Ficar vivo já era o bastante para cada dia.

Tentei imaginar semelhante situação, mas era difícil. Como realmente simpatizava com ele, me senti à vontade para perguntar:

- Não teve, então, ninguém de quem gostasse e que gostasse do senhor?

Ele sorriu meio triste:

- Não precisa me chamar de senhor, vamos ser cunhados se sua irmã me aceitar, lembra-se? Conheci um homem quando eu tinha meus dezessete anos e trabalhava no porto, que simpatizou comigo de imediato. Com ele aprendi as letras e os números, e ele disse que nunca viu ninguém aprender tão rápido. Precisava de um ajudante na sua casa de exportação, que comprava artigos brasileiros e exportava para a Europa e América do Norte. Comecei carregando caixas, no fim do primeiro ano, cuidava da contabilidade. Em cinco anos já conseguia me comunicar com os clientes ingleses e americanos por conta da minha facilidade com línguas, e como quase não gastava com nada, fiz bons negócios por minha própria conta. Meu patrão chamava-se Marcílio, tinha esposa e filha que faleceram em viagem à Europa num navio que naufragou... depois disso ele definhou dia a dia, gastou quase todo o seu dinheiro em bebida e mulheres. No fim da vida, me vendeu seu negócio e eu cuidei dele até a morte... se tive uma figura familiar de pai, foi ele. E de lá para cá, vim progredindo.

Fiquei olhando para ele perdida na história que acabava de me contar. Eu tinha visto um nobre que tinha reencarnado extremamente pobre e que tinha se reerguido novamente por conta do próprio trabalho e talento. Tinha sido honesto? Não sabia... o fato é que a vida não tinha sido nada fácil para ele, e lá estava, junto a nossa família:

- Muitas vezes a nossa família não está nos laços de sangue, mas nos de afinidades e de valores morais próximos. Talvez aqui você encontre a sua... tenho a impressão de que podemos ser bons irmãos.

Os olhos dele marejaram:

- Sabe que sempre senti a mesma coisa pela senhorita? Nunca contei a ninguém, nem a Aline o que acabo de lhe contar. Parece que tem um dom de fazer as pessoas confiarem!

Levantou-se e olhou pela janela, respirando fundo:

- E quer saber? Se quiser se dedicar a fazer partos e ajudar essas pobres mulheres que não têm aonde ir, pode contar comigo! No início, as pessoas comentam mesmo, mas depois se acostumam. Se quer ajudar aos desvalidos, terá o apoio deste amigo, que já fui um deles.

Aline desceu em seguida, e sorrimos para o nosso raio de sol. Fizemos um belo passeio aquele dia, mas ia pedir à mamãe que deixasse os dois passearem por perto, às vezes, durante o dia. Mereciam ficar um pouco sozinhos.

Já Jorge vinha aos sábados e aos domingos, desengonçado como ele só, as pernas compridas e finas, os pés imensos, a casaca a cobrir o quadril e o velho chapéu de feltro. Vovó Sâmia, quando o viu pela primeira vez, apertou os olhos e disse:

- Mas, o que é "isto"? Ele é alto assim mesmo?

Aline disse-lhe ao ouvido:

- É o namorado de Rosa, vovó! Muito boa pessoa, trabalhador.

Ela não se deu por vencida:

- Não estão obrigando a menina a se casar, não é?

Aline riu:

- Claro que não vovó! Ela gosta muito dele!

Dei-me por muito feliz de Rosa estar entretendo o rapaz e ele não estar ouvindo a conversa, pois ela ainda retrucou:

- Jura? Tem certeza? Vai-se entender essas moças... ah, já sei! É muito rico, não é?

Aline soltou uma risada:

- Não, vovó... é só um relojoeiro!

A essa última resposta, ela calou-se, e saiu balançando a cabeça, mas eu ponderei depois com ela que nunca tinha visto Rosa mais feliz e vovó, prestando atenção no moço e em suas conversas à mesa de domingo, encantou-se com ele e seu bom humor. De fato, o bem humorado Jorge era uma perfeita aquisição para a família e nos divertia muito contando histórias dos clientes que apareciam na relojoaria. Depois de muito rir com ele, dona Sâmia acabou ficando sua amiga e lhe fez até um cachecol, que ele quase nunca tirava do pescoço, pois achava "por demais elegante".

Num desses domingos chegou em nossa casa com dois embrulhos: um pequeno e outro um pouco maior. Na hora do almoço deu o maior a minha avó e disse:

- Para a senhora mais elegante que eu já conheci. Apenas um pobre mimo deste seu amigo...

Vovó, que há muito não ganhava presentes e tinha se desfeito de suas joias, teve um largo brilho nos olhos e abriu a caixa com cuidado perante os olhos de todos. Dentro, num estojo de veludo estava um belo relógio em ouro e prata, cravejado de rubis, para prender na roupa com um alfinete como usavam aa damas de então. Delicado como minha avó, com os números grandes para que ela pudesse enxergar. Os olhos dela se encheram de lágrimas, mas ela entregou o estojo de volta ao amigo:

- Ora, seu Jorge, é um lindo presente, mas sou viúva... viúvas no nosso costume, não se enfeitam!

Mal papai ouviu isso, levantou-se:

- Nem para os filhos, netas e noras? Não acha que merecemos ver a senhora bonita? Jorge, dê aqui esse relógio bonito. A família inteira lhe agradece, por lembrar-nos da formosura de minha mãe.

E colocou o relógio nela, que ficou o resto do almoço admirando a peça, só parando um pouco quando ele deu o embrulho menor à Rosa, pegando a todos de surpresa. Na hora da sobremesa, ele pediu licença e levantou-se e eu vi Rosa ficar um pouco pálida, enquanto o resto olhava curiosamente para ele, desengonçado e sem jeito, pigarreando muito, tentando limpar o suor frio da calva. Adivinhando mais ou menos o que viria, sussurrei para ele: "pode falar, Jorge!"

- Eu... hã... bem... (nunca tinha visto uma gagueira igual antes), seu Pedro e dona Aurélia, os senhores criaram a minha adorada Rosa, queria saber se me permitem casar com ela....

Papai achou graça do nervosismo dele.

- E o senhor tem como sustentar a moça? Olhe que a Rosa dá despesa...

A Rosa ficou ereta na cadeira, e Jorge respondeu mais do que depressa:

- Ora, mas com isso o senhor não se preocupe, que tenho uma boa casa atrás da relojoaria, ganho razoavelmente para mantê-la e nada lhe faltará. Vou tratá-la com o amor que merece, seu Pedro.

Papai continuou brincando:

- E ela quer? O senhor já perguntou se ela quer?

Rosa, que tinha ficado envergonhada com a história da despesa, nem sabia o que responder. Vovó veio em seu socorro:

- Claro que quer, Pedro! Imagine se Rosa, que além de linda é inteligente, ia deixar escapar um rapaz de ouro como este! Dê logo a ela o outro embrulho, anda!

Jorge não se fez de rogado, as pernas compridas logo pularam do banco, ajoelhando-se no chão junto à amada e fazendo o pedido, que ela aceitou emocionada. Conheciam-se há apenas dois meses, mas Jorge não via motivo de esperar muito, queria casar logo, com o que Rosa concordava para desespero de mamãe, que não queria saber dela longe. "É a minha filha mais velha!" dizia... "Deixe de ser egoísta, Aurélia!" brigava vovó, em defesa do casal.

Enfim, para acalmar mamãe que vivia de nariz vermelho e amuada, Jorge lembrou que sua casa ficava a poucas quadras e que Rosa sempre que quisesse poderia costurar para a família, ele nunca se oporia. Ao ver que não perderia sua "mais velha" completamente, minha mãe sossegou, e até passou a agradar Jorge. O casamento dos dois foi simples e muito bonito, apenas para nossa família, e ela continuou mesmo frequentando muito nossa casa, com e sem o marido.

Um dia, enquanto Aline novamente se arrumava para sair (dessa vez sem mim, graças a Deus), olhei para Augusto na sala e me lembrando do drama que tinha sido com Rosa e Jorge, perguntei:

- Pretende se casar com Aline logo?

- Tão logo quanto possível. Já tenho trinta e três anos, e sua irmã já fez dezessete.

Não queria ser intrometida, mas desejava ajudar os dois:

- O senhor tem casa aqui perto?

Ele coçou a cabeça, pensativo:

- Não. Tenho uma bela casa de fato, mas é longe daqui, mais para o norte da ilha.

- Não seria possível comprar uma mais perto?

- Claro... mas por quê?

Não tinha outro jeito que não fosse dizer a verdade:

- Aline é o raio de sol dessa casa, seria bom se morassem perto ou mamãe sofreria muito. E o senhor e papai se dão tão bem. Sem falar que aqui é mais perto da sua firma de exportação, ficaria mais perto de sua mulher.

Ele me olhou curioso.

- Realmente. Estava mesmo pensando em comprar algo mais perto. Pouparia muito meu tempo e assim poderia ficar perto dela, que enquanto trabalho poderia estar com a mãe. Boa ideia, Alice!

- Isso sem falar que quando tiverem filhos, poderei ajudar.

Um olhar triste passou pelo rosto bonito, ainda que marcado pela feia cicatriz, e ele me respondeu:

- É verdade... se Deus nos mandar filhos, vou gostar de tê-la por perto.

Por que tinha ficado tão infeliz pensando em filhos? Teria perdido algum? Esperava que não. Outra que andava tendo seus encontros, ainda que escondida, era Amália. Não entendia porque não contava à mamãe, já que ela não se oporia, e ia querer apenas que tudo se desse dentro da moralidade da época. Mas, peguei-a uma vez saindo mais tarde, quando disse que ia se deitar às sete.

Amália dormia num quartinho perto da cozinha, feito para as serviçais da época, o que não era ruim porque era o quarto, na realidade, mais quentinho da casa numa região que era muito fria, por conta do fogão e forno à lenha. Tinha então uma entrada independente que não passava pela sala, mas sim pela estrebaria, o que lhe dava uma certa liberdade e estava eu na sala, quando ouvi claramente o barulho de um balde de lata caindo na estrebaria perto das oito e meia da noite.

Não tínhamos muitos malfeitores na ilha, então não tive grandes medos e olhando pelas grades da janela vi o vulto dela indo apressadamente para a praça. Reconhecendo Amália pensei comigo mesma: "Mas que está fazendo essa lunática nessa hora indo para a praça?". Em 1887 não era comum moças se aventurarem sozinhas noite afora, em dias de semana, quando não havia nenhuma festividade. Abri um pouco mais a janela e a vi no meio da praça, a se encontrar com um vulto que muito me lembrava o negro que tinha visto na festa de Patrícia e coloquei as mãos na testa: aquilo não ia acabar bem... encontros noturnos marcados fora de casa com quem mal se conhece! Contava à mamãe?

Resolvi esperar. Conversaria com ela para saber o que estava acontecendo. De repente, não era nada demais. Busquei por um livro na estante de meu pai e adormeci na cadeira lendo até que a vela ao meu lado se apagou. Quando dei por mim ouvi o portão da estrebaria se abrindo e fui direto para a cozinha, olhei no relógio de carrilhão e ele bateu uma hora da manhã! Amália entrou roxa de frio, com os olhos esbugalhados muito se espantando de me ver ali:

- Que está fazendo acordada, Alice? Perdeu o sono?

- Esperando a senhorita, que saiu às oito e meia, encontrou-se com um homem na praça e só retornou agora, à uma da manhã. Explica-se comigo ou chamo o meu pai?

Ela titubeou:

- Seu pai? Por quê?

- Acha que ele ia aprovar esse comportamento na sua casa, ou ainda a minha mãe?

Ela sentou-se, colocou as mãos na cabeça, e ensaiou um choro absolutamente sem lágrimas, mas razoavelmente convincente. Esfregava fortemente os olhos para que parecessem vermelhos, chegava a ter alguns soluços, e ao ver que eu não me movia para consolá-la, me olhou com ódio:

- Nunca gostou de mim, não é Alice? Desde que eu cheguei aqui nunca me suportou! Ao contrário de Aline que me recebeu de braços abertos, me deu roupas, me acolheu, você sempre foi orgulhosa e me perseguiu. Que foi que te fiz de mal?

Era certo que nunca tinha gostado dela, mas persegui-la? Ela se sentia como uma vítima mesmo?

- Nunca te persegui, mas quero saber onde e com quem esteve. Se você não for de confiança, devo alertar à minha mãe e ao meu pai, e isso não é te perseguir, é lealdade que devo a eles! Então, vai me responder? Considere um favor não tê-los chamado ainda, ou as coisas estariam bem piores.

Ela me olhou como se analisasse o que eu tinha dito, por um momento parou com o choro fingido, pensando em como melhor agir: não tinha para onde ir, e eu sabia disso, por este motivo escolhi não chamar a atenção de ninguém e conversar com ela. Comecei a achar que tinha agido mal, pois o choro começou novamente, com ela dizendo:

- Estou apaixonada, Alice... é verdade que tem bom coração, Aline sempre diz isso, então me ajude. O Euzébio é um liberto pobre, mas eu tenho falado de vocês como a família boa que são. Ele já sabe que trabalho aqui, então só posso encontrar com ele quando termino o serviço, mas não conte nada à dona Aurélia.

- Diga a ele que pode aparecer aqui nos finais de tarde e nos sábados e domingos. Falarei com a mamãe. Mas, pare com essas saídas noturnas! O que este rapaz vai pensar de você e de nós por permitirmos isso?

Ela aquietou-se, cismou de me beijar as mãos em agradecimento, coisa de que não gostei, mas suportei, já que sabia que ela também não me suportava. Mamãe achou muita graça de Amália ter um pretendente, mas gostou da história: ela não era uma boa serviçal, e se casasse, poderia contratar outra melhor. Euzébio começou a vir mais vezes à nossa casa e se mostrou satisfeito com isso, ficava no quintal a conversar com Amália, mas sempre tentava "puxar conversa" comigo ou com Aline, que era sempre muito simpática com ele, apesar de uma vez me dizer:

- Gozado, tão simpático esse namorado de Amália, tão gentil, mas me dá calafrios...

A mim ele não dava calafrios, mas um receio profundo, como uma gaiola com uma cobra venenosa dentro. Se Amália já não era boa coisa, aquele ali, tão gentil e educado, querendo sempre agradar, não me parecia boa coisa também. Respondi à minha amada irmã:

- Pois trate de não ser tão simpática e afaste-se dele.

Ela me olhou um tanto desconcertada:

- E o que faço com a pobre da Amália, tão apaixonada! Pode ficar sentida, coitada! E depois, o rapaz é respeitoso.

Deu vontade de falar que coitada era quem confiasse em Amália e que o rapaz não tinha nada de respeitoso, mas sabendo que ela não me acreditaria, deixei estar. O mundo é assim: muitas vezes gente boa não acredita na maldade alheia.

17

NADA POR ACASO

ROSA FEZ GRANDE falta em nossa casa. Mudei-me para o quarto de Aline, para deixar vovó mais confortável em meu quarto, que era um dos melhores da casa e de onde ela podia olhar o mar que tanto adorava. O quarto de Aline dava vista para a praça, espiávamos da pequena sacada todas as tardes, comentando as modas da época.

Com saudades nossas também, Rosa veio com Jorge num sábado, e nos chamou para tomar um refresco na praça. Aline já estava comprometida a sair com Augusto, iam ver uma casa que ele estava comprando ali perto, junto com mamãe, mas eu logo aceitei o convite. Dona Adelaide já estava sem ir me ver há duas semanas, e me sentia entre preocupada e triste de saudades de minha mentora. Sabia a aldeia onde morava, e tinha decidido ir até lá na semana seguinte de qualquer forma.

Saímos então os três, o casal feliz e eu. Sempre muito espirituoso, Jorge ia na frente observando pequenos pedaços de pedras e conchas, enquanto eu e Rosa colocávamos a conversa em dia. Contei a Rosa dos "sumiços noturnos" de Amália e ela arregalou os olhos me dizendo:

– Devia ter contado para sua mãe. Já pensou se ela engravida?

Olhei para ela exasperada:

- E lá existe jeito de fazer uma pessoa não engravidar quando ela quer? Amália é perigosa, e o moço agora está indo lá em casa. O problema é o jeito que ele sempre tenta aproximar-se de Aline. Não sei mais o que faço... Aline não quer que eu comente com ninguém por ter pena de Amália!

Rosa colocou a mãozinha enluvada no queixo, coçou a linda cabecinha de cachos amarelos só então me dizendo:

- Tem certeza que esse sujeito está interessado em Aline?

Sentamos num banco do passeio, a olhar o mar.

- Tenho. Claro que ela não acha que corre perigo, mas eu acho que corre.

- Não seria melhor falar com o noivo dela?

Pensei em Augusto, tão bom e educado comigo, mas algo me dizia que por trás de toda aquela polidez morava um tigre de garras bem afiadas quando se tratava de Aline...

- Corre-se o risco dele "dar um sumiço" no negro. Augusto é muito bom, vive enchendo Aline de joias e presentes, até eu ganho doces, mamãe flores... mas se achar que alguém pode fazer mal ao seu "raiozinho de sol", a coisa pode desandar como nunca.

Ela olhou o marido, bom e gentil gigante que se abaixava colhendo conchas:

- Quer que eu fale com Jorge?

- Não. Por enquanto deixe, que eu falarei com ele. Se notar algo de muito preocupante, falarei com papai.

Jorge veio voltando, os bolsos do casaco apinhados de pedras e conchas, foi quando me lembrei de algo: estávamos no mês de setembro:

- Rosa, não é nesse mês que você faz anos?

- Sim, faço vinte e cinco anos.

Jorge olhou para ela encantado:

- Então é nesse mês que faz aniversário? Se estamos em 1887, então nasceu em 1862. E foi em setembro mesmo?

Rosa abaixou a cabeça:

- Na verdade, não sei... segundo a irmã Berte do orfanato me disse, eu fui achada numa carroça de imigrantes alemães que tinha despencado de um morro muito alto, e era a única sobrevivente. De acordo com ela foi uma história triste: eu era um bebê e fui achada no corpo morto de minha mãe, que me abraçando, me protegeu da queda e do frio que fazia. Uma família muito loura , alemães ou poloneses me encontrou, e me levou até o convento. Então festejo nessa data, não conheço outra, dia 25 de setembro!

Emocionei-me com a história da mãe dela, mas quando olhei para Jorge, vi lágrimas caindo de seu rosto. Espantei-me, porque não era caso para tanto, afinal Rosa estava ali, linda e saudável, e tinha tido uma linda vida com nossa família. Perguntei:

- Que foi, Jorge? Ficou triste? Mas Rosa está aqui, linda como nunca, o bom Deus cuidou bem dela.

Ele secou duas grossas lágrimas e disse:

- Minha família desembarcou no Brasil em agosto de 1861, tínhamos comprado pequeno comércio que fracassou em oito meses. Em setembro de 1862, com o que sobrou, compramos um pedaço de terra na Serra. A família que a recolheu, Rosa, foi a nossa, apesar das reclamações de minha madrasta. Quem lhe deu esse nome, fui eu, por conta de suas bochechas rosadas pelo frio...

Rosa levou um grande susto, mas continuou a escutar:

- E o bom Deus lhe protegeu realmente desde pequena. Sabia que ele nos mandou uma vaquinha bem velha, que lhe forneceu leite durante a viagem e que assim que você nos deixou, ela morreu? Eu e meu pai adorávamos você! Quem diria que ia se tornar a minha esposa...

Vendo que os dois queriam ficar sozinhos, resolvi ir para casa depois de uma breve despedida, e fiquei pensando naquela frase que dona Adelaide às vezes me repetia: Nada por acaso. Tivesse a família obedecido às reclamações da madrasta e deixado lá a menininha, Jorge não teria hoje ao seu lado a mulher maravilhosa que Rosa se tornou.

Caminhei até nossa casa lembrando de minha amiga e Mentora e de que falta me fazia! Aconselharia-me a fazer o mais certo, pois eu sentia uma energia estranha no ar, como se estivesse carregado de eletricidade, e meu coração chegava a palpitar alto. "Tolice..." me obriguei a pensar: "naquele mesmo momento Aline estava a ver sua futura casa com mamãe a dar opiniões sobre o enxoval, deixando-a tonta com mil possibilidades de móveis e decoração". Entrei pela praça e avistei a nossa casa. Não passava das cinco horas da tarde quando vi o vulto de Euzébio encostado no portão de nossa estrebaria, pernas e braços cruzados, como a esperar por algo. Parei e fiquei observando-o sem ser vista e a "visão" se manifestou clara e rápida como sempre...

No lugar do negro de roupas pobres, ainda que limpas, que ali estava, eu vi um belo homem de tez clara, cabelos escuros, traços tão perfeitos que parecia uma pintura, cabelos lisos caindo pela testa, bem-vestido, sem dúvida um belíssimo rapaz. Pelas roupas finas parecia um francês ou algo do tipo, camisas com punho rendado, e na expressão do rosto um ar vazio, como se tudo o entediasse, nada fosse bom o bastante, mesmo o sorriso era um tanto cruel.

Na cena que vi, ele passava uma boa soma de moedas para um sujeito vestido mais grosseiramente, mais velho, ares de marinheiro, que garantia a ele o lucro duplicado pelo transporte de negros para as Américas. Ouvi ainda suave voz feminina a dizer: "Tráfico de escravos? Usou o dinheiro para isso? Você ainda vai se arrepender muito..."

Não durou mais que um minuto, e ali estava o negro, impaciente no portão de nossa estrebaria, voltava agora a cabeça para dentro e só então eu enxerguei Amália trazendo-lhe pão, carne de cordeiro, e uma grande caneca de vinho. Foram os dois para dentro da estrebaria, e sem ser vista, eu entrei na casa, e fui para a cozinha, decidindo escutar a conversa, coisa que nunca tinha feito antes.

Minha avó estava no quarto, fazendo suas orações. Quando mamãe e Aline chegassem, eu ouviria, e papai estava no Café, sendo assim agachei-me perto da janela mais próxima e pude ouvi-los com razoável clareza, e devo dizer que o que ouvi me surpreendeu. Euzébio era de poucas palavras, mas Amália, essa "falava pelos cotovelos":

– Não sabe o que passo aqui... gente sovina! Controlam tudo o que a gente come. Outro dia só porque ia repetir o prato a patroa disse: não acha que já está um tanto gorda, Amália? Contam até os grãos de arroz.

A verdade é que ela já estava muito acima do peso, e ficando cada vez mais lerda, o que era um desespero para mamãe. E não era do arroz que mamãe se queixava, mas dos doces finos que desapareciam do pote numa rapidez imensa, tanto que ela já me fazia levar para o bar, assim que terminava de fazê-los. Deviam ser esses os "grãos de arroz" a que ela se referia. Espiei da fresta da janela e vi Euzébio a dar grandes dentadas no pão com carne, mal escutando o que ela dizia. Ele respondeu:

- É... mas cozinham bem!

- Quem? Elas? Faça-me rir... sou eu quem cozinha tudo nessa casa, elas não sabem nem fritar um ovo! Gostou, então? Veja, cozinho bem, quando nos casarmos podemos até montar uma barraquinha, que eu faço os quitutes e você vende.

Fiquei pensando na tolice daquela moça, que mal sabia fazer uma sopa, de falar assim com o moço que ela queria para marido. Não sabia que com o tempo seria descoberta? Ele a olhava francamente desconfiado.

- Sempre ouvi dizer que quem faz a comida do bar é dona Aurélia, desde antes de você vir para cá.

- Antes era assim, mas agora, está preguiçosa e o patrão prefere a minha comida, que não quer estragar as "mãozinhas" da patroa.

Notei que Euzébio não ficou muito convencido, mas como o lanche estava bom, continuou a comer em silêncio. Amália continuou com suas lamúrias:

- Quando vamos nos unir, Euzébio? Não quero ficar aqui para sempre... me tratam como uma escrava branca, todo mundo me desdenha. Não te dei uma "prova de amor"? Era uma moça pura quando você me conheceu!

- Não me pareceu assim tão pura... e depois, não pedi prova de amor nenhuma, você que se insinuou.

Amália, irritada, tinha uma voz estridente:

- Como pode dizer isso? Era moça pura sim... o amor me cegou. Quero ver onde vai achar moça mais prendada do que eu.

- Sou muito pobre, Amália. Como pode querer que eu te sustente!

- Eu lhe ajudo!

Comecei a ter pena de Euzébio, por estranho que parecesse. Notei, no entanto, que Amália faria de tudo para se casar, e aquilo não me deixou muito tranquila. Mulheres às vezes fazem tolices por conta do amor. E depois, como uma criatura como Amália, preguiçosa e sem talento ajudaria Euzébio? Foi então que ele falou algo que me deixou de sobreaviso:

- Você, ajudar? Pode ser... a que horas a menina Aline volta para casa?

- Aline! Outra vez Aline! Sempre querendo saber dela. Acha que uma moça como aquela olharia duas vezes para você? Não seja tolo!

Ele resmungou e vociferou para Amália:

- Não seja burra, mulher! Sempre choramingando pelos cantos com essa cantilena de querer se casar... acha que vou ganhar dinheiro apenas trabalhando? O noivo dela é rico, entende? Isso sem falar no pai. Podemos tirar um bom dinheiro com essa moça.

Meu sangue gelou nas veias, e justo nesse momento ouvi minha mãe, Augusto e Aline chegarem da rua. Minha mãe discutia sobre uma casa de móveis que era perfeita para encomendarem o mobiliário e tinha os preços muito "em conta".

- Minha filha, com uma casa daquelas, eu e teu pai ajudaremos a mobiliar tudo, já que teu noivo insiste em comprar tudo sozinho e não quer saber de dote! Ao menos a mobília há de nos deixar dar!

Augusto riu:

- Minha sogra, já levo comigo uma das moças mais lindas da região, se quisesse um dote, seria o maior dos canalhas! E depois, estou bem de vida, deixe que compro os móveis que minha mulher quiser!

Aline ria da discussão, enquanto isso eu punha os olhos na minha irmã, que sem saber, estava correndo sério risco de vida, boa e inocente Aline! Com quem falaria sobre a conversa que ouvi? Miserável Amália, que serpente tínhamos trazido para dentro de nossa casa! Se bem que não tinha ouvido a resposta dela... ela podia ter se recusado a participar do crime que Euzébio propusera. Cumprimentei a todos e fui para a cozinha para ver se escutava mais da conversa, mas Amália, ouvindo a voz de todos chegando, lá estava lavando os pratos, com uma expressão de quem não queria conversa. Mas comigo isso não adiantava:

- Olá, Amália. Tudo bem por aqui?

Ela me olhou desconfiada, que eu nunca fazia este tipo de pergunta.

- Tudo na santa paz.

- E teu namorado, tem vindo te ver?

Ela empalideceu um pouco:

- Está ali fora, na estrebaria, esperando que eu termine o serviço para passear na praça comigo.

- Não tem mais escapado altas horas da noite, não é?

Ela me olhou raivosa feito um cão danado, mãos molhadas na cintura:

- Não, senhora! Não quero ser posta na rua! E depois, ele me pediu em casamento, logo nos casaremos.

Entendi que provavelmente ela tinha concordado com os planos dele, e isso me deu um calafrio na espinha. Calei-me e fui até a estrebaria, pedindo a Deus que me ajudasse com semelhante criatura. Chegando lá, não o vi e dando a volta na casa, dei com ele na frente espiando Aline na sala, que conversava com o noivo. O infeliz tinha o olhar tão fixo que sequer me viu chegar:

- Espiando os noivos, Euzébio?

Ele deu um pulo para trás, assustando-se, e depois vi no seu olhar um rasgo de ódio por ter sido pego, substituído rapidamente por um de humildade fingida ao me responder:

- Dona Alice... não a vi chegar! Queria ver o noivo de dona Aline, dizem que é um negociante rico, quem sabe não me daria um emprego?

- Devia procurá-lo no escritório dele, e não ficar espiando pela janela. Não é educado fazer isso.

- E quem é o pobre negro aqui para ter recebido educação... foi só chibata no lombo desde menino. Desculpe, dona Alice, não faço mais.

Para uma pessoa comum, pareceria mesmo um pedido de desculpas, mas o tom que ele disse foi orgulhoso, e não humilde. Baixou os olhos, mas quando os levantou estava ameaçador. Não me intimidei, estava com Augusto, Aline e minha mãe por perto. Isso e mais a polícia que sempre rondava a praça, ele estava em desvantagem.

- Sabe que minha irmã Aline se casa logo, não é?

- Sei, sim senhora... é uma bonita moça, assim como a senhora. Engraçado como duas gêmeas podem ser tão diferentes.

- Sabe que meu pai é muito amigo do Intendente de Polícia, não sabe? É um de seus clientes favoritos. E o noivo de Aline, é muito rico, mas segundo contam, quando irritado fica muito feroz.

Ele me olhou muito desconfiado:

- Não consigo entender o motivo de me dizer essas coisas, senhorita. Nunca faltei com o respeito a ninguém aqui.

Olhei bem nos olhos dele, sem medo algum, e vi o negro começar a suar um pouco:

- Nem eu disse isso. Não me parece um sujeito tolo, Euzébio, mas, às vezes, mesmo os sujeitos mais inteligentes cometem erros. E depois dos erros feitos, podem ter seu futuro encerrado de forma brusca. Pretende se casar com Amália?

Ele suava profusamente:

- Assim que puder sustentá-la. Meu interesse em sua casa é só sua empregada!

Continuei a olhar nos olhos dele, que parecia ter ficado hipnotizado:

- Pois então se case, e seja muito feliz com ela.

E retirei-me a passos vagarosos, bem a tempo de ouvi-lo dizer:

- Bem que Amália disse, é bruxa mesmo!

18

PREOCUPAÇÕES DE IRMÃ

MINHA AMIGA, DONA Adelaide, apareceu depois de me deixar bem preocupada, e quando a vi na nossa calçada, desci a escada correndo para abraçá-la. Estava um tantinho mais magra, coisa que me desagradou:

– Por que emagreceu? Doente?

Ela riu:

– Doente nada! As mulheres da aldeia tiveram um festival de partos, quase que enlouqueço! Uma inclusive teve gêmeos, acredita que o parto durou dois dias? Lutamos eu e a mãe, mas consegui salvar os três, dois meninos bem saudáveis! Fiquei exausta... mas como estão as coisas por aqui, tudo bem?

– Aline se casa em dez dias! – respondi feliz.

Para minha alegria Euzébio tinha desaparecido, deixando uma Amália inconsolável, dias doente em seu quartinho, um aborrecimento para mamãe. Mas, se dona Aurélia se chateou, eu dei graças a Deus! Aline parecia fora de perigo, era o que me importava.

Contei para dona Adelaide os últimos acontecimentos, isso depois dela ter conversado por horas com vovó e minha mãe. Para minha avó ela passou um belo unguento para dores nas articulações (trouxe pronto de casa, engraçado como ela adivinhava as enfermidades de todo mundo!), para papai um óleo para passar nas pernas, que ele estava com veias estouradas de tanto ficar em pé, e para mamãe umas gotas para a "saúde da mulher". Todo mundo medicado e feliz, finalmente ela veio falar comigo, e eu contei-lhe sobre o episódio de Amália e Euzébio, o que a fez franzir as sobrancelhas e me passar um "carão":

- Devia ter contado para os seus pais, Alice. Esse tipo de coisa não morre assim tão fácil, apenas com uma insinuação de punição. Ele acha que nunca será pego, e tentará novamente no futuro.

No fundo concordava com ela, mas outras coisas pesavam na balança:

- O problema, dona Adelaide, é que eles ainda não tinham feito nada, e poderiam sofrer punições enormes. Ele é um liberto, e sabe como a nossa sociedade trata os negros. E ela, embora seja peçonhenta, é uma pobre coitada, que se parar na rua com essa fama, só conhecerá desprezo e fome. Quis fazer as coisas da melhor forma possível, e o rapaz desapareceu daqui.

Ela me olhou séria:

- Ele não quer o dinheiro, ele quer Aline, e dispensaria Amália ou a mataria assim que conseguisse. Não notou o ciúme na voz de Amália? Quem sabe o que já não fez esse liberto? E Amália, por que conservar alguém com essa índole dentro de casa? Tem um bom coração, mas isso pode causar a ruína de inocentes!

Ainda assim eu tive pena:

- Se conto aos meus pais, eles dão nela uma boa surra e a colocam na rua. Meus pais são maravilhosos, desde que não mexam com as filhas deles. Não há outra forma? Essa infeliz de qualquer jeito não terá sucesso na vida.

Ela me olhou com aqueles olhos negros como a noite e respondeu:

- Está certo. Vou pensar em algo e pedir para sua mãe para ficar aqui até o casamento. Assim posso vigiar melhor e ajudar com os afazeres já que a outra está "tão doente".

Não foi preciso ela pedir à mamãe, dona Aurélia foi quem pediu. Estava tão assoberbada de afazeres, que quando viu a amiga, que além de tudo era uma excelente cozinheira, implorou por ajuda, que dona Adelaide, é claro, concedeu. No segundo dia em que estava lá em casa, todas nós atarefadíssimas e papai meio zonzo no meio de todas aquelas mulheres enlouquecidas preparando a festa, dona Adelaide fez uma coisa que nenhum de nós esperava, entrou no quarto de Amália e a viu, mais gorda do que de costume, deitada na cama. Como só eu estava na cozinha, ouvi-a dizer claramente:

- Como está, Amália?

- Nada bem, acho que vou morrer... me sinto muito mal.

Dona Adelaide cruzou os braços em frente ao corpo, ergueu a cabeça e pareceu novamente ficar alta, mas muito mais alta que sua estatura normal. Amália se encolheu toda na cama, que tinha um medo de minha amiga que chegava a ser físico:

- Sabe muito bem que não vai morrer, mas dar vida! Se eu fosse você me levantaria daí imediatamente, se não quiser ser expulsa dessa casa antes do tempo.

E bateu a porta do quarto dela. Olhei para dona Adelaide, como quem não acreditasse no que ouviu:

- Ela está grávida?

- Claro que está... não ouve mais os pensamentos, menina? Ela está apavorada, agora que Euzébio fugiu, culpando a vocês todos pela desgraça dela, principalmente a você! Espere que daqui a pouco ela sai, muito mais disposta ao trabalho.

Meio zonza com a notícia, tive que comentar:

- Meus pais são muito bons, mas não vão aceitar isso! Ainda mais meu pai, que é muçulmano... para ele isso é um pecado muito grave!

- Alice, acredito que Amália entende que seus dias nessa casa estão contados. Ainda bem que ela não cozinha, ou Deus sabe o risco que correriam... mas guarde bem qualquer coisa de valor que vocês tenham, pois ela está bem desesperada. E gente desesperada faz coisas bem tolas.

De fato, Amália saiu do quarto meia hora depois, e olhou para dona Adelaide muito desconfiada, chegando-se a ela e dizendo:

- A senhora pode saber de muita coisa, mas nesse caso errou. Não estou esperando criança nenhuma, sou moça honesta.

Dona Adelaide olhou para ela muito séria:

- Não vou dizer nada a ninguém por enquanto, mas deixe de se fazer de doente! Seus patrões não merecem isso.

Ela saiu disposta a fazer a arrumação dos quartos para a grande surpresa de minha mãe e de minha avó. Já eu fui tratar de esconder a caixa de joias num baú grande, debaixo das roupas de minha avó. Olhando eu fazer aquilo, ela me perguntou:

- Por que está colocando isso aí, minha neta? Nunca fomos de esconder nada dentro de casa.

Olhei para a minha adorável velhinha, que tinha a sua tapeçaria no colo:

- Tive uma premonição ontem, minha avó. Melhor prevenir do que remediar, não acha?

Se tinha uma pessoa que acreditava em premonições, era minha avó. Não era preciso dizer mais nada. Minhas visões continuavam como sempre: imprevisíveis. Naquele final de tarde, vendo minha mãe e meu pai na cozinha, tive uma interessante: vi-os de forma diferente, no lugar de minha mãe, simpática senhora morena clara, de cabelos cacheados e bastos, grande busto, semblante alegre, uma senhora bonachona, de ar bondoso e acolhedor, o mesmo que minha mãe ainda tinha hoje, mas a beleza de dona Aurélia e seu refinamento natural, nem pensar. Sorri por dentro e pensei: encarnação anterior dela... então ouvi claramente um homem dizer: *"Paulette, mon cher"* (Paulette, minha querida!), e olhando para ele, surpreendi um senhor até bem apessoado, de seus quarenta anos, bigode negro, pele clara, que parecia uns dez anos a mais do que ela, que olhava para ele e o abraçava dizendo *"Il faut, Clemente!"* (Que demora, Clemente!)

Então, os dois já tinham sido casados antes, e pelo jeito, já eram harmoniosos!

Já minha adorada Aline estava feliz como nunca. Se bem que eu podia dizer que ela nunca tinha sido triste ou melancólica. Era dessas raras pessoas que sempre acordam de bom humor, só que agora, estava esfuziante! Augusto a enchia de presentes, principalmente joias, a despeito de mamãe ter dito que não era apropriado dar tantas joias a uma moça que ainda era noiva, e não casada com ele. Pelo menos uma vez por semana era ou um anel, ou um brinco, ou uma pulseira... quando ele vinha com os embrulhos ela descia as escadas correndo e batia palmas de alegria, para depois se jogar no pescoço dele!

Papai achava muita graça nisso tudo e dizia a ele:

- Está acostumando mal essa pequena!

Ou então:

- Vai acabar indo à falência!

Ao que Augusto respondia:

- Pelo menos levo uns beijos antes disso!

Sogro e genro se davam muito bem, a casa estava pronta, e ela me levou para vê-la. Era grande e estava bem mobiliada, tinha três quartos, linda sala de visitas, cozinha espaçosa, varandas e se avistava o mar. Em tudo era melhor que a nossa e eu fiquei feliz por minha irmã, até que ela me levou a um quarto, com cama de solteiro larga, cortinas e colchas em tom de lilás, minha cor preferida, e me disse:

- Sabe de quem é esse quarto?

- De seu futuro filho? Mas, Aline, se for um menino, não irá gostar de um quarto lilás.

Ela riu:

- Não, minha irmã, esse quarto é seu. Você, além de minha gêmea, sempre foi a minha melhor amiga, e Augusto também te adora. Compramos isso tudo para que você se sinta em casa na nossa casa! O que é meu também é teu, minha querida Alice!

Meus olhos encheram-se d'água, e eu a abracei. Tão unidas éramos, e caminhos tão diferentes estávamos seguindo, e ainda assim ela me dizia: "estarei sempre aqui para você". Só pude responder, diante de tamanha demonstração de afeto:

- Pois onde eu estiver, irmã, sempre terá um lugar para você também. Somos abençoadas, Aline, desenvolvemos o amor uma pela outra, dia a dia. Nunca estaremos realmente sós, e há tanta gente só neste mundo!

Augusto chegou por trás de nós:

- Mostrando o quarto à sua dona, Aline? E então, Alice, gostou?

Enxuguei uma lágrima e disse:

- É muito lindo, só não é mais lindo que a atitude de vocês.

Vi nos olhos de Augusto que ele realmente gostava de mim como um irmão, e isso me fez feliz, Aline estaria bem. Ainda assim cruel calafrio me subiu pela espinha e eu pensei em Euzébio. Devia falar a Augusto e o chamei quando chegamos em casa, discretamente:

- Augusto, tenho tentado te evitar aborrecimentos, mas devo te alertar de algo. Provavelmente é uma tolice, mas sei que ama muito minha irmã e amanhã ela sairá dessa casa, onde está cercada de gente durante todo o tempo.

Ele franziu a sobrancelha:

- Que houve, Alice? Ela corre algum perigo?

Respirei fundo:

- Lembra-se daquele namorado de Amália, nossa criada?

- O liberto? Vi-o algumas vezes na estrebaria, sujeito forte, meio calado, que tem ele?

- Peguei-o mais de uma vez olhando muito fixo para Aline, e não gostei do que vi. Parecia enfeitiçado, e conhece minha irmã, é a bondade em pessoa, mas mesmo ela não se sentia à vontade em sua companhia. Ela terá companhia naquela casa grande?

- Sim. Uma copeira e uma cozinheira. Acha que devo deixar um vigia?

- Não sei. Ele sumiu há um bom tempo, depois que lhe dei um sermão. Só peço que não a deixe só, a casa é afastada, e o sujeito muito ladino.

Senti Augusto empalidecer, e ele encerrou o assunto com as seguintes palavras:

- Deus tenha piedade de quem ousar fazer mal à sua irmã. Colocarei também um vigia por alguns meses, e ficarei atento. Obrigado, Alice. Tragédia, é bem melhor evitar.

O casamento de Aline foi às dez horas da manhã, apesar de convidados, nossos tios não foram, mas mandaram lindos presentes. Foi uma festa para poucos convidados, mas quanta comida! Augusto não tinha família, mas com a nossa sentiu-se imediatamente adotado. O vestido de Aline foi feito por Rosa (presente de casamento dela) brilhava com pequenas pérolas e pedrarias, sendo que Jorge também lhe deu um lindo relógio de madeira com um cuco, coisa que encantou minha avó Sâmia, que nunca tinha visto um relógio com um passarinho artesanal dentro.

No final da tarde os dois seguiram para a nova casa e nós olhamos o nosso quintal todo para limpar... pelo menos Amália não estava fazendo mais o papel de moça doente.

Depois de recolhermos taças, pratos, talheres e copos, fiquei conversando com dona Adelaide no quintal, e ela me disse:

- Não pensa, Alice, em começar o aprendizado de fazer partos?

Olhei para ela pensativa, nunca tinha feito nada parecido antes... mas gostaria.

- Sai muito sangue?

Ela me olhou divertida:

- Um monte! Mas quando temos a criancinha nos braços esquecemos os gritos de dor da mãe e vemos o milagre que é a vida. Claro que existem momentos tristes, mas quanto maior for a nossa perícia, menores eles serão. Não te animas?

Uma vontade cresceu dentro de mim, ao mesmo tempo em que uma voz me sussurrou ao ouvidos: "vai, isso será uma bênção em tua vida!". Respondi imediatamente:

- Quero, sim, dona Adelaide! Acho que vou me adaptar bem.

Ela me sorriu e os olhos brilharam como estrelas:

- Que bom que vai cumprir seu acordo firmado desde antes do seu nascimento!

- Antes do meu nascimento? Como assim?

Dona Adelaide tomou mais um copo de seu vinho:

- Algumas pessoas nascem com uma missão, Alice. Eu nasci, e você também. Nós nascemos para servir, e fizemos esse trato antes de descermos à Terra mais uma vez. Falarei com sua mãe amanhã e você, finalmente, vai conhecer a minha casa.

Lembrei-me das lágrimas grossas que mamãe verteu quando Rosa se foi para casar com Jorge, das vezes que a vi chorando por causa do casamento de Aline, e agora dona Adelaide ia falar em me levar no dia seguinte? Não estava vendo muita chance deles deixarem. Disse isso a ela, que me sorriu:

- Quando é da vontade de Deus, criança, as portas se abrem mesmo nas situações mais improváveis!

De qualquer forma, naquele domingo quando ela falou que gostaria de conversar com meu pai e minha mãe, junto com minha avó Sâmia, eu esfriei por dentro: queria tanto conhecer a casa de dona Adelaide! Fiquei sentada muito quieta, enquanto ela, muito sedutora, serviu-lhes um chá muito cheiroso, que minha avó adorou e expôs o seu plano de me levar por umas semanas para que eu aprendesse o ofício de parteira e também o uso de algumas ervas.

Meu pai olhou dona Adelaide inquisitivamente, e então perguntou:

- Ela vai aprender a fazer os remédios que você faz?

- Sim. Isso e muito mais.

Foi a vez de minha mãe perguntar:

- E aprender a fazer partos? Isso não é coisa para mulher casada?

Dona Adelaide riu:

- Ora, Aurélia, nunca ouviu falar de freiras que realizam partos? Ela vai fazer caridade, e depois, nunca se sabe quando uma parteira vai ser necessária, não é?

Mamãe tornou a reclamar:

- Mas, Rosa já foi embora! Aline acabou de ir também, e você quer me tirar Alice?

- Não vou lhe tirar Alice, ela virá aqui sempre, não estará se casando, mas só aprendendo...

Não sei o que ela pôs naquele chá, mas estava funcionando. Mamãe tomou mais um gole, pensou em reclamar mais um pouco quando minha avó Sâmia deu sua opinião:

- Vocês, cristãos, não sabem reconhecer uma dádiva, nem quando ela passa debaixo do nariz de vocês! Não notam que estão tendo a oportunidade de ter uma sábia dentro de casa, que quando vocês envelhecerem poderá amenizar suas dores, ajudar Aline e até a mim? Vá sim, Alice, mas não deixe de nos visitar!

Isso encerrou a questão. Arrumei meu baú de roupas, coloquei junto com o de dona Adelaide e coloquei Ventania, meu cavalo, atrelado à charrete. Às dez horas da manhã seguimos para a casa de dona Adelaide, pois seriam ao menos cinco horas de viagem. Logo que nos despedimos e eu me vi sozinha com ela, não me contive e perguntei:

- Foi tudo muito fácil... agora ande, me conte: que foi que colocou naquele chá?

19

ENCONTRO NA FEIRA

CHEGAMOS À CASA de dona Adelaide no começo da noite, os postes já estavam acesos e as flores chamadas de "damas da noite", que cobriam a cerca de madeira, espalhavam um perfume pelo ar. Vi que era uma casa de teto alto, branca, antiga, mas bem cuidada, de janelas e portas que pareciam de um verde escuro, com um jardim de dar inveja de tantas espécies de flores. Um caminho de pedras nos levava até a porta.

– Cada uma dessas flores tem a sua utilidade. Com o tempo aprenderá.

Cada uma delas? Mas existiam dezenas ali... ainda bem que tinha trazido diversos cadernos e vários lápis, pois decorar tudo nem pensar... a sala era realmente ampla, o teto alto e nas paredes pequenos lustres de gás que ela foi acendendo. Com o frio chegando, acendeu também a lareira e tudo foi tomando um ar aconchegante, e eu reparei nas diversas cadeiras de madeira espalhadas, cobertas por almofadas de algodão e colchas de retalho, cada uma mais bonita que a outra. Vendo meu interesse nas colchas, ela explicou:

– Muitas vezes, as mulheres a quem ajudo não têm como me pagar, então me dão presentes. Não que as cobre, já que só cobro de quem tem condição para isso, afinal tenho que comer, comprar adubos, linimentos para os remédios... mas quando vejo, vem alguma aqui ou com uma colcha, com uma toalha, até com almofadas! Tentei recusar mais de uma vez e foi sempre uma catástrofe! As senhoras ficaram muito ofendidas, como se o que tivessem feito não fosse bom o bastante. Então aprendi a lição: pego a peça, elogio bastante (o que é fácil, são lindas mesmo!), agradeço muito e digo que podem me procurar sempre que precisarem. Saem daqui roxas de satisfação!

Eu ri com ela, e continuei admirando as peças. Toquei então em delicada peça de crochê, embaixo de um Santo Antônio muito bonito, talhado em madeira nobre.

- Essa daqui também foi presente?

Dona Adelaide franziu um pouco as sobrancelhas e disse, num tom um tanto triste:

- Não. Essa tia Izidora fez para seu santo de devoção. Sabe que sinto falta dela até hoje? Tenho muita gratidão por ela...

Ela colocou uma chaleira para ferver água no fogo, fazer um chá e eu fiquei imaginando como teriam sido os últimos anos das duas, naquela casa arejada e confortável. Perguntei:

- Ela não ficou muito magoada com a sua fuga, justo com o homem que ela amava?

Ela sentou-se à minha frente, puxando uma colcha:

- Na época eu não sabia que ela o amava, Alice. Fui descobrir isso um bom tempo depois que voltei, bem próximo da morte dela, quando ela entrou em delírio. Nenhuma mulher que se considerasse "séria" admitiria estar apaixonada por um frei. Seria um sacrilégio.

- E como foi isso, dona Adelaide?

- Na realidade, creio que ela me trancar em casa por ciúmes, desencadeou todos os acontecimentos. Nunca consegui ficar presa, eu definharia até o fim, sou de natureza livre! Mas nunca fui permissiva. Embora eu gostasse de passear na praia sozinha, andar pelas matas pesquisando plantas, nunca deixei ninguém se aproximar de mim. Nunca me importei também com falatórios, o que eu sabia de mim, sempre me bastou.

Ela sorriu e continuou:

- Não são poucas as moças recatadas aqui que casam com um filho no ventre, ou que fazem viagens misteriosas que duram seis meses ou mais. Comentários é claro que acontecem, mas esses não foram confirmados comigo, e minha tia notava isso.

Ela pegou nossas duas xícaras de chá:

- A maior parte das pessoas ainda é muito dominada pelo físico, Alice. Mas eu e Luciano éramos muito espirituais. A prova é que até hoje, não tenho o menor interesse em ter fisicamente outra pessoa... estávamos os dois felizes de conversar sempre um com o outro. Apaixonados, é claro, mas ele passou por maus momentos assim que rompeu com seus votos, não se achava mais digno, por ter falhado com a Igreja. Foi um dilema moral muito duro.

Fiquei imaginando que para um bom religioso, que tinha realmente mantido a castidade, devia ter sido um tabu.

- E ele nunca se recuperou?

- Brincando, quando me via meio triste, ele me chamava de "minha tentação". Até que numa manhã, ao me ver dormindo, ele me acordou com essas palavras: "Nada entre nós é impuro ou sujo. Só vejo beleza e perfeição, não sei como um Deus bom e justo desaprovaria eu ficar contigo."

- Que bonito isso, dona Adelaide!

- E ele continuou: "Como confessor, ouvi coisas de certos casais que fariam corar o diabo de tão perversas, e nós, que só temos amor um pelo outro, não podemos sequer pensar em nos casarmos. Mas tenho fé, Adelaide, que apesar de tudo, enquanto quisermos estaremos juntos, senão na lei dos homens, na lei do Altíssimo."

Impressionada que estava, tomei um pouco de meu chá, observando o fogo crepitar na lareira. Algum dia teria um amor assim? Ela continuou:

- Quanto à minha tia, morreu aos sessenta e seis anos, sem dores, que eu cuidei bem dela. Em seus delírios finais notei o quanto amou Luciano, e o motivo de ter me prendido. Tive uma pena infinita e no fundo agradeci, pois se não fosse aquela atitude, eu não teria vivido os melhores anos de minha vida com o homem que amei.

No dia seguinte levantamos cedo, que minha amiga era apaixonada pelo sol, mas com um chapéu enorme, e fomos direto para a horta, e como era grande! Alguns legumes, hortaliças que ela vendia, e ervas dos mais variados tipos. Descobri sua paixão pelas rosas, por papoulas, e até algumas orquídeas. Eu, com o caderno nas mãos, e ela foi me passando o nome e as propriedades das plantas e eu dei graças por ser uma desenhista razoável, ou tudo estaria perdido, nossas duas primeiras semanas passaram-se assim.

Mas onde eu me diverti mesmo foi quando levamos legumes e hortaliças para a feira semanal. Enchemos a charrete e lá fomos nós, eu um pouco corada de sol, que a colheita tinha dado um pouco de trabalho e dona Adelaide me enfeitou com margaridas no cabelo dizendo: "Pronto: agora vão dizer que a bruxa sequestrou uma fada!", e eu respondendo: "Não sei se quero ser fada, parece meio sem graça..."

O fato é que, quando chegamos na feira, vi logo os feirantes cercando minha amiga, uns a reclamar das frieiras, outros de dor nas costas, outros que o cabelo estava caindo... ela respondeu que trataria disso no dia seguinte, na casa dela, que podiam ir lá que tudo se resolveria. Algumas senhoras passaram com bebês novos e corriam a mostrar para ela, que sorria e olhava bem os pequeninos, como a se certificar que estavam mesmo em bom estado. Uma disse que estava colocando "teia de aranha" no umbigo da criança para ele (o umbigo) cair mais rápido, dona Adelaide empalideceu:

- Como assim, teia de aranha?

A mulher estranhou:

- Mas minha mãe diz que é muito bom, que seca o umbigo bem rápido!

Minha amiga rapidamente pegou a criança:

- Seca o umbigo e a criança junto! Alice, toma conta das hortaliças, que vou tentar resolver isso daqui... meu Deus! O menino já está com febre!

E me largou no meio das hortaliças e dos legumes em plena praça do vilarejo. Ajeitei o lenço na minha cabeça e os cabelos, tentei ter jeito de comerciante e me lembrar dos preços. Teia de aranha... ora já se viu!

Pessoas começavam a se aproximar e perguntavam: "É da horta de Adelaide? E o que você é dela? Parente?" Gente curiosa, pensei... mas para evitar falatórios, respondi que era sobrinha, e assim ficou. Alguns acharam o preço caro, outros levaram sem discutir, e quando eu vi, alguns rapazes me olhavam de longe, comentando Deus sabe o quê. Fiz um semblante bastante sério, ergui o nariz e torci para dona Adelaide chegar logo.

Pessoas iam e vinham. Algumas senhoras bem simples e simpáticas conversavam comigo e contavam como minha amiga as tinha ajudado em situações difíceis. Fiquei orgulhosa de dona Adelaide, além de parteira, também tratava de bichos, crianças, velhos, enfim, o que aparecesse. Mas, duas horas depois já eram poucos os que estavam na feira, eu já tinha vendido quase tudo, muitas moedas na minha bolsinha de veludo, e nada dela voltar. Mas os rapazes atrevidos lá estavam, a me olhar e sorrir, como um bando de patetas.

Eram uns quatro rapazes, de aparência normal, um gordinho, um muito magro, um mais forte, louro, que parecia se achar atraente (mas não era!) e um outro meio mulato, que até parecia simpático. As barraquinhas estavam se desfazendo e eu logo estaria sozinha por ali, num território que eu não conhecia. Eles se encaminharam para um banco mais perto de mim e eu comecei a procurar por um policial, como existiam tantos no centro, mas ali no vilarejo, não vi nenhum.

Qualquer coisa eu gritaria, que estava cercada de casas e vendas, pensei, alguém me defenderia. Não precisava ter medo, afinal, era quase meio dia, e pessoas de vilas não deixam moças serem atacadas dessa forma. Ou não deviam deixar.

Desmanchada a última barraca, eu desci da charrete e me pus ao lado de Ventania e comecei a desatrelá-lo, qualquer coisa subiria nele rapidamente e sumiria da vista dos atrevidos. Mas eles chegaram pelas minhas costas, e o louro logo falou:

- Já vai tão cedo, senhorita? Mas nem nos apresentamos...

Olhei para ele de modo bem duro (nem sei como, estava com um medo enorme naquela praça vazia), e disse:

- Nem eu quero que se apresente. Agora me dê licença!

Ele se aproximou de mim e segurou o meu braço de leve:

- Ora, veja se eu vou deixar uma lindeza desta sem proteção, numa vila, para qualquer um tentar se aventurar. Sou um cavalheiro, a moça precisa ser protegida...

Dei um empurrão e soltei meu braço:

- Eu escolho quem vai me proteger! Agora saia do meu caminho!

O mulato realmente me defendeu:

- Solte a moça, Gabriel! Não vê que está assustando ela! É parente da Adelaide...

- E acha que tenho medo da bruxa? Ela que está sendo mal-educada!

Foi quando ouvi um "clique" atrás de mim, e vi com surpresa um homem de seus quase trinta anos, moreno claro, cabelos anelados já com uns fios grisalhos, de estrutura forte, e uma espingarda nas mãos que ele tinha acabado de armar:

- Acho bom ouvir seu amigo, Gabriel. Já não arrumou confusão que chega, nessa vila? Incomodar escravas, já não é uma coisa boa, mas a gente não pode se meter. Essa aqui é moça de família, deixe ela bem quieta, ou vai ver quem é o mal-educado!

Olhei para os olhos castanhos e firmes do moço e agradeci aos céus. Coloquei-me de imediato ao lado dele, e notei como os outros se afastaram imediatamente, principalmente o chamado Gabriel, que saiu chutando as pedras do caminho. Assim que eles se afastaram, com uma pequena reverência agradeci ao moço:

- Obrigada, senhor... não sei o que teria acontecido se não tivesse me socorrido.

Ele riu:

- Na verdade, no primeiro grito que tivesse dado, pelo menos uns dez apareceriam e os colocariam a correr. Ali, apenas o Gabriel tem má índole, os outros são bons meninos e não deixariam que lhe fizessem mal. É parente de Adelaide?

Resolvi dizer a verdade:

- Dona Adelaide é uma querida amiga de minha família. Vim aprender com ela as artes das ervas, e se possível, os partos.

Ele me olhou como se me avaliasse:

- Partos? Mas é uma moça tão fina! Vê-se que é de família abastada!

Olhei-o, desafiadora:

- E qual o problema de uma moça de família abastada aprender para ajudar os que necessitam?

Vendo que me deixou um tanto amuada, ele sorriu:

- Além de bonita, caridosa. Como se chama?

- Alice. Alice Alkazar.

Ele sorriu e se curvou, pegando minha mão e beijando-a de leve:

- Pois eu me chamo Rodrigo de Alencar. Sou dono daquela loja de Secos e Molhados ali. Posso esperar Adelaide contigo, aliás, onde foi ela?

- Já ouviu falar em mulheres que colocam teias de aranha para curar umbigos de recém-nascidos?

A expressão que ele fez foi inesquecível, mas eu não teria que explicar: minha amiga vinha chegando um tanto corada e com os longos cabelos em desordem. Olhou em volta e surpreendeu-se:

- A feira já terminou? Ah, meu Deus! Ainda bem que está com ela, Rodrigo! Tive que atender um pobrezinho com o umbigo todo infeccionado... gente louca! O umbigo não secou, apodreceu!

Logo pensei na aflição da família e de minha amiga, não era à toa que tinha se esquecido do tempo.

- Acha que ele se salvará, dona Adelaide?

- Pedi que o levassem à minha casa essa noite junto com a mãe. Temos que andar logo... tenho que ver um preparado para esse tipo de infecção, mas não sei se ele se salva! A mãe não para de chorar e o garotinho está sem comer há mais de um dia. Vamos?

Olhou para o que tinha restado na carroça:

- Sobrou isso tudo?

- Achei até que sobrou pouco...

Rodrigo me perguntou:

- Não abaixou o preço no final da feira?

- Era para abaixar?

Os dois riram muito da minha inexperiência. Bem que eu tinha visto no final da feira os feirantes trocarem produtos uns com os outros, mas preocupada em esperar dona Adelaide, eu tinha mantido o meu queixo bem erguido e não conversado com ninguém. Fiquei zangada com os risos, como eu ia adivinhar? No fim, demos adeus a Rodrigo e fomos para casa. Ela me perguntando se eu estava com fome, e tirando de um dos seus embrulhos, formidável pão com mel, que veio bem a calhar. Depois de me ver saciada, perguntou:

- Correu tudo bem na feira?

Contei então dos moleques, principalmente do louro Gabriel e da intervenção de Rodrigo com a espingarda, ela riu muito, e disse que o rapaz era um patife, mas que correria rápido só com um grito meu, e que dentro da Vila eu nunca passaria perigo, ou ela não teria nunca saído de lá. Mas que se o encontrasse em lugar ermo, desabitado, uma boa espingarda seria bem-vinda. Ela não gostava do rapazote, e não me deixaria sozinha com ele em lugar nenhum. Então me perguntou o que achei de Rodrigo, e eu, tão falante, fiquei meio calada até responder:

- Foi muito gentil.

Ela me deu um daqueles olhares que atravessam a alma da gente, e sorriu aquele seu sorriso maroto que diz : "sei... ainda quer pensar melhor no assunto", para só então me responder:

- Sem dúvida, é um rapaz gentil mesmo. Sabia que é noivo?

Noivo? A notícia me pegou desprevenida e eu não gostei nada dela. Parecia que tinha comido algo muito ruim e não o maravilhoso pão com mel de dona Adelaide. Tentei aparentar indiferença, afinal, tinha acabado de conhecer o sujeito:

- Noivo, é? De quem? Conhece a noiva?

Ela continuou de olhos postos na estrada:

- Alice, quando cheguei aqui, isso era uma pequena aldeia, agora já é uma Vila, mas conheço todos do lugar. As famílias aqui são muito unidas, e já começam a combinar casamentos umas com as outras. Estamos mais ou menos a uns trinta minutos de caminhada do mar, qualquer hora lhe levo para ver a praia, que é belíssima, e você verá uma enormidade de pequenos barcos de pescadores. A família da moça que é noiva de Rodrigo é dona de, pelo menos, uns dez desses barcos, e mora numa bonita casa da Vila. Estão noivos desde que ela fez dezesseis anos e ele tinha vinte e um, então são sete anos de noivado.

- Sete anos? Mas não é muito tempo?

Dona Adelaide riu:

- Todo mundo na Vila comentava isso, mas agora já se acostumaram. Anabela, que é a noiva de Rodrigo, é filha única do casal, e tem um gênio de dar medo. Voluntariosa, ciumenta, dá escândalos por qualquer coisa. Com isso ele foi adiando o casamento, mesmo quando os pais eram vivos. Primeiro se foi a mãe, de pneumonia num desses invernos ferozes, e era uma boa alma. Depois de dois anos, foi a vez do pai, que pegou tétano depois de ferir-se numa obra do armazém. Morte feia! Chamaram-me quando não havia mais jeito, aliviei as dores, mas foi só o que pude fazer. Desde então Rodrigo foi tomando conta dos negócios sozinho e só fez crescer, habilidoso com o público, sempre simpático.

Fiz a pergunta que toda moça faz:

- E é bela a noiva, ao menos?

Dona Adelaide me olhou:

- Alice, isso de beleza, como já lhe expliquei, é relativo. Mas a única formosura de Anabela está no nome, pois de bela, ela muito pouco tem. É extremamente magra, os cabelos são ralos e com falhas, talvez por causa do temperamento muito nervoso. As escravas sofrem na mão dela: já quebrou os dentes de mais de uma, por isso o noivado longo. Rodrigo não tolera ver maus-tratos.

- Mas, dona Adelaide, ela deve ter algo de belo. Todo mundo tem...

Ela suspirou:

- Tem razão... é que não suporto nem a pequena, nem a mãe. Gente difícil, preconceituosa! A moça tem a pele bonita e os olhos são verdes, há quem ache isso belo. Mas o jeito que olha as pessoas coloca tudo a perder, sempre superior ou com sarcasmo. No fundo, é uma pobre infeliz! Tenho muita pena do Rodrigo, mas não consigo simpatizar com quem tiraniza seus escravos.

Fiquei pensando no pobre rapaz, preso por compromisso a uma pessoa de temperamento tão difícil. Justo um moço tão simpático, até bem apessoado... lembrava dos olhos gentis, do porte bem feito, dos cabelos cacheados. Que destino mais triste!

- Por que ele não desfaz o noivado?

Dona Adelaide sorriu:

- Porque a moça ia ficar mal falada! Sete anos de noivado e depois ele se escapa? Nem pensar!

Calei-me. Destino mais besta. Quem sabe se com sorte ela não se apaixonava por outro? Mas alguma coisa dentro de mim dizia que isso não ia acontecer.

20

A CASA DE NOSSO PAI TEM MUITAS MORADAS

PASSAMOS AQUELA NOITE inteira sem dormir, cuidando do pequeno garotinho, junto com a mãe, que exausta há dias, finalmente cochilou um pouco. Foram dias de luta até que ele abriu os olhinhos famintos e pegou o seio da mãe com vontade. Encaminhamos os dois para casa, com os remédios necessários e pedimos que avisassem a todas as amigas que nunca mais colocassem teias de aranha em umbigos de recém-nascidos. A vida com dona Adelaide era sempre assim, gente que entrava porta adentro com pedidos, uns pagavam, a maioria não, e chegavam presentes, frutas, peixes. Trabalhávamos com a horta, e ela começou a me ensinar a fazer seus unguentos, que ela disse ser a parte mais fácil de toda a sua medicina.

Acordávamos cedo, com o nascer do sol. Nossa alimentação era à base de peixe, legumes e arroz, sendo que o pescado nunca faltava e era sempre levado pelos pescadores que ela ajudava com legumes, na base da troca. Ela levantava sempre antes de mim e quando eu via, a casa já estava limpa, que ela detestava qualquer tipo de desordem ou sujeira. Só então começávamos os trabalhos. Naturalmente curiosa, eu me divertia e tudo anotava. Num belo dia à tarde, quem vejo na cerca florida de dona Adelaide: Rodrigo trazendo uma saca de arroz e outra de fubá e mais uma de trigo clarinho, muito sorridente, a chamar pelo nome dela:

- Adelaide! Chegue aqui que preciso de ti!

Ela, que estava dentro de casa a preparar nossa sopa, parou na porta de entrada e ao vê-lo com as três sacas, teve que sorrir:

- Três sacas? E o que vou ter que trocar por tudo isso?

Ele sorriu, descarregando as sacas que deviam pesar pelo menos trinta quilos cada uma:

- Um unguento para dor nas costas e um prato da sua sopa!

- Tudo isso por um unguento?

Eu que estava pegando umas ervas na horta corri para ajudar e levei uma bronca dele:

- Nada disso, Alice! Já se viu moça querendo pegar peso! Abra bem a porta que do resto me encarrego!

Ficamos as duas a olhar enquanto ele descarregava os sacos e colocava na nossa cozinha. Meu coração pulava no peito e eu me senti bastante confusa com tudo aquilo. Queria ter sabido antes que ele viria, teria me arrumado um pouco! Mas ele me olhava e só fazia sorrir "de orelha a orelha" como dizia meu pai. Ficamos olhando um para o outro meio encantados, até que dona Adelaide disse:

- Então, vai querer jantar conosco?

Como que acordando de um sonho, ele respondeu:

- Se não for atrapalhar...

- Atrapalha não... desde menino janta comigo, às vezes. Alice, vá se lavar que a comida não demora, e passe um pente nesses cabelos!

Agradeci mentalmente e saí correndo para o meu quarto, onde uma bacia de água me esperava em frente ao espelho. Realmente eu tinha terra da horta no rosto, e os cabelos estavam em desalinho, mas eu nunca tinha estado tão bonita! Os olhos cor de mel brilhavam, os lábios estavam vermelhos, a pele por baixo da terra era branca e sem falhas. Lavei o rosto, penteei o cabelo e eis-me ali, sem o cabelo preso de sempre, a cópia fiel de Aline, só que com o mistério de Alice. Passei um pouco de água de rosas e fui para a sala, que me importava se fosse noivo?

Quando cheguei, ele e dona Adelaide estavam rindo e trocando histórias sobre o povo da Vila, fui ver a sopa no fogão e escutei a voz dos dois às minhas costas: que bom seria se fosse sempre assim, essas duas pessoas conversando junto de mim! Sabendo que dona Adelaide não gostava que alguém alterasse o seu tempero, disse-lhe:

- Dona Adelaide, quer que eu ponha mais sal?

Ela me olhou meio desconfiada:

- Venha se sentar aqui que eu cuido disso. Coloque o pão e a manteiga na mesa.

Obedientemente coloquei, e me sentei do lado de Rodrigo, que ficou me olhando sem piscar por um bom tempo, até que disse bem baixinho:

- Tinha que vir até aqui para ver se era mesmo tão bonita quanto me lembrava. Chego e é ainda mais linda... é possível isso?

Desde cedo tinha ouvido histórias de príncipes e princesas. Histórias de amor... tinha visto Rosa se apaixonar, Aline a me encher os ouvidos, a falar de Augusto dia e noite, e pensava comigo mesma, que jamais aconteceria comigo. Que eu nunca ficaria tola daquele jeito, a pensar numa pessoa durante quase todo o dia. No entanto, ali estava eu, com aquele quase desconhecido à minha frente e com a sensação de que o conhecia há uma eternidade, justo como Aline me falava.

Era isso o amor? Essa sandice sem explicação? Esse bater no peito que nos fazia sufocar? Olhei para ele como se o tentasse decifrar e senti que ele prendeu a respiração, só então eu disse:

- O senhor é noivo, não é?

Ele não tirou os olhos de mim, e respondeu:

- Desventuradamente, sou. Há séculos não quero ser. Ajuda-me a resolver isso?

Eu, ajudar? Como? O pior é que me deu vontade. Ouvi o som da panela sendo retirada do fogão e num segundo estava na nossa frente, fumegando, com um cheiro muito bom de sopa de legumes. Dona Adelaide sorriu, amava cozinhar tanto como amava fazer sua medicina e serviu-nos grande porção em nossos pratos fundos dizendo:

- Os problemas parecem menores quando estamos de barriga cheia!

Comemos, conversamos, rimos, e ninguém tocou mais no assunto do noivado. Também não foi permitida nenhuma liberdade, mesmo porque o moço ainda estava comprometido, mas aquela noite eu fui dormir feliz, em plena consciência de que estava completamente apaixonada. O conselho de dona Adelaide foi: "viva um dia de cada vez."

Como já estava lá há duas semanas, fomos visitar meus pais e minha avó. Dona Adelaide levou para ela um unguento para passar nas juntas e eu perguntei a ela como sabia se minha avó ia precisar daquilo, ao que ela disse:

- Minha querida, já conheço sua avó e sempre que esfria doem as juntas dela. E vou levar esse líquido que é para dissolver a gordura no sangue, pois nessa época ela se enche de doces, e dá palpitações. Não há bruxaria nisso, é só pensar. Daqui a pouco vou ter que me preocupar em levar para seu pai e sua mãe, quando a idade chegar. Aliás, pegue ali o frasco para as veias nas pernas do seu pai, que já ia me esquecendo e a água de rosas da sua mãe!

Bem agasalhadas, lá fomos nós. Ia, não sei bem porque, um tanto preocupada com Aline. Queria vê-la, pois tinha saudades de minha irmã, e contar as novidades para ela. Quando chegamos, minha mãe correu a me abraçar e me encher de beijos, abraçou dona Adelaide também, mas depois ralhou:

- Essa não me sai mais daqui! A casa ficou tranquila demais!

Dona Adelaide riu, mas consolou minha mãe elogiando-me e dizendo que eu era uma excelente aluna, e que um dia ajudaria a muitas pessoas. Minha avó, do canto da sala, ao me ver ergueu os braços me pedindo um abraço apertado:

- Menina dos olhos de sua avó, que orgulho tenho! Abençoada aos olhos de Alá quem serve em nome dele!

Aos fundos da sala estava Amália, cada dia mais gorda, escondendo-se dos nossos olhos, provavelmente envergonhada de sua gravidez, ainda não revelada. Por muito que a soubesse perversa não podia deixar de ter pena, pois sabia dos preceitos religiosos de meu pai, e não podia prever o futuro que teria. Minha mãe logo pediu para ela:

- Amália, traga refrescos! E alguns daqueles bolinhos que fiz hoje cedo para Adelaide.

Contaram sobre Aline, de como estava se saindo como dona de casa, das travessuras que ainda aprontava, pois não tinha a menor ideia de como dar ordens à cozinheira ou à copeira. Augusto ria muito, e Aurélia frequentemente a tinha de ir socorrer, ou comeriam sobremesa no jantar. Mamãe comentou:

- Foi então que sua avó me deu uma ideia simples que tem funcionado: escrevi um cardápio, inclusive com café da manhã, para duas semanas, e depois é só repetir. No caso de algum jantar especial, ela corre aqui. Acho que agora tudo correrá a contento. Acredita que apesar de toda essa confusão, Augusto é o mais feliz dos homens?

Lembrando-me do gênio doce de minha irmã, tive que comentar:

- E quem não seria feliz com Aline, minha mãe? Vive de bom humor, tudo para ela é motivo de festa! É caridosa, boa, e se um dia Augusto adoecer, terá do lado a mais dedicada e fiel das mulheres. Ele tem muita sorte e sabe disso. Do jantar, a criada cuida e ela mesma aprenderia a cozinhar se precisasse. Não me lembro dela como preguiçosa. Fazendo trapalhadas sim, mas preguiçosa, nunca!

Minha mãe sorriu, em aprovação. Entre nós duas sempre tinha sido assim, uma defendia a outra, e ai de quem se intrometesse! Que saudades de minha irmã, resolvi que iria vê-la sem falta naquela mesma tarde, já que a casa não ficava longe. Conversando sobre as novidades, soube que a nossa amada Rosa finalmente estava grávida! Jorge estava que não se aguentava de felicidade e a carregava pela casa, de medo dela fazer qualquer esforço, para desespero da futura mamãe, que era forte como uma rocha e brigava com ele dizendo: "estou grávida, e não doente!". Como ficaríamos três dias, mamãe pediu a dona Adelaide que fosse vê-la e tranquilizasse Jorge, que morria de medo de perder a esposa. Ela disse que iria, e que me levaria.

Depois do almoço e da "sesta", arrumei-me um pouco e segui para a casa de Aline, que ficava há poucas quadras, praticamente à beira do mar. Senti o ar marinho e me lembrei das centenas de passeios que tínhamos dado ali, desde crianças e sorri: agora ia visitar minha irmã casada, uma senhora de família! Sem nenhuma surpresa a vi chegar até o portão alto de ferro, observada pelo vigia que Augusto tinha colocado, e gritar ao me ver chegando:

- Alice! Sabia que vinha! Sonhei contigo a noite inteira!

Os sonhos dela eram como as minhas visões, nunca falhavam. Batendo palmas de tão feliz ela me agarrou e me colocou porta adentro dizendo: "Augusto ainda demora um pouco, é bom que temos um tempo a sós, nós duas! Tenho tanto para te contar...". E contou de seus primeiros dias de casada, de como Augusto era gentil com ela, sobre como estavam apaixonados, de todos os presentes que ele havia lhe dado, das confusões com as empregadas. Estava bela como nunca, e eu reparei que agora usava o cabelo como se fosse uma jovem senhora, preso no alto da cabeça, como se tentasse parecer mais velha. Quando perguntei o porquê daquilo ela me disse:

- Agora sou uma mulher casada, não posso mais parecer uma mocinha!

Eu ri bastante, que o rosto ainda era o de uma mocinha, mas depois fiz ar sério e disse que estava muito bem nela. De fato, qualquer coisa ficava bem naquela face. Notei que estava com um ar de preocupação e lhe perguntei:

- Que lhe preocupa, minha querida? As empregadas?

Ela riu:

- Qual! Intimidaram-me um pouco no começo, mas é só olhar duro, que elas não discutem mais. É Augusto... me mima de todas as formas e eu o amo muito. Como toda mulher, quero agradá-lo e outro dia falei que queria ir decorando o terceiro quarto para torná-lo um quarto de bebê, mas ele não gostou da sugestão. Disse que ainda era muito cedo...

- Realmente, Aline, se casaram há pouco mais de duas semanas. É cedo ainda...

O olhar de minha irmã se tornou um pouco confuso:

- Sabe que não tenho muita experiência, que me casei virgem. Mas desde que me casei, não temos evitado. Como então devo esperar não ter ainda bebês?

Se ela era inexperiente nesses casos, eu então, nem se fala. Esses não eram assuntos comentados. Disse que ia perguntar a dona Adelaide, que talvez ela elucidasse o mistério. Tomamos chá com sequilhos e só então ela me perguntou como estava eu com dona Adelaide, e eu lhe confidenciei do que tinha me acontecido, do rapaz que tinha conhecido.

Contei das inúmeras coisas que tinha aprendido, dos sentimentos que tinha experimentado, das sensações que eu julgava exageradas e que de fato existiam. Minha irmã ficou muito feliz por mim, perguntou se ele também sentia o mesmo e quando contei que chegou à casa de dona Adelaide sem convite, levando noventa quilos de mantimentos, ela riu de contente e comentou:

- Imagine se você o tivesse incentivado, teria trazido a loja inteira. Mas tanta coisa não vai estragar?

- Nas mãos de dona Adelaide nada estraga. Na medida que foram chegando pescadores e o povo da vila, ela foi distribuindo e ficamos só com o necessário. Naquele lugar quase não usamos dinheiro, é quase tudo na base da troca! Mas Rodrigo, apesar de tudo, tem um problema sério.

Os olhos cor de mel de minha irmã estreitaram-se:

- Que problema? É fugido da polícia?

Eu suspirei:

- É noivo há sete anos.

Ela arregalou os olhos e me disse:

- Mas que desaforado! Cortejar minha irmã sendo noivo! Não tem vergonha...

Antes que ela o execrasse de todas as formas, contei a história toda, ainda assim ela não ficou nada feliz. Aconselhou-me a ficar longe dele, que tudo aquilo não ia funcionar, ainda que a moça fosse a pior das megeras. Mas, quando eu disse que ficar longe dele ia me tornar muito infeliz, ela se calou e me olhou bem séria. Depois de uns cinco minutos, me disse:

- Dona Adelaide disse que é um bom moço?

- Sim. Mas é comprometido. Ela detesta a noiva dele e a mãe dela, mas ainda assim sabe que romper o compromisso é quase impossível.

Ela caminhou até o fim da varanda, olhando o mar:

- E você já não é criança. Nunca a vi se envolver antes com ninguém, nem mesmo por olhares, logo, deve ser coisa séria. O rapaz deve mesmo gostar de ti, e quem não gostaria? Nunca te vi tão bonita, irmã... e é boa, inteligente.

Olhei para ela curiosa: o que estaria pensando Aline?

- Não comente nada disso com nossos pais, sabe o que eles pensam sobre compromisso. Mas, quer saber o que acho? Acho que enquanto não se está casado, unido não se está. Vamos pensar juntas num jeito e eu vou orar bastante para que, se for do seu destino, que Deus nos ajude! De qualquer forma, conte comigo, minha irmã.

Saí da casa de Aline cheia de esperança, mas não me esqueci de que devia perguntar a dona Adelaide certas coisas. Homens tinham jeitos próprios de evitar bebês? Mistérios... chegando em casa, dei com a sala vazia e fui para a cozinha ver se achava um pão ou bolo que ainda tinha fome, conversei tanto com minha irmã que me esqueci de comer. Ouvi um choro contido, vindo do quarto de Amália, que era ligado à cozinha e fui até lá, para ver se ela tinha alguma dor, ou se eu seria de alguma serventia, dei com ela deitada na cama, uma faixa enorme de tecido no chão do quarto me mostrou que ela estava "amarrando" a barriga que já estava enorme e mal cabia na saia que estava usando, ela chorava baixinho. Ao me ver entrar em seu quarto e observar a faixa no chão, ela deu um pequeno pulo, mas depois se sentou na cama, e me disse:

- Vê agora, o tamanho de minha desgraça?

Olhei a barriga que realmente estava grande...

- Está de quanto tempo, Amália?

- Mais de sete meses! Eu vinha me encontrando com ele já fazia tempo quando a senhorita me descobriu. O desgraçado assim que eu falei, sumiu no mundo. E vão me colocar para fora assim que descobrirem, o que vou fazer? Mãe solteira, nem no bordel vão me querer!

Fiquei sem saber o que dizer, recolhi a faixa do chão e coloquei na cama. Seria aquele filho realmente de Euzébio? Não sabia. Mas o desespero dela era real, assim como a maldade:

- Tentei tirar um monte de vezes, mas não consegui! Joguei-me da escada, bati na barriga, tomei um monte de chás. Nada funcionou! Pensa que quero este traste? Vai acabar com a minha vida que pela primeira vez não era tão ruim! E ainda por cima pode nascer negro!

Zanguei-me. Lembrei-me das dezenas de vezes que ouvi histórias sobre o amor materno. Pelo visto, não era com todas as mulheres que ele funcionava:

- Cale-se, Amália. Que crime dizer isso! Pensasse antes de se entregar aos seus desvarios. A criança não tem culpa, e atacá-la assim, antes do nascimento, é um crime!

As lágrimas do rosto já tinham secado, e ela me olhou com esperança:

- Quem sabe se aquela dona Adelaide não consegue tirar esse traste de mim? Ouvi dizer que é parteira, dizem que as parteiras sabem fazer desses serviços. Eu pagaria tudo que tenho guardado nesses três meses, e depois pagaria mais. Fale com ela!

Minha amiga já tinha me explicado alguma coisa sobre partos embora eu nunca tivesse participado de nenhum, o que me autorizou a responder:

- Dona Adelaide só faz esse "serviço" quando o parto pode matar a mãe do bebê, nesse caso, o bebê provavelmente morreria também. Fora isso, nem pensar. E nesse estágio de gestação, morreriam você e a criança, é o que quer? Qualquer parteira que se proponha a fazer sabe disso, e vai querer apenas o seu dinheiro. Aliás, é só o que parteiras assim querem.

Ela arregalou os olhos castanhos e redondos: não queria morrer! Depois do susto me olhou desconfiada:

- Tem certeza disso? Eu morreria? Isso não é conversa sua?

Pensei ter ouvido um "farfalhar" de saias, como se alguém estivesse perto, e quando eu ia me levantar para averiguar, a tola me disse, quase gritando em desespero:

- Pois eu vou achar quem faça, ouviu? Acha que quero este traste me embotando a vida? Já não basta a desgraça de ter nascido de família pobre, sem ninguém por mim?

Olhei para ela assustada, pois num ataque de fúria ela realmente dava socos na barriga, enquanto eu tentava segurar suas mãos, ela continuou aos gritos, sem pensar que alguém no resto da casa, poderia ouvir:

- Teve vida boa, não teve, princesinha? Sempre cercada de luxos, tem dote, não faltará quem queira se casar contigo! Já eu fui abandonada aos cinco anos, e não faltou quem me maltratasse desde então. Vê esse "calombo" nas minhas costas? É de tanto carregar água de poço! Desde que me entendo por gente! E agora ainda me vem este atraso de vida. Mas eu mato ele, juro que mato!

Minha avó Sâmia apareceu na porta do quarto com o chicote de cavalos nas mãos, estava pálida como a parede caiada da cozinha e tinha os lábios comprimidos em feio risco, de tão nervosa que estava. Ao me ver "enrolada" com Amália para que ela não socasse o ventre ferindo um inocente, disse em voz alta e clara, que não parecia ser a dela de tão rouca de raiva que estava:

- Basta, Alice! Não toque nessa criatura imunda! Não é digna desta casa.

Amália, que estava vermelha de ódio, ficou de boca aberta ao ver a pequena figura de minha avó com o chicote nas mãos. E então, quem tentava desagarrar-se de mim de qualquer forma, me agarrou para que a defendesse:

- Dona Sâmia, que faz com esse chicote? Que está fazendo aqui, senhora?

Os olhos castanhos de minha avó transpareciam uma fúria difícil de ser explicada. Se sua vista para perto necessitava de óculos, ela enxergava muito bem à distância, e olhava horrorizada a imensa barriga de Amália.

- Com que então nos escondeu essa vergonha por meses, não? E ficou aqui, envergonhando essa casa, comendo da nossa comida, se fazendo de doente! Mulher impura! E agora ainda quer assassinar a criança, debaixo desse teto que a abrigou, nos manchando ainda mais com outro crime. Alice, livre-se dessa criatura e vá já tomar um longo banho! Não é digna sequer de encostar em ti. Pessoas assim atraem desgraças por onde vão.

Amália, que comigo era valente, com dona Sâmia perdeu a voz. Até mesmo eu, que adorava vovó, tinha ficado ressabiada com o chicote nas mãos dela, que parecia não estar para brincadeiras. A criada, finalmente, afrouxou as mãos, e eu consegui sair dali, com minha avó me pegando pelo braço e tirando-me do quarto, e só então dizendo a ela:

- Arrume suas coisas, infeliz. Mais tarde viremos conversar contigo.

E a trancou no próprio quarto, de ferrolho bem grosso, que ficava por fora da porta, desde o tempo em que ele era usado como uma grande despensa. Olhei para vovó preocupada, ainda estava pálida como a morte, por isso ofereci:

- Sente-se ali, vovó. Vou lhe preparar um chá de cidreira que lhe fará muito bem. Não quero que se sinta mal por conta de Amália, que ela não merece isso!

Ela me olhou admirada, e só então disse:

- E você, sabe disso há quanto tempo?

Fiquei meio sem jeito, mas não tive como mentir:

- Desde pouco antes do casamento de Aline. Mas tive muita pena dela, por isso não contei.

Ela sentou-se na mesa da cozinha, mão na testa, me olhando desconsolada:

- E na fidelidade que você deve ter com seu pai, sua mãe e comigo, não pensou? Em minha terra, para um crime grave como esse, ela seria apedrejada! E não estou nem falando do crime de espancar a criança no ventre, mas no crime da fornicação!

Foi a minha vez de ficar pensativa... apedrejada? Eu já achava muito duro expulsá-la de casa, deixá-la sem teto e comida... não fazia ideia de que as leis no país de minha avó fossem tão duras. Ela me disse que iríamos esperar meu pai chegar e depois conversaríamos, e assim fizemos, apesar de minha mãe estranhar muito Amália, a tentar sair desesperadamente do quarto, e minha avó sentada como um cão de guarda na cozinha, em silêncio.

Meu pai chegou, como de costume, lá pelas nove horas da noite e eu o recebi no portão. Ao me ver ali com aquela cara de susto, ele logo perguntou:

- Que foi? Mamãe passou mal?

Dona Adelaide, que estava sentada na sala, respondeu:

- Nada disso, Pedro. Trata-se apenas de um pequeno problema doméstico que sua mãe precisa resolver contigo. Tenha paciência que ela está um pouco alterada, e acho que vai aborrecê-lo um pouco também.

- Que foi? Roubaram algo?

Dona Adelaide sorriu com o senso de comerciante do meu pai:

- Não foi bem isso, mas aborreceu muito sua mãe. Vá ter com ela na cozinha.

Ele foi para a cozinha a passos largos, lá entrando deu com minha avó em pé que disse:

- Espere um pouco para ver isso!

Então foi caminhando célere para o quarto de Amália, abriu a porta e disse:

- Saia já daí, mulher impura! E nada de colocar faixas dessa vez! Não vai nos enganar mais.

Ouvi um soluço dela, que saiu do quarto com a saia entreaberta, que já não fechava mais devido ao tamanho da barriga. Minha mãe ao dar com aquilo, sentiu as pernas bambearem e sentou-se, para não cair. Já meu pai, fez-se rubro como uma chama ardente e interpelou a criada com uma certa violência:

- Que é "isto", traste? De onde saiu esta barriga? Daquele liberto que vinha lhe ver? Está vendo, Aurélia, o tipo de criatura que colocaste nesta casa? E ainda mandou ir ao baile com nossas filhas. Onde está o infeliz que te fez isto, traste? Sumiu?

Amália sempre tinha tido medo de papai, que embora fosse gentil com todos, com ela nunca tinha simpatizado de fato. Ela estava com a cabeça abaixada, vermelha, nem um sinal da cólera que antes tinha apresentado a mim quando esmurrava a própria barriga. Depois de quase um minuto de silêncio, ela respondeu:

- Tem piedade, senhor, fui enganada! Ele me prometeu casamento e agora me deixou, com esse filho na barriga! Não me deixe morrer à míngua nas ruas...

Eu sabia, pelas conversas ouvidas, que ele nunca lhe tinha prometido casamento, mas melhor nada dizer. Para que complicar o que já era por si uma situação desastrosa? Foi a vez de minha mãe se lembrar:

- Então era essa a "doença" que me fez trabalhar sozinha semanas seguidas, ainda por cima cozinhando para você? Não tem vergonha, Amália? Além de nos envergonhar, explorou minha bondade contigo, que te julguei realmente doente enquanto estava apenas grávida?

Meu pai parecia possesso com a situação. Tinha se esquecido desse detalhe. Olhou Amália friamente e disse-lhe:

- Tem muita sorte de estarmos neste país, no meu, você seria entregue sem a menor pena ao apedrejamento. É um pecado grande acobertar quem pratica atos dessa natureza.

Minha avó me olhou um tanto zangada, e disse:

- Sua filha tem bom coração. Soube disso há coisa de duas semanas, mas não nos disse. É preciso, Alice, que embora sendo cristã, respeite nossas crenças, e nos avise sempre que algo assim acontecer. Para nós isso é um crime sem perdão: suja a nossa casa e nos envergonha. A mulher deve manter-se pura até o casamento, e os católicos também pensam o mesmo. Só que somos mais rígidos na punição. Para nós não há volta, mas como estamos neste país, não apedrejamos, apenas damos às costas.

Entendi bem a mensagem, Amália seria posta para fora de casa sem direito a nada. Olhei o chicote, meio pensativa, torcendo para que ninguém tivesse coragem de usá-lo. Mas só agora entendo a fúria de minha avó. Olhei para dona Adelaide que observava, impassível, me perguntando o que ela achava de tudo aquilo, e ela me respondeu em pensamento: "depois conversamos".

Assisti Amália tirar suas coisas do quarto, e vovó mandou que mamãe revistasse as trouxas que ela levava. Quando entrou em nossa casa tinha apenas uma trouxinha bem pequena, agora levava três trouxas grandes, e isso de certa forma, me confortou. O que não me deixou feliz foi achar algumas joias de minha avó embrulhadas toscamente dentro de uma camisa de algodão, a saber: dois colares de ouro e três brincos de rubi e esmeraldas com ouro branco. Mostrei à minha mãe que empalideceu, e guardou as peças em seu corpete. De resto, ela tinha pego algumas quinquilharias da casa, como uma estatueta de jade (um pequeno chinês, pequeno e bem caro), lençóis da Ilha da Madeira (mamãe mandou ferver tudo depois), e uma colcha que minha avó Cláudia tinha bordado (dessa vez mamãe ficou bem brava). Não contamos a papai e vovó que eles chamariam imediatamente a polícia, mas entregamos o restante a ela com uma cara bem fechada. Pálida de medo, ela pegou as duas trouxas restantes e saiu com pressa.

Que seria dela agora? Depois de ver a colcha bordada de uma avó e as joias de outra, decidi que ia tarde! Tive pena apenas da criança que nasceria ou não, Deus decidiria. Mamãe subiu para seu quarto, exausta demais para tomar qualquer atitude. Fui para a sala e dei com dona Adelaide a olhar os passantes, pensativa, e ela virou-se assim que ouviu meus passos:

- E então, que achou nas coisas dela? Algo de muito valor?

- Valor considerável. Umas de valor financeiro, outras de valor sentimental. Como sabia?

Ela sorriu:

- Quando tiver a minha idade saberá também. Estava grávida, não era uma boa pessoa, certamente sabia que seria posta para fora. Pegou joias de sua avó?

- Pegou. Mas foi antes de eu as esconder. Não me lembro daquelas na caixa...

Ela silenciou. O olhar ao longe me dizia que estava pensativa demais.

- Em que pensa tanto, dona Adelaide?

- Nas diferentes crenças dos homens, Alice. Nos valores sociais ao longo dos séculos e culturas. Não ouviu sua avó, aquela doce mulher que tanto nos encanta, defender o apedrejamento? E seu pai, sujeito encantador, um dos melhores amigos que já tive, também achar isso uma forma de punição justa?

- É realmente estranho, minha amiga. O Cristo defendeu a adúltera, não deixou que a apedrejassem, pois todos tinham pecados.

- Luciano sempre me dizia que quem tem fome de julgar, também tem fome de esconder seus próprios pecados. Realmente não vi nem seu pai nem sua avó tentarem apedrejá-la.

Eu ri e disse:

- Deus me livre! Devia ter visto vovó, com o chicote na mão.

- Ouvi a discussão toda, mas não quis interferir. Amália estava insuportável de tão agressiva, até eu fiquei com vontade de pegar num chicote! Sua avó estava tentando lhe defender, e como é pequena, pareceu um bom expediente. Funcionou, não foi?

- E como! Vovó parecia ter uns três metros de altura!

Ela olhou firme, dentro de meus olhos:

- Você tem que entender e respeitar a fé deles. Ainda que pareça exagerada aos nossos olhos ou diferente, é a fé deles! Cresceram acreditando nisso, e é uma fé que também prega a caridade, a justiça e a honestidade. Se o mundo aprendesse a respeitar a fé alheia, muitas guerras não teriam tido motivo de existir. Ainda que não concorde, tente ver o que há de positivo naquele jeito de pensar e lembre-se de que a casa de nosso Pai tem muitas moradas, e vem para o homem de diferentes formas, em diversas culturas, várias religiões espalhadas pela Terra. Quem somos nós para entender Deus e dizer o que é certo ou errado?

Fiquei olhando minha amiga e tentando entender a profundidade daquelas palavras. Ela voltou o olhar para a praça, cheia de pessoas passando e me disse, mãos abertas, mostrando o povo:

- A casa de nosso Pai tem mesmo muitas moradas, mas desconfio que a preferida d'Ele, Alice, seja essa aqui, que se move entre nós todos os dias: o coração humano!

21

RIVAL, VISÕES E VINHO

DEPOIS DE MATAR a saudade de todos da família, voltamos para casa. Dona Adelaide tinha diversos talentos, me ensinava coisas que eu nunca tinha pensado em aprender, inclusive a fazer tricô. Aprendi, para fazer casaquinhos à noite, para o bebê de Rosa.

Engraçado como muitas vezes escolhemos dentro do coração a nossa casa. Morei a minha vida inteira na casa de meus pais, mas o quarto de solteira de dona Adelaide, assim que entrei nele, me pareceu ser o meu quarto de uma vida inteira. O teto alto, as paredes caiadas de branco, a imensa janela verde com as heras cobrindo a parte de fora e o cheiro das damas da noite. Quando não estava muito frio, eu deixava as janelas abertas, e queimava citronela para afastar os mosquitos. Dormia vendo as estrelas e pensando em Rodrigo, que sempre achava um motivo para nos ver.

Primeiro inventava de trazer mantimentos, mas dona Adelaide brigou com ele, dizendo que nós não estávamos pensando em abrir nenhuma venda. Depois inventou dores, até ela lhe dar um belo tapa na cabeça, dizendo que tinha doentes de verdade para atender. Então teve uma ideia realmente boa, que foi a de trazer pessoas que estavam de fato precisando de atendimento para dona Adelaide. Dessa vez minha amiga sorriu, e ele teve sua aprovação.

O problema era que os linimentos para os remédios estavam acabando, coisas como óleos vegetais, cera de abelhas, vaselina... e, às Vezes, custavam caro! Falei disso com Rodrigo, e ele abriu um sorriso: calcularia os custos. Calculou tudo e ficou relativamente barato, já que os ativos das plantas ela não cobrava. Vendeu alguns prontos em sua loja num preço mais caro (e vendia muito!) para dar de graça a quem realmente não podia pagar nada. Ele um dia disse a dona Adelaide:

- Se quiser, um dia, ficamos ricos!

Ela olhou para ele de cara fechada:

- Acha mesmo que tenho tempo de ficar rica?

E apontou a quantidade de gente que parava em sua porta (pelo menos umas cinco pessoas) todos os dias, e as receitas que tinha que preparar. Eu, mentalmente, concordei com ela, tinha que cuidar da horta, dar conta de uma infinidade de coisas, macerar, e preparar algumas fórmulas, além de ferver vidros, esterilizar, colar rótulos. As coisas estavam ficando complicadas!

Com isso, as visitas até a cidade foram se espaçando, íamos num dia para voltar dois dias depois. A vantagem era que ao menos descansávamos um pouco, e eu via Aline e Rosa, barriguinha já bem crescida, conforme os meses iam passando. Minha irmã parecia feliz, mas sentia que o filho que desejava, ainda demoraria um tempo. Às vezes ela me perguntava: "Alice, não vê nenhuma criança vindo para mim?". A pergunta tinha sua razão de ser, que mais de uma vez eu via uma luz na barriga de uma mulher, e alguns meses depois vinha uma criança, mas não havia luz no ventre de minha irmã. Disse a ela:

- Ainda não, Aline. Mas isso não quer dizer nada... pode ser que amanhã a luz apareça!

Mas, uma voz soprou-me aos ouvidos que o filho de Aline viria de outra forma. "De que forma?" Indaguei ao vento... "O tempo te dirá" - ele me respondeu.

A casa de dona Adelaide ficava quase no fim da Vila, e Anabela acabou notando sua carroça indo quase sempre na nossa direção, e os comentários da "sobrinha bonita de dona Adelaide" logo chegaram aos ouvidos dela. Foi o que bastou.

Nossos dias eram corridos e cheios do que fazer, e o meu relacionamento com Rodrigo era apenas platônico, já que ele ainda tinha compromisso com a moça, e eu apreciava muito do que ele vinha fazendo pelo povo mais simples da Vila. A verdade é que o amava e ele a mim, mas nenhum beijo ou abraço tinha sido trocado. Apesar disso, um dia parou uma charrete em frente à nossa casa, eu estava como de costume na horta, colhendo capim cidreira para fazer uma infusão simples, vestida no meu vestidinho de algodão, com minhas botinas de couro, e um grande avental vermelho um tanto puído na frente, mas muito útil, com grandes bolsos.

Nisso, me salta da charrete muito bem ornamentada uma moça muito magra, num vestido que parecia cetim brocado, com sapatos forrados do mesmo tecido e uma sombrinha bastante elaborada. Tinha aparentemente poucos cabelos castanhos, mas estavam cacheados como era a última moda. Os olhos eram de um verde amarelado, meio sujo, e eu coloquei as mãos nos quadris pensando: Deus do céu, onde será que é o baile?

Olhou para nossa casa como se ela fosse um lugar imundo, onde ela tivesse que pôr os pés, nariz muito erguido, erguendo também a barra do vestido, deixando ver os finos tornozelos em meias muito brancas debaixo do vestido em tom de pérola. Pensei comigo mesma: que será que essa senhora quer por aqui? Olhei as mãozinhas enluvadas, a pequena estatura, o escravo sentado à frente da charrete que me dava um olhar apreciativo (insolente!), e limpei as mãos sujas de terra no avental e fui ter com a dama em questão. Afinal, podia ser que a careta que fez ao ver nossa casa fosse de dor de cabeça ou qualquer outro incômodo.

- Posso ajudar?

Ela me olhou como se olhasse uma criada que tivesse feito algo muito errado.

- Com quem falo?

Não tinha gostado dela, e pela regra da boa educação, como estava em minha casa, ela devia ter se apresentado primeiro. Mas resolvi ser gentil:

- Alice Alkazar. E a senhora, de quem se trata?

Ela emburrou:

- Não sou senhora, sou senhorita! E meu nome é Anabela Freitas! Noiva do senhor Rodrigo! Alkazar? Não conheço nenhuma família Alkazar.

Noiva de Rodrigo? Coitado, por isso ele não se casava! Era antipática de dar medo.

- Se fosse ao centro da cidade, veria que somos muito conhecidos e respeitados. Mas acho que nunca saiu dessa Vila, não é verdade?

Ela ficou vermelha de raiva.

- Moças de família não ficam longe dos pais. De que vivem os seus pais?

Resolvi esnobar:

- Comércio de gêneros alimentícios, cavalos árabes, como o meu Ventania que está ali, e imóveis de aluguel espalhados pelo centro.

Ela riu:

- E se veste assim? Mora nesta casa? Sem uma escrava sequer?

Estava a me preparar para uma resposta, quando ouvi a voz de dona Adelaide, descendo a pequena escada da casa na minha direção:

- E tem essa pele de princesa, esses cabelos sedosos, a postura de rainha e os olhos cor de mel. Mora na minha casa que um dia será dela, da qual não precisa, já que os pais dela têm várias, maiores e melhores do que a tua, com a ventura de não terem escravos, mas trabalhadores felizes e bem pagos.

Anabela se calou, os lábios finos trancados de ódio, dona Adelaide continuou:

- Não aprendeu ainda, menina tola, que quem realmente possui, raramente exibe? Que quer em minha casa? Não é qualquer um que deixo entrar.

Dali mesmo de onde estava ela encheu o peito e gritou com uma voz fina e estridente:

- Venho aqui para avisar: deixe meu noivo em paz! Sei que o vem enfeitiçando com as suas poções e artimanhas, mas é o meu noivo, tem compromisso comigo! Não vou ficar mal falada por conta de vocês.

Foi a minha vez de ficar furiosa:

- O senhor Rodrigo é só um bom amigo nesta casa, ninguém o seduz por aqui. Mas hoje vejo porque demora tanto a se casar! E se alguém aqui precisa de feitiço, é você!

Ela entrou na carruagem com medo, que eu já estava bem enfurecida. Tinha me comportado tão bem, para não ofender a semelhante criatura... De lá mesmo ela ameaçou:

- Pois ouça bem o que digo, bruxa! Se não me casar com ele, mortes ocorrerão!

E saiu em disparada com a frágil charrete, e eu fiquei olhando a poeira subindo na estrada. Dona Adelaide, agora sentada nos degraus, mão esquerda no queixo, me olhou divertida e disse imitando a voz dela:

- "Se eu não me casar com ele, mortes ocorrerão!", ora já se viu coisa mais ridícula!

Levantou-se e foi mexer em suas panelas. Fui atrás dela bem preocupada:

- Acha que não vai cumprir a ameaça?

Ela deu uma boa gargalhada:

- Qual! Aquilo é uma doida varrida, o pai é um bom sujeito, não mata uma mosca. A mãe é uma histérica, feito a filha. Os barcos já estão velhos e elas gastam tudo o que têm! Até os escravos eles têm vendido, só têm dois agora. Rodrigo fica preso pelas chantagens que elas fazem, e por ter grande amizade com o sogro, e não por medo.

Fiquei a pensar naquilo tudo. Mulher mais estranha! Pobre do homem que se casasse com ela. Ele só podia ser doido de não romper o casamento! Como se lesse meus pensamentos, dona Adelaide me disse:

- O grande problema ali, é que o pai de Rodrigo e o pai de Anabela eram muito amigos, e antes de morrer o pai dele fez com que jurasse que se casaria com a moça, achando que o filho ficaria amparado moralmente pela família do amigo. Mas as coisas mudaram muito, e hoje Rodrigo é quem ampara a família que o deixa preso a muitas obrigações, segundo consta, até financeiras.

De posse dessas informações, entendi ainda melhor o desespero da moça. Já passando da idade de casar, sem atrativos e tendo, junto com a mãe, dilapidado a fortuna do pai, tinha que manter o noivo para se sustentar. E ainda vinha me ofender!

No fim da tarde, dona Adelaide me chamou para um passeio. O dia tinha sido atribulado.

- Está aqui há tanto tempo, e eu, distraída, ainda não te levei para ver o lugar mais lindo da Vila!

Olhei para ela distraída:

- Que lugar?

- A praia! Sei que é verão, mas pegue seu xale de algodão.

A Vila ficava num vale entre um morro alto e o mar. Fizemos uma cesta leve com sanduíches e suco, trinta minutos de caminhada e lá estava a praia, com uma areia branca e fina, e o mar com grandes ondas azuis. Perto de casa tínhamos o mar, mas não com toda aquela majestade, já que o continente ficava perto. De lá, o mar se perdia no infinito, e os barcos de pesca iam aparecendo um a um, com o cheiro de sal saindo das pedras ao longe. Estendi uma toalha e nos sentamos, aproveitando o resto de sol e comemos os nossos sanduíches. Pensei que Rodrigo gostaria de estar ali conosco e disse a dona Adelaide:

- Que coisa linda, dona Adelaide. É por aqui que a Teresa chora?

Ela riu:

- Bem naquelas pedras ali.

Observei as casinhas dos pescadores, que passavam acenando para nós. Tantos eu já conhecia, nos levavam tainhas e outros peixes para trocarem por remédios e legumes de dona Adelaide. Estava entre amigos.

- Aqui é sempre bem seguro, mas cuide no caminho. Se puder venha sempre acompanhada ou peça a um pescador para te levar até perto da Vila. Pode acontecer de um ou outro malandro seguir uma moça bonita como você.

Assenti com a cabeça. Lembrava-me perfeitamente de Gabriel. Deixamos a cesta e começamos a caminhar com calma até que a primeira estrela apareceu no céu. Então fomos para casa enquanto havia luz. Veio-me à cabeça a imagem de minha irmã um tanto triste, com a cabecinha encostada no ombro de Augusto que tentava consolá-la. Orei por Aline, pois intuí o que seria: ele não poderia lhe dar filhos.

Uma lágrima desceu pelo meu rosto, e dona Adelaide me olhou curiosa:

- Que foi? Triste com o quê?

- Aline descobriu que não poderá ter filhos com Augusto.

Ela deu um sorriso triste, e comentou:

- Isso de conexão de pensamentos entre gêmeos às vezes realmente assusta. Mas com vocês duas era de se esperar. Eu intuí algo de parecido, ele foi muito machucado quando criança, por isso não teve filhos até hoje. Sua irmã vai demorar a superar, é muito amorosa, mas tudo fará para que o marido não note.

Machucado quando criança? Pobre Augusto. Era este então o "método" de não ter filhos? Comentei sobre isso com dona Adelaide, que me disse:

- Alice, ele podia não ter certeza absoluta, mas não quis dar esperanças a sua irmã. Lembre-se de que ele teve relacionamentos esporádicos, mas nunca tinha se casado. Como poderia ter certeza?

- É verdade. Ele sequer foi noivo antes ou manteve mulher fixa na cidade. Não tinha como ter certeza.

Acendemos nossas velas e oramos por Aline, mas por um bom tempo senti a tristeza de minha irmã. Lembrei-me então que seu filho viria de outra forma e esforcei-me por mandar esse pensamento a ela. Sonhei com ela sorrindo, e só então descansei.

Rodrigo voltou à nossa casa, e apesar de temer as broncas de dona Adelaide, dessa vez trouxe um bom vinho doce e um presunto defumado. Disse que era seu aniversário e queria comemorar com as pessoas que mais gostava. Como recusar?

Noite de verão, flores cheirosas pelo jardim, coloquei minha água de rosas, penteei meu cabelo até ficar lustroso, vesti-me com um belo vestido verde e coloquei uma bela rosa vermelha nos cabelos. Não era vaidosa, mas aquela noite queria ficar bonita. Talvez para compensar aquela noiva esquisita que ele tinha. Ao me ver, dona Adelaide disse:

- Minha nossa, assim vai deixar o moço com ideias!

- Muito decotado?

Ela olhou com um ar examinador e disse:

- Não... só muito bonito!

E colocou no meu pescoço uma cruz de madeira nobre com uma incrustação de prata, numa corrente também de prata, deslumbrante.

- Tome. Presente desta sua amiga aqui.

Ia recusar presente tão caro, mas ela disse:

- Nem tente! E para quem ia dar? Anabela?

Olhei-me no espelho encantada com o efeito da joia simples, a madeira escura na pele clara, dei um beijo e um abraço em minha benfeitora e fui para a sala. Rodrigo engasgou com o vinho quando me viu, e ficou bastante sem jeito. Antes que falasse pedi a ele que ajudasse a colocar a mesa no jardim, que cearíamos lá, já que a noite era especial. Ele levou a mesa, as três cadeiras enquanto eu coloquei as toalhas, os pratos, as velas, e dona Adelaide fez belas batatas coradas com manteiga. Papai que não me visse animada com aquele vinho doce, mesmo colocando água.

Depois de um cálice cheio, senti a cabeça meio zonza e apoiei a cabeça nas mãos e fiquei a olhar, ora um, ora outro, vendo apenas as imagens, sem conseguir captar direito os sons, distraída pela abstração do álcool, justo eu, que jamais bebia. Quando notei, dona Adelaide estava de olhos postos em mim, a me perguntar:

- Está bem? Alice, vinho doce não é refresco, tome bastante água e coma o mais que puder, assim voltará ao normal.

Normal? E eu não estava normal? Mas estava tão quietinha... de qualquer forma, segui o conselho e coloquei duas taças cheias de água da moringa para dentro da minha garganta. Deus, que sede eu estava! Tinha sido uma taça só mesmo? Meu pai é quem tinha razão de não gostar daquelas coisas...

Tentei comer meio forçadamente, mas quem disse que consegui? Feroz enjoo me fez rejeitar o bonito presunto (não tinha muito costume com carne de porco, meu pai dizia que era suja) e apenas algumas batatas caíram bem. O danado do vinho também destravou a minha língua, e eu que antes diria apenas um educado "não tenho fome" ao presunto que Rodrigo oferecia, acabei soltando um "Deus me livre de carne de porco!", o que deixou o rapaz meio sentido.

Só então dona Adelaide me deu um olhar, tão bravo que me deixou corada, e eu sosseguei um pouco. Tentei falar apenas o necessário e dali para diante correr do vinho como o diabo da cruz. Coisa mais inconveniente, a gente fica sincera demais! Foi quando minha amiga chamou um assunto, que podia ter sido evitado:

- Sabia, Rodrigo, que Anabela veio até aqui?

Acho que o rapaz estava tendo o pior aniversário da vida dele: primeiro eu reclamei da comida, agora dona Adelaide lhe falava da noiva. Ele ficou muito sem jeito, mas respondeu:

- Anabela, aqui? O que ela queria?

Minha amiga não era conhecida por mentir:

- Acho que conhecer Alice e dizer a ela que parasse de jogar feitiços para seduzi-lo, ou então haveria mortes!

Eu estava quieta, era verdade, mas tive que me segurar para não rir da expressão dele: nunca tinha visto um rapaz ficar tão surpreso:

- Feitiços? Seduzir-me? Mortes? Ela falou mesmo esses absurdos todos?

Tinha ficado furioso. Dona Adelaide não mexeu um músculo e o olhou fixamente quando perguntou:

- Tem mesmo certeza, meu rapaz, de que pretende se casar com esta doidivanas? Acha que tem chance de felicidade com ela? Fui eu quem fez seu parto, te conheço desde sempre, como aos seus pais, a quem ela sempre fingiu ser uma moça muito gentil. Acredita que se a conhecessem de fato, gostariam que se casasse com ela?

Ele que tinha se levantado, sem saber o que fazer, olhou para dona Adelaide e disse, um tanto perturbado:

- Sabe muito bem que não pretendo me casar com ela, Adelaide. Aliás, toda Vila sabe disso. Mas prometi isso no leito de morte de meu pai, como ela mesma não se cansa de me lembrar. E ainda há o meu futuro sogro, meu amigo de décadas, que tanto me ajudou no início dos negócios e hoje está quase na ruína por conta da gastança daquelas duas. Mas, está certa. Passa da hora de terminar esse noivado de mentira. Só não terminei antes porque não tinha conhecido a mulher certa.

E então, olhou diretamente para mim, que tonta pelo vinho, tentava desesperadamente prestar atenção a toda conversa sem desabar da cadeira. Num gesto inesperado, ele se abaixou ao meu lado e tomou de minhas mãos:

- Desculpe-me se puder, Alice. Uma moça como você, não tinha que passar por semelhante vexame, de ter uma doida como essa a lhe acusar de fazer feitiços para seduzir um homem. Primeiro, porque não precisa de feitiço nenhum, depois, quem tenta te seduzir o tempo inteiro sou eu, e você é que não me dá nenhuma chance. Isso mostra, aliás, o caráter que tem: eu sei que enquanto estiver noivo, não tenho a menor chance contigo. Mas, se estiver livre, podemos conversar a respeito de um compromisso?

Estava ouvindo bem? Ele estava falando em compromisso depois dele desfazer o noivado? Claro que queria, não pensava em outra coisa! Mas o mal-estar pelo vinho veio súbito, e eu tive que sair correndo da cadeira para os fundos da horta e coloquei finalmente para fora o jantar e o maldito vinho tinto doce que a partir daquele dia passou a ser meu inimigo mortal. Dona Adelaide, que tinha vindo correndo atrás de mim, passou uma toalha de água fria na minha testa, na minha boca e no meu decote, deixando-me limpa de novo, mas uma dor de cabeça monumental se aproximava.

Olhei para ela que dava pequenas risadas, enquanto prendia meu cabelo (felizmente limpo) no alto de minha cabeça com um pequeno galho que pegou ali por perto, olhou-me como se me examinasse e perguntou:

- Cabeça doendo?

- Parece que tem mil martelinhos dentro dela... tudo isso por uma taça de vinho?

Ela deu uma gargalhada:

- Uma taça? Você bebeu quase quatro! E sem água dentro! Para quem nunca bebeu realmente, foi uma senhora bebedeira! Minhas taças são grandes, Alice, não me faça mais isso...

- Ele falou que vai terminar o noivado ou ouvi coisas?

- Falou, e quer saber se depois você aceita se comprometer com ele.

Tentei respirar fundo, mas a cabeça doeu mais ainda...

- Tenho que ir dar uma resposta, dona Adelaide. Ele ainda está lá?

Ela, que estava sentada comigo, levantou-se e espiou:

- Está sim, que não ouvi cavalo nenhum partindo.

- Vou lá dar uma resposta, mas depois vou deitar em meu quarto. Minha cabeça está estourando... nunca mais tomo vinho!

Apoiei-me nela e fui andando com a dignidade que me restava (e não era muita). Ao me ver, Rodrigo levantou-se e me perguntou se tudo estava bem... Dona Adelaide salvou-me explicando que eu nunca tinha bebido antes, e como a bebida era doce, eu tinha me aventurado. Rodrigo achou graça, mas eu disse que iria para o quarto, desculpando-me muito e desejando feliz aniversário. Estava já na escadinha para a casa quando disse:

- E o senhor, assim que desfizer o noivado, pode me procurar que aí sim, veremos o que fazer.

Ele sorriu, minha cabeça voltou a latejar, e deitada eu o ouvi primeiro colocando a mesa e as cadeiras na sala, depois atrelando a carroça e pegando a estradinha. Que coisa horrível era o álcool, papai tinha toda a razão e eu não conseguia entender como tinha gente que gostava daquilo. Além da dor de cabeça ainda sobrava a vergonha de falar demais!

Ouvi o chiado da chaleira de dona Adelaide e um cheiro de boldo encheu o ar, amargo como o fel. Ela só podia estar brincando se achava que eu ia tomar aquilo! Meu estômago revirou-se em minha barriga, e eu ouvi a porta se abrindo já com medo. Era minha querida amiga, e depois de algumas ameaças, eu tomei o chá. E não é que dormi feito um anjo? E não é que a dor de cabeça passou?

22

AMOR ALÉM DA MORTE

QUER TER UMA vida cheia de trabalho e alegrias? Trabalhe para auxiliar o próximo. Nem tudo são flores, é verdade. Acredite, nem sempre aquele para quem se faz o bem, reconhece, e muitas vezes além de lhe virar as costas, lhe ofende. Isso era realmente raro de acontecer, mas acontecia. Mas, quantos amigos tínhamos, eu e dona Adelaide! Nossa mesa nunca ficava vazia, e muitas vezes, mesmo os mal-agradecidos, voltavam em busca de ajuda e ela os ajudava. Primeiro dava um bom puxão de orelha em particular, mas depois ajudava.

Um de nossos piores casos foi de uma jovem mãe, chamada Bernadete, mulher de pequena estatura, morena clara, dentes um tanto podres, nariz proeminente e olhos fundos. Era magra de dar medo e os cabelos negros me levaram a concluir que não tinha assim tanta idade, apesar da pele e das unhas sujas. Levou-nos um menino de seus três anos numa tosse tão forte, que foi difícil para dona Adelaide auscultar de tanto que o pequeno se movimentava. Minha amiga primeiro perguntou há quanto tempo o menino estava assim, e a mãe disse que pelo menos um mês. Dona Adelaide balançou e cabeça negativamente:

- Se fizesse só um mês, mesmo assim devia tê-lo trazido antes. Mas faz mais de um mês, não faz? Diga a verdade ou não posso tratar seu menino, que ainda por cima arde em febre.

Senti que ela ficou ressentida:

- Tem uns dois meses que tosse, mas essa febre só faz um mês!

Olhei para dona Adelaide aterrorizada, um mês de febre! Por isso tão magrinho, macilento e com olheiras tão profundas. A mãe continuou:

- Antes estava comendo, mas, há dois dias atrás, parou. Tenho mais um filho, meu marido é pescador. Achei que ia se curar sozinho, mas não está curando...

Dando um banho de esponja no pequeno e lhe ministrando xaropes e unguentos expectorantes, dona Adelaide olhou brava para a mãe e disse:

- Não sei se ficará são. Mas dê desse xarope, de hora em hora. Não pode deixar passar, só a noite, quando ele deve dormir seis horas seguidas. Muita água, líquido, o que ele quiser, água bem limpa, e esses unguentos aqui, para manter o peito quente. Mantenha a testa sempre fria. Se quer o menino vivo, vai ter que cuidar dele dia e noite. Consegue fazer isso?

Sentindo-se acuada, a mulher disse que sim, e saiu levando os remédios e o menino sem nem dizer obrigada. Três dias depois ouvimos a cantilena de um enterro e dona Adelaide, sem sequer levantar da mesa me disse:

- É o enterro daquele menino. A preguiçosa matou o filho.

Levantando-me até a janela, observei realmente um pobre cortejo passando com um caixãozinho branco na frente. Atrás do caixão vinha a mulher, que apontou a nossa casa e gritou para que todo mundo ouvisse:

- Bruxa! Assassina! Trouxe o menino aqui para que ela o curasse, e ela o matou!

O pai do menino nos olhava sem expressão alguma no olhar, dona Adelaide na mesa, tinha o olhar vazio, as mãos não maceravam mais as ervas como antes, apenas eu parecia ter alguma vida no cômodo:

- Assassina? Que miserável! Você fez de tudo para ajudar, nem cobrou nada da desgraçada e ela agora vem te acusar de assassina? Ah, mas isso não fica assim!

- Ora, Alice... acha que ela assumiria a própria culpa? Vai ver eu errei na medicação. Acho que estou ficando velha mesmo, talvez seja a hora de parar.

Parar? Ela tinha ficado triste. A maior parte do Vilarejo foi ao enterro do menino, e eu parti para a aldeia de pescadores, perto da praia. Chegando lá, achei-a meio vazia, mas perguntando a um menininho louro, logo achei a casa da mulher chamada Bernadete, mãe do garotinho que estava sendo enterrado.

Estava vazia, o portão pobre aberto, tudo numa sujeira de dar medo. As roupas das crianças de molho numa água lodosa, numa bacia de ferro, cheiravam mal, como se estivessem podres. O chão de terra batida há muito não via uma vassoura e as panelas nas pias, eram tão cheias de gordura malcheirosa, que não sabia se daria para reutilizá-las. Dona Adelaide tinha dito, "dar água muito limpa várias vezes ao dia". Não havia ali um único recipiente limpo para água.

No quarto que devia ser o das crianças, fraldas de pano com dejetos estavam acumuladas em cantos de qualquer jeito, infestando o ar da casa, tornando-o extremamente insalubre. Pelo jeito o garotinho tinha um irmãozinho mais moço, que ainda dependia das fraldas continuamente. Mas, por que ela não as lavava? Que tipo de mãe era aquela?

Andando pela sala, tive a mais horrenda das surpresas: achei os potes de remédio de dona Adelaide, intocados. Ela não tinha dado nada ao doentinho! Nem do xarope, nem do unguento. O pobrezinho tinha morrido à míngua e ela agora acusava dona Adelaide, em público, de ter matado a criança! Pensei em minha amiga que tinha ficado com os olhos tristes em casa, imaginando se não tinha errado na fórmula dos remédios e assim não curado o menino. Não sei o que me nauseou mais, se foi o cheiro da sujeira da casa, ou as mentiras e a maldade de Bernadete. Saí para a rua para tomar um pouco de ar fresco, que tudo aquilo parecia me impregnar o corpo e a alma.

Vendo-me com a expressão um tanto desesperada, uma senhorinha de seus sessenta anos veio ter comigo, e me perguntou se eu queria um copo d'água. Tão gentil ela era, que aceitei e ela trouxe uma caneca muito limpa, de latão, com água dentro, e eu tomei rápido.

- É a menina Alice, não é? A que vive com Adelaide?

- Sim, senhora, sou eu mesma!

- E que faz aqui menina? Adelaide está bem? Precisa de ajuda?

Olhei para ela e senti imediatamente confiança:

- Preciso sim. Aquela Bernadete... - e contei de todo acontecido, da consulta, dos conselhos de dona Adelaide, do estado da casa de Bernadete e dos vidros intocados. Quando disse que ela tinha chamado minha amiga de assassina, ela ficou rubra de raiva, mas eu ainda disse:

- Pois dona Adelaide está lá em casa, abatida e triste, achando que não deve mais fazer seus remédios.

A boa velhinha me olhou com seus olhinhos assustados:

- Mas nem fale nisso! Tenho umas dores nas costas que só passam com o unguento dela! Deixe comigo que quando aquela preguiçosa da Bernadete chegar, eu acerto as contas com ela!

E não foi que acertou mesmo? Mal entrou na Vila com todos aqueles que foram no enterro, dona Tonica (a velhinha) estava na frente da casa de Bernadete e falou bem alto para quem quisesse ouvir:

- Quer dizer então que foram os remédios de minha amiga Adelaide que fizeram com que seu filhinho morresse, não é?

Bernadete ficou furiosa:

- Aquela bruxa tem parte com o demônio, roubou a vida do meu filho!

Dona Tonica escancarou a porta da casa dela e chamou o povo do lugar, que já se aproximava, curioso de ver o que estava acontecendo:

- Pois deem uma olhada aqui dentro e vejam onde está o demônio. O menino já tinha febre há mais de um mês, e vivia nesta casa, sintam o cheiro que esta preguiçosa deixa esta casa! E aqui estão os remédios que Adelaide deu de graça: o menino não usou nem uma gota, que essa criatura não quis ter trabalho nem de cuidar da criança! Está em Adelaide o demônio?

Ela ia começar a gritar e se desesperar, mas o marido lhe deu um tabefe tão bem dado que lhe virou a cabeça. Tomou-lhe o bebê dos braços a gritar, dizendo que aquele ela não mataria! O povo da aldeia, em seguida, a expulsou. Parece que há muito não era querida por ali...

Admirada, mas preocupada com o destino da mulher (é certo que merecia a punição e talvez até algo mais, afinal a criança tinha morrido por desleixo), pensei logo em voltar para casa e contar do acontecido para dona Adelaide, e lembrá-la do quanto era amada por seus amigos leais.

Fui para casa a passos rápidos, mas chegando lá, só encontrei um bilhete:

"Sopa no fogão, decidi passear um pouco na praia.
Volto logo,
Adelaide".

Mas que desencontro! E eu estava na aldeia dos pescadores, logo ao lado. Tinha sido duro para ela ser chamada de assassina e caminhar deve ter lhe feito bem. Comi da sopa com calma, mas como ela estava demorando a voltar e eu estava preocupada, resolvi encontrá-la por lá.

Peguei meu xale de algodão e saí, sem pressa, que a tarde ainda duraria um pouco. Caminhava junto ao arvoredo pensando justamente no que teria sido de Bernadete, quando esta me apareceu, surgindo detrás de uma árvore de grosso tronco, onde estava escondida, e me disse em voz rouca:

- Maldita! Mil vezes maldita! Arrasou com minha vida, mas também não terá paz, isso eu lhe garanto. Não faz ideia de com quem mexeu... se acha protegida, mas não está!

Imediatamente vislumbrei vultos negros ao redor dela e me encolhi. Nunca tinha visto entidades tão perniciosas, nem tão ferozes. Estava, finalmente, na frente de uma bruxa? Respondi a ela:

- Protegidos são todos aqueles que estão com Deus, bruxa. Não te arrependes de ter matado lentamente seu filho, e da falsa acusação contra dona Adelaide, que tudo fez para lhe ajudar?

Vendo minha postura agressiva, e sendo eu bem maior que ela, afastou-se, mas continuou:

- Mesmo os protegidos por Deus, têm um momento qualquer de fraqueza, moça insolente! Grave o que vou lhe dizer, pagará em dobro o que me fez hoje! Em dobro!

E retirou-se. Mulher louca! Ainda por cima me rogou uma praga. Fiquei parada por um bom momento, e notei que a maior parte das entidades se foi com ela, ficando apenas uma, detrás de outra árvore. Fiz fervorosa prece, e então ela se foi também e meu coração voltou a bater normalmente.

Fiz o resto do caminho, ainda preocupada com minha amiga, e quando avistei o mar, vi um casal sentado perto das pedras: um homem grisalho e uma mulher de quem eu só via o xale negro e esvoaçante. Olhei em volta para ver se via dona Adelaide, mas nada dela! Caminhei um pouco na direção contrária, e nem sinal de minha amiga.

Estava já ficando frustrada, pois se ela tivesse voltado para casa teria que ter passado por mim obrigatoriamente, e não tinha passado! Não tinha dito que estava na praia? Dona Adelaide não mentia, onde estava afinal? Meu coração se apertou achando que Bernadete pudesse tê-la achado antes, e lhe feito algum mal. Sentei-me na areia que a caminhada tinha sido exaustiva, e fiquei observando o casal, que agora se levantava e vinha em minha direção.

O homem era alto, o cabelo entre o louro e o grisalho, forte, prováveis cinquenta anos, numa vestimenta de franciscano e do lado dele uma Adelaide feliz, a contar qualquer coisa que o divertia muito. Emudeci de espanto, com ela, estava frei Luciano, e os dois conversavam de forma tranquila, felizes, como se nunca tivessem se separado de fato! Um pescador vindo do mar passou ao meu lado, e como era meu conhecido tive a chance de perguntar a ele, apontando dona Adelaide:

- Que está vendo ali?

Ele me olhou muito surpreso:

- Ora, o mesmo que você. É Adelaide rezando!

- Rezando?

Ele riu:

- É... faz isso quase sempre. Uma vez, há muitos anos, fomos acudi-la porque achamos que estivesse enlouquecendo ou falando sozinha. Mas não é isso: é que ela gosta de rezar perto do mar. É uma santa, não é mesmo? Mas não gosta que a interrompam. Melhor ficar longe!

Aproveitei que ela ainda não tinha me visto, e saí o mais rápido que pude, para não atrapalhar sua "oração". Entendi porque nunca se sentia sozinha, não queria se casar e tinha um entendimento tão profundo do mundo espiritual. Seu amor sempre vinha visitá-la. Um amor muito além de qualquer tempo e espaço, além da morte!

Provavelmente vinham dali as fórmulas dos remédios, as energias dos passes, a força da fé. Nem a morte separa o amor de algumas criaturas, e que bonito era frei Luciano! Iluminado como dona Adelaide!

Pensei em Rodrigo, que havia desaparecido há quase um mês e fiquei um tanto triste. Teria desistido de mim? Sentia também muita falta de Aline, pediria à dona Adelaide para irmos naquele final de semana visitá-la, já que a sabia triste e desesperançada. Estava nesse padrão de pensamentos, quando minha amiga chegou, semblante alegre como sempre, e me perguntou:

- Que houve na aldeia de pescadores? Pareciam preocupados comigo, me fizeram até trazer um bolo feito em casa. Achei que estariam me olhando desconfiados, por conta da acusação de Bernadete.

Olhei para o chão meio sem jeito, e contei a história toda, até a expulsão da mulher da aldeia de pescadores. Ela me escutou sem dizer nada e só depois disse:

- Não posso dizer que fez mal, Alice. Ela ia acabar matando a outra criança, e o marido não merecia uma mulher assim. É uma atormentada aquela Bernadete, não há como simpatizar com ela. Mas algo me diz que ela tem contato com coisas que não deveria ter.

Teria dona Adelaide já visto alguma coisa? Contei que a encontrei na mata da praia, logo depois, e da maldição que tinha me jogado. Minha amiga empalideceu:

- Isso não é nada bom. Ela é cercada de muita coisa ruim, nefasta mesmo! Temos que orar bastante para proteger bastante você e evite, a qualquer custo, pensamentos negativos, eles são como uma porta de entrada para esses obsessores!

Fiquei bem arrepiada, não queria uma sombra feia daquelas atrás de mim:

- Quer dizer que mesmo tentando servir a Deus sempre, não estamos protegidas?

Ela me olhou com seus olhos negros, encantadores e um tanto sombrios quando disse:

- Alice, você tem um coração puro, mas o preço da segurança é a eterna vigilância em nós mesmos. Essas entidades não raro leem os nossos pensamentos e insidiam-se dentro de nossas mentes. Tendo um pensamento negativo, ou mau, enxote-o de lá, não o deixe crescer. Dessa forma a entidade se cansará e a deixará em paz, pois estará falando para um muro de pedra. Existem outras formas, mas a mais segura ainda é essa, embora seja a mais difícil. Faça uma oração e peça a Deus que tire o mal de seu coração e o encha de sabedoria, bondade e fé.

Pasma com as palavras sábias dela, as guardei em meu coração. Fui dormir e rezei por Rodrigo e minha família, para que Deus cuidasse deles e fosse feita a vontade do Criador, e não a minha, que nada sabia. Rezei inclusive por Bernadete, para que encontrasse o caminho do bem, podendo assim minorar as suas provas, que já eram bem pesadas.

E, no final, agradeci por meus talentos que tinham me permitido ver dona Adelaide junto a Luciano, andando pela praia. Nunca mais me esqueceria daquilo.

23

A LÓGICA DE ALICE

VOLTAMOS AO CENTRO quase dois meses depois. Minha mãe me recebeu com um abraço e depois me deu uma bronca:

– Seu pai já ia mandar um mensageiro para saber se não tinha morrido! Quer me matar do coração? Sua avó estava numa tristeza de dar medo, suba já lá e converse com ela!

Mas com dona Adelaide, que chegou corada de vergonha, pois ouviu parte da conversa, mamãe abriu os braços:

– Amiga adorada! Como está? Chegue aqui na cozinha que eu quero lhe contar as novidades!

Fiquei meio zangada. Mas melhor assim, não gostaria de ver dona Adelaide levando broncas, e era mesmo para eu ter insistido em ir. Vovó, da cama, me ergueu os braços como se estivesse doente:

– *"Ya eazizi"* (minha querida, em árabe), quanto tempo!

Olhei para ela de coração apertado, mas de perto vi que estava corada, e até com suas argolas de ouro e pulseiras. Na realidade, dona Sâmia estava muito bem de saúde, pele viçosa, boca bonita. Ela e mamãe estavam se dando muito bem. Por debaixo da colcha vi que ela tinha habilmente escondido enorme tapeçaria, puxei as lãs e disse:

– Que tapete lindo, avó! Para quem está fazendo?

Vendo-se descoberta, ela disse:

- Para sua irmã Aline, que vem sempre me visitar, ao contrário de uma outra ingrata, que desaparece e nem manda notícias.

Sentou-se na cama e finalmente me deu um sorriso:

- E então, aprendendo muitas coisas? Para demorar este tempo todo só há uma explicação: conheceu um rapaz?

Desde criança eu sabia que podia esconder as coisas de mamãe, mas nunca de minha avó.

- Nada sério, vovó. Apenas amizade...

Ela franziu a sobrancelha:

- Sei... é de boa família, educado? Trabalha em quê?

- Boa família sim, moço honrado. Tem um armazém de Secos e Molhados bem próspero. Mas, como disse, é apenas um amigo.

Ela me deu um olhar desconfiado:

- E o que falta a esse bobalhão para lhe pedir em compromisso? Não é comprometido, é?

- Sabe que eu não ficaria com ninguém comprometido, dona Sâmia. Não foi esta a educação que me deu? É que preciso pensar melhor antes de assumir compromisso com alguém. Se assumir, o trago aqui para que vocês conheçam.

Ela abriu aqueles olhos castanhos escuros muito espertos, e me disse:

- Não senhora, primeiro traz, se a gente aprovar, firma compromisso. Já se viu assumir compromisso antes da família aprovar! Chame já Adelaide aqui!

Subiram então dona Adelaide e mamãe, que ela queria colocar as duas a par de tudo, principalmente minha mentora, que ia ouvir mil recomendações. Aproveitei que estavam distraídas falando de mim e esgueirei-me para a casa de Aline, onde eu sabia que ia encontrar minha irmã ainda tristonha.

Perto da casa de Aline já comecei a ouvir o seu dedilhar no piano tocando um de seus clássicos favoritos: Sonata ao Luar. Essa melodia, sem saber eu porque, sempre me deixava um pouco triste. Abri o grande portão de ferro sem dificuldade, notando que Augusto já tinha dispensado o vigia diurno, e dei com uma criada nova que se espantou muito comigo, pois julgou estar vendo a patroa dela em roupa diferente no jardim da casa e quase morreu de susto, pois tinha acabado de vê-la na sala. Expliquei que era a gêmea dela e fiz com que se calasse, pois queria surpreender Aline.

Entrei pela porta da sala e vi minha irmã pelas costas, tinha parado de usar os cachos e usava os cabelos agora soltos e naturais como os meus. Fui caminhando como uma sombra e a abracei por trás, como fazia quando éramos crianças, e ela, que estava chorando silenciosamente, sorriu. Levantou-se da banqueta e me abraçou de volta, dizendo:

- Pode me explicar como vou ter o filho de Augusto de "uma forma diferente" ? Não consigo entender como...

- Nem eu tampouco... - respondi - mas terá uma criança, e sequer sei se será um menino. Só que será "uma criança".

Ela enxugou as lágrimas e sorriu:

- Contei a Augusto e nunca vi você errar quando diz essas coisas. Ele gosta muito de você, mas não conseguiu entender. Apenas uma criança, menino ou menina, seria mais que o bastante, Alice.

Cruel frio gelou meu coração sem nenhum motivo e eu empalideci, ela sentiu isso e me perguntou o que estava havendo, ao que eu respondi:

- Nada. É que me lembrei que todo presente tem um custo. Mas seja qual for o custo, se te fizer feliz, ficarei feliz em contribuir.

Aline se assustou e me perguntou:

- Você pagar o custo? Mas isso não seria justo. A dádiva é para mim.

Vendo-a preocupada por algo que eu nem sabia se aconteceria, eu ri para ela:

- Ora, vamos irmãzinha! Que custo nada! Eu é que ando meio cismada desde que me rogaram uma praga...

E contei a ela a história toda, até que Augusto chegou em casa. Ao me ver, ele surpreendeu-se bastante e me deu longo abraço, perguntando-me:

- E então, ainda aprendendo muito? Não quer mais morar na cidade e assentar-se conosco? Seu quarto ainda lhe espera e faria um bem enorme a sua irmã.

- Não, meu querido cunhado. Meu lugar é lá. Cheio de gente simples e precisando de cuidados. Sou feliz acordando cedo, cuidando das ervas e dos doentes, e dona Adelaide é excelente companhia.

Ele olhou-nos. Uma ricamente vestida, outra com simplicidade, as duas sorrindo para ele, e então nos disse:

- Sabia que nunca estiveram tão iguais? Acho que estão até com o mesmo peso, cabelo na mesma altura, com o mesmo brilho... até o tom dos olhos!

Eu ri:

- Quase matei de susto sua empregada hoje. Achou que estava vendo coisas quando me viu no jardim. Aliás, tirou o vigia diurno, não foi?

- A pedido de Aline, que o achava muito "mal-encarado".

Minha irmã veio em sua própria defesa:

- E era mesmo! Vivia de olho em mim e nas criadas. Sentia-me mais ameaçada do que protegida. E depois, aqui é seguro durante o dia... sempre foi! Amália e Euzébio já desapareceram há muito tempo.

Calei-me. Deus sabe onde andariam tais criaturas, ou mesmo se estariam juntos. Era certo que no centro era raro que crimes acontecessem, pois a polícia era em número razoável, principalmente naquela área. Mas a obsessão do liberto por Aline tinha me chamado muito a atenção. Bem, Augusto era inteligente, com certeza sabia o que fazer.

Despedi-me dos dois, deixando Aline mais esperançosa, e fui de volta para a Vila com dona Adelaide, que foi num silêncio tranquilo, guiando a sua charrete, até o final do caminho, quando ela diminuiu os passos do cavalo e me perguntou:

- Achou sábio falar de Rodrigo com sua avó? Afinal, pelo que sabemos, ele ainda está noivo.

Tive de explicar:

- Dona Sâmia adivinha as coisas no ar, logo, percebeu que eu estava envolvida emocionalmente com alguém, e eu não soube mentir. Se dissesse que ele era noivo, a casa cairia na minha cabeça, então disse que ainda estava "pensando". Se ele não desfizer o noivado, digo que não quis.

- Entendi. Encheram-me de recomendações para que você não ficasse sozinha com ele, e não vai ficar mesmo! Pelo menos até seus familiares o conhecerem! Está bem assim?

Olhei para ela um tanto desiludida:

- Nem conversar no jardim, no banquinho onde você pode me ver?

Ela ergueu o queixo:

- Só se desfizer o noivado!

Ao entrarmos na Vila, paramos numa loja para comprar mantimentos. Evitamos, é claro, o armazém de Rodrigo para não causar constrangimentos de qualquer tipo ao rapaz, na noiva dele, ou em nós mesmas: se tinha desaparecido de nosso convívio, não forçaríamos uma aproximação. Seu Inácio, dono da venda, veio correndo nos atender, com sua filha de quinze anos, Carolina, que gostava muito de mim e que sempre ficava conversando comigo quando eu ia vender os legumes para a feira. Enquanto dona Adelaide comprava os mantimentos, ela veio, alegre e festiva para o meu lado:

- Alice, tem água de rosas?

Olhei para minha amiguinha, alourada e de nariz arrebitado, bonitinha como só ela, mas que aparentava menos que seus quinze anos:

- Estou voltando do centro hoje, mas no sábado trago-lhe uma. Que foi? Algum pretendente?

Ela corou:

- Pode ser... quem sabe se com sua água de rosas ele não se decide? E você, ainda não se acertou com ninguém?

Dei um suspiro, ela desconfiava de minha amizade com Rodrigo, mas também sabia que eu "me dava ao respeito". Respondi:

- Acho que tão cedo não me caso, Carolina.

Nisso nós duas avistamos Rodrigo, que entrava cabisbaixo de sua casa para a venda. Parecia ter emagrecido uns bons quilos, e meu coração se apertou. Será que estava doente?

Carolina comentou:

- Coitado... que sina!

- Que sina? Por quê?

Ela o olhou de beicinho franzido, simpatizava com ele:

- Primeiro aquela noiva dos infernos. Ouvi dizer que foi romper o noivado e o pai dela teve uma síncope. Está de cama desde então...

- Síncope? Como assim?

- Sentiu uma dor de cabeça tão forte que desmaiou, e quando voltou estava de boca torta, sem se mexer, nem falar. Com isso Anabela e a mãe estão culpando o rapaz o tempo inteiro e não lhe dão mais paz! O coitado agora tem que tomar conta dos barcos e da loja, está que nem para em pé de tanto cansaço!

Senti minhas pernas fraquejarem. Pobre Rodrigo! Quanta culpa, devia estar carregando! Por isso tinha sumido tanto tempo, mas realmente tentou desfazer o noivado. Quem preveria tal consequência? Fui em busca de dona Adelaide nos fundos da loja, entre sacos de arroz e trigo, já que uma italiana recém-chegada ia lhe ensinar a fazer macarrão. Fiz-lhe um monte de sinais para que ela se desvencilhasse de seu Inácio, e viesse falar comigo. Sua curiosidade logo surtiu efeito. Lá estava ela ao meu lado:

- Que foi? Morreu alguém?

Ao que respondi:

- Quase... - e contei toda a história que Carolina tinha me informado.

Sentamo-nos no banco à frente da venda, ela pensativa e eu com um monte de perguntas na cabeça. Vendo-me, tão agitada ela me disse:

- Mas que coisa! Pobre do rapaz, e pobre de seu Ernesto. Um homem bom, sabia? Teve um destino ruim se casando com aquela mulher, que era até bonita quando moça, mas que gênio de cobra! Hoje está gorda que até dá pena... agora está lá, dependendo daquelas duas infelizes. Faço ideia do que anda passando.

- Dona Adelaide, isso que ele tem, não tem cura?

Ela me olhou numa expressão meio triste:

- Não acho que eu tenha arte para tanto, Alice. Teria que examinar primeiro, e com certeza podia tornar a vida dele mais confortável. Pelo que me contou, estourou uma veia dentro da cabeça, isso quando não mata na hora, deixa consequências terríveis. Tinha uma rezadeira por aqui que "operava", mas a maioria morria na hora, não me atreveria a tanto.

Baixei a cabeça meio triste, Rodrigo não escaparia à chantagem das duas. Dona Adelaide continuou:

- No entanto, nada impede que eu peça ajuda a alguns amigos espirituais. O problema é a mulher e a filha, que não vão deixar que eu me aproxime dele. Nunca nos demos bem, não conseguirei entrar naquela casa.

Angústia grande me doeu no peito, e eu levantei. Do outro lado da rua estava Rodrigo, agoniado e triste, alguns passos me separavam dele, quando precisava tanto de ajuda. Olhei dona Adelaide e disse:

- Antes eu achava que estava nos evitando, agora sei o que aconteceu. Vou lá falar com ele.

Ela me olhou nos olhos e disse:

- Só não demore demais. Espero aqui.

Entrei no armazém dele que estava vazio àquela hora por pura sorte, e o vi sentado ao fundo, fazendo contas num caderno grande, onde controlava tudo que entrava e saía do estabelecimento. Filha de comerciantes estava acostumada com aquilo e ele sequer ouviu meus passos, a não ser quando parei a meio metro dele e ergueu o rosto para me olhar, empalidecendo:

- Alice! Minha nossa, parece que faz um século que não te vejo!

Levantou muito sem jeito, arranjando uma cadeira para que me sentasse, e me ofereceu um copo d'água para me refrescar.

- Não fui mais lá porque não pude... Seu Ernesto, pai de Anabela, teve uma síncope quando fui falar com ele e não pude me desvencilhar do compromisso. Como podia te encarar depois disso? Merece um homem sem nenhuma complicação...

Olhei para ele de coração apertado:

- Gosta de mim, Rodrigo?

Ele, que estava de olhos baixos, me olhou:

- Por que pergunta isso?

- Porque preciso saber. Gosta de mim?

Ele deu um riso amargo:

- Penso em você dia e noite desde que a vi no mercado. Invento motivos para te ver, tento desesperadamente sair de um noivado que nunca quis.

Olhei para ele, encantada:

- Nunca me disse nada disso...

Ele me olhou, magoado:

- E como poderia? Sou noivo, e você, uma moça de família. Tentasse algo além da amizade, me colocaria de lado no mesmo instante, e eu não poderia mais ver você. Seria como me tirar o sol! Tinha ouvido falar de amor, mas sempre achei que fosse tolice ou exagero. "Delírio dos poetas", pensava o tolo aqui, quando me aparece você, com esses olhos, essa voz, essa pele, e eu fico feito um tolo a me perguntar: como faço para ficar por perto?

Afastou-se de mim, levantando-se da cadeira e me olhando de forma triste:

- E agora nem ficar mais perto posso. Vou ter que tomar conta das duas, mãe e filha, que seu Ernesto ficou inutilizado, por conta do susto que lhe preguei, dizendo que estava rompendo o meu noivado, por conta do amor que tinha por outra mulher. De início não entendi o porquê de tanto susto, mas quando tive acesso aos seus negócios, tudo se esclareceu.

- Como assim, Rodrigo?

- Ele está falido já há algum tempo, Alice. Contava apenas com meu casamento para salvar as aparências. Já fazia pelo menos um ano que até a comida da casa era eu quem fornecia, e ele "se esquecia" de pagar. Nunca cobrei, é claro, mas nem para isso ele tinha. Eles estão realmente acabados.

Levantei e apertei minhas mãos contra a minha saia. Gente mais imprevidente, que adiantava ficar pela Vila a desfilar tanto luxo? Bem dizia dona Adelaide que quem realmente tem, não ostenta. Olhei Rodrigo com pena, em que situação tinha se metido apenas por ser bom, paciente e generoso!

Só então caí em mim! Ele me amava! E se ele realmente me amava, daríamos um jeito! Olhei para ele com esperança pela primeira vez.

– Então, o senhor me ama?

– Claro, achei que isso era óbvio.

– Então, meu querido, não vejo motivo nenhum.

Ele coçou a cabeça num gesto típico:

– Motivo nenhum para quê?

– Para ficarmos separados, é claro. Se você me ama, e eu amo você, ficaremos juntos!

Ele deu um sorriso de quem não estava acreditando:

– Você me ama, é? Jura? Mesmo com toda essa confusão?

Ao ver que eu concordei com a cabeça, ele me abraçou pela cintura, feliz como uma criança, e não queria me soltar mais. Bem a tempo de dona Adelaide entrar na loja, ir até nós e colocar os braços entre nossos corpos separando-nos:

– Larga a moça que o senhor é noivo ainda! Alice, francamente, nunca se comportou assim!

Eu estava tão eufórica, que só pude responder:

– Ele me ama, dona Adelaide! Não vai ter mais noivado, não se preocupe!

Ela olhou para Rodrigo um tanto ressabiada, e perguntou:

– Vai mesmo resolver isso?

Ele olhava para mim e sorria, corado e feliz:

– Pode apostar que vou. Hoje mesmo! Se preciso, sustento as duas de comida pro resto da vida, mas casar com Anabela, nem pensar! Ela me ama, Adelaide!

Ela o olhou meio aborrecida:

– E não tinha percebido ainda, seu tolo? Vá lá em casa amanhã à noite que quero conversar sobre seu Ernesto. Não quero que nada falte a ele. Já que é você que paga as contas da casa, faça valer os seus direitos e deixe que tenha tratamento. Imponha-se homem, ou nunca será feliz! Quer ter o mesmo destino do pai de Anabela?

- Deus me livre! - disse ele.

- Então não se deixe enredar por lágrimas de crocodilo!

Fomos para a carroça, eu muito feliz e ela me olhando pensativa. Chegamos em casa logo, eu descarregando os mantimentos feliz como nunca, pensando nas palavras lindas que tinha ouvido, e ela me observando, com um sorriso nos lábios avermelhados. Lá pelas tantas me perguntou:

- Que fez com o moço que o deixou tão decidido? Existem homens que ficam aprisionados em chantagens como essa, a vida inteira!

Olhei para ela surpresa:

- É mesmo? Que disparate! E passam a vida infelizes?

Ela sacudiu os ombros:

- Acabam por acreditar que felicidade é um mito, que ninguém é feliz de fato. Para ser feliz é preciso muita coragem, Alice. Que disse, que deu coragem ao moço?

Pensei um pouco, e só então respondi:

- Perguntei se gostava de mim, ele disse que me amava. Como eu o amava também, era lógico que ia desmanchar o noivado e que íamos ficar juntos.

- E a chantagem de Anabela? E o pai moribundo pelo susto causado?

- Ora, se ficou moribundo é porque já vinha doente, qualquer susto o deixaria assim. Quanto a Anabela, tenha dó. O que ela quer mesmo é alguém que a sustente, o que ele fará ao menos com a comida. Ser feliz ela não ia, ou com ele, ou sem ele. Assim, pelo menos Rodrigo fica contente! Estou errada?

Dona Adelaide riu muito:

- Deus conserve essa sua lógica, mocinha! É dessa objetividade que o mundo anda precisando.

De fato, Rodrigo veio no dia seguinte e me abraçou e me deu um beijo no rosto, bem na frente de dona Adelaide que o olhou desconfiada. Trazia outro litro de vinho e um de suco de uva para mim (nunca mais eu tomaria vinho), e um bom queijo curado. Virando-se para minha amiga disse:

- Vamos comemorar o fim de um noivado e o início de outro?

Suspirando aliviada, dona Adelaide disse:

- Graças a Deus! Isso já estava me agoniando!

Outra vez colocamos a mesa no jardim. Fui para o fogão cozinhar uma galinha que já tinha depenado e enquanto isso os ouvia combinando o tratamento para seu Ernesto. As duas, a muito custo, concordaram, depois que ele ameaçou inclusive cortar a comida. Tinha chegado à casa das duas muito bravo, aos gritos, dizendo que elas estavam exagerando nas compras (e estavam mesmo) e que não tinha mais noivado, pois não tolerava mais tanto abuso.

Se elas quisessem continuar pegando comida no armazém como vinham fazendo sempre, tinham que deixar seu Ernesto ter tratamento. Como nunca o tinham visto tão exaltado, elas se assustaram muito, e se calaram (provisoriamente). Disse que bateu algumas portas, vociferou, e antes que se recuperassem, foi embora. Os vizinhos devem ter achado que ele estava possesso!

Adelaide ouviu tudo aquilo, mas avisou:

- Sabe que elas amanhã mesmo vão estar na porta da venda, não sabe?

- Claro que sei, mas deixe comigo! Pelo menos do noivado eu já escapei.

Conversamos sobre outras coisas, entre elas, a saúde de seu Ernesto. Dona Adelaide não se sentia bem de atendê-lo em sua casa, com aquelas duas a tecer comentários. Tentei dar uma solução:

- Aqui elas não deixariam que ele ficasse, mas poderia ficar em sua casa alguns dias? Dona Adelaide poderia ir lá e ministrar os remédios, e você contrataria uma senhora que lhe desse os medicamentos.

Rodrigo pareceu animado com a ideia, mas minha amiga avisou que casos como o dele, dificilmente tinham resultado. Só depois de examiná-lo poderia dizer alguma coisa. O resto da noite foi tranquilo, conversamos, rimos, eu falei de minha família e de minha irmã gêmea e ele ficou muito curioso para conhecer Aline e o marido. Disse que agora que ele estava livre, logo o levaria para o Centro conhecer minha família, aquela mistura de árabes e portugueses.

- Vai gostar muito de meu pai, seu Pedro Alkazar. Não existe pessoa melhor. Temos um Café que fica perto de casa, dá vista para o mar.

- Serve vinho lá? - perguntou ele.

- Puro ou com especiarias. Papai não bebe, é muçulmano.

- Como é isso de ser muçulmano?

Tentei explicar a religião de meu pai e de minha avó, e ele ouviu interessado, enquanto dona Adelaide elogiava muito a conduta de alguns árabes que conhecia e a culinária de alguns deles. No final da noite, quando nos despedimos e Rodrigo se foi, ela me puxou para o canto e riu:

- Não conte nada a ele do café que seu pai faz, aquele, cheio de pó. Vou rir muito quando ele se engasgar!

Tive que rir, pois lembrei-me do marido de Aline, Augusto, e sua experiência:

- Dona Adelaide, você às vezes é uma mulher má, muito má...

Mas, nada tinha de tola. A verdade é que se não fosse a certeza de meu amor, Rodrigo provavelmente teria voltado atrás. No dia seguinte lá estavam mãe e filha com a chantagem de sempre, falando alto de como eram miseráveis, de que ele tinha deixado inútil a única fonte de sustento delas e que agora as estava abandonando. Ele foi inabalável, olhou as duas bem nos olhos e disse:

- Pois se as estou abandonando, a partir de agora nem comida daqui levam!

Os fregueses do armazém arregalaram os olhos de susto, mas como ninguém suportava as duas, o ajudaram a colocá-las para fora de lá, que saíram depois de muito xingamento e lamúria. Depois delas longe, Carolina que estava presente perguntou baixinho:

- Não vai mais dar comida a elas, mesmo?

Rodrigo lhe piscou o olho:

- Não fique preocupada que seu pai não vai ter que lhes vender fiado, pois saiba que não têm como pagar. Claro que vou dar, só quero que parem de fazer escândalo, e me deixem casar com quem eu desejo! É pedir muito?

Ela sorriu, meio cúmplice:

- Vai se casar com Alice, é? Aquela sim, é uma beleza de moça!

Ele preferiu não responder para não dar chance a falatório de vila, mas quando me contou a história, teve de rir da cumplicidade dela e falou:

- Você tem ali uma admiradora. Pediu para não esquecer da água de rosas.

E assim as coisas foram indo. Depois de uma semana, o pároco local veio falar com ele acompanhado pelas duas, que concordaram, enfim, com o tratamento de seu Ernesto (desde que feito por um médico), e ele forneceu comida novamente, desde que um escravo viesse pegar, e elas não o importunassem mais. Na realidade, esses escravos já eram libertos pela Lei Áurea, desde o ano anterior, mas não tinham para onde ir e estavam velhos, decidiram ficar com as duas que ao menos os tratavam, agora, com menor dureza do que antes.

A Lei Áurea na Ilha foi comemorada pela maioria, que não aprovava realmente a escravidão, e encheu ainda mais o porto de imigrantes de todos os tipos. Nunca um país recebeu ao mesmo tempo tantas raças diferentes, tantas culturas juntas e houve tanta miscigenação. Como dizia dona Adelaide, abençoado país que une os povos e os abraça ao invés de os excluir. Abençoado Brasil, que acolhe o estrangeiro de coração aberto, sem discriminação.

Combinamos então de visitar os meus pais dali a uma semana, aproveitaria para visitar Aline. Rodrigo resolveu que ficaria hospedado numa pensão em que ficava quando estudante no centro. E assim foi.

24

VIDRO E DIAMANTES

SAÍMOS AO AMANHECER e chegamos na hora do almoço do sábado. Que saudade de minha família! Rodrigo saltou antes numa pensão perto de casa, e disse que ia tomar um banho e comprar umas coisas antes de aparecer no final da tarde: não queria fazer feio para conhecer os futuros sogros. Eu e dona Adelaide, cheias de legumes, remédios e águas de cheiro, chegamos à casa de mamãe e tratamos de "preparar o terreno" para a chegada de Rodrigo. Devo dizer que não foi muito difícil, a novidade foi uma moça de seus vinte e cinco anos, muito simpática e faladeira que minha mãe tinha contratado para ajudar na casa: chamava-se Carmela.

De ancas largas, vasto busto e cintura fina, gostei logo dela. Era descendente de italianos, os pais trabalhavam na lavoura, mas ela tinha horror do meio rural e tinha vindo para a "cidade" logo que pôde, depois de fazer mil promessas, dentre elas, de que se comportaria. Muito católica, alegre e falante, Carmela não era exatamente bela (pena ter aquele nariz tão grande), mas que simpática! E que sorriso mais bonito! Dona Adelaide logo gostou dela, que quando nos viu chegando elogiou os legumes e nos trouxe uma bandeja de bolinhos fritos com goiabada (coisa dos deuses!).

Mamãe, assim que a viu com a bandeja disse:

- Olhe só essa moça, já ganhei uns quilos desde que chegou aqui! Seu pai então, está ficando mal acostumado!

Ela riu-se satisfeita, e comentou com o seu sotaque:

- Mas "quê" patroa! Tão bela! Parece "una madona" de tão rica!

Mamãe agradeceu e me sussurrou:

- Será que ela disse que estou gorda?

Adelaide disse:

- Não. Só que está muito bonita!

Mamãe corou um pouco, e olhando para cima vimos vovó, muito faceira, descendo as escadas, degrau por degrau. Corri para ajudá-la mas ela me disse:

- Deixe disso, menina, que sua avó está bem. Senti cheiro de bolinho? Essa italiana ainda mata a gente!

Estava corada dona Sâmia, fiquei feliz e lhe dei um grande beijo quando ela chegou perto. Retribuindo meu abraço, ela me olhou de perto e disse para minha mãe:

- Ela está apaixonada, Aurélia. Linda assim, só pode estar apaixonada! Trouxe o rapaz?

- Trouxe, avó!

Ela e minha mãe esticaram os pescoços:

- E onde está o moço? - perguntou dona Aurélia.

Tive que rir:

- Vem no final da tarde, mamãe. Assim conhece meu pai também. Quis tomar um banho antes, comprar umas coisas que precisava.

A partir daí foi uma "enxurrada" de perguntas até a hora do almoço (lá pelas duas da tarde), queriam saber tudo do rapaz, de que família era, que educação tinha, se ganhava bem, se tinha como me manter, se era honesto. Fomos respondendo tudo na medida do possível, eu e dona Adelaide, até que minha avó, muito viva, saiu-se com essa:

- Você já está naquela Vila há quase dez meses, como foi que demorou tanto a dar uma chance a esse rapaz? Ele era comprometido antes?

Dona Adelaide sorriu, olhando dona Sâmia com aprovação. De fato, a Vila era pequena e não tinha como Alice não ter esbarrado com um comerciante local antes. O melhor, antes que algum falatório de um conhecido chegasse ao centro, era dizer "um pouco da verdade", então ela falou:

- Na realidade, dona Sâmia, ele estava prometido desde criança a uma outra moça, de uma família de lá mesmo. Mas não se davam nada bem.

- É mesmo? E por quê? O rapaz era namorador?

Dona Adelaide negou com a cabeça:

- Verdade seja dita, não era. Mesmo interessado em sua neta, nunca foi desrespeitoso com ela. Ao contrário, a protegeu de um delinquente uma vez.

Aurélia, que adorava um romance, perguntou à filha:

- É mesmo, Alice? Como foi?

Contei a história de Gabriel, floreando um pouco, e mamãe, vovó e Carmela ficaram bem impressionadas, principalmente quando falei da espingarda. Dona Adelaide esclareceu:

- Na verdade, no primeiro grito que ela desse, a Vila toda apareceria e eles correriam léguas. Não passam de uns covardes e tolos e eu não deixaria a menina em lugar inseguro. Mas, que foi galante, lá isso foi.

Vovó ainda queria saber:

- E a moça do compromisso?

Dessa vez fui eu que respondi:

- Uma "doidivanas", vovó. Só queria ficar com ele por conta do dinheiro. Uma confusão só. Enfim, ele decidiu romper, e depois de um tempo veio falar comigo. Resolvi aceitar, mas primeiro tinha que apresentá-lo a vocês. Dona Adelaide gosta muito dele.

Vovó Sâmia, admirada com a minha eloquência, virou-se para dona Adelaide:

- Foi assim mesmo, Adelaide?

- Bem... Nem Alice, nem ele fizeram nada de condenável, e eu gosto muito do rapaz. Acho que farão um belo casal.

Isso bastou. O bebê de Rosa tinha nascido, um menininho forte, muito louro, olhos azuis, e já ia fazer dois meses. Ela o traria hoje ali e eu o conheceria, fiquei feliz de conhecer o meu "sobrinho", e estava curiosa para ver nosso querido Jorge como pai. Amável, prestativo e desengonçado, ele devia estar se saindo bem.

Dona Adelaide, que estava aprendendo a fazer macarrão com outra italiana, enfiou-se na cozinha com Carmela, pois não conseguia acertar o tal "ponto" da massa. Minha avó não gostava muito da iguaria, nem meu pai, fiel aos pratos árabes, mas minha mãe e a italiana faziam a festa dos vizinhos, sempre que sobrava um pouco. Às cinco horas fui tomar meu banho, e me pôr bonita, quando minha avó entrou em meu quarto (antigo quarto de Aline) e colocou um pacote em minha cama, olhei para ela curiosa.

- Que é isso, vó Sâmia?

- Tomamos de medida um vestido seu e fizemos outro, sua mãe e eu. Acho que vai ficar um "tantinho" largo na cintura, mas é melhor assim que muito justo, fica mais elegante. Veja se gosta do bordado, é discreto, mas é feito de cristal. Para uma noite elegante em casa. Um vestido de mulher, e não de menina-moça.

Desembrulhei sem a menor cerimônia, que as coisas que minha avó fazia eram sempre maravilhosas. Mas não esperava por aquilo: saiu do embrulho um tecido em púrpura fino, de corte quase reto, mais parecendo uma seda de tão elegante. O bordado era muito leve, apenas nas bordas do tecido e o contraste do tecido com a minha pele e os meus cabelos me fizeram parecer realmente uma jovem mulher, e não a "mocinha" de sempre.

- Avó, que coisa mais linda! Que modelo diferente!

Ela riu:

- Sua irmã apareceu com um modelo deste, de uma revista de Paris. Eu e sua mãe achamos que você merecia um também. O de sua irmã é azul claro, para você escolhemos este púrpura. Ficou bom, não é? Seu pretendente vai levar um susto! Mas, ainda falta algo...

E colocou em minhas orelhas dois brincos imensos em formato de cascata de pedras, em ouro branco e rubis, como se fossem pequenas estrelas. Em minha mão, pulseiras de prata e um anel de rubi pequeno e delicado.

- Nada de colares hoje, Alice. Ou ficaria com brilho demais.

Olhei-me no espelho pensando que dessa vez quem ia a um baile era eu, e quis ao menos tirar as joias, mas ela não deixou, respondendo que se não ficássemos bonitas para os que amamos, para quem mais ficaríamos? Concordei rindo e desci a escada, encontrando meu pai, vindo do Café. Ele parou na porta da sala, e ficou parado, me olhando, e só depois de um tempo me sorriu de um jeito terno e bonito como fazia desde que eu era pequena, e disse:

- Alice, se estivéssemos no deserto, ia ter briga de pretendentes! Ia fazer de seu pai um homem muito rico!

Corri para lhe dar um abraço, e ele continuou a dizer:

- Ah, mas já sou rico, filha! Quem tem duas filhas lindas assim, e virtuosas, já é abençoado! Aurélia, vem ver como ficou essa menina!

Dona Adelaide apareceu arrumada também, e vi que tinha ganho um lindo xale cor de vinho e tinha prendido os vastos cabelos grisalhos. Ao ser informado que ia conhecer meu pretendente, meu pai disse:

- Pretendente? Logo vi... quando entrei parecia uma rainha! Tem certeza, filha?

Minha mãe logo revidou:

- Lembra que te falei que podia haver um moço, comerciante honesto? E ela já está quase com dezenove anos! Quer que fique solteirona?

Ele suspirou, e me olhou:

- Bonita desse jeito, nunca achei que corresse esse risco. O problema é a inteligência, sempre foi esperta demais! E é bom mesmo o moço, Adelaide? Em você eu confio, já que ninguém lhe engana.

Dona Adelaide abaixou a cabeça:

- Todos podem ser enganados vez ou outra, meu amigo. Mas conheço o rapaz desde menino: é um bom homem, sim. Bom comerciante, honesto, inteligente e capaz. Gostará muito dele, tenho certeza.

Ela sorriu para meu pai, minha mãe e minha avó:

- Sabem que eu tenho alguns "talentos", não é? Premonições, artes de cura, enfim, uma visão "diferente" das coisas.

Minha avó riu:

- Se quer chamar de "talentos", aceitaremos minha amiga, mas para nós, gente simples, parece mais um "encantamento", dons que Alá dá a determinadas pessoas.

Ela sorriu para Sâmia.

- Obrigada, dona Sâmia, não podia descrever melhor. Mas uma característica que o Senhor me deu para usar *ajudando as pessoas*, e não para *me ajudar em causa própria*. De tanto ver coisas que não queria, pedi a Deus Todo-Poderoso que nunca me mostrasse nada que pudesse me machucar ou me deixar preocupada antes da hora. Já tive esse tipo de visão antes e foi muito dolorido. Melhor não saber.

Papai olhando a amiga tão querida, perguntou:

- E Alá lhe atendeu, Adelaide?

- Alá tem sido comigo o melhor dos pais, seu Pedro. Por que sofrer por antecipação? Nosso Messias, Jesus, disse certa vez " Não vos inquieteis pois, pelo dia de amanhã; porque o dia de amanhã cuidará de si mesmo. A cada dia basta o seu cuidado". Logo, se o amanhã se basta, por que eu ia querer saber, por exemplo, da partida ou morte de um amigo querido que não tenha jeito de ser evitada? Conheço-me suficientemente bem para saber que tentaria intervir sem sucesso.

Minha avó disse:

- Compreendo perfeitamente. Principalmente se for de um filho.

Dona Adelaide continuou:

- E depois, a morte não é o fim, dona Sâmia, nos encontraremos novamente! O que me perturbaria seria a saudade. Não me dou nada bem com ela!

Íamos continuar a conversar quando Aline, com o mesmo vestido que eu estava usando, só que azul claro, chegou com Augusto. Ele veio trazendo vinhos e ostras, para o desespero de papai que detestava a iguaria, sempre dizendo: " meu querido genro, muito lhe aprecio, mas não sei como você e minha esposa podem gostar de semelhante marisco! Nem ouso dizer com o que isso se parece!". Ao ver o jeito desgostoso de meu pai, ele tirou de trás das mãos uma caixa de madeira finamente trabalhada e disse:

- Acha que lhe esqueci? Nem em sonhos!

Papai pegou da caixa, cheirou imediatamente, abrindo um sorriso de imensa satisfação e dizendo o que todos nós desconfiávamos que ia dizer:

- Charutos! Que coisa fina, meu genro! Ostras para a sogra e charutos importados para mim!

Mamãe olhou para o marido de cara fechada:

- Acalme-se, Aurélia... esses não vou fumar no quarto! Não vou deixar cheiro em sua roupa de cama e cortinas de novo, pode deixar.

Mamãe pediu aos homens presentes que levassem todas as cadeiras para o quintal, que a noite estava estrelada e aprazível. Carmela forrou a ampla mesa com a toalha bordada e ficou encantada ao me ver junto com Aline, comentando com minha mãe:

- Nunca vi, senhora, *"due sorelli"* (duas irmãs) tão parecidas! Se não tivesse visto Alice vestir o vestido púrpura, não ia saber qual era uma e qual era outra!

Mamãe riu, mas teve que concordar. Na adolescência, a paixão por doces de minha irmã a tinha feito com uns dois quilos a mais do que eu, e ela usava os cabelos em cachos miúdos, como era moda. Depois de casada, acho que tirou os doces e deixou os cabelos tal como vieram ao mundo: em grandes cachos pelas costas, do mesmo jeito que eu estava usando.

Carmela começou a trazer os pratos árabes que meu pai e minha avó tanto amavam. Justiça seja feita, minha mãe e eu também gostávamos muito, e logo a mesa foi-se enchendo de pães sem fermento, baba ganoush (pasta de grão de bico com especiarias), tabule (salada fria com tomate, alface, trigo grosso, folhas de uva e de hortelã, entre outros ingredientes) esfihas, cordeiro assado. Carmela e mamãe tinham cozinhado para um batalhão. Olhando aquilo Aline disse:

- Mãe, não acha que exagerou na comida?

Aurélia respondeu:

- É que hoje vamos receber o pretendente de Alice, é importante que veja que temos mesa farta!

Meu pai e minha avó concordaram com a cabeça e alguns: "importante, sim, muito importante!". Velha tradição árabe, pensei eu. Mas gostei de tudo! Aline me olhou nos olhos com alegria, a me perguntar sem palavras: "então está tudo certo?" , ao que eu pisquei para ela como quem diz: "claro, tolinha!" Augusto me olhou contente:

- Então vou ganhar um irmão de presente na família Alkazar? Que bom não é, seu Pedro? Estamos em minoria como homens há tanto tempo, que vai ser muito bom mais um para podermos conversar!

Papai olhou para ele meio sério:

- Primeiro vamos ver se ele é digno disso como você foi! Não é qualquer um que senta nesta mesa e permanece.

Augusto olhou para ele e disse:

- Se não for digno de uma pessoa como Alice, linda e boa como ela é, pode deixar que serei o primeiro a estar ao seu lado, quando tiver que tirar ele daqui.

Essas palavras me deixaram um pouco nervosa, mas dona Adelaide logo disse:

- Espero que os dois cavalheiros se lembrem de que receberão um hóspede nesta casa. Posso assegurar que é um bom homem, logo, ninguém vai expulsar ninguém. Mesmo porque a hospitalidade árabe não permite essas coisas, ou permite?

Foi ela acabar de falar e ouvimos palmas no portão. A boa Carmela logo correu a atender, e voltou dizendo:

- Chegou aqui um bonito rapaz, mais ou menos da idade de seu Augusto, carregado de embrulhos. Posso mandar entrar?

Minha mãe levantou-se rápido, alisando a saia do vestido bonito, e dizendo a Carmela:

- Claro, Carmela! Cheio de embrulhos, coitado, e vocês aqui já falando em expulsar! Deus me livre desses bárbaros, Alice, levante-se e vamos receber seu pretendente.

Eu me levantei, minha avó e dona Adelaide também. Ficamos assim de costas para a mesa, esperando Rodrigo, que entrou meio tropeçando com tantos embrulhos. Carmela tentando ajudar tirando alguns de seus braços. Dona Adelaide caminhou até a sala e nós três fomos atrás, que era pouco educado apenas ela recebê-lo. Deus do céu, meu coração dava pulos!

Pude, enfim, vislumbrar um rosto por trás dos pacotes assim que Carmela os tirou, corri para colocar o resto nas cadeiras da sala que restavam e ao me ver ele sorriu. Nas mãos dele estava ainda um belo maço de rosas brancas, e eu sorri achando que seriam para mim e ergui os braços para elas. Qual não foi a minha decepção quando ouvi baixinho:

- Minha formosura, aquela é sua mãe?

Fiz que sim com a cabeça, e finalmente, desimpedido dos embrulhos ele sorriu galantemente para minha mãe:

- Dona Aurélia, pois não? Difícil acreditar que tenha filhas desta idade! Sou Rodrigo de Alencar. Trouxe essas rosas brancas para a senhora, que teve a gentileza de me receber em sua casa.

Ele tinha os olhos francos como sempre, e dona Adelaide aprovou imediatamente o gesto das flores, com um aceno de cabeça. Mamãe, que tinha anos que não recebia flores, sorriu para ele (justiça seja feita, ele não mentiu: mamãe realmente não parecia ter filhas daquela idade), arrumou logo um lindo vaso e depositou as rosas de grandes talos. Uma aliada ele já tinha conquistado. Virou-se para ele:

- E esse monte de embrulhos, que são? Natal adiantado? Venha, estamos todos muito curiosos para conhecê-lo!

Ele parou na frente de minha avó Sâmia, que o olhava como se estivesse avaliando cada centímetro dele, e não dava para saber realmente o que pensava. Rodrigo disse:

- Só um instante, dona Aurélia. Estou na frente de dona Sâmia, avó de Alice?

Minha avó olhou para ele com aqueles olhos escuros e cheios de vida.

- Sim, rapaz, está. Minhas netas são o meu bem mais precioso.

Ele sorriu a ajudou-a a se sentar, perguntando se podia se sentar também, no que ela concordou. Observei o largo sorriso dele que tinha simpatizado com minha avó de imediato:

- Alice fala tanto da senhora que é como se a conhecesse há muito tempo. Não tive a felicidade de conhecer os meus avós e mesmo minha mãe morreu quando eu era muito novo. Abençoada é a pessoa que tem uma avó como a senhora. Não tive nada disso, e não sabe a falta que me fez!

Ela o olhou e seus olhos marejaram um pouco quando falou:

- Meu filho Pedro e Aurélia são os presentes de minha velhice. Acredita que os outros dois, desde que vim para cá, nunca mais vieram me ver? E rapazes como você sentindo falta... o mundo é estranho mesmo.

Ao ver minha avó emocionada, ele ficou visivelmente chateado, pois não era a sua intenção fazê-la ficar triste. Segurou as mãos dela um tanto trêmulas e tentou acalmá-la da triste lembrança. Dona Adelaide veio em seu socorro:

- Existem pessoas, dona Sâmia, que tratam diamantes como se fossem cacos de vidro. Mas os diamantes não deixam de ser diamantes por conta disso. Tenhamos pena desses tolos que vivem em tamanha miséria espiritual sem sequer se dar conta disso! Trouxe uma lembrança para ela, Rodrigo?

O olhar dele se iluminou:

- Não só uma, mas várias.

Pegou então uns quatro pacotes de diversos tamanhos. Doida por presentes, minha avó logo arregalou os olhos e disse num tom de protesto (mais por educação):

- Que é isso, rapaz! Para que gastar dinheiro com velha!

- A senhora não fale nada que esses presentes são puro egoísmo. Sua neta me disse que a senhora é a melhor tapeceira que ela já viu, uma artista nata. Então eu corri até as melhores vendas da cidade e comprei essa tela larga (desembrulhou o embrulho maior, mostrando realmente uma tela de excelente qualidade, de pontos grandes para minha avó não forçar a vista) e fios de lãs das mais diversas cores (abriu os embrulhos menores e uma quantidade imensa de meadas que se espalharam pelo chão num colorido belíssimo).

- Que coisa linda e que lã macia! Gastou muito comigo, senhor Rodrigo! Não vou poder retribuir.

Ele riu:

- Ah, vai sim... quando puder, me faça ao menos uma peça para colocar em minha casa com Alice. Seria um jeito de estar perto da senhora todos os dias!

Pronto! Com aquilo ele e minha avó ficaram amigos. Achei que minha avó ia querer voltar ao quintal e ficar conosco até o fim do jantar, mas quem disse? Ficou mais uns quinze minutos e olhava para a sala onde estavam seus presentes inquietamente. De repente, levantou-se e saiu dizendo:

- Estou um pouco fatigada, se não se importam, vou subir aos meus aposentos, tecer um pouco e dormir.

Antes de sair colocou a mão no ombro de papai e disse:

- Trate bem do rapaz. Estou indo para o meu quarto tecer um tapete para quando Alice se casar, ouviu?

Para Aline, ele trouxe um lindo xale de renda branca, e ficou um longo tempo nos olhando junto com Augusto, perguntando a ele se não tinha nos confundido no início. Meu cunhado riu, e disse que apesar de muito amigas, nós éramos de gênios diferentes, Aline mais "festeira" e alegre, e eu mais recatada e dedicada aos estudos. Disse ainda que de semelhante nós tínhamos a bondade, a honestidade e a cumplicidade, e que tudo faríamos uma pela outra. Quando notou que eu estava ouvindo a conversa, Augusto disse: "ainda bem que só disse boas coisas a seu respeito!" e eu respondi:

- Quem fala a verdade não merece castigo, falador!

Fui ter com minha irmã logo depois, e Rodrigo me contou que Augusto lhe disse, quando eu saí, que dificilmente ele se casaria com moça melhor, e eu corei. O presente de Rodrigo para o sogro foi do inteiro agrado dele: uma sela de couro tratado para quando papai saísse com seu belo cavalo árabe. Papai ficou muito sem jeito, não queria aceitar, mas como Rodrigo fez cara de ofendido, aceitou... ficou o resto da noite acariciando a sela.

Num raro momento em que ficamos juntos, com os outros à razoável distância, Rodrigo me perguntou:

- Não vai me perguntar sobre o seu presente?

Pelo que tinha notado, as caixas tinham se acabado, mas resolvi brincar com ele:

- Trouxe mais alguma saca de arroz, como fazia no início?

Ele riu:

- Eu era um desastrado, não era? Mas o seu presente está guardado para a próxima vez em que viermos aqui. Hoje preciso apenas pedir permissão para namorar a minha princesa.

E assim fez. Papai concordou com o cenho franzido, mas como não tinha "papas na língua" disse logo:

- Dou permissão sim, se é o que Alice quer. Mas vou logo avisando: se casarem têm que vir aqui pelo menos duas vezes por mês. Não quero ficar longe de minhas filhas.

Todos nós respiramos aliviados. Papai tinha gostado de Rodrigo e era um excelente juiz de caráter.

Ao final da noite, ele queria ir dormir na pensão, mas Augusto não deixou e disse que tinha dois quartos vagos na casa. Aline reiterou o convite e alegremente Rodrigo foi pegar suas coisas na pensão junto com eles. Fez tamanha amizade com Augusto, que era como se fossem bons amigos há séculos.

Observei os três saírem na bela charrete de Aline pela janela de meu quarto, que dava para a praça em frente, iluminada pelos postes de mercúrio. Via claramente os três pelo vestido azul claro de minha irmã, que brilhava por conta dos cristais. De súbito, uma sombra de um homem alto, mal coberto por um capuz, pareceu segui-los e eu senti um frio na coluna. Mas, o homem estava sozinho e os três agora pegavam a rápida charrete. Eram dois homens contra um, não seria tolo de tentar alguma coisa. Fiquei mais um tempo observando o homem, agora quase no meio da praça, olhando a charrete se distanciar. Quem seria?

25

O TRATAMENTO DE ERNESTO

SABIA QUE RODRIGO era carismático, mas me surpreendi como ele encantou minha família. E não foi por causa dos presentes, mas pela forma como ele os escolheu, o cuidado de prestar atenção no que eu contava das pessoas, para depois passar a tarde no comércio em busca de suas preferências. Minha avó Sâmia estava encantada:

– Venha ver que lãs mais resistentes e macias, Alice. Vai ficar um belo tapete para a sala! E sabe do que mais?

– O quê, vovó?

– Este aqui vai para a sua sala, quando você se casar com aquele moço. Que olhar límpido ele tem, Alice... você será muito feliz!

No dia seguinte, Rodrigo, papai e Augusto saíram pelo centro a olhar algumas casas de comércio, depois ele me contou essa novidade: aproveitaram estar perto da loja de Jorge, para falar com ele, que explicou não ter ido ao jantar por estarem com visita: uma velha conhecida de Rosa, a freira que a tinha amparado no convento, uma alma boa e pura chamada Berte, ou irmã Maria Madalena.

Notando o interesse dos três, Jorge explicou melhor:

– Chegou à cidade procurando por Rosa, que trabalhava para dona Aurélia, casada com um árabe. Perguntou em uns dois lugares e logo identificaram a moça e explicaram a ela onde Rosa estava. Ela chegou aos nossos portões assim, magra demais e tossindo muito. Minha mulher não a reconheceu de início, mas Berte fez tamanha expressão de alegria quando a viu, que observando o hábito de freira, mesmo que o rosto estivesse desfeito pela doença, ela reconheceu o sorriso, e correu a abraçá-la, para desespero da irmã.

Papai perguntou:

- Desespero por quê? Estava gripada?

Jorge balançou negativamente a calva cabeça:

- Quem dera fosse isso, seu Pedro. De tanto atender os doentes, Berte pegou tuberculose e vendo que não era bem-vinda no convento, tinha decidido sair e ir para sua família. Mas chegando lá, sua mãe tinha já falecido, assim como seu pai, e os irmãos não quiseram acolher quem tivesse doença tão terrível e contagiosa. Então ela se lembrou de Rosa.

Nesse momento, Rosa, que vinha de dentro da casa com o belo bebê no colo, apareceu:

- E foi Jesus que a colocou aqui. Não me perdoaria se ela findasse seus dias numa sarjeta qualquer. É uma das mulheres mais bondosas que já conheci. E esse moço, quem é?

Feitas as apresentações, Rosa foi muito gentil. Só então se deu conta de que dona Adelaide estava no centro, e implorou para Jorge:

- Jorge, por favor, vá buscar dona Adelaide! Quem sabe se ela não pode socorrer nossa querida Berte!

Ao ouvir aquilo, Rodrigo de pronto saiu, dizendo que não levaria mais de dez minutos, e assim foi. Logo ali estávamos, eu e dona Adelaide, com a cesta dela cheia de potinhos de unguentos e alguns líquidos que ela mesma manufaturava. Olhou Rosa com um sorriso e disse:

- Que bom lhe ver, amada criança! Quer dizer então que uma benfeitora sua está em dificuldades? Vamos examiná-la, então!

Entramos num quarto de visitas escuro, janelas fechadas, que logo dona Adelaide abriu para dar entrada a um lindo dia de sol. Berte estava ainda com as vestes de freira, muito magra, as faces encovadas, fundas olheiras. Untando as mãos com um óleo vegetal do qual vinha um cheiro de sálvia, ela virou a freira que respirava com muita dificuldade, fez fervorosa prece, esquentou uma mão na outra e aplicou-as nas costas de Berte. Talvez para as outras pessoas ela parecesse uma mulher comum fazendo uma massagem em outra, mas eu a via envolvida em vários feixes de luz que passavam através dela, prateados, dourados e, finalmente, em tons de lilás. As mãos, então, pareciam campos de luz de tanto que irradiavam, e ela começou a inspirar e expirar continuamente, como se tirasse do corpo da freira todas as impurezas possíveis.

Fiquei paralisada observando o fenômeno, quando dona Adelaide cobriu as costas dela novamente com um cobertor grosso, e depois, tirando o véu de freira deixou livre os cabelos já brancos dela, untou novamente a mão com óleo e massageou a nuca, entre os olhos e a testa, usando novamente o mesmo jogo de luzes. Era um espetáculo tão bonito que perdi o fôlego, até que uma voz disse quase que de dentro de meus ouvidos: "não são luzes, Alice, são espíritos de luz que vêm para curar, já que ainda não é hora de Berte ir para o plano espiritual".

Então, ela não morreria! Olhei para Rosa e dei um sorriso de alegria: a freira ficaria bem! Caminhei até ela, disse isso e ela me olhou muito desconfiada:

- Isso é tudo em que eu queria acreditar, mas ela está com muitas dores, Alice... muito debilitada. Não sei nem se passa desta noite.

Dona Adelaide, que pelo visto tinha terminado o que veio fazer, acercou-se de Rosa e entregando alguns potes de vidro disse:

- Essa noite ela dormirá bem, e pela manhã ela terá fome. Queime as roupas que ela está usando, assim como o lençol, travesseiro e fronha. Pratos e garfos devem ser fervidos e não a deixe em lugar fechado.

Rosa anotava tudo, mentalmente, e perguntou:

- Existe uma chance de que ela se salve?

- Se fizer como estou dizendo, ela sobreviverá, assim como vocês. Mantenha o bebê longe de tudo, por enquanto, e aplique no peito e nas costas dela esses unguentos, pelo menos três vezes por dia. Essas gotas tiram a dor e devem ser dadas sempre que ela se queixar, no máximo duas diluídas num copo d'água, pois isso já lhe dará sono. Quando ela dormir, coloque pelo menos três travesseiros sob sua cabeça e suas costas, não a deixe deitada de forma reta, entendeu? Se deixar, ela pode ter uma pneumonia e morrer!

Rosa lhe deu um olhar assustado:

- Pode deixar, vou fazer tudo certinho!

- E bastante água limpa para que ela beba. Quanto mais ela beber, mais rápido se cura. E acredite nessa cura, Rosa. Nada é impossível para Deus.

Dito isso, saímos as duas. Papai, Rodrigo e Augusto vieram logo atrás. Fiquei com muita pena de Berte, que depois de dedicar toda sua vida ao convento, agora se sentia maltratada por ter uma doença contagiosa. Não me parecia justo. Dona Adelaide me disse:

- Não se aborreça, é uma doença cruel, mas ela ficará bem. Que bom que Rosa pôde retribuir o bem feito a ela quando criança! E que menino lindo, não é?

Lembrei do pequenino, já gordinho, de olhos muito azuis:

- Não pegará a tuberculose, não é, dona Adelaide? Apaixonei-me por ele! Tão engraçadinho...

- Então agora entende um pouco da preocupação das irmãs... elas têm dezenas de meninos assim no convento e foi Berte quem quis sair para ficar com a família. Não devemos julgar, Alice. E não se preocupe, o menino e a família estarão bem. Alguns amigos espirituais me garantiram isso.

Olhei para ela fascinada:

- Como eles brilham, não é mesmo, dona Adelaide?

- O bem, minha pequena, é luz...

Observei os três homens conversando na nossa frente, papai feliz como nunca, discutindo esse ou aquele negócio. Os filhos que mamãe não tinha podido ter, agora ali estavam, de cabelos escuros como os dele, mas de pele mais clara. Entraram no mercado para negociar um pote de mel fresco e aconteceu o mesmo de quando eu era criança, só que dessa vez eram três negociando com o pobre do vendedor, que não sabia mais o que fazer com tanta falação, só por um pouco de mel. O feirante então enfureceu-se e levou o produto para dentro da barraca e Rodrigo foi lá para dentro conversar com ele, conseguindo um bom desconto, ao que meu pai disse:

- Esse menino é uma preciosidade! Não quer se mudar para o centro? Temos casas por aqui...

- Veremos, seu Pedro... veremos...

Deixamos papai em casa e fomos ter com Aline, que já dava ordens à cozinheira. Passamos o final de semana bem e fomos para a Vila ao amanhecer da terça-feira, que Rodrigo já tinha deixado fechado o negócio por tempo demais. Voltaríamos no final do mês.

Anabela e a mãe, assim que Rodrigo desceu da charrete de Adelaide, estavam a postos na frente da venda. Já não vestiam mais seus vestidos de festa, estavam embrulhadas em xales de crochê de lã que o inverno já se aproximava e nos olhavam com ódio. Antes mesmo que ele colocasse os pés no chão, Anabela disse em voz alta:

- Não disse mãe, que ele estava com elas! Achei que tivesse fugido! Que ia nos deixar na mais profunda miséria. Um de nossos escravos já foi embora por não achar comida suficiente!

Rodrigo olhou as duas com impaciência:

- Se não fizessem sempre tantos escândalos em minha porta, teriam mantimentos mais que suficientes. E eles não são mais escravos, são pessoas livres, podem ir aonde quiserem, pela lei.

Dona Adelaide observava a cena de testa franzida, pensando no doente que elas nunca deixavam Rodrigo ver, e que ela não conseguia tratar. Mas elas, em estado histérico, não se calavam:

- Como pode nos tratar assim? Sou sua noiva! Meu pai está doente, e você nos trata como lixo!

Começava a juntar gente, dona Adelaide desceu da charrete e alisava a saia, olhando diretamente para Anabela, mas Rodrigo respondeu:

- Não sou mais seu noivo, como bem sabe! Disse que as sustentaria pois tenho bom coração, desde que me deixasse tratar de seu pai, que vocês atormentaram a vida inteira! Não vão me atormentar também. Tragam já seu pai para a minha casa, para que ele possa ser tratado, ou não dou mais mantimento nenhum!

Fiquei orgulhosa dele, as pessoas presentes nunca tinham simpatizado com as duas, sempre de nariz em pé, tratando mal quem se aproximasse delas, mas o pároco local quis intervir:

- Filho, não trate assim a sua noiva na frente de outras pessoas! Que coisa mais feia, o que seu pai diria?

Rodrigo olhou para o padre exasperado:

- Esse noivado infernal, foi como o senhor bem sabe, ideia de meus pais iludidos por essa senhora, mãe dessa moça, e por ela mesma, que se fazia passar por inocente mocinha. Se as vissem agora, com certeza me desobrigariam. Meu compromisso é com aquela moça ali (e me apontou), caridosa, boa, de excelente família do centro. Nunca tomei liberdade nenhuma com Anabela e ainda me disponho a sustentar a ela e sua mãe, já que o pai dela, este sim meu amigo, está falido. Não é o bastante?

A isso, o padre se calou. Pelo jeito não sabia da falência de seu Ernesto, pai de Anabela, antes tão bom contribuinte com a Igreja, e agora largado numa cama. O resto do povo que se juntou, ao saber da falência das duas, teve uma reação engraçada: alguns olharam fixamente para elas, como se não acreditando, outros ficaram felizes e as olharam com superioridade, a mesma com que elas os olharam a vida inteira . As duas se encolheram e só então dona Adelaide falou:

- Gostaria muito de ver seu Ernesto, me falaram que a situação dele é crítica e gostaria de ajudar. Poderiam trazê-lo para a casa de Rodrigo?

As duas logo reclamaram, dizendo que "bruxa nenhuma examinaria" Ernesto, que era "temente a Deus". A isso, o povo em volta, aos quais dona Adelaide atendia há anos, ficou "um tanto revoltado" e começou a atacar verbalmente as duas. Rodrigo resolveu pôr um fim na discussão:

- Ou trazem para a minha casa o doente, ou não têm mais mantimentos. Desobrigo-me das duas! Que trabalhem para sobreviver, como todo mundo faz!

A mãe de Anabela, imensa em seu tamanho, pareceu encolher-se: nem ela, nem a filha, jamais tinham trabalhado na vida. Ficar sem mantimentos? Nem pensar... a filha ainda estava raivosa pela humilhação que tinha sofrido, quando pensava em humilhar, mas a matrona disse:

- Cale-se, filha! Podem ir buscar o moribundo, que já fiz tudo que podia por ele. É melhor também chamarem um padre, que ele não deve passar desta noite. Ficou tão arrasado com o término do noivado que não respondeu mais a ninguém, nem comeu mais nada!

Dona Adelaide pediu a dois homens fortes que providenciassem uma lona, e com isso fez uma padiola improvisada, e assim entrou na casa da mulher, acompanhada por mim, caso precisasse de alguma ajuda. Em nenhum momento pensei que fosse ver o quadro que vi.

A casa era de bom tamanho, espelhos bonitos, ornados de dourado, cristais, tapetes... tudo bem dispendioso na sala de visitas. Ostentação em toda parte, mas as peças não combinavam entre si, ficando um tanto esquisito. Dona Adelaide nem notou nada, preocupada que estava com o doente, mas os móveis em excesso deixavam tudo um tanto "entulhado", assim como a quantidade enorme de enfeites.

No fim do corredor chegamos a um quarto de janelas fechadas, com forte cheiro de urina, e vimos um senhor deitado numa cama de madeira cara, mas com os lençóis sujos de dejetos humanos. As roupas chegavam a estar um tanto cobertas de poeira e os lábios extremamente ressequidos assim como a pele.

- Faz tempo que não vejo alguém tão desidratado. Mesmo a urina está seca, deve ser de dias! O que essas loucas fizeram? Sequer estavam dando água ao coitado!

Estava também extremamente magro, num estado de semiconsciência. Aquele pobre homem, que era uma boa pessoa e que as tinha provido de todos os luxos possíveis, tinha sido deixado ali, para morrer lentamente. No quarto não havia água, nem comida, nem asseio, nem luz. A última escrava, uma senhora, ficou parada na porta espiando para dentro, enquanto dona Adelaide, horrorizada, examinava o estado do homem, que ainda por cima tinha feias escaras nas costas, por ter ficado tempo indeterminado na mesma posição. Ao ver a liberta, ela a chamou:

- Chegue aqui, senhora, e me explique: como esse pobre homem, que não sei como está vivo, ficou neste estado?

Ela olhou para o homem com lágrimas nos olhos, e disse:

- Era para ter morrido antes, eu sei... a patroa não deixava eu entrar aqui durante o dia, entrava aqui várias vezes "prá" ver se já tinha morrido, então eu "num" podia mexer em nada... tinha que deixar tudo igualzinho. Ouvi dizer que seu Rodrigo vinha acudir ele, então comecei a dar água e comida à noite, mas não era muito, senão ela me batia de tirar sangue... mas tá vivo ainda, não tá?

Dona Adelaide olhou para ela num misto de pena e compreensão. Perguntou-lhe o nome:

- Matilde. Trabalho aqui desde os meus trinta anos, e seu Ernesto era o único que me tratava bem. Pede para o seu Rodrigo levar ele daqui... elas acham ele um encosto! A velha acha que pode se casar de novo, a tola!

Minha amiga perguntou:

- E você, por que não se vai daqui? Não merece ficar servindo essas duas...

Ela escondeu o sorriso com as mãos, pois já não tinha os dentes da frente:

- E ir para onde, sinhá? Quem ia querer uma negra velha que nem eu?

Dona Adelaide sorriu:

- Eu estou mesmo precisando de alguém. Sabe quem eu sou, não sabe?

Ela fez que sim com a cabeça e respondeu:

- Quem chama a senhora de bruxa, nunca viveu com essas daqui. Vou arrumar meus "pertence".

Minha amiga me olhou e disse: "Alice, vá chamar Rodrigo", coisa que fiz imediatamente. Ao entrar no quarto, dar com aquele cheiro nauseante e ver o amigo naquelas condições, ele chorou como um menino pequeno. Dona Adelaide explicou-lhe o que estava acontecendo, e sua revolta foi imensa e muito embora eu lhe suplicasse por calma, ele não se conteve.

Ao sair da casa, chamou as duas a um canto e disse em voz baixa, ao meu lado:

- Assassinas! Assassinas da pior espécie! Não sei porque não conto ao povo da Vila o que vinham fazendo a um homem bom como seu Ernesto. Aliás, acho que vou contar já!

A isso, a mãe de Anabela desmaiou de fato, e a moça olhou para Rodrigo com ares de súplica:

- Não faça isso conosco! Sabe lá o que é cuidar de um homem meses a fio e ele nunca melhorar? Ficaríamos escravas dele o tempo inteiro, e isso podia durar anos!

A isso Rodrigo enfureceu-se, e disse já em voz alta:

- E então decidiram deixá-lo morrer, sofrendo de sede e fome durante semanas, um homem que não podia sequer se levantar da cama, e que as sustentou com todo o luxo por décadas! É assim que pagam a dedicação dele?

Anabela perdeu e controle e disse em voz ainda mais alta:

- E o que queria? Que enfiássemos uma faca em seu peito?

O que eles não notaram, mas que eu notei, foi a quantidade de gente que se juntou logo no desmaio da mãe de Anabela. Com os gritos trocados de um para o outro e seu Ernesto saindo de padiola, naquele estado lamentável de sua casa, as pessoas ficaram realmente revoltadas e se juntaram em torno do doente. Não fosse dona Adelaide quem era, com a autoridade natural que tinha, não teríamos conseguido colocá-lo na charrete, e ela disse para acalmar o povo local:

- Não façam nada contra elas. Deus é o juiz, lembrem-se disso. E tudo que se faz nessa vida, se paga! Seu Ernesto vai comigo assim como a Matilde, para me ajudar com ele. Vai ser tratado e se for da vontade de Deus, ficará em paz e com conforto.

Subi na charrete e embrulhei Ernesto em uma roupa de cama limpa que Matilde achou na casa. Os olhos dele lacrimejavam de dor, em contato com a luz novamente, e eu disse ao ouvido dele: "tenha calma, vamos cuidar do senhor!"

Os olhos dele me encararam e eu percebi que ele me entendia! Meu Deus! Quanto devia ter sofrido naquela casa...

Subimos na charrete e Matilde me deu um sorriso com os lábios fechados, feliz de estar saindo de lá, finalmente. Olhei para Rodrigo e ele gritou que depois apareceria por lá, e eu vi quando a mãe de Anabela levantou-se de forma impecavelmente rápida para uma mulher de seu peso, e entrou na casa, correndo, junto com a filha.

À noite, quando Rodrigo chegou, me disse que respeitaram dona Adelaide na hora, mas que muitos deles tinham ficado na porta, na espera de que as duas saíssem. O povo da Vila era bom, mas não aturava certas coisas. Disse também que não alimentaria duas cobras, pois se o fizesse, elas achariam que estavam no direito delas. E não estavam.

O engraçado é que fiquei com pena das duas e dona Adelaide notou imediatamente. Sorrindo, veio para o meu lado:

- De que tem pena, realmente, Alice?

- Delas passarem fome, dona Adelaide. Parece tão duro isso de passar fome...

- E elas são doentes ou incapazes, Alice?

Olhei para ela de cenho franzido:

- Não... mas não sabem fazer nada! O que vão fazer agora?

Ela olhou para sua horta, tão bem cuidada:

- Acho que se elas souberam como torturar um homem até quase à morte, podem muito bem aprender um ofício qualquer. Rodrigo está certo. Determinadas pessoas, se você ajuda, atrapalha.

Ela tinha, junto com Matilde, banhado Ernesto, passado cicatrizante nas escaras das costas, untado seu corpo com um óleo especial (a pele quase que se quebrava em alguns lugares), e dava-lhe uma "água temperada" de meia em meia hora. Fez-lhe uma sopa com pouco tempero, que ele foi engolindo aos poucos, e nos dias seguintes, engoliu melhor. Massagens vigorosas foram dadas e Matilde aprendeu rapidamente tudo que dona Adelaide lhe ensinava. Era bonito de se ver o entrosamento entre as duas!

Perguntei a dona Adelaide se ele se curaria, e ela me disse que melhoraria, mas não se curaria de todo. Realmente, a coluna se fortaleceu um pouco e ele conseguia ficar sentado. A visão estava razoavelmente boa, e ele mexia os braços (principalmente o direito) com desenvoltura e a fala, embora meio "embolada" estava voltando. Rodrigo trazia livros para ele, que adorava ler e eu tinha quase certeza de que ele era apaixonado por dona Adelaide, que o tratava muito bem, mas não lhe dava liberdades (Luciano que vivia por perto, não ia ficar nada feliz).

Matilde, que gostava muito de horta, uma vez me disse:

- Orei tanto a Nossa Senhora que um dia me arranjasse um lugar sossegado, longe daquelas duas que tanto me maltratavam. Nunca achei que esse dia chegaria! É que Ele estava preparando esse pedaço de paraíso, com dona Adelaide e a menina Alice! Vou poder ficar aqui para sempre, não vou?

- Por mim, fica pela eternidade! - respondi.

Ela sorriu, mãos na frente da boca:

- Nossa Senhora é poderosa, menina Alice! Às vezes ela se atrasa um pouco, mas sempre ajuda a gente!

26

O NOIVADO

SE EXISTE GENTE difícil na Terra, existe também gente muito boa, que aguarda em silêncio e parece que nos espera para ajudar. Se Amália tinha sido expulsa, para Deus sabe onde, apesar de minha pena, agora lá estava Carmela, que minha mãe tinha se disposto a ajudar e que era tão boa pessoa! Vó Sâmia, já com um pouco de dificuldade de subir a escada para o andar de cima, é que não passava sem ela. Carmela não importava o que estivesse fazendo, parava e atendia a nossa anciã com toda boa vontade desse mundo, e ainda lhe fazia as vontades, cozinhando os doces de que ela gostava. Ficaram as duas tão amigas que mamãe quase tinha ciúmes.

Não bastasse isso, era bem disposta no serviço da casa, mantendo tudo tão bem arrumado que dava até pena de desarrumar. Nunca os móveis tinham estado tão bem encerados pelas mãos grandes e prestativas. Um mês depois, fomos de novo os três, visitar meus pais e demos com mamãe na sala a bordar (caso raro, que ela antes vivia ocupada), cabelos muito bem arrumados. Se ocuparia dos doces para o Café apenas à tarde, para que ficassem ainda frescos no dia seguinte. Olhei para a casa que sempre tinha estado bem arrumada, mas que dessa vez brilhava! E mamãe e vovó ocupadas apenas com serviços manuais. Ela viu a surpresa nos meus olhos e nos de dona Adelaide e falou:

- É um assombro, essa Carmela! Não sabe ficar quieta... está sempre ou encerando, ou cozinhando, ou lavando o chão!

Dona Adelaide riu:

- Que sorte a sua! Conheci uma ou duas moças assim... são raras!

Minha avó sorriu:

- Um tesouro mesmo! E quer saber do mais surpreendente? É como minha nora Zara, nunca fica de mau humor! Conversa com as vizinhas, troca receitas, vem sempre com novidades... alegre! Só não discuto com ela religião, é católica demais! Não perde uma missa, não é Aurélia?

Mamãe riu:

- Mas disse que reza pelos pecados da família inteira, pra eu não me preocupar, que todo mundo vai ficar salvo!

Foi a vez de todas rirmos e dona Adelaide dizer:

- Gostei dela assim que a vi, Aurélia. É uma boa alma, um tanto ingênua, talvez fale "um pouquinho" demais, mas não é por mal. Deve ficar contigo um bom tempo.

- Será que não casa logo?

Dona Adelaide respirou fundo:

- Moça muito séria... acredito que não. Atrai os homens errados. Uma pena! Terá uma vida muito mais feliz ficando contigo.

Mal acabou de falar, Carmela passou por nós com um grande balde de madeira nas mãos, indo para a cozinha. Perguntei a ela se não estava se cansando demais, e ela me respondeu:

- Mas, qual, menina Alice! Eu já dei conta de casa muito maior, com o triplo de gente e ainda tinha que buscar água no poço! Não sei do que essas moças da cidade se queixam! Isso aqui é um paraíso... Dona Adelaide, depois "eu gostava" de falar com a "signora"!

- Claro, Carmela. Quando quiser!

Ela saiu carregando o pesado balde como se fosse uma panela pequena. Que pediria a dona Adelaide? Uma poção? Mamãe me perguntou de Rodrigo, que tinha ficado desta vez na casa de Aline e Augusto, ela ficou feliz de saber que ele tinha vindo. A outra pergunta foi em tom sério, de mãe para filha:

- Gostei muito do rapaz, mas ele tem lhe respeitado?

Fiquei vermelha como um pimentão:

- Ora, mamãe... que pergunta é essa? Claro que sim!

Ela olhou para dona Adelaide como se confirmando, e ela respondeu:

- Pode ficar tranquila, Aurélia. A menina está comigo, e não fica nem um minuto que não seja sob as minhas vistas. Nada que não seja adequado acontece ali.

Aurélia finalmente pareceu respirar, dona Adelaide não mentia. E não mentia mesmo, para minha tristeza!

Fiel aos amigos e de volta à Vila, meu namoro tinha uma vigia constante, que me deixava no máximo a dez metros de distância, ou seja, ela na sala e eu e Rodrigo no jardim, de janelas e portas abertas, ou seja, ela via todo e qualquer movimento.

Muito simpática, nos sorria, oferecia chás e biscoitos, fazia de conta que lia, mas sempre erguia os olhos negros a nos olhar de cinco em cinco minutos. E quando saía da sala, lá estava Matilde, e essa não disfarçava: olhava fixo mesmo.

Eu e Rodrigo já conversávamos há meses, mas ele era noivo e eu não dava liberdade. Agora como namorados, a única coisa que acontecia era um beijo na minha testa quando ele ia embora. Resolvemos então nos casar o quanto antes, já que tínhamos mais do que certeza de nossos sentimentos. Ele dizia:

- Noivado longo, a gente só tem por força das circunstâncias, ou quando não gosta da noiva. Aqui não tem impedimento e eu adoro a minha noiva... seu pai vai ser contra, Alice?

- Podemos pedir ajuda a dona Adelaide.

Uma noite nos levantamos e fomos falar com ela, que nos ouviu e sorriu quando Rodrigo disse que seu Pedro podia achar que nos conhecíamos há pouco tempo, mas não sentíamos dessa forma. Ela perguntou a Rodrigo:

- Olhe bem para ela, sente como se a tivesse conhecido há apenas uns meses?

Ele me olhou com aqueles olhos castanhos que desde o início me inspiraram tanta confiança. Iria para qualquer lugar com aquele homem, de tanto que confiava nele, e isso nunca tinha acontecido com ninguém mais. Súbito, como elas sempre vêm, a visão apareceu e eu vi sentado no lugar do belo rapaz, um senhor de seus sessenta anos, cabelos cacheados, mas já um pouco ralos, bem grisalhos. Traços mais rústicos de quem havia sofrido na vida, algumas cicatrizes pequenas no rosto e ele era grande, imenso de grande, quase um gigante! Branco, barbado, me olhava com um carinho e um amor difícil de descrever e segurava a minha mão pequena no meio da sua mão enorme, limpa e calejada. Quem era aquele, meu Deus? O mesmo amor que Rodrigo me dedicava! Uma voz me sussurrou ao ouvido: "Joubert!"

A voz do meu amado me acordou para o momento atual:

- Sinto como se a conhecesse há séculos, mas sei que isso não é possível. É como se a tivesse esperado a minha vida inteira, e por isso não tivesse me casado com Anabela! Tinha que esperar por Alice!

Meus olhos se encheram d'água. Era ele aquele gigante de expressão tão gentil, que segurava a minha mão! Acariciei o rosto dele tentando segurar as lágrimas e disse a dona Adelaide:

- Tem mesmo razão, minha amiga. Fique tranquilo, Rodrigo. Nos conhecemos há muito mais tempo do que imagina! São os mistérios que Deus guarda!

Dona Adelaide nos olhou com aquela bondade costumeira:

- Então, minha querida, deixe que conversarei com seus pais. Leve o presente que comprou para Alice. Você, coloque um vestido bonito, que neste sábado faremos o seu noivado.

E assim seguimos para o centro, depois de um mês que tínhamos estado lá. Rodrigo tinha voltado atrás na decisão de não dar mantimentos à mãe de Anabela e a ela mesma, por pedido meu. Dona Adelaide preferiu não se pronunciar, mas senti que de mim ela não esperava outra atitude. Já estavam sendo punidas de qualquer forma, sem escravas e sem o menor luxo aos quais estavam acostumadas, sequer sair de casa saíam, por medo do povo da Vila.

Ao chegarmos na casa de Aline ela nos recebeu com um largo abraço: minha irmã já estava mais calma e até mais feliz. Tinha decidido esperar calmamente por seu bebê, afinal, se ele viria, era só esperar... nunca cansei de me deslumbrar com minha irmã e sua tendência natural para a felicidade! Encaminhou Rodrigo para aquele que seria o "meu quarto" e ao saber que ficaríamos noivos bateu palmas de felicidade e fez a empregada preparar um longo banho para o "futuro noivo".

Só então seguimos, eu e dona Adelaide, para a casa de meus pais, onde eu agora estava sentada me perguntando como faria para que meu pai nos deixasse noivar e casar rapidamente. Minha amiga tinha mania de conseguir coisas impossíveis, mas eu mesma não sabia como ela faria dessa vez.

Almoçamos uma comida leve que o jantar seria bem caprichado e minha amiga instalou-se no quarto com minha avó. Disse que podia ficar comigo, no meu, mas ela insistiu que devia ficar com Sâmia, pois ela era a matriarca da família, e queria começar por ela. Subiu-me um frio na espinha, mas ela me piscou um olho:

- Que foi, pequena? Não confia mais nos meus encantos?

Riu divertida e entrou no quarto de vó Sâmia, entretida com a lã dos tapetes, e que abriu grande sorriso quando viu a amiga entrar. Ela amava dona Adelaide como a uma irmã.

Fui tomar um banho demorado e depois fui passar a ferro um bonito vestido que Rosa tinha feito para mim. Será que Berte tinha melhorado? Vi passar por mim Carmela e perguntei se tinha notícias dela, e Carmela sorriu na hora de responder:

- *"E 'stato un miracolo'!"* (foi um milagre!) Mas também, a pobrezinha é uma freira! *"Dio"* (Deus) se apiedou ela, uma santa! Anteontem esteve aqui, corada, agradecida, querendo saber quando dona Adelaide volta. Diz que os remédios a salvaram! Mas foi *"la mano di Dio"* (a mão de Deus!).

Achei divertido o jeito dela, e disse:

- Concordo com você, Carmela! Deus está mesmo nisso, acho mesmo que é Deus quem inspira dona Adelaide a fazer seus remédios com suas plantas, e que se apiedou de mulher tão boa, colocando-a no caminho de quem pôde ajudá-la. Berte merece!

Ela me olhou de um jeito que parecia estar raciocinando:

- Sabe que pode estar certa? É isso mesmo! Deus inspirou dona Adelaide... *"mia madre"* (minha mãe) me contava que existiam mulheres assim na nossa Vila, na Itália. Inspiradas por Deus. Quero mesmo falar com ela depois!

Olhei sério para ela:

- Não vai pedir nenhuma "poção", vai? Dona Adelaide não é bruxa e fica muito zangada quando pensam isso dela!

Ela benzeu-se:

- Deus me livre, *"signorina"* (senhorita), que eu nunca pensei isso! Queria uma receita para o meu cabelo, que anda uma palha, e um pouco de água de rosas. Acha que ela pode ajudar?

Respirei aliviada:

- Até eu posso...

Levei-a até junto à babosa no quintal, ensinei como usar e disse que quando voltasse, teria a sua água de rosas. Ela ficou muito contente e me deu dois beijos. Vestido passado, fui para o meu quarto e dei com dona Adelaide e vovó Sâmia descendo a escada para esperar por papai. Vovó estava com um bonito vestido e argolas de ouro nas orelhas, o que não era habitual. Colocou também belo anel de esmeraldas no dedo médio, e quando a vi toda arrumada, como era relativamente raro, disse-lhe admirada:

- Que bonita está, avó.

Ela sorriu, misteriosa:

- Tenho meus motivos para isso, não tenho, Adelaide?

Ela concordou em silêncio, e depois me disse:

- Ande, vá se arrumar, que daqui a pouco seu pai chega e depois dele, Rodrigo, Augusto e Aline. Não vai deixar todo mundo esperando, vai?

Parecia que vovó já não estava contra, o que ela tinha feito, Deus sabe! Corri para meu quarto, tomei um banho rápido, me vesti, penteei, coloquei joias e até um pouco de carmim (pó vermelho colorido que as moças usavam no rosto e na boca para colorir) nas faces, o que tentei tirar depois sem muito sucesso. Olhei-me no espelho pensando: estou bonita? O azul escuro do vestido de cetim me disse que estava bem, mas o rosto continuava vermelho demais. Paciência, não ia deixar papai me esperando, estava com saudades!

Ao me ver descendo a escada, papai exclamou:

- Minha nossa! Aurélia, vem ver isso! Temos mesmo que casar essa menina, olhe que rosa mais linda temos dentro de casa, está até corada!

E me deu um longo abraço, daqueles de "arrebentar costelas". Mamãe, pelo seu lado, esperou que ele me libertasse e depois me disse:

- Está linda mesmo, mas não quer usar outro colar que não seja essa cruz de madeira? Sua avó tem um de safiras que ficariam bem.

Dona Adelaide, que vinha chegando com um xale azul bordado de pedrarias por vó Sâmia, disse:

- Pode tirar a cruz hoje, Alice. Realmente as safiras ficam mais adequadas, e com isso, homenageará sua avó.

Subi novamente as escadas para procurar na caixinha de joias o colar de safiras adequado, achei e coloquei-o. Realmente parecia feito para aquele vestido! Mas eu tinha realmente ficado corada com aquele carmim! Que tinta forte! Ouvi a voz de Rodrigo e de Aline chegando, não tinha mais tempo para esfregar o rosto, paciência, ficaria "corada", mesmo!

Desci novamente as escadas e Aline me olhou admirada, trajava vestido vermelho, belíssimo, com os rubis de minha avó. Ficamos as duas olhando uma para a outra e ela me disse em voz baixa:

- Então é hoje que a minha amada bruxinha fica noiva? Nem posso dizer de minha alegria, irmã! Viemos, Augusto e eu, para lhe dar todo o apoio possível.

Sorri para ela, agradecida, e nós duas olhamos os dois rapazes que amávamos. Minha irmã disse a mim e a dona Adelaide:

- Engraçado, não é que os dois têm a mesma aparência também? Augusto é um pouquinho mais velho, mas só uns três anos. Os dois têm cabelos castanho-escuros, sobrancelhas espessas, olhos castanhos, o mesmo tipo de barba, só que Augusto está deixando crescer um bigode, e Rodrigo usa a barba apenas aparada. Têm até a mesma altura e porte físico!

Dona Adelaide riu:

- Menina, você acaba de descrever uma boa parte dos jovens de trinta anos da ilha, descendentes de portugueses ou de espanhóis. Mas o estranho é que até os dentes são parecidos... a diferença mais explícita está no olhar: Augusto já sofreu muito na vida, já Rodrigo é um bom moço que cresceu com a proteção da família.

Aline defendeu o marido:

- Mas Augusto é uma criatura muito gentil, apesar de ter sofrido tanto no passado!

Dona Adelaide lhe acariciou o ombro com a mão direita:

- Aline, não é pecado ter sofrido! Na realidade, Augusto é um vencedor e tem a minha total admiração por isso, mas não podemos esperar que ele seja ingênuo como Rodrigo. Os dois são fortes à sua maneira, e as duas terão bons maridos.

Aline concordou e sorriu para dona Adelaide, assim realmente o era: seu amado marido era um forte, acima de tudo. Não havia ser humano mais gentil enquanto a pessoa fosse honesta, nem inimigo mais feroz se alguém colocasse alguém de quem ele gostasse em risco. Conheceu a maldade humana cedo demais para não combatê-la com afinco.

Caminhamos as duas, de mãos dadas, pela frente da casa, olhando a praça e eu perguntei a Aline:

- Está feliz, não está, minha irmã?

Ela me olhou, rostinho bonito, iluminado como de uma boneca de porcelana:

- Sinceramente estou, irmã. Nunca achei que teria marido tão apaixonado, ele parece que foi educado por uma família nobre, e veio de meio tão humilde! Tem que ver quando ele negocia com os grandes negociantes daqui: fino, correto, e tem um porte! Tenho um grande orgulho dele, e sei que também tem de mim. Apresenta-me como "minha adorada esposa". Ciumento, mas tudo com muita educação. E nunca briga comigo!

Olhei para Augusto com amizade, via nos olhos de Aline um amor duradouro e fiquei feliz. Ela continuou:

- No entanto, desde pequena tenho um desejo imenso de ser mãe. Agora que sei que o filho, ou filha virá, sosseguei. Deus sabe o que faz, Alice. Já tenho tantas dádivas, saberei esperar por mais esta. Augusto diz que esperará comigo, o tempo que for necessário, isso me basta. E você? Sabe que Rodrigo fez dois bons amigos nesta casa? Augusto e papai falam o tempo todo em trazê-lo para o centro, para que vocês fiquem perto de nós.

Eu ri:

- Se esquece que eu tenho dona Adelaide? E as pessoas da Vila que dependem dela? Tenho aprendido muita coisa! Mas, o futuro a Deus pertence, Aline...

Ela me olhou divertida:

- Trazemos ela também! Acha que no centro não temos pobres e doentes?

Ela sempre tinha um jeito para tudo, desde criança. De repente me olhou desconfiada e colocou a mão em meu rosto:

- Está febril? Tão corada!

Contei a ela da minha trapalhada com o potinho de carmim, que por sinal era dela. Aline riu:

- Quanto passou?

Expliquei que enchi três dedos e passei nas bochechas e na boca, ela riu muito, e disse que pelo menos eu tinha conseguido tirar bastante, que o que se usava era um décimo daquilo. Correu comigo para o banheiro e me esfregou sabão com força no rosto e um pouco de vaselina e com a graça de Deus, voltei a ser uma mulher normal bem a tempo do jantar.

Papai tomava um de seus famosos cafés na mesa do quintal e eu já tinha alertado Rodrigo de como era, para que ele não engasgasse ou fizesse uma larga careta como Augusto, de forma que ele se portou admiravelmente, tomando aos poucos, e papai bateu em suas costas dizendo: "esse sim, parece um árabe!". O gozado é que ele gostou mesmo, e disse que queria que eu fizesse assim de vez em quando. Duas pernas de cordeiro assado e arroz com especiarias fariam o resto do jantar: mesa cheia como adoravam os Alkazar! Quando papai o olhou para nós duas e os respectivos pares, agradecendo a Alá pelas dádivas concedidas, disse:

- Para que tudo fique ainda melhor, só faltam agora os netos!

Amava meu pai acima de qualquer coisa, mas sutileza não era uma de suas qualidades... vermelhas, eu e Aline queríamos desaparecer para debaixo da mesa, mas vovó Sâmia aproveitou a deixa, com a aprovação de dona Adelaide:

- Mas para uma aqui te dar netos, precisa casar antes, não acha?

E todo mundo olhou para Rodrigo, que ainda nem tinha tomado seu vinho. Não esperava por aquela, sem mais nem menos, eu me sentia como se fosse um cabrito vendido na feira! Pensei em brigar por um instante, mas não era exatamente o que queríamos? Ao ser olhado, a cena foi mais que engraçada: ele estufou o peito, tirou da jaqueta uma pequena caixa de veludo, olhou para papai e para mamãe e disse:

- Seu Pedro, dona Aurélia, dariam a honra de me conceder a mão da menina Alice em casamento?

Papai colocou um pão árabe que tinha na mão, no prato, levantou-se, pôs-se muito sério como a ocasião exigia, e disse:

- Alice, é do seu agrado?

Levantei-me e disse bem rápido, com medo que não desse certo:

- Sim, meu pai.

- Então, eu concedo. Podem ficar noivos.

Impossível descrever o que aconteceu depois, ele colocou em meu dedo grossa aliança de noivado na mão direita, e um anel de ouro com um topázio quase da cor de meus olhos. Recebi de minha avó um grande abraço, depois de minha mãe que disse que tínhamos que encomendar o vestido, ver aonde eu ia morar... Aline era a mais feliz, parecia que ia se casar de novo: disse que ia providenciar peças de meu enxoval, que Augusto fazia questão de me dar este presente. Olhei para Rodrigo, mas este já tinha sido pego por meu pai, que enchia o seu cálice de vinho e conversava sobre mil negócios com ele e com Augusto.

Procurei então por dona Adelaide e ela estava lá, em pé, no canto da mesa, me olhando com lágrimas nos olhos. Corri até ela e lhe dei o meu mais profundo abraço, tanto que eu devia a ela!

- Minha amiga, minha irmã de alma, por que as lágrimas? Ficou triste?

Ela quis desconversar, mas então disse:

- Emocionei-me... como sabe nunca tive filhos, e você é uma filha para mim. Quero que tudo saia bem. Tenho essa preocupação tola que as mães têm, desejando que nada de mal aconteça, mas como já disse, para mim não tenho previsões, e é melhor que seja assim.

- Está com medo por Anabela? Acha que a louca fará algo?

Ela balançou a cabeça negativamente:

- Não se formos discretos e rápidos. Ela é tola, não tem dinheiro e morre de medo de sair à rua. Se fizer mal a Rodrigo, ainda ficará sem ter o que comer. Não apresenta perigo nenhum, por enquanto. É receio tolo de mãe postiça, apenas isso.

Voltamos ao jantar, eu admirando meu anel, sentei-me ao lado de dona Adelaide e Rodrigo, minha família estava feliz, mas ainda faltava o fato de que queríamos nos casar rápido. Tinha já uma certa esperança de que isso pudesse acontecer, e quem veio em meu auxílio foi novamente, minha avó Sâmia:

- E quando pretendem se casar? Não vai demorar, vai?

Rodrigo respondeu:

- Por mim me casava quando Alice desejasse, até mesmo amanhã.

Minha mãe discordou na hora:

- Nem pensar! Temos que fazer o vestido, avisar a Igreja, encomendar a festa, o enxoval... isso leva tempo...

Para encurtar, disse que viveria na casa de Rodrigo, que eu não conhecia, mas dona Adelaide sim. Ela explicou que era uma casa muito boa, grande, com quatro quartos, sala, jardim, em estilo espanhol. Ele disse que nada me faltaria e que estava toda mobiliada com louças, lençóis, tudo da Ilha da Madeira, deixados pela mãe. Minha mãe admirou-se muito, meu pai aprovou, mas queria conhecer de perto.

Na verdade, o armazém de Rodrigo fornecia haveres não só para a Vila, mas para todos ao redor desta, e era grande. Não era à toa que Anabela fazia tanta questão do casamento. Neto de espanhóis comerciantes, eles tinham lutado bastante e feito crescer a pequena fortuna que tinham trazido e se casado com os lusitanos que já estavam na ilha. Ao saber que eu mal precisaria de enxoval, mesmo assim Aline e mamãe disseram que eu levaria algumas peças "ora já se viu, sair da casa dos pais sem nada!".

Papai chamou meu noivo para discutir o dote, Rodrigo riu muito, mas disse que não era necessário. O difícil foi tirar o ar ofendido de papai, que só saiu do rosto dele quando vó Sâmia lembrou-lhe que ele também não quis, quando se casou com minha mãe. "Mostra que o rapaz só quer a menina!" disse ela. A única coisa pendente era a data do casamento: queríamos um mês, mamãe fixou dois meses. Muita negociação depois, ficou acordado em quarenta e cinco dias.

Para minha tristeza eu teria que ficar na casa de meus pais enquanto não se realizasse o matrimônio. Nada de dona Adelaide ou de Rodrigo até lá... fazer o quê, era o costume! Emburrei, mas meus pais não me deram nem atenção, dona Adelaide chegou para mim e disse:

- Nem parece uma mulher adulta que já viu tanta coisa do mundo! Comporte-se! Quer que seu noivo ache que é tola como Anabela? E depois, vamos vir te visitar!

Sorri e abracei-a, já com saudades. Abracei também Rodrigo que me deu leve beijo nos lábios e se foi. Depois de um sem-número de suspiros, minha mãe me abraçou e disse:

- Agora vamos ver Rosa, que quero que seu vestido seja inesquecível!

27

FUGA NA NOITE

DIZEM OS ANTIGOS, que antes da tempestade vem a bonança, eu estava nela sem saber...

Minha mãe e Aline sempre adoraram coisas femininas, como vestidos, toalhas de cama e mesa, e os homens da família faziam questão de que eu fosse muito bem-vestida para meu casamento. Meu pai, sempre um tanto econômico, encheu a pequena bolsa de minha mãe e ainda disse:

– Gaste o que precisar! Lembre-se, é Alice!

Fiquei um tanto pasma, já que eu nunca pedia nada... mamãe riu e disse:

– Por isso mesmo!

Meu cunhado Augusto, que tinha gostado de mim desde o início, fez a mesma coisa com Aline, que chegou calçando as luvinhas rendadas e perguntando à mamãe:

– Aonde vamos? À casa de tecidos? À bordadeira ver umas rendas? Como estão o estado de suas luvas, Alice?

E eu lá tinha luvas? No máximo umas duas, bem velhas, que usava para o frio. Lidando com a terra o dia inteiro, uma de jardinagem seria bom, pensei eu. As duas riram a essa sugestão:

- Jardinagem? Está bem, compraremos duas para você e duas para Adelaide, que não sei como mantém as mãos tão bonitas mesmo lidando com a terra. Depois vemos as outras!

Se elas vissem como dona Adelaide lidava com a terra, entenderiam... nada de movimentos muito bruscos, minha amiga "acariciava" suas plantas, conversava com elas, tirava as ervas daninhas, as folhas secas, regava, tudo com rapidez e imenso cuidado. Depois lavava as mãos e as untava com óleos especiais que ela mesma fazia e me dizia: "eu dou a elas o meu carinho, e elas me retornam". Dali também vinha aquela pele sem máculas, disso e do imenso chapéu que sempre usava quando saía para jardinar, que ela não era nada amiga do sol.

Foi um sem-número de lojas e rendas, nem eu sabia que a cidade tinha tantas! No sapateiro não cedi à tentação das duas e encomendei apenas duas boas botinhas de couro, e nada de sapatos muito rebuscados. E eu lá ia a bailes? Sabia perfeitamente do que precisaria, e se fosse o caso, Aline me emprestaria algum. Fizemos tantas encomendas que fiquei tonta e quando voltamos para casa, ao final da tarde, vovó me esperava sentadinha na cadeira da sala, amparada por duas almofadas, sorridente e querendo saber dos resultados:

- E então? Não esqueceram as toalhas de banho, não é?

Mamãe respondeu:

- Não, dona Sâmia! Compramos dez da melhor qualidade!

- Só dez? Mas essa menina terá filhos!

Mamãe sentou-se, cabelos já começando a ficar grisalhos no meio dos fios muito louros, desgrenhados pelo esforço:

- Não se preocupe, assim que nascer o primeiro, compro mais dez!

Tive que rir. Cansada que estava, beijei as duas que se envolveram numa conversa com Aline fazendo a relação do que faltava, e fui para o meu quarto, que dava vista para a praça. Final de tarde, tanta gente indo do trabalho para casa, mocinhas espiando os rapazes, sentadas nos bancos... ia sentir um pouco a falta do centro, pensei eu. Mas nem um décimo da falta que me faziam Rodrigo e dona Adelaide! A saudade me doía no peito como nunca tinha sentido antes, e eu fiquei pensando se aquela Anabela estava se comportando realmente.

Ouvi chamarem meu nome e espiando no relógio de meu quarto, dei-me conta de que já eram seis e meia da tarde. Era Aline me avisando que já ia embora, e eu agradeci do alto da escada, dizendo que no dia seguinte iria vê-la. Sua casa ficava a uns quinze minutos de caminhada da de meus pais, e eu resolvi vê-la passar pela praça. Que linda estava minha irmã! O marido fazia questão de que ela se vestisse como uma verdadeira dama, e lá estava ela: um chapéu maravilhoso, com flores miúdas, saia muito bem cortada, sapatinhos elegantes, uma maravilhosa blusa de rendas e os cabelos longos, meio presos, os cachos descendo em cascata pelas costas. Os rapazes se viravam todos para olhá-la passar e ela nem se dava conta, queixinho erguido, apressada para encontrar o marido!

Frio na espinha me deu quando notei, um pouco mais atrás dela, vulto sorrateiro que esticava o pescoço no meio das pessoas, seguindo a minha irmã. Só o via pelas costas, mas estava malvestido e eu notei claramente o físico forte e pela cabeça sem chapéu, o cabelo afro e a pele negra. Meu Deus! Seria Euzébio, o amante de Amália?

Devia ser tolice minha, ele tinha se encantado com Aline, mas já tinha sido há tanto tempo! Parada na janela, fiquei prestando atenção, e o vulto realmente seguia minha irmã até que eu perdi os dois de vista. Forte dor de estômago me perseguiu noite afora, o que eu não daria para ter dona Adelaide por perto!

No dia seguinte, como eu mal tinha dormido, acordei muito cedo e encontrei-me logo com Carmela na cozinha. Ela já acordava corada e animada:

– Já de pé, menina Alice? Quer café? Está quase saindo?

Olhei a boa italiana com simpatia, que diferença de Amália, sempre mal-humorada e cheia de truques!

– Está feliz aqui, Carmela?

Ela me sorriu:

– Ah! Mas como não? A tua *"madre"* é a melhor pessoa do mundo! E quanta comida, hã? Tem muita miséria no mundo, *"signorina"*, mas aqui, quanta fartura!

Enquanto falava, amassava o pão. Os pães dela eram de deixar a gente embasbacada de tão bons, até papai vinha atrás deles. E era sempre assim, falava e amassava a massa. Ofereci-me para ajudar, mas quem disse? Colocou-me sentada de volta e disse que eu ajudava por estar conversando, senão ela perdia o ponto da massa! Ficamos ali por umas horas, distraí-me um pouco, peguei algumas receitas (dona Adelaide ia adorar,

Rodrigo então nem se fala!), e quando às nove horas da manhã soaram, comi do pão (maravilhoso pão doce!), e fui direto à casa de minha irmã.

Dessa vez, ao menos a arrumadeira já tinha se acostumado comigo e não achou estar vendo a patroa em dobro: menos mal! Aline estava terminando o seu café, e me olhou com alegria, perguntando se eu queria sair às compras, só nós duas. Olhei para ela pensando em como alguém podia querer fazer compras dois dias seguidos, mas disse:

- Aline, lembra-se de Euzébio?

- O namorado de Amália? Aquele que a deixou grávida e sumiu?

- Esse mesmo. Ele a perturbava às vezes, não?

Ela olhou para o lado, meio incomodada, porque não gostava de falar nada de negativo sobre ninguém. Conhecia bem minha irmã: na hora ela podia até mesmo dar um tapa em alguém para defender um terceiro, mas falar mal de alguém não era de sua natureza, mesmo que fosse verdade. Achava um jeito de desculpar todos, sempre. Por isso disse:

- Sou sua irmã, tenho motivos para perguntar sobre isso e não vou contar a ninguém. Diga-me a verdade.

Ela levantou-se da mesa, olhou para o mar, da sua varanda, e depois me olhou novamente:

- Para que falar disso? Faz tanto tempo... e depois, nem foi nada grave.

Pus-me em estado de alerta dessa vez. Então havia acontecido algo, e eu sequer sabia o que era. Não queria dizer que o tinha visto seguindo-a, mesmo porque não tinha certeza de que era ele, embora meus sentidos gritassem que sim, e não desejava assustá-la.

- Não acredita mais em minhas intuições, irmã querida? Não confia mais em mim?

Se tinha uma coisa em que ela acreditava, era nas minhas intuições, desde criança. Resolveu me contar, de seu próprio jeito:

- Bem, no início ele só me olhava muito. Era engraçado, ele conseguia distinguir nós duas com muita facilidade, pois de você ele tinha receio, mas comigo ele encarava mesmo, sabe? Deixava-me muito sem jeito. Amália ficava muito brava com ele.

- Em que horas te encarava?

Ela riu, um tanto nervosa:

- Eles ficavam no quintal, se eu passava na cozinha, ele largava a Amália e ficava na janela vendo o que eu fazia, se eu estava na sala, ia para a rua para me olhar. Uma situação chata, a Amália até me disse que era eu que ficava me exibindo, mas era ele que vinha atrás para ver o que eu estava fazendo!

Fiquei brava com a situação:

- Aline, como deixou que Amália falasse dessa forma contigo?

- Ora, Alice... ela estava apaixonada, doida de ciúmes, e eu lhe dei uma bela bronca! Vê lá se eu ia me interessar por um tipo daqueles! O pior foi quando começou a querer conversar comigo! Tinha um medo danado dele, inexplicável!

- Medo? E por quê?

- Vá se entender... veio muito gentil, me trazia umas flores do campo, escondido de Amália, muito constrangedor. Disse que parasse com aquilo! Depois chegou ao disparate de dizer que só tinha se envolvido com Amália, para estar perto de mim... gelei de medo! Ainda bem que Augusto estava ali, e eu ameacei falar para meu noivo. Então, ele desapareceu.

Ouvi aquilo tudo atônita. A coisa tinha sido muito pior do que eu pensava... tive que perguntar:

- Ele tinha se aproximado de Amália ainda antes do baile?

Ela fez um esforço de memória:

- Sim. Já tinha alguns meses que ela se encontrava com ele. O sujeito era meio doido. Amália queria tanto ir ao baile porque sabia que ele trabalharia lá e ficaria bonita para ele. E ainda por cima disse que moveria céus e terra, mas ficaria com ele...

Entendi o esforço de minha irmã ao lhe dar o vestido e tanto se esforçar por deixar Amália apresentável, queria que o "namorado" a visse bem-vestida, e se encantasse por ela. Adorável Aline, sempre tão bem-intencionada! Provavelmente aconteceu o inverso, e o infeliz ao ver Aline tão linda, caiu-se de amores por ela!

Será que estava com Amália? Que estava pretendendo Euzébio? Aline me olhava com a sua curiosidade natural e enfim me perguntou:

- Que foi que andou "intuindo"? Acha que Euzébio me incomodará novamente?

- Acho. E não sei o que fazer. Ainda ontem quando a vi saindo lá de casa, vi um liberto seguindo você de nossa janela, parecia ele.

Ela fez-se pálida.

- Acha que corro algum risco?

– Vou pedir a Augusto outra vez o vigia noturno. Nesses casos nada melhor que a verdade, não acha?

Aline não gostou da ideia. Naturalmente ciumento, Augusto ia se enfurecer se soubesse que alguém estava pensando em ameaçar a segurança de Aline, e ela não queria ser responsável por tragédias. Respondi que eu não queria saber de tragédias com minha irmã, e ela finalmente aceitou, mas disse que ao menos deixássemos passar meu casamento, queria viver ao menos esse momento em paz.

Olhei para ela e entendi que realmente não ia ser fácil contar toda a história para meu cunhado, e como Rodrigo viria dali a alguns dias, resolvi que enquanto ele não estivesse por lá, eu mesma dormiria na casa com ela, pelo menos era mais uma para vigiar.

Minha mãe, quando soube que eu ia passar uns dias com minha irmã, não gostou da novidade, mas como faltavam ainda uns quinze dias para que Rodrigo viesse, se conformou. Rosa estava adiantando meu vestido e Berte ajudava com os bordados. O casamento seria na igreja para poucos convidados, nada de festa grande, tinha feito questão disso. Rodrigo não tinha família e eu não queria alvoroço na Vila, por conta de Anabela. Quando voltássemos, faríamos um grande almoço na praça, para todos de lá, em comemoração. Dona Adelaide e meu noivo achavam melhor assim também, depois de tudo consumado, para evitar confusões.

Aonde Aline fosse, eu ia junto. Nos penteávamos iguais, roupas parecidas, tudo para enganar a qualquer incauto que nos visse juntas e dificultar a vida de qualquer raptor. Só saíamos durante o dia e à noite nos trancávamos em casa e ela punha suas roupas suntuosas de dormir para receber seu marido. Era de dar gosto ver como se davam bem, e como eu também ganhei alguns presentes nesses dias que passei com minha irmã.

A coisa era simples: Augusto estava muito bem de vida, e amava muito Aline. Ela gostava de perfumes, tecidos, joias e embora não pedisse, umas duas vezes por semana, ele trazia alguma coisa. Estando eu lá, e ele gostando de mim também, trazia em dobro. Logo, ganhei perfumes, um brinco, e dois cortes de tecido... ri muito e disse que desse jeito acabaria vindo morar ali.

As saudades de meu noivo é que não eram fáceis, sentia falta até do jeito de respirar dele. Tinha prometido vir me ver, durante o tempo em que eu ficaria com meus pais, mas de acordo com dona Adelaide, quis dar uma boa reforma no casarão de seus pais antes de me receber. Sabia que meus pais iriam nos visitar depois de casados, queria me deixar orgulhosa. Mandava-me cartas apaixonadas por ela, mas a saudade doía como nunca. E eu lá me importava que a casa despencasse? Entendia seu zelo, e dona Adelaide me dizia, que quando eu visse a obra pronta, entenderia também.

Um dia antes dele chegar, voltei para a casa de meus pais, e minha avó me sorriu, muito matreira:

- Saudades do noivo, menina?

Abracei o pescoço de vó Sâmia:

- Muitas, minha avó!

Ela riu baixinho:

- Você tem sorte! Só conheci seu avô no dia do casamento, e o achei parecido com um sapo!

- Jura? - perguntei espantada, já que se amaram tanto!

- O melhor sapo do mundo, mas era feio, não?

Rimos as duas juntas, a verdade é que na velhice meu avô era bem apresentável. Rodrigo, por outro lado, era um homem de boa aparência.

Senti o peito apertar ao pensar nele. Mais de quarenta dias que não o via, e eu contava as horas, os minutos... minha mãe dizia que isso era paixão, e que passava com o tempo, mas eu notava em Aline e Augusto uma chama, que não tinha se extinguido. Conosco seria assim? Até do cheiro dele eu sentia falta!

Almocei, fiquei com Carmela ouvindo-a contar histórias na cozinha (descobri coisas dos vizinhos que até Deus duvidaria), e quando soaram as duas horas da tarde, decidi tomar meu banho, queria ficar bonita. Lavei os cabelos e fiquei com eles a secar na janela, olhando a praça, a ver o movimento novamente. Tinha provado no dia anterior meu vestido de noiva e ele estava simples e elegante como Rosa tinha desenhado, e eu tinha ganho sapatos brancos, forrados de cetim, para entrar na igreja. Doíam um pouco no calcanhar, mas estavam lindos! Trancei meus cabelos em pequenas tranças laterais, deixando o resto solto, como dona Adelaide tanto gostava, dizia que eu ficava parecendo uma fada. Passei um dos perfumes de jasmim que Augusto tinha me dado, e que era o preferido de Aline. Coloquei-me na sala a esperar.

Dona Adelaide não demorou a chegar com a charrete, veio sozinha e animada, saltou festeira, com um monte de flores do campo nas mãos a sorrir para mim:

- Como está a minha noiva! Deixe ver, mas está linda! Quer dizer que se casa em três dias?

Abracei-a, mas meus olhos estavam na charrete: procurando por Rodrigo. Antes que eu perguntasse, ela me disse:

- Calma, ele veio e está louco de saudades também! Alice, a casa está um espetáculo! Ele mandou fazer vitrais para a frente da casa, a coisa mais linda... o bom é que você não vai ficar longe de mim! Anabela está desconfiadíssima!

Olhei para ela preocupada:

- Está? Mas isso não é ruim?

Ela riu:

- Calma... como ele ficou mais de quarenta dias por lá e você sumiu, ela está sem saber o que pensar. Vai dar tudo certo! Quando voltarmos, vou fazer um almoço bem grande na praça, Matilde vai me ajudar. Pode deixar que já tenho tudo preparado. Seu pai que não ia gostar, tenho até carne de porco guardada nas latas, presunto. E o vinho já está estocado!

Não contem comigo para tomar vinho, pensei. Mas fiquei feliz por tudo estar dando certo. Então meu querido estava se arrumando e viria mais tarde! Minha mãe já estava na porta e meu pai, sabendo que dona Adelaide viria, tinha vindo mais cedo para recebê-la e a Rodrigo, já sabia que a noite ia ser longa. Devia estar feliz por minha família e meu noivo terem se dado tão bem, mas meu estômago estava apertado por algum motivo... seria saudade? Devia ser.

Uma hora depois chegaram, Aline, Augusto e Rodrigo. Estava esperando por eles na calçada em frente de casa e assim que vi os três aparecerem, um motivo qualquer me fez correr na direção deles e abraçar Rodrigo num ímpeto de criança, o que fez Aline e Augusto rirem muito:

- Da próxima vez que eu chegar em casa, quero um abraço desses - ouvi Augusto dizendo.

Mas Rodrigo nem pensava em me soltar, abraçado comigo em público, como se fosse o primeiro e o último abraço de nossas vidas, ele só me disse: "nunca mais quero ficar longe de você!"

Levei um puxão na saia de Aline e só então reparei que tinha gente em volta olhando e que nossos pais estavam com uma cara bem séria no portão, enquanto dona Adelaide segurava o riso. Separamo-nos depressa, alisei o vestido e fomos andando respeitosamente, ele me dando a mão. Chegando na casa, só ouvi papai dizer:

- Ainda bem que esse casamento é em três dias!

E nada de ficarmos sozinhos o resto da noite. Dona Adelaide me olhava como se compartilhasse do meu sentimento, de querer ficar ao menos dez minutos um pouco com meu noivo, há tanto tempo não conversávamos! Não fosse isso a noite teria sido divertida, mas tirando olhares que trocávamos, nada mais pudemos dizer um ao outro...

Às nove e meia da noite se despediram, e fomos levá-los ao portão. Notei meu noivo um tanto abatido, pois também queria ter trocado algumas palavras comigo, mas ele não reclamou, só disse:

- Paciência, minha bela.

Olhei bem no fundo dos seus olhos e, fiquei com pena de nós dois. Tantos meses para resolver aquele noivado infernal, depois aquela distância toda e não podíamos nem conversar? Queria tanto falar com ele! Deu-me um beijo na testa, senti de novo o seu cheiro e fiquei feliz por um segundo, sorri para ele sem dizer nada, e subi.

Dona Adelaide me esperava no pé da escada, e me disse:

- Não fique zangada com seus pais. Lembre-se das tradições e de que eles têm que zelar por você. E depois, daqui a três dias você se casa.

Olhei para ela e sorri: amava dona Adelaide, mas quem tinha fugido de casa, para ficar com um frei, não era exemplo de seguir tradições. Hábil leitora de pensamentos ela disse:

- Não é o mesmo caso, pequena!

Respondi depressa:

- Claro que não!

E subi rápido, antes que ela descobrisse algo mais.

Decidi que ia conversar um pouco mais com ele, que mal havia? Não ia fazer nada demais, apenas conversar com meu noivo! Estava a quinze minutos a pé dali, numa cidade calma, com guarda policial, que podia me acontecer?

Amália tinha saído inúmeras noites e nada tinha lhe acontecido (só tinha ficado grávida, e mesmo assim porque quis), eu ia só ver Rodrigo um pouquinho na casa de Aline! Era só esperar um pouco, todos eles dormiriam e eu iria. Sendo assim, não tirei o vestido, mas me coloquei debaixo das cobertas e fiquei esperando. O relógio de carrilhão bateu dez e meia, e dona Adelaide entrou no quarto de vovó. Mamãe e papai já dormiam, esperei bater onze horas e coloquei meu abrigo, tirei as botinas e desci silenciosamente, passei pela cozinha e pela estrebaria segurando o riso, pois nunca tinha visto uma pessoa roncar tão alto como Carmela, passei pelos cavalos, coloquei as botinas, abri o portão, e eis-me lá, no ar frio da noite, em frente à praça!

Dizem que os árabes têm um sangue aventureiro e eu devia ter mesmo, pois ao contrário de sentir medo, me veio foi curiosidade: nunca tinha saído de casa numa hora daquelas, desacompanhada! Olhei em volta e o vigia da praça estava numa distância considerável, conversando com um rapazote bem-vestido. No mais, tudo vazio! As lâmpadas de mercúrio até que iluminavam bem e eu decidi ir pelos lados da praça, escondida em meu abrigo, no meio da rua a passos rápidos, assim evitando que alguém me puxasse para algum beco. Deu certo: em menos de dez minutos estava em frente da casa de Aline e os únicos olhares que tinha atraído eram os do vigia e os do rapazote.

Abri o enorme portão da casa de Aline e seu cão de guarda, um imenso mastim de nome César, me veio lamber as mãos. Éramos amigos de longa data e eu fiquei muito feliz de vê-lo ali e torci para que não latisse, e ele me obedeceu. Imaginei com acerto que Rodrigo estaria em meu quarto na casa dela e fui direto para a janela da casa às escuras, e dei três batidinhas na janela. Esperei para ver se alguém ouvia, mas nada!

Será que estava em outro quarto? Já ia me movendo para o outro quarto vago quando ouvi um ressonar mais alto, o que me deu certeza de que estava ali mesmo. Que sono pesado! Bati um tanto mais forte na janela, com medo de acordar Augusto, e nada! Que bom que as paredes eram bem grossas! Resolvi me sentar no parapeito e empurrar a janela para dentro: se não estivesse com a tranca, eu entraria com facilidade, e assim fiz: com muito custo subi o parapeito (que era razoavelmente alto) empoleirei-me lá em cima e acabei rindo do ridículo que era uma moça, com quase vinte anos, estar escalando paredes para ir visitar o noivo de madrugada.

Apoiada que estava no janelão de madeira levei o susto de minha vida quando ele, que ao ouvir minha risada, finalmente acordou e abriu a janela para dentro do quarto, fazendo-me despencar em cima dele, na cama que ficava encostada na parede: caí feito jaca madura! Quando vi, estava em cima de meu noivo, da cintura para cima nu, gelada de frio, e sem ter a menor ideia do que dizer.

Ele me olhou entre tentar se cobrir e descobrir se eu tinha me ferido:

- Alice, por Deus, Alice! Que faz aqui a essas horas? Aconteceu algo? Quem te trouxe?

Dei-me conta da bobagem que tinha feito, saindo madrugada afora, mas zanguei-me dele não ter "senso de aventura":

- Que foi? Não sentiu saudade? Queria conversar contigo um pouco, depois de tanto tempo longe... se não quer, volto daqui mesmo para casa. Aliás, já vou voltar.

Coberto com uma manta grossa e procurando outra para me cobrir, ele disse:

- Veio sozinha, assim de madrugada? Que horas são? E se algo te acontece? Quer que eu fique louco?

- Não exagere, fiz uma caminhada de dez minutos, e não são nem onze e meia.

Ele sentou-se um pouco mais calmo e me olhou, arrumando os cabelos com as mãos:

- Claro que senti saudades, Alice! Fiquei esses dias todos arrumando a casa para te fazer uma surpresa! Queria que você ficasse feliz lá, Adelaide me ajudou em tudo, há uma surpresa em cada aposento para você. Aproveitei e deixei meus negócios em dia para que pudéssemos viajar um pouco, depois de comemorarmos com o povo da Vila. Passamos por maus bocados, quero ver minha mulher feliz!

Olhei para ele encantada, pela primeira vez, em muito tempo me sentia em paz! Disse que não precisava tudo aquilo, que ficava feliz até se morássemos em casa de pescador, desde que ele estivesse bem. Que a única coisa que queria mesmo era ficar com ele e continuar aprendendo com dona Adelaide. Tive aprovação imediata, desde que estivesse em casa para jantar com ele todos os dias.

Pela primeira vez via meu noivo descabelado, sem camisa, e como ele era bonito! Deitei-me de lado, e ele ficou me contando histórias de sua meninice, à luz de um lampião. Dos medos que tinha quando criança e da forma que os tinha superado. Trocamos confidências e eu lhe contei da primeira vez que descobri que era igual a Aline.

E quando vi, da forma mais natural desse mundo, me tornei a mulher dele. Não tive culpa, nem medo, muito embora ele tivesse ficado preocupado depois, e eu tivesse dito:

- Não seja tolo, Rodrigo! Nos casamos em dois dias! Que pode acontecer em dois dias?

Levou-me para casa às quatro e meia da manhã, apenas os padeiros estavam passando pela praça. Fui me deitar em meu quarto, fechei os meus olhos e vi os olhos do meu amor. Estava tão feliz! Um pouco dolorida, mas feliz!

Lá pelas nove acordei e todo mundo estranhou eu levantar tão tarde. Mas dona Adelaide, com seus olhos negros, logo me desvendou a alma. Sua pergunta foi simples e sem julgamentos:

- Feliz?

- Sim, dona Adelaide. Muito feliz.

Afinal, o que pode acontecer em dois dias?

28

TEMPESTADE

ALINE CHEGOU LOGO depois, às dez, com Rodrigo. Queria levar a mim e a dona Adelaide para passear, provar meu vestido com Rosa, enfim, andar pela cidade. Meu noivo estava tão feliz com a sugestão, que eu nem pensei duas vezes!

Amiga de uma boa caminhada, dona Adelaide armou-se com seu xale de lã preta, queria mesmo ir ver Berte, ver como estava sua melhora, mas Aline quis passar antes em sua casa e ver se Augusto já tinha terminado de dar ordens a alguns empregados: iria passear conosco.

– Trabalha demais! E depois, é bom fazer companhia para Rodrigo, que ia ficar meio "perdido" no meio de tantas senhoras!

Quando entramos na casa dela, minha irmã logo me puxou para um lado e me disse:

– Vamos fazer aquela brincadeira que fazíamos na escola?

A brincadeira que fazíamos na escola era palco de algumas confusões às vezes, mas sempre funcionava quando uma queria fazer as provas da outra. Exemplo: Aline tocava piano muito bem, eu mal saía das primeiras notas. Teste de música: Aline entrava no meu lugar, imitando o meu jeito sério. Minha irmã não achava a menor graça em memorizar números e fórmulas, eu tinha grande facilidade, chegava com o ar mais cândido e meigo desse mundo (jeito de ser de minha irmã) e fazia todos os testes de cálculo. Bobagens de crianças, mas sempre deu certo. Queria brincar daquilo?

- Tem certeza? Mas teríamos que nos vestir iguais!

Ela riu:

- Estamos com o mesmo peso, mesmo cabelo. É só colocarmos roupas, e sapatos meus! Nós duas colocamos blusas brancas, saias minhas de cores parecidas. Uma hora eu te imito, e uma hora você me imita. Vamos ver se enganamos os nossos queridos!

Pareceu-me divertido, há tanto tempo não brincávamos disso! Queria ver a expressão da vovó, nossa vítima preferida na infância... seria engraçado! Trocamos as roupas, fizemos os cabelos idênticos, colocamos luvinhas de renda, xales parecidos, (o meu branco, o de Aline cor-de-rosa) e nos olhamos no espelho de corpo inteiro caindo na risada: impossível distinguir uma da outra! A única marca que nos distinguia estava na minha omoplata direita, em forma de pequeno coração, mas essa, só a minha família sabia e estava coberta.

Saímos do quarto e demos com Rodrigo, Augusto e dona Adelaide na sala, e a reação dos três foi engraçada: franziram o cenho como se estivessem vendo em duplo, e mesmo minha amiga, tão perspicaz, ficou na dúvida no primeiro momento. Sorrimos as duas juntas e imitando a postura de Aline fui andando como ela na direção de Augusto e dei-lhe o braço:

- Vamos?

Ele me olhou fixamente, como se quisesse descobrir se era a mulher dele mesmo que estava ali, até que me saí com essa:

- Jura que não me reconhece? Assim me magoa, meu querido!

A entonação tinha saído perfeita, assim como o ar magoado que minha irmã fazia. Dona Adelaide matou a charada no mesmo momento, mas o pobre Augusto, pegou o meu braço o mais rápido possível dizendo:

- Claro que reconheci, querida! Imagine! Mas é que vocês são muito parecidas mesmo... aliás, estão lindas!

Rodrigo olhava Aline ainda meio desconfiado, ela tentava se manter séria, mas ouvi quando disse-lhe:

- Que ideia é essa? Gosto de você com seus vestidos...

Minha irmã me imitou à perfeição: queixinho erguido, disse:

- Coisas de minha irmã... e eu consigo negar alguma coisa à Aline?

Finalmente calmo, ele sorriu.

Andamos pela cidade, chamando atenção como nunca. Até dona Adelaide divertiu-se. Na casa de Rosa, também ela ficou confusa, e quando fomos provar o vestido, na falta da marca de nascença, ela riu muito quando desvendou o mistério. Berte estava melhor, mas dona Adelaide trouxe-lhe mais remédios, recomendou sol, e disse que mais algum tempo estaria curada. Já se via cor no rosto da antiga freira, que já não usava o hábito, mas continuava firme na sua fé. Dizia que não voltaria ao convento, porque não queria causar constrangimentos.

– Só não perca a sua fé, Berte! – disse dona Adelaide. – A fé é o que nos faz fortes!

Rosa disse que agradecia aos céus ela ficar por ali, pois achava que logo teria outro bebê e precisaria de ajuda extra. Uma olhada de dona Adelaide para sua barriga e ela disse:

– Ainda não está aí, mas dentro de um tempo realmente estará, uma menininha! O que você tem agora é só um pequeno atraso.

Rosa ficou tão feliz que lhe deu um grande abraço e depois perguntou:

– Quanto tempo até eu engravidar, dona Adelaide?

Minha amiga olhou atrás de Rosa, depois sorriu:

– Mais ou menos um ano.

Fiquei feliz por Rosa, e olhei Aline. Seria o bebê que viria para ela? Pouco provável... Rosa e Jorge amariam a filha e cuidariam dela com todo afinco, mas talvez Aline viesse a ser a madrinha. Isso sim seria provável.

Desagradável calafrio me percorreu a espinha e eu olhei para dona Adelaide que também me olhava com um misto de preocupação e atenção. Fui até ela e disse:

– Também sentiu um calafrio?

– Mais que isso, uma dor forte de estômago. Não é bom sinal. Os rapazes estão aí fora?

– Sim, conversando com Jorge. Depois vão para o Café com papai que os está esperando.

– Coisa estranha, Alice! Nunca senti nada parecido! Mas estamos no meio do mercado, que pode acontecer aqui?

Nisso, vi passar pela porta da loja de Jorge, uma entidade estranha, acompanhando um senhor de aparência pobre, um tanto esfarrapado. Era um homem de seus cinquenta anos visivelmente embriagado, que apontou para mim e riu com escárnio. Geralmente tinha pena dessas pobres almas, mas aquele estava me avisando de algo, e eu nem tinha noção do que fosse.

Passou pela minha cabeça milhares de coisas: minha avó, por conta da idade? Rodrigo, em perigo por conta de Anabela? Aline, por causa de Euzébio? Quem estava em risco, quem? Nessa situação estava, quando Augusto deu-me o braço achando ainda que eu era Aline e eu disse que queria ir para a casa de meus pais, alerta como um gato.

Aline parou ainda na beira de uma loja, e eu me descontraí com ela, que me mostrava uma linda bonequinha de louça, enquanto dona Adelaide, um pouco mais calma pelo ambiente do mercado, examinava alguns espécimes de plantas. Augusto deu-me um beijo na testa e disse que ele e Rodrigo iam ver meu pai que já estava esperando e eu sorri para eles, dizendo que avisaria as duas, que já estavam dentro das lojas, e fiquei na calçada, esperando por elas, para que não se perdessem. Mal viraram a esquina, e aconteceu...

Uma forte mão me pegou pelo braço, senti uma lâmina me apertando pela cintura, um cheiro de aguardente, e uma voz rouca me disse:

- Senhora Aline, fique bem quieta. Não desejo lhe fazer mal algum, mas se gritar, terei de matar a senhora!

Olhei para o lado, mas já sabia quem era: Euzébio! Tendo visto Augusto me beijar a fronte, e vestida como eu estava, tinha certeza que eu era Aline, e se eu queria me manter viva, era melhor que ele continuasse achando.

- Que quer de mim, Euzébio? Não vê que estou casada?

Puxava-me com tanta pressa que estava atraindo a atenção dos passantes, mas a lâmina nas minhas costelas estava firme demais. Meu Deus, que cheiro tinha aquele homem! Há quanto tempo não se banhava?

- Isso não tem importância, dona Aline. Eu tinha que esperar... sabia que uma hora ia ter a oportunidade. Não disse que a senhora ainda ia ser minha?

Nessa hora agradeci aos céus não ser Aline ali, das duas sempre fui a mais fria.

- E onde está me levando? Acha que meu marido não vai lhe achar? Desista disso enquanto pode, homem! Tenho dinheiro, posso lhe dar muito dinheiro!

Ele me olhou por um segundo, como se desconfiasse de quem eu era. Aline não pensaria em oferecer dinheiro e a essa hora, já estaria em lágrimas, pensei eu. E foi o que fiz em seguida:

- Não tem pena de mim? Não quero que seja morto! Não suporto violência, quero que tudo fique bem. Há tantas mulheres no mundo, por que se arriscar assim?

E fiz um ar de quem está profundamente magoada, ao invés de enraivecida. Pareceu convencer.

- Dona Aline, a senhora é uma moça boa, sempre foi. Por isso que quero ficar com a senhora. Agora fique quietinha, que vai dar tudo certo!

Resolvi calar-me. Tinha que ficar calma, ou ele perceberia o embuste. Contaram-me, depois, que a confusão em seguida foi grande, pois dona Adelaide logo que saiu da loja e me procurou, foi informada que um negro grande tinha me arrastado pelas ruas do mercado e sumido comigo. Aline quando soube, chorou muito, procurou o marido e contou toda a história de Euzébio. Rodrigo, quando soube o risco que a noiva corria, ficou em desespero, junto com meu pai.

A polícia foi chamada imediatamente, e meu pai, muito bem relacionado, conseguiu colocar todo o efetivo na minha busca. Com uma gêmea como referência, foi fácil definir a aparência da moça que eles buscavam, mas nada disso acalmou minha mãe ou minha avó. Cada uma em sua fé, se postaram em orações, amparadas por Rosa, Carmela e dona Adelaide.

Na realidade, eu não estava longe. Depois de me levar às pressas pelas ruas que levavam ao mercado, ele passou comigo pela área de baixo meretrício e depois, no fim delas, vi uma cabana de madeira antiga, beirando o mar, bem afastada das outras. Fora dela um pequeno banheiro, onde as pessoas faziam as suas necessidades. Encolhi-me, pensando que era ali que ele morava.

Tinha dois cômodos: um que servia de sala e quarto, no outro uma miserável cozinha. Mas, como tudo estava sujo! Cheiro de banha empesteava todo o ar, sujeira grudada nas tábuas, panelas negras de carvão, talheres imundos, espalhados pelo chão. Minha vontade foi dizer que não há desonra na pobreza, mas que não existe necessidade de falta de asseio! Ele acompanhou o meu olhar de asco, e eu tentei imitar o jeito doce de minha irmã.

- Está sujo, não é? Amália era muito porca, mesmo!

- Amália? Está contigo?

- Ficou por um tempo... até depois que a criança nasceu. Má como um demônio! Preguiçosa, mentirosa, insolente!

Tinha curiosidade de saber sobre a criança, afinal tinha ficado preocupada:

- E o bebê, nasceu bem?

Sentado na cama, ele fungou:

- Não muito. Quase não chorava, pouco peso. Também, ela não queria dar leite "pro" menino. Tinha raiva dele ser mulato! Ora, se era filho meu com ela, tinha que ser mulato, não é?

Fiquei calada, pensando nos murros que tinha visto ela dar na barriga. Provavelmente aquilo tinha afetado a criança.

- Disse que sabia cozinhar, pura mentira! Cozinhava tão mal que nem dava pra comer. Um dia, depois de meses, cheguei em casa e o menino estava que era pele e osso, com um roxo feio na cabecinha. Em poucas horas morreu. Dei uma surra nela e ela confessou que tinha batido a cabeça dele na cama, que estava cheia da criança. Bati a dela na cama também, prá ela ver o que era bom.

Horrorizada com a narração, perguntei com um fio de voz:

- Bateu? E ela sobreviveu?

Ele riu:

- E vaso ruim quebra? Ficou meio tonta na cama por uns dias, depois, quando voltei pra casa uma noite, tinha-se ido embora. Foi tarde! Se soubesse que era só bater a cabeça dela, tinha batido antes! Matar meu filho, ora já se viu! Demônio...

Calei-me. Que mundo diferente era aquele em que ele vivia! Bruto, sem dignidade, sem beleza. Aline devia ser para ele como um sonho dourado qualquer. Percebi que ele a tratava de um jeito completamente diferente do que me tratava, e decidi tentar ser como ela o máximo possível, quem sabe assim sobrevivesse. Dando a minha voz o tom mais doce possível, disse-lhe:

- Vai querer que eu fique aqui, não é?

Ele me olhou, desconfiado:

- É o que tenho, por enquanto.

Olhei em volta:

- Mas para isso, vou ter que deixar a cabana mais habitável. Não é certo um homem como você viver assim. E depois, eu não sou como Amália, sei cozinhar. Mas preciso limpar primeiro. Vou precisar de sabão, trapos, e muita água. Traga areia da praia também.

Ele imediatamente assentiu e até sorriu bem animado, mas antes que saísse, para meu desespero, acorrentou-me a um pilar de madeira fino que estava no meio da cabana. A corrente era leve e longa, mas forte e prendia o meu tornozelo. A distância de qualquer outra vivenda que tivesse por perto, tornava inútil qualquer grito. Ainda assim, Euzébio saiu feliz para arranjar o que eu tinha pedido. Enquanto eu estivesse ocupada com a cabana, ele não me molestaria, pensava eu. E funcionou.

Encantado de ver uma moça branca e bonita trabalhando e deixando o lugar habitável, sem brigar com ele, realmente me deixou em paz. Enquanto isso eu rezava para que alguém aparecesse, e continuava imitando o jeito manso e delicado de Aline.

No terceiro dia, com as panelas razoavelmente limpas ele trouxe mantimentos e eu cozinhei. Pedi que comprasse algumas ervas para chá no mercado, e ele trouxe a valiosa valeriana. Dormiu feito um bebê a noite inteira, e eu olhava a corrente no meu tornozelo, inconsolável.

Ele realmente amava Aline, o problema é que a achava atraente. Não sabia por quanto tempo conseguiria mantê-lo longe, e estava começando a fraquejar na minha fé... Estava mesmo perdida para sempre, meu Deus? Foi então que na quarta noite, escutei um barulho lá de fora. O incrível, é que mesmo sob o efeito da valeriana, ele não tinha bebido álcool naquela noite e também ouviu. Eu dormia na cama, e ele no chão sob uns cobertores velhos, e foi olhar na janela, avistando lampiões que caminhavam pela beira da praia. Pôs-se imediatamente em guarda e me disse:

– Quieta, dona Aline, que eu mato o primeiro que entrar aqui. Nesse escuro é capaz de nem virem a cabana.

Devia ser a polícia, pensei. Que horas seriam? Ficar sem relógio era tão diferente, eu nunca sabia que horas eram. Os passos se aproximavam e não eram poucos homens, Euzébio se abaixou no lado da porta, com imensa faca de descamar os peixes, afiada continuamente, e eu sequer podia gritar. Tinham visto a cabana, iam entrar!

– Euzébio, foge! Vão te pegar de qualquer forma, foge enquanto é tempo!

Mas ele tinha sido tão feliz naqueles dias, que não parecia querer abrir mão de nada. Olhou para mim, sua ilusão de Aline, que tinha deixado sua cabana limpa, conversado amavelmente com ele, sem reclamar ou exigir nada, feito comida boa, dado uma ilusão de lar que nunca tinha tido e disse:

- Pois eu morro, dona Aline, mas levo um comigo, antes que levem a senhora daqui!

Coisa inútil, pensei eu, olhando o negro que, afinal, tinha me respeitado todos aqueles dias! Estava tão escuro, ele se salvaria! Vi atrás dele a mesma sombra escura quando o lampião dos guardas iluminou o interior da cabana, e só então, para meu desespero, Rodrigo entrou na cabana.

Gritei um "não!" tão alto, mas nada deteve o braço forte de Euzébio a cravar a faca no peito de meu noivo, que ficou entre surpreso e atônito com a dor. A morte do negro veio ainda mais rápida pelos policiais, que o decapitaram enquanto Rodrigo ainda agonizava no chão. Olhou-me com os olhos marejados:

- Ah, Alice! Está bem? Não te fez mal?

Que sangue quente ele tinha! Ensopou minhas mãos, meu braço, meu peito! E eu disse:

- Fez sim, te feriu!

Ele olhou para baixo, a ferida enorme aberta:

- É, feriu sim. Mas isso passa...

E passou mesmo. O que não passou tão rápido foi a dor de ficar sem ele! Começava a minha tempestade...

29

AMARILIS

NÃO ME LEMBRO muito bem de como saí da cabana, mas me lembro de que não queria soltar Rodrigo, mesmo depois de morto. Junto dos guardas também estava Augusto, que tentava me convencer a largar o corpo, mas mesmo com a corrente que segurava meu tornozelo ao vão central da cabana, nada fazia com que eu deixasse que o separassem de mim: sabia que nunca mais sentiria o cheiro dele, a pele, a barba... não importava se o cheiro de sangue estivesse presente, se o corpo estivesse esfriando, se ele estivesse ficando pálido. Só quando ouvi a voz de dona Adelaide às minhas costas prestei alguma atenção ao que acontecia à minha volta:

– Não é mais Rodrigo que está aí, Alice. Quer desesperá-lo ainda mais? Ele está vendo tudo isso, deixe o corpo aí!

Surpresa de ouvir a voz dela, lembrei-me finalmente de nossas crenças, e dei um beijo na testa dele, deixando-o ir. Minhas lágrimas não secaram, mas entrei num estado de obediência silenciosa. Como soltaram meu tornozelo? Não sei, só vi que estava em carne viva e doía muito. Fui mancando até a charrete de Augusto, e dona Adelaide me cobriu com uma larga manta. Olhei ao longe o que parecia ser o corpo de Euzébio e pedi, antes de sairmos, a Augusto:

- Este homem, ao menos, me respeitou durante todos os dias em que estive com ele. Peço-lhe que não deixe seu corpo desenterrado, para animais o molestarem.

Ele ficou bastante consternado:

- Mas ele matou Rodrigo!

As lágrimas já tinham secado, e eu respondi:

- Ele teria matado qualquer um que tivesse cruzado primeiro aquela porta. Não tinha nada contra Rodrigo... era uma alma infeliz. Ninguém sofrerá mais com a morte do meu noivo do que eu. Vai fazer o que pedi? Não é cristão?

Vi no rosto dele forte dúvida, mas depois que olhou nos meus olhos já secos, abaixou a cabeça e disse:

- Vou. Mas que ninguém saiba disso.

- Também prefiro assim.

Não queria mesmo o espírito de Euzébio, por si só tão torturado, a ver seu corpo sendo despedaçado por animais. Já teria sofrimento de sobra pelos seus atos, Rodrigo tinha levado uma vida sem máculas, espalhado amor pelas pessoas, iria em paz.

O tempo perdeu o sentido, pois não tinha mais o que, ou a quem esperar. Chegando em casa, a alegria de minha volta foi logo substituída pelo horror da morte do meu noivo. Meu pai ficou inconsolável, minha avó e minha mãe prepararam logo as vestes, para que ele fosse sepultado. Dona Adelaide fez com que Carmela me preparasse um longo banho, e eu continuava em silêncio, nada tinha a dizer, nem a agradecer, nem reclamação a fazer... que reclamação o traria de volta?

Coloquei a camisola e me deitei depois de dona Adelaide, silenciosamente. Como eu, ela nada dizia, apenas me olhava nos olhos, como que me vigiando, querendo saber se eu aguentaria bem aquele fardo. Entendi que estava esperando a hora em que eu decidisse falar. Agradeci com uma lágrima solitária e um meio sorriso.

Surpreendentemente dormi um sono sem sonhos depois de um chá que ela me deu, acordei às nove da manhã com Aline sentada na minha cama, e dona Adelaide sorrindo na cama ao lado. Minha irmã me olhava aos prantos e me disse:

- Como vai me perdoar? Tudo culpa minha! Que ideia idiota de nos vestirmos quase iguais, para confundirmos as pessoas, como quando éramos crianças! Não fosse isso, aquele maldito teria me levado, e não a você, e Rodrigo estaria vivo!

Olhei o rostinho de porcelana encharcado pelas lágrimas, e de repente vi que eu era tão mais velha que a minha adorada irmã! Ralhei com ela como se ela fosse uma criança:

- Pois saiba que desde o início agradeci a Deus que fosse eu a estar ali, e não você! Não sabe o que foram esses quatro dias. Aline, sensível como é, ele teria te matado! Responda para mim, como teria agido com uma faca nas suas costelas?

Ela empalideceu:

- Que monstro! Colocou uma faca nas suas costelas? Eu teria gritado, me debatido, desmaiado! Que horror, Alice! Fora o choro, que eu não teria contido! Machucou você?

- Andei por mais de dez quarteirões com uma faca furando minha blusa e fiquei quieta ou ele me mataria. Ele teria te matado ali mesmo, porque estava embriagado! Morto de medo, e muito embriagado, o cheiro de aguardente se sentia de longe!

Ela empalideceu, mas ainda assim disse:

- Mas não foi justo acontecer contigo! Ele queria a mim.

Eu sorri tristemente:

- E eu fingi ser você nesses quatro dias. Não você, como realmente é, mas como ele gostaria que fosse. E ele não me incomodou, o único ferimento que me restou no físico foi este!

E mostrei meu tornozelo esfolado, que demoraria um bom tempo para cicatrizar. Notei no rosto dela o horror, abaixou-se para olhar melhor, depois subiu os olhos e deu comigo a olhá-la no amor de sempre. Disse-lhe:

- Aline, durante toda a minha vida sempre senti que devia proteger-te. Se tivesse sido contigo, estariam hoje mortos provavelmente, você e Augusto, que não descansaria enquanto não matasse Euzébio, e que podia ser morto por ele. A morte de Rodrigo sequer me passou pela cabeça, nunca achei que seria o primeiro a entrar pela porta daquela malfadada cabana, embora tenha tentado dissuadir Euzébio de todas as maneiras. Estou aqui tentando entender o que Deus pretende com tudo isso, mas se há algo que me conforta, é te ver viva!

Ela me abraçou aos prantos:

- Mas a que preço, minha irmã... a que preço!

- Não escolhi o preço, minha querida! A vida quis assim...

Como sempre acontecia com nós duas, apesar de ser eu a ter sofrido o duro golpe, foi ela que deitou a cabeça em meu colo para que eu a consolasse. Recostei-me na parede a alisar os seus cabelos, enquanto dona Adelaide fazia o seu tricô e sorria para nós duas, acostumada que estava com as gêmeas Alkazar. Sabia que consolar Aline, sempre me acalmava...

Ouvi passos à beira de minha porta e vi o rosto de Carmela entrar e me perguntar:

- E então, *"signorina"*, vamos tentar comer?

Trouxe-me uma bandeja com seus famosos bolinhos, torradas, sucos, café comum e leite. Embrulhou-me imediatamente o estômago os bolinhos e o leite, mas comi duas torradas e o suco, que estavam difíceis de engolir. Carmela brigou comigo por comer pouco, mas depois de um "olhar gelado" de dona Adelaide, disse que era "aceitável", e retirou-se. Aline disse que tinha que almoçar com Augusto, e como eu estava realmente cansada, agradeci que se fosse.

Uma fraqueza sem fim abateu-se sobre mim, junto com um frio que era maior que o do ambiente. Dona Adelaide, atenta como de costume, me cobriu e me perguntou se eu queria conversar. Fiz que não com a cabeça, mas segurei a mão macia dela: não queria que se fosse dali. Já tinha perdido demais. Ela me fez deitar em seu colo e alisou meu cabelo até que eu dormisse de novo, e lá pelas três da tarde fui acordada com uma batida na porta. Dona Adelaide foi abrir e era meu pai e minha avó.

Notei nos meus dois queridos um ar de tristeza, que devia ser pela morte do meu noivo, mas havia algo mais que eu não conseguia definir bem, e que só depois de um tempo eu entendi o que era...

- Como está, filha? Melhor? Sente dores?

O semblante abatido de meu pai me comoveu o coração:

- Dor na alma, meu pai. Dor de quem perdeu um noivo muito amado.

Minha avó aproximou-se e sentou na outra cama, de frente para mim:

- Alice, temos que falar de algo constrangedor.

Entendi finalmente o outro sentimento, além da tristeza, eles se sentiam envergonhados de falar de algo comigo. O que seria?

- Constrangedor, avó? O que seria?

Eles olharam para dona Adelaide, e meu pai disse educadamente:

- Pode nos dar licença, Adelaide? É assunto de família.

Ela me sorriu e imediatamente retirou-se, conhecia algo da tradição muçulmana, o suficiente para saber que algumas coisas devem ser respeitadas, e não se sentiu ofendida. Curiosa fiquei eu, de saber o que iriam querer de mim.

- Por que mamãe não está aqui?

- Aurélia é católica, respeitamos a crença de vocês, mas temos a nossa. Temos de saber de você de certas coisas e queremos que nos diga a verdade.

- E o que é?

Minha avó respirou fundo e disse:

- Alice, conhecemos você e sabemos de suas virtudes. Mas ficou quatro dias em poder de um homem sem princípios. Acho difícil que tenha conseguido se manter viva, sem que ele te desrespeitasse. Ele te respeitou?

Entendi, finalmente. A questão era se eu estava pura ou impura. Euzébio tinha me respeitado, eu devia a eles essa verdade.

- Respeitou.

Meu pai arregalou os olhos incrédulo, minha avó calou-se e olhou o chão. Não esperava essa reação deles, menos ainda o que me pai disse em seguida:

- Quer que eu acredite que esteve no poder de um liberto durante quatro dias, uma moça linda como ele nunca poderia ter, presa por uma corrente e que ele lhe respeitou? Por que não conta a verdade, menina? Acha que lhe expulsaríamos nessa situação?

Minha avó mantinha a cabeça abaixada, e acho que foi isso, junto com as palavras dele o que mais me enfureceu. Eu trajava apenas uma camisola larga e minhas calçolas compridas como se usava na época. Disse a ele em voz alterada:

- Conhece bem sua filha, meu pai?

- Conheço. É claro que mente por medo! Mas não posso oferecê-la em casamento se está impura!

Enfureci-me ainda mais:

- Acha que um homem conseguiria me tomar à força, sem luta? Sem um arranhão, ou uma pancada sequer?

Ele calou-se, lembrava com certeza de que eu nunca tinha sido fácil durante a vida, embora fosse quieta. Nem moleques de rua aventuravam-se comigo. Continuei, tomada pela fúria de ser chamada de mentirosa, e tirei a camisola protegendo apenas os meus seios, mostrando pernas, braços, pescoço e tudo mais sem um arranhão sequer.

Meu pai olhava tudo boquiaberto, e desviou o olhar o mais rápido que conseguiu, minha avó logo sorriu. Se eu tivesse sido violada, teria ao menos uma marca de agressão física. Coloquei a camisola novamente.

- Ou o senhor pode achar, que apesar de ter Rodrigo, eu tenha me apaixonado pelo negro que me levou do mercado, e que essa marca no meu tornozelo, foi feita apenas por diversão?

Minha avó estava satisfeita e feliz comigo, por ter provado a verdade, mas esbravejou assim mesmo:

- Alice, não fale assim com seu pai! Homens não sabem como mulheres podem ser espertas quando querem. Parabéns, filha! Viu, ela pode se casar quando quiser, está pura!

Sentei-me triste na cama:

- Não, avó Sâmia. Nenhum homem me tocará. Houve um noivo, e só um haverá... as promessas que fiz a ele, não farei a nenhum outro mais. E devo levá-lo para ser enterrado na Vila que ele tanto amava, junto de seus amigos.

Meu pai tinha ficado mortificado, e finalmente tinha acreditado em mim.

- Quer que providencie tudo para o sepultamento, filha?

Olhei para ele triste:

- Tanto amor que lhe dedico, meu pai, para ser agredida dessa forma, em momento tão difícil! Augusto já está providenciando tudo, mas essa decisão de não me casar, é verdadeira. O pouco tempo de amor que tive, valeu por uma vida inteira! Vou ficar com dona Adelaide, ajudar a quem posso, até que essa dor esmaeça um pouco, se é que vai diminuir algum dia. Mas por hora, tenho que sepultar o que restou dele nesta terra.

E assim fiz. Augusto e Aline foram comigo e dona Adelaide até a Vila. Antes de ir, meu pai me chamou e entregou-me o dinheiro de meu dote, para que eu usasse como achasse melhor, já que tinha decidido não me casar. Disse que a casa dele estaria sempre aberta para a filha querida de seu coração.

Guardei a quantia num pequeno baú de madeira sem saber o que fazer com ela, mas quando me lembrei de tanta gente que precisava de remédios e comida, abracei meu pai e me calei. A religião dele também pregava a caridade, no fundo, a família me aprovaria.

Quando o povo da Vila soube de Rodrigo, a comoção foi grande. Eu não imaginava quantos amigos ele tinha feito, inclusive entre os pescadores e até alguns índios a quem ele entregava mantimentos. Ele era rico, e eu perguntei a dona Adelaide sobre seus parentes, se não teriam direito à herança. Felizmente ela se lembrou de um primo que morava numa Vila próxima, que informado da morte de Rodrigo ficou triste por ele, mas animadíssimo com a herança. Eu não ia querer nada dele, nunca entrei na casa que tinha reformado para mim, que não fazia sentido sem ele dentro. Mas, Anabela ficou possessa! O primo de nome Astolfo não parecia nada com meu noivo e os suprimentos foram cortados imediatamente. Paciência! Soube que estavam vendendo os muitos enfeites que tinham na casa, depois disso, trabalhariam!

Havia já passado um mês e meio quando eu olhava pela janela de meu quarto e vi passar no céu uma linda estrela cadente. Deitada do meu lado, Matilde me disse:

– Faz um pedido, dizem que a gente pede e a estrela traz!

Eu sorri triste. Coisa de criança, pensei... mas, que custa tentar? Pedi à estrela que me trouxesse notícias de Rodrigo, se estava bem e que dissesse a ele que eu estava com muitas saudades e dificuldades de aceitar a vontade do Criador.

Chorei um pouco e dormi, mas dessa vez sonhei. Era um campo desses coloridos, mas cheio de flores pequenas e amarelas. Abaixei-me para observá-las, e uma menininha, com cabelos muito cacheados e negros me apareceu. Tinha os olhos esverdeados num tom que eu nunca tinha visto, pareciam esmeraldas brilhantes e a boquinha pequena como um botão de rosa!

"Que boneca!", pensei. "E que olhos mais lindos, parecem duas esmeraldas!"

– Verdes como os de minha mãe – ouvi uma voz dizer às minhas costas – os cabelos negros e ondulados também são meus. De resto parece bastante contigo, graças a Deus!

Virei-me rápido, para ver num relance, Rodrigo! Ele ainda me disse, apontando o jardim de flores amarelas:

– Vê essas flores lindas? São o nome dela! Amarilis!

E eu acordei, com a imagem da menininha na cabeça e o nome: Amarilis! Eu ia ter uma menina e ia se chamar Amarilis!

Devia ser no máximo seis da manhã, e eu saí pela casa, esbarrando na cama armada para seu Ernesto na sala. "Meu Deus" - pensei eu - "Temos que aumentar essa casa! Tanto terreno e estamos ficando meio apertados! Para que serve o dinheiro, afinal?"

Falaria com dona Adelaide, afinal, a família ia aumentar! De repente o sol brilhava, tudo brilhava como novo! Nem tinha reparado que as minhas regras não tinham vindo, também, com toda aquela confusão! Uma menina de Rodrigo! Eu ia ser mãe de uma menina!

Onde estava dona Adelaide? Tinha que contar-lhe! Fui até o quarto, e nada dela! Corri até a horta, descalça, e dei com ela coletando capim cidreira para um chá. Ela me viu meio descabelada, ao longe, pulando feito uma louca e veio ao meu encontro, correndo também:

- Que foi? Finalmente descobriu?

- Por quê? A senhora já sabia?

- Claro que já... é uma menina. Mas, já sabe disso, não é?

Respirei fundo para contar a novidade:

- Rodrigo me contou num sonho, e eu vi a menina! Linda, cachinhos negros, olhos verdes! E vai se chamar Amarilis, como a flor! Ah, dona Adelaide! Essa notícia me devolveu a vida! Por que não me contou antes?

- Porque Deus sabe a hora de contar. Vamos, vou coar um café.

A vida tinha entrado por uma janela. Matilde me olhava confusa, coçando a cabeça, ainda meio tonta de sono. Foi olhar a massa de pão para ver se tinha crescido, e a colocou no forno sempre aquecido da cozinha. Seu Ernesto, acordado por todo barulho da minha correria, me olhou e balbuciou a seguinte palavra:

- Grávida?

E eu, que gostava imensamente dele e de seu olhar gentil, dei-lhe um beijo estalado na testa e disse:

- Sim. Menininha de Rodrigo! Ele se foi, mas me deixou esse presente!

Ele sorriu, e ergueu o braço bom, colocando a mão na minha barriga, como se abençoando o bebê. Matilde me deu um olhar ainda mais esquisito, mas eu ainda estava atrás de dona Adelaide, tinha coisas a discutir:

- DonaAdelaide, vamos ter que aumentar essa casa! Não é que não seja boa, é linda como está. Só que ficou pequena. Veja, seu Ernesto precisa de um quarto para ficar com Matilde, quase sempre um doente fica por aqui, em tratamento e agora vem Amarilis! Tenho tanto dinheiro, vamos usar fazendo mais uns quartos e ampliando a sala!

Ela, que estava fazendo uma geleia de frutas, me olhou interessada:

- É verdade. Como sempre vivi sozinha por anos, não me dei conta de quanta gente estava por aqui agora! Temos mesmo que fazer uns quartos. Terreno para isso tem de sobra, e a cozinha é imensa. Vou chamar o Gervásio, que é pedreiro, e ver o quanto ele me cobra. Tem muito dinheiro?

Disse a soma, e ela assoviou:

- Dá para comprar umas cinco casas boas na Vila! Tem certeza de que quer reformar essa?

Afirmei com a cabeça:

- Tenho. Estamos aqui perto da aldeia de pescadores e da mata, onde a senhora tira as suas espécies. Sem falar na sua horta, que é um espetáculo, não conseguiríamos localização melhor para o que fazemos. Podemos fazer uma pequena cabana de madeira, onde ficaríamos enquanto a reforma fica pronta, comeríamos aqui na cozinha mesmo, já que não vão mexer nela.

Ela sorriu:

- Nasceu com esse raciocínio rápido, foi? Pois aproveite e dê um jeito no telhado, Rodrigo vivia com medo que despencasse em nossas cabeças!

Foi só falar no nome dele, e doeu o meu peito. Lembrando-me da menina do sonho, eu abracei a minha barriga, da qual ainda nada se via. Dona Adelaide, certas horas mais minha mãe do que minha amiga, colocou o café na mesa e em seguida o pão, quente do forno. Matilde, que terminava de deixar seu Ernesto limpo, finalmente sentou à mesa e disse:

- Será que estou enganada? A menina se casou?

Olhei para ela sem entender:

- Não, Matilde. Fui raptada dois dias antes do casamento, no mercado, por um liberto.

- E como está grávida? É do liberto?

Olhei para ela muito zangada:

- Claro que não, o liberto não me fez mal! É de Rodrigo, deitei-me com ele na noite anterior...

Calei-me tonta de susto, tinha ficado tão feliz dele ter me deixado uma filha, achava isso um presente tão grande, que tinha me esquecido de todo o resto! Dona Adelaide tinha os olhos no chão, Matilde me olhava com aqueles olhos castanhos e bondosos cheios de pena!

- Ah, menina Alice! Tão boa! Como há de ser agora? Podemos sair daqui, não podemos, dona Adelaide? De repente, ela pode ter o filho em outro lugar...

Dona Adelaide finalmente ergueu a cabeça, colocou a xicara de café na minha frente, e olhou-me com uma firmeza que eu nunca tinha visto antes:

- Em primeiro lugar, dou graças aos céus por você ter tido aquela única noite de amor com ele, ou não teria tido nenhuma e essa criança, bênção de Deus, não teria vindo. Em segundo lugar, você não está sozinha, Alice. Tem a mim, a Matilde, seu Ernesto e creio que até a Aline e Augusto. Claro que não poderemos dizer isso à sua família, conhece a crença de seu pai e sua avó.

Eu conhecia, me lembrava da situação de Amália. Ter uma filha grávida e sem marido seria para eles a maior das vergonhas, e ainda podiam pensar que era filha do liberto. A criança seria discriminada, e eu não queria isso para Amarilis, ninguém discriminaria a minha filha.

Dona Adelaide apontou a comida na minha frente e disse a Matilde:

- Frite uns ovos, Matilde, que essa aqui agora precisa comer bem. Parto necessita de bebê saudável, Alice. Coma, temos meses e meses para pensar na melhor forma do que fazer.

30

O LADO CLARO DA LUA

NÃO SENTI ENJOOS durante o primeiro trimestre, foi tudo tranquilo, ao contrário de tantas jovens mães que eu já tinha conhecido. Olhava-me no espelho todos os dias à procura de alguma evidência do bebê e conversava com Rodrigo em pensamento, enquanto aprendia cada vez mais com dona Adelaide sobre as ervas e os tratamentos. Ela agora não me deixava carregar peso e a cabana de madeira (grande por sinal) foi rapidamente construída para que começassem a mexer na casa principal. O verão ia chegar, e nos mudamos para lá em outubro, com o cheiro da dama da noite no ar.

Matilde gostou tanto da cabana que disse: "Eu morava 'numa' dessa o resto da vida sem reclamar de nada, sinhá! Que belezura!". Rimos muito dela, e eu avisei que "belezura" mesmo ia ficar o resto da casa. Decidimos fazer ao menos seis quartos que serviriam de ambulatório para os doentes que precisassem de atendimento, aumentar bastante a cozinha e a sala. Dona Adelaide estava feliz, mas a obra iria levar uns três meses. Não ia ficar muito cara, pois o pedreiro assim que soube para o que era, arranjou logo ajudantes que trabalharam sem cobrar. Todo mundo queria ajudar!

Decidi ir visitar meus pais antes que minha barriga aparecesse, e ao chegar em casa, minha mãe correu até mim, o rosto banhado em lágrimas:

– Alice! Mais de um mês sem aparecer! Nunca mais fique tanto tempo longe, filha. Soube da grosseria de seu pai, mas perdoa! Os muçulmanos dão muito valor à virgindade como você sabe, e ele achou que ele tinha te desonrado.

Empalideci de imediato. Que fazer? Entrei e disse que ela não se preocupasse, que eu não guardava mágoa nenhuma. Minha avó Sâmia desceu as escadas com dificuldades, e de repente me pareceu anos mais velha. Sorria para mim com a doçura de sempre, e eu fui ajudá-la a descer:

– Minha neta! Alá te proteja sempre! Ainda zangada com a avó?

– Claro que não, avó. Como poderia?

Ela sorriu, me alisando os cabelos:

– Orgulho da avó! Parece que ficou ainda mais radiante depois da tragédia. Não fique mais tanto tempo longe, Alice!

Dona Adelaide entrou e ao me ver de peito apertado, logo começou a contar as novidades da reforma da casa, e de nossos planos de atender os desvalidos. Minha avó corou de satisfação, e fez planos de começar a tecer cobertores para o inverno, e doar para a casa, minha mãe faria mantilhas para os bebês. Ouvindo-as falar, minha cabeça dava voltas: como contar que estava grávida e solteira? Nem pensar... e como privar Amarilis daquela família amorosa e terna? Ela cresceria sem o carinho de minha mãe e de meu pai, sem os mimos de vó Sâmia, apenas comigo e dona Adelaide!

De repente ouvi a voz de minha mãe chorosa, ao falar de Aline e seu desespero para ter filhos. Ela olhou-me e disse:

– Sei que ainda é cedo, Alice, mas não vejo como Aline poderá ter filhos. Ela me segredou que Augusto, devido a problemas que sofreu na infância muito provavelmente não a engravidará. Você nunca mais se casará mesmo, minha filha? Mas é tão linda!

Olhei para ela e não tive como não chorar: o bebê que tanto queriam ali estava, mas não seria bem-vindo.

– Não, mamãe. Nunca me casarei.

Ela deu fundo suspiro, assim como minha avó. Então eu disse:

– Mas, não perca as esperanças, minha mãe. Afinal, para Deus nada é impossível. Quem sabe se Aline já não está grávida e nem sabe disso?

Minha mãe e minha avó me olharam surpresas, sabiam que eu tinha uma "intuição" muito forte:

- Acha isso mesmo, Alice? - perguntou minha mãe, cheia de esperança.

Dona Adelaide ficou reta na cadeira, me olhou de forma dura, como se quisesse que eu medisse bem as palavras:

- Tem certeza do que está dizendo?

Respondi olhando para dona Adelaide:

- Ainda não. Teria que ver Aline primeiro. Aliás, mamãe, vou visitá-la. Dona Adelaide, vem comigo?

Minha mãe se levantou de imediato:

- Vamos todas... quero ver isso de perto!

Ao que eu disse:

- Dessa vez não, mãe. Quero me concentrar sozinha, para poder ter certeza... a senhora me entende, não é?

Ela me olhou meio triste, mas assentiu.

Saímos da sala eu e dona Adelaide de forma rápida, pois eu sentia nela a urgência de me falar. Mal demos alguns passos fora de casa, ela me pegou pelo braço e me olhou nos olhos:

- Quer abrir mão de Amarilis? Está louca, pequena? É sua filha e de Rodrigo. Nenhuma convenção social vale isso!

Olhei para ela com lágrimas nos olhos:

- Convenção social? Está louca? Acha que é por convenção social?

Ela me olhou tão furiosa como eu nunca tinha visto e me arrastou para um banco da praça, longe da casa de minha família.

- E não é? Se quer, vamos para longe daqui e você terá a criança em paz! Diremos que é viúva, o que não está longe de ser verdade.

- E nunca mais verei meus pais, minha avó e minha irmã, que tanto me amam e que sofrerão muito com isso. Amarilis crescerá sem família, sem avós, sem tia, sem pai e exposta a mexericos de todo tipo, pois sou muito nova e sempre haverá quem diga que posso ser mãe solteira, ou ainda quem me descubra longe, como aconteceu contigo e Luciano. Sofro eu, a criança, Aline, meus pais, Augusto, e até mesmo a senhora, afastada de sua casa e de sua missão de cuidar das pessoas da Vila de que tanto gosta.

Ela me olhou ainda zangada, mas conseguindo entender o meu ponto de vista:

- E acha que eu não abriria mão de tudo para lhe ajudar? Sabe o que é para uma mãe, ficar longe de uma filha?

Desatei a chorar silenciosamente:

- Dona Adelaid e, dessa forma, apenas eu me sacrifico! Meus pais e Aline enlouquecerão de alegria, e eu serei a tia da menina, e a madrinha dela. Não ficarei longe de Amarilis, e ela terá uma vida que eu, solteira, não poderia lhe dar. A estabilidade de um lar sem ofensas públicas, um avô e uma avó que lhe encherão de mimos, e uma mãe e uma tia que morreriam por ela.

Ela não se convencia, braços cruzados em frente ao peito, sabia o quanto aquela criança já significava para mim.

- Lembra que disseram que o bebê de Aline viria de uma forma diferente? Vamos, temos que falar com ela.

- E como vamos fazer nesses sete meses que ainda faltam?

Eu sorri com tristeza:

- Nós cansamos de nos passar uma pela outra com sucesso, não se lembra?

Entramos na casa de Aline e a encontramos com Augusto. Ninguém me censurou de nada, muito ao contrário, e o marido de minha irmã disse que se sentiria extremamente honrado de criar uma menina de Rodrigo, a quem já tinha se afeiçoado tanto. Quando disse que ela teria os cabelos negros e cacheados, ele sorriu:

- É mesmo? Como os meus?

Eu ri, havia me esquecido de como os dois eram parecidos. Avisei a Aline que o rosto era parecido com o nosso, mas que os olhos eram duas esmeraldas, como os da mãe de Rodrigo, ao que ela disse:

- Nossa mãe também tem olhos claros, mas não como esmeraldas. Vamos ter essa sorte mesmo, Alice?

Quando contei de meu tombo na janela, três dias antes do casamento, os dois riram muito, e Augusto disse que gostaria que Aline tivesse sido atrevida assim. Combinamos que ela usaria uma barriga falsa e que me faria vestidos para que eu me vestisse como ela para andar na Vila quando quisesse. Ela visitaria meus pais trançando o cabelo como os meus, pelo menos umas três vezes no período, se passando por mim, e na hora do parto, sumiria e Augusto diria que ela tinha decidido ir ter o bebê comigo e dona Adelaide.

E assim foi. Quase fomos descobertas algumas vezes por conta de vó Sâmia (esperta demais), mas a vista dela já cansada nos salvou: Aline, distraída, quase deixou cair a barriga falsa bem no meio do quarto, e não fosse a miopia de minha avó tudo estaria perdido. Amarilis ganhou quase que um enxoval duplo na minha casa e na de Aline, mas o quarto do bebê, que eu só veria bem tarde, ficou além de qualquer sonho.

Dona Adelaide me vigiava o tempo inteiro. Não engordei muito, mas como já tinha visto muitos partos, estava francamente com medo. Minhas contrações começaram às nove horas da manhã e já estávamos na casa nova: no início não doeu muito e eu sabia que o bebê já estava em posição há dias. Lençóis limpos foram postos em cima da minha cama, a janela foi aberta para que dona Adelaide tivesse luz e eu me senti exposta como nunca antes. Ela riu de mim:

- Pequena, não sabe que não pode ter vergonha de sua parteira? Pense no presente que vamos ganhar!

Desviei o rosto e dei graças a Deus de ser ela ali. As dores foram aumentando e eu me esqueci da vergonha rapidamente. Então era por *isso* que elas gritavam tanto!

Tinha me prometido não dar nenhum escândalo, mas meu Deus, como foi difícil! Seis horas de trabalho de parto, e enfim, surge a pequena Amarilis: inchada, vermelha, com os cabelos negros, mãos e pés perfeitos! Olhei para a pequena e disse para a minha amiga:

- Mas que vermelha! No meu sonho era tão branquinha!

Olhei o rostinho inchado e uma onda de ternura me envolveu: ela gritava a plenos pulmões!

- É feia, não é dona Adelaide? Mas eu a adorei! Capaz de Aline não querer, então vai ficar para mim mesmo!

Dona Adelaide riu muito, e me disse:

- É o nascimento, tola! Ela vai ficar branquinha e linda! E se quiser ficar com ela, tem meu apoio... agora, dê cá que vou limpar a princesa. Você, descanse!

Engraçado como terminado o parto a dor também passa. Estava fraca pelo esforço, mas o meu busto já pingava de leite! Será que ela já estava com fome? Feia, coitadinha, toda suja de sangue, inchada. Chorei imaginando o que Rodrigo diria ao ver a filha, que vida teríamos ao lado dela!

Matilde chegou trocando minha camisola e os lençóis. Disse-me que a menina tinha nascido grande e forte: "Meninona, a 'Mirilis'!", pensei em corrigir, mas estava cansada demais. Ela ia chamar a menina assim o resto da vida: "Mirilis". Tinha nascido com mais de três quilos, quase quatro.

Adelaide finalmente entrou com a pequena no meu quarto e colocou-a no meu colo dizendo:

- Acho que tem fome!

Olhei-a nas roupinhas brancas de bebê, perfumada de água de lavanda, cabelinho limpo, olhinhos fechados. Tentei colocar o seio na boca dela que depois de algumas investidas o agarrou com força, me dando um susto com a sugada que deu. Observei as mãozinhas minúsculas e agradeci a Rodrigo pelo presente que tinha me deixado, prometendo sempre fazer o melhor por ela. Dona Adelaide, cansada do parto, me olhava divertida sentada na cadeira de balanço:

- Com dores? - perguntou.

- Quase nada...

Não podia tirar os olhos dela, tão pequena, concentrada na mamada que parecia não ter fim. Observei os menores detalhes e disse à minha amiga:

- Ela é mesmo linda, dona Adelaide...

- É sim. O mesmo traçado de rosto seu e de Aline, com os cabelos de Rodrigo. Está desinchando ainda, mas já está perdendo a vermelhidão.

Solucei baixinho, lágrimas caíram na cabecinha dela, e dona Adelaide disse:

- Vai mesmo dar a Aline?

Continuei com as minhas lágrimas, que pareciam que não iam cessar mais, e disse:

- Jurei que ia fazer o melhor por ela. Imagina essa menina sofrendo discriminações pela vida? Mande avisar Aline, mas nada de levar Amarilis daqui antes de eu amamentar por uns meses. A menina em primeiro lugar.

E assim foi. Ela não ficaria sem mim, e também teria todo o resto que merecia. Nunca ouviria dela a palavra mãe, mas isso importava? Sacrificar-se pela filha, não era isso realmente o amor de mãe?

Tinha passado, ainda que com todas as dificuldades, por meses de luz, em que carreguei a minha filha comigo. Agora iria conhecer o lado escuro da lua...

31

O LADO ESCURO DA LUA - OBSESSORES

A RAZÃO NOS dá tantas certezas e o coração as põe por terra. Aline chegou uma semana depois do parto, entrou em casa correndo, louca por me ver e ao bebê: viu uma Amarilis linda, branca, cabelinhos já formando os primeiros cachos, e o olhar de um verde brilhante, único. Estava completamente desinchada, a criança mais bonita que já tinha visto. Augusto chegou logo depois, parado na porta do quarto, me viu deitada com ela no colo e eu me levantei, entregando-a a ele que teve medo de pegá-la no colo:

– Veja, é a filha de teu amigo...

Muito sem jeito no início, ele pegou Amarilis, que o olhou com os olhinhos espertos e deu aquele sorriso incerto que os recém-nascidos dão. Aline deslumbrou-se com a cena e chorou emocionada, mas Augusto me olhou assombrado e disse:

– Como é que pode? Igualzinha ao que você me descreveu! E os olhos! Duas esmeraldas claras, verdes! Os cabelos já estão formando cachinhos negros. Você viu mesmo a menina!

Dona Adelaide explicou:

– Ela é uma recém-nascida, os olhos ficarão um pouco mais escuros, mas serão de um verde cintilante, como Alice viu em sonho. E é verdade, nós temos visões.

Ele não parava de olhar a menina:

- Que coisa mais louca, eu sinto como se viesse mesmo para mim e Aline, através de você! Vim para dissuadi-la da ideia de dá-la para nós, mas a conexão é forte demais. Vai nos deixar criá-la, mesmo? É tão linda! Parece tanto com vocês duas!

Aline a pegou no colo, enxugando as lágrimas:

- Tem certeza, irmã? Não parece nada justo...

Engoli as lágrimas, que já tinha chorado o suficiente por uma semana. Olhei para os dois, bem decidida:

- Olhem bem para ela, e lembrem-se: não estou abrindo mão de minha filha, vou vê-la sempre, quero participar de sua criação, mas conseguem imaginar semelhante criaturinha discriminada por nossos pais e todos na cidade? É isso que desejam para Amarilis? Acham que Rodrigo gostaria assim?

Eles fizeram um silêncio, olhando a menina e, finalmente, vendo a carga que ela carregaria sem ter a menor culpa disso. Continuei:

- Não estou "dando" nada! Minha filha não vai para longe de mim, está com o meu melhor amigo e a minha irmã, só que nunca vai me chamar de mãe. Que mal há nisso? Será feliz, vocês serão felizes, nossos pais serão e eu ficarei tranquila podendo vê-la sempre que quiser, tendo um destino muito melhor do que o teria ao meu lado em tempo integral. Não estou "abrindo mão" dela, só ampliando as suas possibilidades, que comigo e dona Adelaide apenas, seriam poucas.

Augusto me olhou, compreendendo o que eu dizia, finalmente:

- É sábio o que diz, Alice. Saiba que minha casa estará aberta para ti todas as horas do dia e da noite. A menina passará dias com você, sempre que queira, desde que não cause suspeitas e ela mesmo queira. Ela não é só minha e de Aline, será nossa. Assim aceitaremos, de acordo?

Dei nele um grande abraço, era tudo o que eu queria ouvir. Até mesmo Matilde, que não queria abrir mão da bebê de nenhuma forma, pareceu se conformar. Ficou acertado que diríamos a meus pais que Aline tinha tido a criança ali, que ela tinha nascido forte, grande, mas que a mãe iria precisar de todo repouso possível, e assim explicaríamos o tempo que passaríamos ali para que eu pudesse amamentar Amarilis.

Quando o segundo mês se iniciou minha mãe e meu pai vieram nos visitar. Vesti apressadamente as roupas de minha irmã e ela trançou os cabelos como o meu. Dona Adelaide me colocou na cama e me deu um chá que me deixou meio sonolenta, meus pais saíram felizes com a neta, mas achando que Aline ainda precisava de alguns cuidados, embora estivesse corada.

Ao fim de quatro meses, fomos as duas para o centro com Amarilis, disfarçadas novamente, pois minha avó estava que não se aguentava para ver a bisneta. Quando viu o verde esmeralda dos olhos dela disse logo:

- As joias de esmeralda ficam para Amarilis!

Não houve quem não risse. Perguntada de onde vinha aquele tom único de verde, respondi que a mãe de Augusto tinha olhos como aqueles. Ao menos resolveu a questão.

Fiquei hospedada na casa de Aline, com a desculpa de que ela ainda precisava de ajuda e minha filha tornou-se o centro de afeto da casa. O avô passava todos os dias para ver a pequena. Rosa, grávida de novo, esperava para levá-la a passear com o seu pequeno, e eu me perguntei francamente: o que fariam se soubessem que a filha era minha? Um papel não assinado pela morte prematura do pai, mudaria por acaso a natureza de criança tão linda?

Ao final de seis meses Amarilis não quis mais saber de amamentação, começou a comer sólidos e preferir a mamadeira. Senti que estava chegando a minha hora de separação dela. Estava se sentando sozinha e logo engatinharia a casa inteira. Quando ela estava para fazer sete meses, dona Adelaide veio me visitar e me disse:

- É hora de voltar, Alice...

Olhei para ela com um aperto no peito:

- Tenho que voltar mesmo?

Ela suspirou:

- Não acha estranho, que a irmã de Aline fique aqui por tanto tempo? Amarilis já desmamou, é chegada a hora de deixar o casal com a menina. Acha que não vão saber cuidar dela? Mesmo seus pais já estão estranhando...

Fiquei zangada, queria ficar mais...

- Claro que cuidarão dela, só vejo amor em volta da criança! E sei que está certa, já passou da hora de retirar-me, mas é que dói, dona Adelaide...

- A decisão foi sua, e a menina ficará bem. Vai poder vê-la quando quiser, lembra-se?

Isso fez meu coração doer menos. Levantei-me, arrumei um pequeno baú com minhas coisas e abracei minha filha, colocando-a nos braços de minha irmã, que me olhou desconfiada, ao me ver com as minhas próprias roupas.

- Que abraço é esse? Vai nos deixar?

- É hora, Aline... agora você é a mamãe dela. Sabe que pode me chamar à qualquer hora, não sabe?

Ela pegou Amarilis nos braços e me olhou, um tanto insegura, mas ainda assim feliz:

- Vou dar conta, Alice, pode ir tranquila. E volte quando der vontade. Não é minha filha, é "nossa", lembra-se? Quando crianças nós dividíamos tudo, até as bonecas! Nunca esperei dividir uma filha, mas com o amor que temos, por que não?

Tive que sorrir:

- É, por que não?

Saí sem olhar para trás, subi na charrete de dona Adelaide correndo, coração aos pedaços, mas lágrima nenhuma nas faces.

Já tinha passado e passei depois por algumas coisas na vida, mas nada tão difícil como aquilo, ainda assim vim calada no caminho, só segurando a saia de dona Adelaide, que também não olhou meu rosto até a entrada na Vila.

Passamos pela frente da loja de Rodrigo e eu pensei que tinha cuidado de nossa filha do melhor jeito possível, mas que não sabia se ia aguentar aquele tipo de sacrifício, de ficar sem Amarilis. Tinha sido como se ele voltasse um pouco para mim, os traços podiam ser parecidos com os meus, mas ela tinha o jeitinho de olhar dele, o mesmo franzir de testa quando queria perguntar algo... parecia que eu estava perdendo Rodrigo novamente, pela segunda vez!

Ela seria feliz, todos seriam mais felizes, eu tentava me consolar. Mas qual, era como se eu tivesse me cobrado demais, exigido ao extremo de mim mesma. Sabia que tudo que tinha dito era a mais pura verdade, que a discriminação haveria, que não existe segredo que se guarde para sempre e existiria o risco, caso eu fugisse, de alguém me encontrar e me denunciar como mãe solteira. Vergonha e angústia para minha família e a menina. Era melhor assim, eu sabia...

Mas meu peito estava em carne viva de tanta saudade. A chuva começou a cair e eu dei graças a Deus por ela, pois, enfim, pude chorar sem que ninguém visse as minhas lágrimas. Dona Adelaide acelerou Ventania que chegou em casa em pouco tempo, mas eu soluçava tanto, encolhida na charrete, que ela teve que chamar Matilde para me levar.

Puseram-me na cama, trocaram minhas roupas, cobriram-me com colchas grossas. Eu nada ouvia, nem me comunicava. Dona Adelaide me fez beber um líquido leitoso, meio que forçado, e eu dormi profundamente, acordando na tarde do dia seguinte e ficando parada na cama, olhando o teto e percebendo que já não estava na casa de minha irmã, que não tinha mais minha Amarilis!

Dona Adelaide entrou no quarto e colocou a mão em minha testa, e depois colocou nela uma toalhinha molhada. Descobri que estava morta de sede e pedi por água, ela sorriu:

- Isso é bom sinal, já estava achando que não reagiria... a febre ainda está alta, mas vai passar. Tome aqui dessa água, dormiu dois dias, está desidratada.

Ela me deu pequenos goles de uma água que me pareceu meio doce e meio salobra, mas que passou minha sede. Matilde chegou com um prato de sopa verde, sem carne, e dona Adelaide me disse, com carinho:

- Sei que não passa no estômago, mas tome um pouco de caldo. Lembra o quanto insisti para que ficasse com a criança? Tenho que admitir que você estava certa, mas o que eu temia, era isso: não é toda mãe que ama o filho, Alice, mas você, eu sabia que amaria!

Olhei para ela atônita. Como assim não é toda mãe que ama o filho? Achei que todas sentiriam aquela dor desesperada, ao darem os filhos... não era assim? Ela era boa em saber o que eu pensava:

- Não, minha querida, não é. Não se lembra de Amália e de Bernadete? É certo que elas são extremos de crueldade, ainda existem outras menos cruéis, mas que não sentem todo esse amor que dizem sentir. Amor é sentimento raro, Alice. Mas você sempre teve de sobra.

Olhei para ela com tristeza e disse:

- Não sei se quero me alimentar, dona Adelaide. Estou cansada de tanta dor! Levantar daqui para quê? Tudo que mais amava, me foi tirado... não vou ver as primeiras palavras dela, seus primeiros passos. Não verei suas primeiras letras nem o seu aprendizado com coisas pequenas. Serei convidada para os aniversários, mas serei sempre só a tia Alice, a solteirona, a bruxa.

Dona Adelaide sorriu:

- Não. Você será a "fabulosa tia Alice, a bruxa!", a que conta histórias incríveis, que faz as bonecas mais bonitas, e que é muito linda também. Não antecipe o futuro, Alice. Quem sabe o que virá! Deixe a cada dia, o seu próprio peso e a sua própria luz.

Mas que peso tinham aqueles dias! A febre ia e vinha, uma coisa física, sem explicação, me impedindo de comer, secando definitivamente o leite. Dormia a maior parte do tempo, mas um dia, no início da noite, pude ver com clareza, acocorada no canto do quarto a figura de Bernadete, suja, que sorria para mim com os dentes tortos. Sentei-me na cama com algum esforço, perguntando-me como ela tinha entrado ali. Com certeza dona Adelaide não a deixaria me visitar, estando eu naquele estado! Ela levantou-se e riu:

- Vendo-me, finalmente? Estou aqui há dias, achava que não me veria nunca!

Um calafrio me subiu a nuca, pois eu a via com clareza, mas ela parecia envolvida em lodo. Se estivesse ali há dias, eles a teriam enxotado há muito tempo, então, só havia uma resposta: ela não estava mais viva!

- Desde quando não está entre os vivos, Bernadete?

Ela se aproximou, e eu tive certeza de seu estado, pois não dava passos como uma pessoa normal: os trapos de seu vestido enlodado encostavam o chão, mas ela não parecia tocá-lo.

- Lembra quando me expulsaram para a mata e eu lhe roguei aquela praga? Pois então... saí dali em desespero, não tinha para onde ir. Escondi-me na beira de uma caverna à noite, para fugir do vento, e uma cobra me picou na perna. Morte ruim... a perna ficou em fogo. A garganta sufocou, o coração parecia querer sair do peito de tanto bater e quando vi, estava fora do corpo.

Não posso dizer que estava tranquila, sabia de sua maldade e de seu ódio. Mas por incrível que possa parecer, me deu pena dela: seu estado era tão deplorável, parecia em tal sofrimento, que era difícil sentir outra coisa.

- E por que não buscou a Deus, pediu por perdão por suas faltas?

Ela me olhou com total asco, me virou as costas e resmungou:

- Menina burra! Não sabe o inferno que espera a gente desse lado! Acha que existe céu, e anjos, e perdão? Existem são uns demônios que atormentam a gente o tempo todo. Mas logo fiz minhas amizades aqui, e consegui ficar no mundo dos vivos. Consegui até achar você! Sabia que é protegida?

Embora estivesse debilitada, perdi o medo. Sim, sabia que era protegida, sempre soube disso. Minha fé tinha sido meu escudo e dona Adelaide só a fortalecia. Ela fez uma careta:

- Mas ninguém é protegido o tempo todo. Lembra-se do que te disse, que um dia chegaria a sua hora de sofrer? Pois olhe: a moça bonita, que achava que ia ter marido, filhos... que foi que restou? Não casou! Marido morreu antes, a faca entrou que foi uma beleza! Eu estava lá, incitando para que ele entrasse logo naquela cabana! E a bebê? Teve, mas não pode criar... teve que dar para a irmã, nem te chamar de mãe vai poder, senão será bastarda!

Empalideci de ódio, que maldita! De poucas forças eu dispunha, mas de uma coisa eu sabia: nenhum ser teria tanta influência assim em meu destino, nem governaria dessa forma a vontade de Deus! Passei pelo meio do vulto dela, caminhei aos tropeções pela cozinha e peguei uma bacia de argila que lá estava e pus nela água limpa, um grande punhado de sal marinho e olhei para dona Adelaide que já vinha na minha direção preocupada. A única coisa que disse a ela, foi:

- Espie no quarto!

Ela foi e voltou meio pálida, colocou ainda manjericão e alecrim em boa quantidade macerados na água, soltando um odor maravilhoso e rezamos ao senhor Jesus Cristo para que tirasse daquela casa todo mal, toda inveja e qualquer ser de sentimentos negativos que por ali passasse, e que eles encontrassem a graça de Cristo. Matilde, que nunca tinha nos visto fazer aquilo, ficou muito admirada e perguntou se precisávamos de ajuda. Dona Adelaide disse:

- Venha atrás de nós, rezando o Pai Nosso para cada canto da casa que benzermos.

Benzemos a casa inteira. Bernadete desapareceu no ar e eu pude sentir o cheiro das ervas maceradas formando como que uma cortina de proteção em volta da casa. Dona Adelaide tinha aprendido aquilo com os antigos da região, e de fato aquilo nos deixava com o raciocínio limpo, calmas e ativas. Na verdade, o manjericão e o alecrim, fartos em nossa horta, com seus aromas fortes e típicos nos fortaleciam e nos lembravam da força de nossa fé, e nossas orações traziam seres de luz a nos circundar.

Ela sempre me dizia que dos presentes que Deus deu aos homens, as plantas eram os mais valiosos e incompreendidos. Na sua humildade guardavam os verdadeiros tesouros.

Contei a ela o que me disse o espírito torturado de Bernadete e ela me ouviu bastante admirada, dizendo depois:

- Agora sei de onde vinha a sua ideia fixa da menina nunca te chamar de mãe. No mínimo ela aproveitou a sua fragilidade para ficar te sussurrando isso no ouvido sem descanso. Vamos ver se reage um pouco agora, Alice! Já está me deixando preocupada! Você tem tanto ainda pela frente, tenho tanto a te ensinar!

Olhei para ela ainda um tanto triste:

- Dona Adelaide, demora muito ainda?

Ela me olhou de canto de olho:

- Demora o quê?

- Para Rodrigo aparecer?

Ela me olhou desconfiada:

- Como assim, pequena? Quer sonhar com ele de novo?

Suspirei desanimada, mas resolvi me abrir:

- Não, dona Adelaide! Demorou quanto tempo para frei Luciano te visitar depois que ele se foi?

Ela me olhou surpresa, depois balançou a cabeça como se pensasse: "é lógico que ela ia acabar descobrindo...", e depois segurou as minhas mãos e olhou bem nos meus olhos:

- Minha querida, não posso afirmar que Rodrigo venha te ver, nem quanto tempo isso demorará. Com Luciano levou uns dois anos até que o visse pela primeira vez... o tempo lá, ao que parece, conta de forma diferente do daqui, e ele mesmo não soube me explicar isso.

- Dois anos? - aquilo me pareceu uma eternidade, mas ao menos já tinha se passado quase um!

- Depende muito de cada espírito, Alice! Do tipo de morte que teve, dos valores que tinha, do que tinha se proposto a fazer quando veio para a Terra. Você há de entender que nosso verdadeiro lar é lá, e não aqui. Aqui estamos para aprendizado e alguns ainda para missões!

Olhei para ela, tentando imaginar qual seria o caso de meu amado Rodrigo:

- Mas Rodrigo foi amado desde cedo, só fez o bem! Não viu o enterro dele? Quanta gente ele ajudava, de quem nós nem desconfiávamos? Morrer daquela forma, uma facada perto do coração, se esvaindo em sangue de forma dolorosa nos meus braços. Que fez para merecer aquilo?

Ela tornou a me olhar com aquele jeito misterioso, e disse:

- Ele está no mesmo lugar que Luciano, que aliás o recebeu quando ele desencarnou. Quer mesmo saber? Explica muita coisa...

Olhei para ela na esperança de que alguma explicação tirasse um pouco da revolta que tinha se aninhado no meu peito depois da morte dele. Embora não desejasse mal ao liberto, não entendia a violência ocorrida a Rodrigo! Lendo o meu olhar, dona Adelaide contou o que lhe disse frei Luciano, quando ela mesma inconformada, reclamou da morte de meu noivo.

- Em nenhum momento, acredite, ele entrar por aquela porta no momento de sua morte foi influência de Bernadete, que não passa de uma pobre coitada querendo se fazer de "poderosa". Como você mesma já notou em suas "visões", você, sua mãe, seu pai, Aline e até mesmo Rodrigo, já tinham estado juntos em vida passada, na França. Daí a simpatia imediata e a harmonia que vocês têm uns pelos outros. É muito raro um lar tão harmonioso, Alice!

Era verdade... pensei nas famílias de alguns vizinhos, em que as coisas não fluíam no mesmo amor que na nossa, apesar de termos ideias um tanto diferentes, às vezes. Amávamo-nos, nunca duvidamos disso. Ela continuou:

- Rodrigo também viveu com vocês em vida anterior e foi o melhor amigo de seu pai. Não viu a simpatia de seu pai por ele? Vocês dois dedicaram esse tempo à caridade com crianças, Amarilis foi uma delas, na França, depois da Revolução.

- Ele foi meu marido?

Ela sorriu:

- Não. Você tinha receio de se casar. Mas ele permaneceu apaixonado ao seu lado por, pelo menos, vinte e cinco anos e você nunca olhou para outro homem, então, da forma dele, ele foi feliz. Estava ao seu lado quando você morreu, e você confiava e gostava imensamente dele.

Eu sorri: pobre Rodrigo. Ao menos nessa vida eu o tinha amado como poucas mulheres amam um homem, mas a confiança que tive nele e a simpatia, realmente foram imediatas. Assim como a amizade de meu pai, assim que bateu os olhos nele.

- Mas antes de poder ficar com vocês, a vida dele tinha sido muito difícil. Nascido pobre, mas com um físico de gigante, ele foi usado por uma família nobre, para realizar serviços extremamente cruéis. Não gostava do que fazia, mas o medo da família, e o medo da fome que reinava naquela época na França o fizeram cometer crimes a mando dessas pessoas, bastante deploráveis.

- Que horror, dona Adelaide! Não posso imaginá-lo dessa forma...

- Lógico que, numa situação assim, os atenuantes são considerados, mas houve um crime que não lhe pediram que fosse feito, e que ele fez justamente contra Euzébio, no calor do momento. Lembra-se das palavras do Mestre de que "quem com ferro fere, com ferro será ferido"?

- Ele matou Euzébio numa vida passada?

- Foi numa situação extrema, Alice. Euzébio estava drogado, tinha raptado uma moça a quem Rodrigo tinha que proteger. A moça se debateu, e Euzébio, tomado pela droga e a falta total de bom-senso, matou a moça com uma punhalada. Em fúria, e não em legítima defesa, Rodrigo o matou.

- Mas não era compreensível que ele matasse para que o outro não matasse mais pessoas?

- Aos olhos de todos sim, só que podia ter só imobilizado o rapaz, muito mais fraco do que ele. Com isso, ele roubou do espírito de Euzébio a chance de reconhecer seu erro, de arrepender-se, ou de tomar qualquer outra atitude, antes de sua morte. Ele se desprendeu do corpo e ficou em estado de terrível confusão, não teve enterro, nem parentes, nem quem orasse por ele. Viveu décadas de escuridão, e quando finalmente conseguiram recolhê-lo a um plano um pouco melhor, sequer se comunicava. O sofrimento causado foi difícil de ser reparado.

- Então Rodrigo veio, sabendo que seria assassinado?

- Na realidade, tudo isso poderia ter sido evitado. Talvez se Euzébio tivesse tido uma melhor chance na vida, se eles tivessem se conhecido antes, Rodrigo com sua bondade natural, provavelmente não teria feito dele um inimigo. Tinha ele mesmo mais de um amigo liberto, lutou pela abolição... mas nos entraves dessa vida, vá se saber o que pode acontecer! O importante é que ele está bem, num lugar bom, e se quer mesmo saber, anda tentando ajudar a resgatar Euzébio, para que não volte a cair no mal. A vida continua, Alice, só que agora, você é que terá que esperar um pouco por ele.

Olhei para ela sem acreditar direito:

- Ele anda tentando ajudar Euzébio, o mesmo que o matou, nos roubando anos de felicidade?

Fazendo-me tomar a sopa, que eu finalmente aceitava, ela me sorriu:

- É... o antigo executor da França agora luta pela recuperação de seu assassino. E irá conseguir, tenho certeza. Devemos orar por Euzébio para que isso se dê, e assim se resolva essa triste situação que já dura séculos. E os dois quem sabe, não se tornarão bons amigos? "Não julgai para não serdes julgado", é uma das máximas mais sábias. Sabendo das vidas anteriores, como julgar o ladrão, o assassino, o pária? Não seria melhor corrigi-lo e tentar levá-lo para o caminho do bem, respeitando o seu próprio tempo?

- Como assim, respeitando o seu próprio tempo?

Terminada a sopa, ela apoiou-se na janela:

- Esta Terra é um lugar engraçado, onde as pessoas se julgam maiores ou melhores que as outras, mas é tudo ilusão. Cada ser humano tem uma força dentro de si que é da imortalidade de sua alma. Não existe ser humano pequeno demais para atingir, ou grande demais que não possa ser atingido.

Olhei minha amiga em silêncio. Em certos momentos dona Adelaide brilhava, esse era um deles. Ela continuou:

- Dentro de cada um de nós existe a capacidade do amor, do ódio, da inveja, da mentira, do materialismo, da liberdade da matéria, da generosidade, da caridade e do perdão. Mas o do arrependimento honesto, às vezes, demora algumas vidas para se manifestar, barrado pelo orgulho. E se não há arrependimento no ser, pelos maus atos cometidos, como haverá evolução?

Não entendi direito, então pedi que me explicasse melhor:

- A pessoa sabe que fez o mal, mas não se arrepende? Como assim? Não sabe que está errada?

Ela sentou-se na cama, pegando as minhas mãos:

- Sabe, mas ou coloca a culpa pelos seus erros em outras pessoas ou em outras situações. Você mesma já viu isso, quer ver: "traí meu marido porque ele me trata mal"; ora, se ele lhe trata mal, separe-se dele ou tente conversar com ele, um erro não justifica o outro, ou seu marido lhe matará porque foi traído!

Eu ri. Conhecia pessoas que agiam dessa forma. Ela continuou:

- Ou então: "trato mal as pessoas porque me trataram mal quando eu era pequeno; deixo minha família na penúria, porque já passei fome e quero guardar meu dinheiro; mandei matar aquele sujeito porque ele abriu um negócio que ia ser melhor que o meu e me prejudicar"... há sempre desculpas para a maldade. Já a bondade, por si se basta. Afaste-se dos maus, minha pequena. Se vê alguém fazendo o mal e se dando desculpas para isso reze por ele e se afaste sempre que puder, pois se fez o mal a alguém, não será você que vai ser especial ou diferente para essa pessoa. Uma hora pode lhe causar mal também.

Agradeci suas palavras, e vi nelas uma verdade difícil de ser superada. Todos tinham seu próprio tempo, e tínhamos que respeitar mesmo o tempo alheio. Quando as pessoas melhorassem e admitissem seus erros, que todos erramos sem exceção, só aí seria mais seguro me aproximar delas.

Lembrei-me da pobre Amália que sempre tinha "desculpas" e nunca admitia estar errada, e lembrei-me de seu destino, com a cabeça um tanto ferida a sair de um barraco infecto, com medo de Euzébio. Gente assim nunca termina bem.

32

ESPELHO D'ÁGUA

COMECEI A REAGIR da minha tristeza e a manipular os medicamentos com dona Adelaide, cuidando da horta nos finais da tarde. Olhei para os cadernos onde tinha feito centenas de desenhos com as espécies e suas propriedades e ri. Não precisava mais deles, reconhecia já as centenas de plantas e raízes só de olhar para elas. Vendo minha amiga passar por mim agitada, com folhas de sálvia para tratar bronquite de um pequeno, disse a ela em tom de brincadeira:

– Por que me deixou encher tantos cadernos com desenhos e anotações, se sabia que eu ia decorar tudo isso com o tempo?

Ela parou, limpou as mãos no avental, e me olhou de volta com ares de indagação:

– Falando nisso, chegaram novas espécies. Já colocou nos cadernos?

– Não, pois já sei a que família pertencem e para que servem!

Ela franziu a sobrancelha e disse:

– Pois coloque já. É a melhor desenhista que já vi, e tem uma letra maravilhosa. Não são para você os cadernos, mas para as que virão.

E entrou na cozinha, para preparar seus remédios. Saí atrás dela a perguntar:

– Que outras? Vai fazer uma escola?

- E acha que vamos durar eternamente? Isso tem que ser passado a outras pessoas. E vai ser transmitido por você. Eu nunca tive muito jeito para isso, lidar com gente não me deixa muito confortável, a não ser quando é inteligente e de bom coração, como você.

- Mas é só para gente assim que vamos poder ensinar. Já pensou esses conhecimentos nas mãos de gente ruim? Algumas dessas plantas em quantidades erradas, podem matar.

Ela me olhou, lavando as mãos.

- Tem razão. Mas como vamos fazer isso só daqui há alguns anos, vamos nos preocupar com isso quando for a hora.

Respirei aliviada. A casa reformada tinha ficado ótima. Seis quartos, dois banheiros (um luxo, para a época), a cozinha bem grande, com uma pequena ala para os remédios e dois armários para guardar os linimentos. Comprei também camas, armários para os quartos, cortinas e lençóis (tudo de algodão, baratos, mas bons, bem limpos). Com isso tudo me distraí um pouco da falta que sentia de Amarilis, mas sempre que chegava o final de tarde, e eu ia cuidar da horta, olhava o pôr do sol e a imagem de minha pequena me chegava à mente.

Como estaria o meu bebê? Estava começando a se "arrastar" pelo chão quando eu saí da casa de Aline, será que já estaria engatinhando? Há mais de um mês que não a via... pareciam anos!

Vendo-me olhando o pôr do sol com o regador nas mãos, dona Adelaide chegou por trás de mim e abraçou o meu ombro:

- Saudade de Amarilis?

- Ah, dona Adelaide... parece que "rasga" a gente por dentro!

- Precisa comer melhor, Alice. Este sentimento está te deixando cada vez mais fraca. Há um jeito de você ver Amarilis, sabia?

Olhei para ela de olhos arregalados, então era bruxa mesmo?

- Que jeito, se ela está a pelo menos cinco horas de charrete daqui?

Ela suspirou, e me olhou de forma preocupada:

- Teve uma visão bem feia de Bernadete. Aquilo te assustou muito?

Lembrei-me do estado dela, da palidez, do cheiro azedo, do lodo nas vestes...

- No início sim, porque foi tão real que cheguei a achar que estava viva. Depois de vê-la "caminhando", senti que estava morta, mas não tive tanto medo assim, e então, qualquer pavor passou. Fiquei bem furiosa com ela! Mas, por que quer saber?

Ela me olhou bem nos olhos, e me contou uma história que me encheu de esperança:

- Quando eu fiz meus vinte e oito anos, Luciano veio até a mim e perguntou se eu não gostaria de visitá-lo e conhecer onde ele morava. Eu disse que sim, mas que se fosse em sonho, eu esqueceria tudo depois, então ele falou que não precisava ser em sonho, e me ensinou certas técnicas de meditação, e depois de uns dias, eu realmente passeei com ele por onde ele morava.

Amava dona Adelaide de todo o meu coração, mas dessa vez, olhei para ela como se ela tivesse perdido todo o juízo. Ela explicou:

- Não, sua tola! Meu corpo continuou aqui, minha mente é que foi com ele, e eu me lembrei de cada detalhe! Lembra quando eu ia a sua casa, e sabia de tudo o que todo mundo estava sentindo? Eu ia lá antes, da mesma forma! Falei para você que era intuição, mas não tinha como adivinhar com certeza o que cada um estava sentindo. Então, para não errar no que precisavam, eu "visitava" antes!

Comecei a acreditar... olhava para ela maravilhada! Poderia ver Amariis!

- Ensine-me, então? Tenho tantas saudades de minha filha! Poder ver Aline, Augusto, matar as saudades de minha mãe, meu pai, minha avó Sâmia! Ensine-me, dona Adelaide! Acha que consigo?

Ela me sorriu:

- Você tem tudo para isso: nasceu cheia de dons, já vê e escuta os espíritos, tem uma bondade imensa no coração... mas há consequências nessas viagens, Alice! No mundo espiritual não há apenas pessoas boas, e aqui na Terra muitos espíritos perdidos vagam e podem te perseguir. Deve enfrentar seu medo e saber que o caminho pode ser bem espinhoso! Proteger-se com os espíritos de luz e banhar-se com a sua fé, só assim a caminhada será segura. Um espírito puro, cheio de amor como o seu brilhará, mas mesmo assim, peça proteção!

- Fé, dona Adelaide, eu sempre tive!

Ela respirou fundo, me colocou sentada de forma ereta no chão do quarto, deixou-o escuro e me disse:

- Então limpe seu coração de toda mágoa, toda amargura. Perdoe qualquer mal que lhe tenham feito, de forma voluntária ou não, pense no bem que pode fazer ao próximo e na compreensão que eles merecem, pois pode ouvir algo que a desagrade. Agora, faça exatamente aquilo que eu lhe disser...

E ela me passou os exercícios. Da primeira vez, depois de curto tempo eu me vi de cima e a ela também, e fui andando pela casa. Vi Matilde e seu Ernesto no jardim da frente e alguns espíritos na horta, junto às plantas, que me viram e sorriram para mim. Eram bons espíritos e pareciam me conhecer de longa data, duas mulheres e um homem, já de certa idade, sem rugas no rosto e aparência saudável. Deu-me vontade de conversar com eles.

Um deles, então, me apontou para a mata como se dissesse que eu não fosse para lá, e eu, rápida como um raio, me aproximei dela curiosa e vi Bernadete, com mais de uma dezena de espíritos de aparência perigosa. Ao me ver, ela sorriu maldosamente, mas curiosamente não tive medo, o que causou nela um certo espanto, pois os que vinham em minha direção cessaram de vir, e foram se retirando para dentro da mata, um tanto acabrunhados, brigando com ela.

Ia voltando para casa quando vi Rodrigo, mais belo do que nunca, atrás de mim. Ele me disse:

- Passeando, minha bela? Não sabe que nessa mata andam uns tipos perigosos?

Perdi a fala, a compostura e tudo mais. Chorei como criança e ele me abraçou dizendo:

- Ainda vamos nos ver outras vezes, agora volte que já está cansada.

Voltei ao meu corpo molhada em lágrimas, com dona Adelaide a esfregar minhas mãos, deitada no chão do quarto e ela a esfregar cânfora nos meus pulsos:

- Alice, Alice! Matilde, pegue um pouco de álcool ali, ela ficou tempo demais dormindo!

- Mas que mal tem ficar dormindo, sinhá? Deixe a menina dormir! Ela trabalha tanto...

- Só que agora está custando a acordar! Alice! Precisa voltar!

Abri os olhos ainda molhados e dei com Matilde sem entender o motivo de tanto escândalo, com o vidro de álcool já nas mãos. Olhei para dona Adelaide que já estava bem preocupada:

- "Dormi" muito, foi?

- Umas duas horas.

Incrível. A mim pareceram no máximo uns vinte minutos! Ela queria saber mais:

- Matilde, dê-nos licença por um instante e feche a porta. Que lágrimas são essas, alguém te atacou?

- Vi Rodrigo, dona Adelaide! Que lindo que ele está!

Ela estranhou:

- Foi visitá-lo, da primeira vez?

- Não, dona Adelaide... fiquei por aqui mesmo...

E contei todo o acontecido. Ela me falou dos três espíritos da horta, disse que eram velhos conhecidos que vinham "energizar" as plantas de vez em quando, gente muito querida. E que realmente havia obsessores na mata, motivo pelo qual ali ocorriam crimes, às vezes. Disse que para uma primeira vez eu tinha ido muito bem, e que logo veria Amarilis.

Mas tive que esperar uma semana e comer muito direitinho para que ela me deixasse tentar de novo. Lá fomos nós para o meu quarto novamente e eu lhe perguntei:

- Todos podem fazer isso, dona Adelaide?

- Todos podem tentar, com as técnicas que lhe ensinei, mas alguns nunca conseguirão. E mesmo os que conseguem devem se perguntar, se realmente querem isso, porque com isso abre-se a percepção para várias coisas, boas e ruins. Há que se ter muito equilíbrio, e isso deve ser usado apenas para o bem, e com muita moderação. O fato é que sua vida vai mudar depois disso: quanto mais você usa, mais forte fica o seu canal com o mundo espiritual.

Ela fechou as cortinas do quarto, eram quase nove horas da noite e Matilde e seu Ernesto já estavam dormindo.

- Pobre de quem usar isso em proveito próprio para o mal, Alice, se cercará de entidades tão ruins, que sua vida poderá até parecer boa para os estranhos, mas será um tormento diário. Então, encha o seu coração de fé e alegria, pense em Aline, em Augusto e em Amarilis!

Fiz novamente os exercícios, e não foi difícil entrar, dessa vez em pouco tempo, na casa de minha irmã. Passei pelo grande cão no portão, César, e ele por incrível que pareça me viu, um tanto confuso, e eu sorri para ele entrando na casa. Na sala dei com alguns inimigos de Augusto e algumas entidades femininas que se assustaram bastante comigo, e eu com eles. A fortuna gera inimigos, pensei.

- Que fazem aqui, na casa de minha irmã?

Os homens se afastaram, mas as duas mulheres me olharam com medo:

- Que tipo de espírito é você? Por que esse brilho todo? E esse cordão prateado?

- Sou a irmã de Aline. Que fazem aqui?

Elas me olharam com espanto redobrado:

- É a irmã da madame? É mesmo igual a ela... mas a irmã está viva, e você está entre nós... como pode?

A outra, vestida com luxo e joias me olhou com assombro:

- É a que dizem ser bruxa! Que bruxaria é essa que fez com que viesse até nós?

Comecei a desconfiar que coisa boa elas não estavam fazendo ali, e resolvi pelo menos ajudar minha boa Aline:

- Que fazem aqui? É verdade que sou bruxa, e se podem fazer malefícios contra minha irmã, é melhor que me digam quem as mandou! Não sabem o que posso fazer!

Encolhidas num canto, as duas estavam de fato apavoradas, e logo me disseram:

- Estamos aqui para causar tristeza em Aline, que causou muita dor em quem nos "pagou" para isso. Incentivamos seu ciúme, o marido não ter lhe dado filhos, mas devo dizer que a missão é difícil, pois sua irmã nunca reclama de nada com ele. E como reza! Sofre em silêncio, mas nada diz, e ele a cobre de presentes!

- E quem as pagou?

- Duas damas, ainda solteiras, que foram numa casa onde se realiza esse tipo de trabalhos. Só estamos cumprindo o que nos foi ordenado... sem muito sucesso, mas ainda assim, tentando! Pelo menos sua irmã já perdeu três quilos.

Fiquei tão zangada, que mal contive minha fúria:

- O nome dessas damas...

- Ruth e Patrícia. A senhora as conhece.

- Pois voltem já de onde vieram. Acabaram gerando para vocês mesmas um novo tipo de escravidão, atormentando uma alma inocente sob a influência dessas duas almas nefastas. Se arrependam e peçam perdão a Deus, pois a carga sob vocês ficou ainda mais pesada.

Elas me olharam apavoradas, me pareceram pequenas e perigosas.

- Deus do céu, como ela parece grande! Aquelas duas víboras nos amaldiçoaram! Vamos nos arrepender sim, mas antes, elas vão ter conosco, agora já que aumentaram a nossa carga!

E se retiraram antes que eu pedisse que não se metessem mais em maldades e que as perdoassem. Lembrei-me de que a ambição de Ruth era se casar com Augusto, mas não esperava uma vingança daquela natureza, principalmente de uma judia! Fui ao quarto de minha irmã, onde reinava o mais puro silêncio e vi, de uma forma diferente da que via os espíritos, uma cena que me comoveu o coração, da forma mais pura.

Lá estavam deitados Aline, Amarilis no meio e Augusto do outro lado. A pequena em camisolinha de algodão macio, os cabelinhos negros espalhados pelo travesseiro branco. Segurava os longos cabelos de minha irmã e com a outra mão, a mão imensa de Augusto, que estava sob a sua barriguinha, cobrindo-a com o cobertor.

Súbito, Augusto acordou, olhou a pequena e sorriu ajeitando o travesseiro na cabecinha dela, acordando Aline que sorriu para ele também. Pensei comigo que havia feito um bem, embora me doesse tanto a distância da menina.

No quarto, nenhuma entidade perturbava o sono deles, e eu notei que enxergava os vivos de uma forma diferente da que enxergava os espíritos: era como se eles estivessem envoltos por um rio de águas bem claras e eu visse o fundo, mas não o pudesse tocar. Me aproximei de minha irmã querida, minha Aline, e vi aquele espelho d'água tão amado, e ela suspirou:

- Alice!

EPÍLOGO

TRAZENDO A FÉ

ÀS VEZES, COISAS que damos como certas, não o são, e coisas que nem imaginamos, acontecem na nossa vida. Quando a menina, que aprendia as coisas com dona Adelaide, e sonhava se casar com Rodrigo, imaginou que sua vida daria tantas voltas, e que ainda assim, ela seria feliz? A verdade é que tudo depende de como você encara as situações que a vida lhe apresenta.

Numa de minhas "visitas espirituais" a Aline, que parecia intuir que eu estava presente, vi uma cena que ampliou meus horizontes, e me acordou de vez para a bondade de minha irmã. Estava Amarilis com seus dois anos, já falando pelos cotovelos e entendendo tudo à sua volta, quando Aline me veio com esta:

– Sabia que você tem muita sorte, Amarilis?

A menina tinha um gênio doce, e nunca tinha se julgado de outra forma, mas olhou para minha irmã e disse:

– É? Por que, mamãe?

– Porque você é a única menina que conheço que tem duas mães!

Ela olhou para Aline, primeiro com uma expressão de dúvida, depois de compreensão:

- Você e tia "Lice"?

Aline sorriu, e fez cócegas na barriga dela:

- Menina esperta! Isso mesmo, e sabe por quê? Porque somos gêmeas, e tudo entre nós, é de nós duas! E ela ama você, do mesmo jeito que eu amo!

- E eu amo ela também! Tão bonita! Faz até bonecas pra mim!

Emocionei-me... fazia bonecas para ela com cheiro de alfazema, e ela adorava! Aline continuou:

- Então, a partir de hoje você chama ela também de mãe. É mãe Aline e mãe Alice! É fácil distinguir: mãe Alice é a de tranças!

E pela primeira vez, eu ouvi minha filha dizer:

- Mãe "Lice"! A de tranças!

Pensei que o presente era demasiado grande, e usei tranças até o dia de minha morte, décadas depois. Bruxas, costumam viver muito tempo, pois tem muita gente para ajudar.

Dona Adelaide continuou comigo por uns bons anos, e um dia, já com a cabeça quase toda branca, embora a pele continuasse linda, me disse:

- Devo ir para o mundo espiritual em breve, provavelmente amanhã.

Uma dor tal me veio ao peito, que quis levá-la para cama a todo custo, e ela ralhou comigo, dizendo:

- Ora, tenho quase oitenta anos, me quer aqui para semente? E depois, Luciano está cansado de me esperar, tenho muito trabalho lá.

- Mulher egoísta! E eu? E Matilde?

Ela sorriu, era boa em me convencer:

- Já sabe tanto ou mais que eu. Não ficará só, não vê como Amarilis lhe adora? E já vai fazer dezoito anos... há muito que ela lhe pede para ficar aqui contigo, é hora de deixar. Não disse que aquele seu caderno ia ter serventia?

Desatei no choro como sempre, e ela aceitou se deitar:

- Hoje quero comer um bom peixe assado, e um doce de leite daqueles que Matilde sabe fazer como uma deusa, com queijo! Providencia para mim? Não vou atender ninguém... estou muito cansada. A casa vai ficar meio cheia, mas não de gente dessa Terra. São bons amigos, não se preocupe... agora enxugue essas lágrimas ou Matilde nota e enche de gente da Vila aqui, não quero isso.

Fiz exatamente como ela queria, preparei o peixe, disse que ela estava com um início de gripe (o que já deixou Matilde preocupada) e fiz com que ela fizesse o doce de leite. Lembrando que poderia vê-la, às vezes, e que ter oitenta anos não devia ser confortável, tratei de conformar-me, deixei-a aquecida, e não falei de despedidas. Lembrei-me dela nos momentos difíceis de minha vida, em que ela ficava calada, esperando para ver o que eu queria dizer, ao invés de tentar me consolar com palavras tolas, e fiz o mesmo. Conversei sobre o que ela queria conversar, não falei, nem fiz coisas inúteis. E quando ela me pediu um anestésico fraco, eu dei, e segurei a sua mão.

Às oito horas da noite foram entrando um número enorme de pessoas do mundo espiritual, passando por Matilde que nada percebia. Reconheci prontamente seu Ernesto, que tinha morrido uns cinco anos antes, bem-disposto e até corado, e frei Luciano, bonito que só vendo. Vi Rodrigo numa veste clara, que colocou as mãos sobre ela e uma senhora mais velha, magrinha, que eu intuí ser a tia Izidora, de quem ela tanto gostava. O resto eu não conhecia, mas o ambiente era de tanto carinho, que me afastei, e observei os fios que a prendiam ao corpo serem desligados, um sem-número deles, um a um. Então, era assim a morte de uma pessoa que tinha feito tanto bem.

Quem olhasse de fora, veria uma senhora num quarto limpo e simples, morrendo sozinha, com sua amiga. Mas, que quarto cheio tínhamos ali! Quanta luz esperava por minha amiga querida, que se ia agora, num último suspiro, sem dor e cheia de paz!

O que me surpreendeu depois, foi ela sair do corpo já com uma aparência mais nova e se abraçar a frei Luciano. Olhou-me com seu carinho mais profundo, e se foram. Quanto tempo durou tudo? Meia hora, se tanto... o corpo dela, pobre casca que serviu de morada àquele espírito de luz, jazia agora na cama e, finalmente, eu me dei conta, de que dona Adelaide estava realmente envelhecida, seu espírito é que era muito jovem.

Tinha ajudado junto com ela, na passagem de minha avó Sâmia, que tinha sido fácil e praticamente sem dor, graças a dona Adelaide. Vítima de sério tumor na coluna dois anos antes, teria tido dolorosa morte se não fosse ela. Poupou minha avó da dor com seus anestésicos, ela que antes gritava sem descanso, deixando a todos na casa em indizível tormento, por vê-la sofrendo tanto.

Nossa família não soube como agradecer a nossa amiga, e minha avó se foi em paz, em seu tempo certo, com a menor dor possível. Dona Adelaide nunca consentiu em abreviar o tempo de ninguém. E eu agora teria que providenciar o seu enterro. Fechei seus olhos, no dia seguinte trataria disso, não acordaria Matilde que precisaria estar bem-disposta para o funeral.

Assim que ela avisou na Vila do falecimento, tantos vieram à nossa casa, que não tive que me preocupar com nada: nem caixão, nem cova, nem cortejo. A situação era até engraçada, pois vinham para me consolar, e eu acabava consolando. Inclusive ao pároco da aldeia, a quem nós ajudávamos o quanto podíamos, trabalhando em conjunto. Minha amiga estava muito bem, eu tinha ornado seu corpo com seu vestido favorito para que se lembrassem dela bonita, sentiria muita saudade, mas sabia que a veria de novo, talvez breve ela me visitasse. Não havia motivo de tristeza real para mim.

A menininha Amarilis, sempre me amou. Na infância entrava pela minha casa aos berros: "Mãe Lice! Mãe Lice!", e lá vinha um joelho esfolado, um dedo furado, uma briga com algum moleque. Matilde a estragava mais do que nós todos, dona Adelaide ralhava, eu contemporizava e minha amiga negra a enchia de doces! Como resistir àqueles cachinhos negros e aos olhos verdes? Brigava com os moleques, era certo, mas, eu também não tinha brigado? Depois ela ia dividir os doces com eles, e ficava tudo bem.

Na adolescência tornou-se uma moça esperta, de cabelos negros e olhos cor de esmeralda que eram a tortura dos rapazes. Virei sua confidente, para minha grande surpresa contava-me coisas que não dizia a Aline porque ela era "muito séria". Tive que rir... Aline, séria? Bem, alguém tinha que ser...

Quando disse que queria aprender sobre as plantas, o pai Augusto deu graças aos céus, pois os pretendentes já faziam fila à porta de casa e ele estava ficando preocupado, pois a moça só fazia recusá-los. Disse-lhe:

– Pois vá passar um tempo com sua outra mãe, quem sabe ela não te ensina a ser menos ranheta?

Aline e eu rimos muito, e ela veio até mim, esperta como uma pirata, com aqueles cachos negros, e me animou a vida. Claro que Augusto e minha irmã, passaram a vir todos os finais de semana. Com as estradas em melhor estado, o caminho já podia ser feito em três horas e meia, e como tínhamos quartos extras na casa...

A verdade é que minha encantadora filha, tinha puxado um pouco do meu gênio, mas não a minha paciência. Era boa, caridosa, e se tornou uma excelente comerciante, o que encheu os olhos do pai e do avô. Apaixonou-se por um bom moço, de boa família, completamente louco por ela. Casou-se com ele, que a obedecia sem perceber, pois era diplomata a mocinha, e teria deixado dona Sâmia orgulhosa. Comerciante brilhante, cansei de ver as ideias dela em prática, como se fossem as dele.

Ela me deu muitos netos, dos quais fiz os partos. Quatro meninos e duas moças. Um dos meninos ficou tão parecido fisicamente com Rodrigo, que meus olhos se enchiam de lágrimas ao vê-lo crescer, mas a alma, essa era diferente. O menino era encantador, mas tímido e fechado, completamente voltado para os estudos. Esse sim, quis saber dos meus cadernos.

Meus cadernos tão bem feitos serviram mesmo a outras moças e rapazes muito bem-intencionados, que queriam realmente aprender sobre as plantas. Nem tudo achei bom divulgar, as partes que achei perigosas, deixei para mim mesma, para evitar futuros aborrecimentos ou tragédias.

O dia em que minha filha mais me fez rir, foi quando entrou na Vila muito linda, chapéu novo, num pedaço de lata barulhento sobre rodas, que soltava uma fumaça danada chamado de automóvel. Juntou gente em volta e passada a fumaceira em frente de casa, eu fui ver a novidade, dando com uma Amarilis vitoriosa, saltando da monstruosidade e me dizendo:

- Fiz do centro até aqui em três horas, mãe Lice! E ele faz até em menos!

Lembrei-me de meu pai, o educado seu Pedro, que preferia não dizer o que pensava das ostras que minha mãe tanto gostava, e apesar de ter achado aquele monte de lata barulhento, e muito pouco elegante perto de nossos cavalos árabes, disse a ela, que estava esfuziante:

- Que interessante, minha filha!

Ruth e Patrícia, que dona Adelaide havia me pedido para observar quando pequena, não tiveram futuros bons. Patrícia terminou pobre, abandonada pelos filhos, marido e irmãos. Já Ruth terminou sozinha, e também abandonou a amiga de infância. Não eram tão amigas assim. Notei que entre pessoas de má índole, não há amizade verdadeira.

Descobri com o tempo, que Matilde tinha na realidade, apenas quinze anos a mais do que eu, e que os maus-tratos a tinham feito parecer mais velha. Passei meus anos cuidando do povo da Vila e devo dizer que não foram anos ruins, longe disso: a caridade foi a verdadeira herança que dona Adelaide me deixou, e ela encheu o meu peito de alegria, por todas aquelas décadas.

Rodrigo me visitou muitas vezes, contava-me de coisas do mundo espiritual, mas nunca o visitei por lá. Tive receio e limitei minhas "visitas" à casa de meu pai e a Amarilis. Certos mundos espirituais que ficam no caminho, segundo ele me disse, são bastante conturbados e eu já via bastante coisa aqui mesmo pela Terra, não desejava ver além.

Ajudei ao meu pai e depois à minha mãe a fazerem em paz a sua passagem. Depois que meu pai se foi, dona Aurélia, também já idosa, não demorou muito, e eu vi quando ele veio buscá-la. Saberia já que eu era a mãe de Amarilis? Não sei... mas, me olhou com tamanho amor, que isso não mais importava.

Morri aos sessenta anos, amparada apenas espiritualmente, por dona Adelaide e Rodrigo, que tinham me avisado um dia antes. A casa agora era habitada por Matilde, que chegaria fácil aos cem anos, e algumas outras pessoas que nos ajudavam a tomar conta dos doentes. Era usada como um pequeno hospital e no barracão do lado de fora já funcionava uma pequena escola para crianças de pescadores. Senti leve dor no peito, seguida por uma ainda maior e a inconsciência. Não me deixaram sofrer, e tiraram-me do meu corpo, fui em paz, junto aos meus.

Amarilis e Aline souberam no dia seguinte, pois morri à noite, sozinha, em meu quarto, com o cheiro das damas da noite. Aline chorou muito, mas Amarilis ficou inconformada, e eu ouvia todo o seu desespero de onde eu estava. Falava sem cessar, minha pobre filha: "Não entendo como pessoa tão boa, pode morrer tão só, sem ajuda! Se estivesse conosco, a teríamos socorrido! Mas, só pensava nos outros o tempo inteiro...".

Revoltava-se contra Deus, a minha filha adorada! E eu estava tão bem, sabendo que ia poder visitá-la logo! Ela dizia a Aline, que tentava consolá-la:

– O Deus ao qual ela serviu, não teve piedade dela! Veja, mãe, nós tão ricos, e ela aqui nessa simplicidade! Por que a deixamos aqui, para morrer sozinha, no meio da noite? Ela merecia isso?

Aline olhou para ela em desespero, como se não soubesse o que dizer. Olhou meu corpo, meu cabelo grisalho, minha pele perfeita, e me beijou na testa dizendo-me:

- Ah, Alice... de nós duas, sempre foi você quem teve mais jeito com as palavras. Não sei o que dizer à nossa menina!

Eu podia ter tido mais jeito com as palavras, mas o coração mais cheio de amor, sempre foi o dela. Tinha que me recuperar, depois falaria com ela.

Recuperei-me rápido, dona Adelaide e Rodrigo me mostraram um pouco do mundo espiritual, e eu me senti realmente voltando para casa em pouco tempo. O ar leve, as palestras, minha curiosidade pelo estudo, e a casa de Rodrigo, simples e bonita, me aguardavam por lá, mas a amargura de Amarilis me dilacerava o peito. Por mais que tentasse me interessar pelo lindo plano espiritual, sentia a revolta de minha filha e a angústia de minha irmã, me chamarem de volta à Terra.

Com isso, dona Adelaide achou por bem, falar com entidades de luz, e pedir um favor especial, para que eu pudesse falar com minha irmã e assim orientá-la para falar com minha filha. Não podia deixar Aline naquele sofrimento, nem Amarilis naquele caminho tão errado. Vendo-me nesse estado de sofrimento, embora eu quisesse muito trabalhar naquele plano, um senhor me olhou bondosamente e me perguntou:

- Se acha realmente forte para este tipo de missão, minha filha? Na Terra se passaram apenas seis meses depois que você se foi...

Já? - pensei eu - o tempo era diferente mesmo... ali parecia que tinham se passado semanas... respondi rápido:

- Sim, irmão João. Tenho que ir. Se passaram seis meses, e minha filha ainda não se conforma. A tristeza de minha irmã é palpável, não posso deixar Aline assim.

Ele me deu um olhar de compreensão:

- Pois vá. Aconselho que leve Rodrigo junto, a deixará mais forte.

Não precisava nem aconselhar, que ele não ia me deixar sozinha, principalmente porque tínhamos que passar por um mundo espiritual bem conturbado, que circunda a Terra, chamado de umbral. Eu não me lembrava de ter estado lá antes, mas Rodrigo conhecia o local.

Não há como descrever o umbral, pois o mesmo é imenso, a exemplo do oceano na Terra, não se consegue ver o fim. Passamos rápido por vários ambientes: uns quentes, abafados, com cheiros fétidos, outros gelados, alguns lodaçais, desertos, todos imensos, com animais de vários tipos. Os seres que vimos rapidamente, alguns tinham uma forma apenas humanoide, mas a maior parte era bem humana, mas em qual estágio de maldade ou de infelicidade cada um pertencia, não havia como saber. Tive ao mesmo tempo pena e medo, pois eram muitos.

Quando dei por mim, estávamos na casa de Aline, minha irmã estava sentada em sua varanda, olhava o mar e os barcos passando, tinha um bordado no colo e usava um bonito colar de pérolas. Olhei para o meu "espelho d'água" com imenso carinho: que bonita estava minha irmã! Ainda éramos parecidas, ainda mais agora, que ela tinha emagrecido um pouco, desde a minha morte! Abracei-a pelas costas como fazia quando éramos crianças e ela disse:

- Alice! Finalmente, Alice! Orei tanto por isso, e agora está aqui... preciso de sua ajuda, irmã. Não tenho seus dons, mas seu pensamento, eu sempre ouvi! Precisamos ajudar Amarilis!

Imensa felicidade me envolveu! Ela me sentia ainda melhor que antes. Disse a ela com toda a força, que chamasse Amarilis, o que ela fez imediatamente usando o telefone, nova invenção da qual minha filha tanto tinha me falado. Deu certo, em vinte minutos, Amarilis entrou pela porta, bem-vestida, em seus quase quarenta anos, e olhou para Aline preocupada:

- Como assim, mãe Lice está aqui? Andou vendo coisas, mamãe?

Aline olhou para ela um tanto brava, e disse:

- Algum dia me ouviu dizer alguma sandice, ou fazer alguma coisa tola? Não é porque não gosto do comércio, que sou tola, menina! Nunca te julguei por não gostar de literatura como eu gosto, ou por não ter fé, como eu tenho!

Ante esta observação, Amarilis sentou-se, e perguntou:

- É verdade. Amamo-nos, mas somos diferentes... sou mais prática, digamos assim, mas o meu amor por vocês duas, sempre foi inquestionável. Quer dizer que viu mãe Lice?

Aline olhou duro para ela:

- Você nunca ouviu dizer que alguns gêmeos têm uma ligação especial? Isso tem sido tema de estudo na Europa, sabia? Eu e sua tia, sempre fomos assim... e hoje, ela está aqui. Eu não a vejo, mas a estou escutando, do mesmo jeito que escuto você.

O jeito que Amarilis ficou, olhando para todos os lados, foi muito engraçado. Parecia que ia levar uma mordida de um animal invisível a qualquer momento, e eu tive que dar uma grande risada, ao que Aline riu também:

- Ela está rindo, e dizendo que nunca vai morder você. Logo, acalme-se. É só mãe Lice, preocupada contigo.

Amarilis deu-se conta do ridículo e sentou-se, tentando parecer calma:

- Preocupada comigo? Por quê?

Disse a Aline, que a cada vez que ela dizia que Deus não tinha sido justo comigo, ela cometia uma injustiça contra o Senhor. Que eu tinha me ido quase sem dor nenhuma, cercada de amor e afeto de meus amigos espirituais, e estava muito feliz, a não ser pela revolta dela, que me enchia de amargura. Aline repetiu, palavra por palavra. Franzindo a testa, Amarilis perguntou:

- Então, depois de mortos, eles ouvem?

E eu disse a Aline, que repetiu: "Cada palavra. Entristece-me saber que a menina que foi criada com tanto amor, não tenha absorvido nem um pouco da minha fé. A vida sem fé é triste, Amarilis!". Ela abaixou a cabeça:

- Ela sempre me disse isso.

Olhou desconfiada para a mãe, os olhos de esmeralda brilhando de dúvidas.

- Mãe, não precisa usar de estratagemas comigo, para que eu não me revolte. Se lhe irrita, não reclamo mais na sua frente, que não quero jamais lhe magoar... mas não me peça para ter novamente fé. A falta que sinto dela, é grande demais!

Também sentia falta, mas podia vê-las, às vezes, e sabia que aquela separação não era definitiva. Tão difícil a vida dos que não têm fé! Estávamos ali derrotadas, eu e Aline, sem saber o que fazer, quando Rodrigo me deu uma ideia:

- Não existe nada, que apenas você e Amarilis fizessem juntas, que Aline não soubesse?

Fiz um esforço e me lembrei: na sua adolescência, sempre que ela sentia um fraco por algum menino, ela me contava, mas nunca contava à mãe, porque tinha medo de reprimendas. Teve inclusive um, chamado Cláudio, por quem ela teve uma paixonite que durou uns dois meses, e sofreu em silêncio, pedindo-me até uma poção do amor. Disso, Aline nunca soube. Falei para minha irmã repetir exatamente as minhas palavras, o que ela fez, dizendo:

- Então acha mesmo que Alice não está aqui, não é? Pois ela está pedindo que eu repita exatamente as palavras dela. Quer ouvir? - pausou e sentou-se na cadeira, respondendo-me: - Não, Alice, não vou ficar zangada, prometo. Ela está me perguntando se você se lembra de um verão quando tinha treze anos, lá na Vila, e passou quatro meses lá. Lembra?

Amarilis lembrou, mas olhou para cima, como se não se lembrasse de nada em especial.

- Lembro. Mas eu passava todos os verões com ela. Que tem isso demais?

- Lembra-se do Cláudio? Da poção do amor?

Amarilis ficou branca como uma nuvem em dia de sol, e Aline vermelha como um tomate:

- Que Cláudio? Que poção do amor? Você tinha treze anos, enlouqueceu?

Ela deu-se pressa em explicar:

- Não, mamãe. Foi só uma paixonite minha. O rapaz tinha vinte anos, nem me notou. E eu pedi uma poção do amor e levei uma bela bronca! Mas, nada aconteceu. Acha que mãe Lice ia deixar? Ah, meu Deus, ela está aí mesmo! Posso falar com ela?

E falou... aliás, como falou! Através daquele espelho d'água fortaleci a fé de minha irmã e de minha filha, e voltei para o mundo espiritual mais leve, podendo inclusive começar a trabalhar por lá, e trabalho por lá é o que não falta.

A quem se vai com uma determinada idade, devo dizer: não pense que aqui você parecerá sempre um velho, não é verdade! Minha aparência hoje é de uma senhora de uns trinta anos no máximo, assim como a de minha irmã Aline. O que chamam de perispírito, nosso corpo espiritual, é maleável, de acordo com o nosso grau de evolução. Assim é a bondade infinita do Criador.

Nós tememos a mudança e o desconhecido, por isso tememos a morte, mas a vida continua! Colhemos o que plantamos, mas aos arrependidos de fato, há sempre a bondade de Deus! Um Deus que não pune, mas ensina. Um Deus que acolhe aos que realmente podem ser acolhidos, e para tudo há um tempo, mas quem traça o seu tempo, é a própria pessoa com suas atitudes.

Se for escolher entre o egoísmo e a generosidade, escolha a segunda. Que teria sido da vida de Amarilis se eu tivesse sido egoísta? Não me chamou de mãe da mesma forma?

Não fiquei eu mais feliz, ao ver todos mais felizes?

Entre o desespero e a fé, a vingança e o perdão, a raiva e a compreensão, lembre-se das palavras do Mestre, que não devem ser repetidas, mas entendidas: "ama a teu próximo como a ti mesmo, não julgue, não atire a primeira pedra!"

A bênção da caridade fez da minha vida, que podia ser de um completo e egoísta desespero, uma existência repleta de pequenas alegrias: como narrar a expressão de uma mãe quando recebe dos braços da parteira o seu bebê? E de um doente, com uma tosse terrível há meses, temendo a morte, que aos poucos melhora com um remédio que lhe é dado de graça? E a roupinha que você faz, e é dada a uma criança que passa frio? Uma sopa aos que nada têm, uma palavra gentil, a quem só ouve reprimendas?

Eu podia ter ficado em casa, me lamentando, e não fiquei. E minha vida foi tão boa! Claro que existiram percalços às vezes, gente preconceituosa, mas quantos não me defenderam! Até que um dia, eu passando, ouvi numa das ruas da Vila, duas mulheres comentando a meu respeito:

- Conhece aquela ali? É aquela que é Alice, a bruxa...

A outra respondeu admirada, ao me ver passar abraçada em meu xale:

- Bruxa? Bonita assim?

Para meu espanto, a outra respondeu envaidecida:

- É sim, mulher! É a nossa bruxa! Um espetáculo! Cura de tudo, ajuda todo mundo, não tem mal que ela não dê jeito. Somos abençoados de ter ela por aqui. Fez o parto de minha filha, o bebê estava virado, não é que nasceu bem? Abençoada, Alice!

Só mesmo naquela ilha para bruxa ser coisa boa! E eu estava em boa companhia, dona Adelaide não tinha sido chamada assim a vida inteira? Ainda assim olhei para as duas meio irritada, e murmurei:

- Bruxa, eu?

FIM